U0516437

总主编　李红权　朱　宪
本卷主编　朱　宪　李红权

近代蒙古文献大系

见闻卷

◇ 第四册 ◇

中华书局

目　录

百灵庙战后行

长江（《大公报》记者） 撰

百灵庙之克复，政治上与军事上皆有其非常的关系，非普通之克一城一地者可比，而战争的经过，又表示我们英勇的战士若干可歌可泣的事迹，故不可不大书特书。记者自归绥出发时，本与平、津、沪若干同业同行，但后因详细调查起见，独留战地，迟三日始归，使本报读者不能早日得读此项视察经过之情形，深为抱歉。

百灵庙攻下的消息，系于十一月二十四日正午左右，传到绥垣，当时人心之兴奋，达于极点，傅宜生主席虽于二十三日夜间整夜未眠，得克复消息后，以其愉快谨慎、镇定而紧张之情绪，频频出入于其高级幕僚之机要室间，盖此事之到来，非可以等闲视之也。

十一月二十七日，我们一行十三四人，被一辆载重车拖着离开归化城，里面有上海代表罗又玄氏，西安东北军民代表三位，北平师范大学的熊莎非和杨立奎二氏，新闻界有名摄影家宋致泉，《新闻报》顾执中和沈吉苍，《益世报》的王廷绅，中央通讯社王华灼诸君，大家挤得一堆，帆布车蓬阻止了我们向外瞭望的视线，只有彼此互相注视谈话。

归化城的清晨，室外温度还在冰点以下，除了少数苦力与小本零星卖买的商人，已有一部分开始在街面活动外，富厚的人们正甜蜜的安息在香暖的气氛中，我们这般百灵庙的征客在铁板与帆布遮盖中，似乎厌倦了归化城的安静，想突过大青山去看看百灵庙方面的波澜。

“归化城”！“归化城”！而今“归化”却无城。康熙皇帝空打算，塞外风云总不清！满清当时对蒙古民族，是采用逐渐消灭政策，另外设若干军事重镇，以资控制，归化城的兴筑，亦即为此。然而现在归化城的城垣已不存在，笼络蒙古人的若干大庙，已经废颓，归化市上的人口，百分之九十九是口内移来的汉族。蒙古民族在大青山以南的土默特旗，已经完全汉化，而且所留蒙民已不多，大青山北面靠山麓的一二百里以内，也被汉人开垦，蒙古民族生活区域，逐渐北移。民国以来，我们仍然本着满清的民族政策，实际上并无若何新的扩张。自然蒙古民族的本身，受到很大的损失，而蒙古民族前途无望的心理，却给邻人以挑拨离间的机会，愈弄至难于收拾。我们这次百灵庙战争，主要的是和一群被人利用的蒙古同胞拼命。诚然到今朝，我们的战争是决无可避免，而且有其非战不可的理由；但是，我们如果回想，为什么本来是家里人的蒙古同胞会被人利用来彼此互相火并，我们作老大哥的汉族，自不能不反省到操持家务之不当了。不过，事到如今，我们之打百灵庙，却已非对蒙古同胞之行动，而是对其后方策动者，表现我军事与政治的决心，对其阴毒的狼计，加以庄严正义的打击。

辘辘的车声，嗯嗯的风声，车内的笑谈声，配合着个人思想的活动，越过平绥铁路，似乎虚无飘渺的意境，很轻松混沌的，把我们送到大青山南。

大青山即是阴山主干之俗名，山色常青，山势雄壮，故被土人称为“大青”。古人守阴山以阻外族，是一件重要的工作，非有大才能的人不可。唐人所谓：“但使龙城飞将在，莫教虏马渡阴山！”

故守“阴山”者，必系“飞将”之选。我们目前的形势，是邻人想顺阴山南北，自东而西，挑动全体蒙古民族，及汉以外其他民族，组织有名无实的“某某国”等傀儡政治机构，阻断中国西北出路，以遂其为所欲为之企图。所以我们当前任务，是阻止这个势力进入西北，我们不但希望我们忠勇的将士阻止邻人“过阴山”，而且希望他们能进一步的采取攻势战法。我们正当的要求，是不但不许侵略者过阴山，而且要“莫教邻马‘看’阴山”！

大青山脊名蜈蚣坝，“蜈蚣”为讹音，如果照讹音加以解释，成为“有毒的山梁”，汽车上下，皆有戒心，照目前情形看去，敌人如果要想过这条山梁，南犯绥远，不能不说这里将有若干的蜈蚣，会让他们感到棘手。对敌人不妨带若干浓厚的有毒性。

蜈蚣坝是绥北和绥南交通的孔道，每天从这里经过的牛车、马车，最少时候亦在数千辆左右。绥北广阔肥美的新垦土地的出产，除供稀疏零洛〔落〕的居民消费外，都运到绥远来，换成货币购买各种日常生活品。对绥远社会情形有深刻视察的朋友常说：绥远人民生活的富裕与否，我们只要注意蜈蚣坝上车辆来往的多少，即可看见一般。可是我们现在客观的环境，已不让我们的同胞自由过这种安闲的经济活动，邻人的野心，是想把我们绥远的人民和土地直接收为己有，并且要以绥远为根据，向西去封锁我们陆路上国际的出路。我们要保持我们生存的安全与独立，到今朝已非用强力自卫不可了。

过了蜈蚣坝，眼前展开的是大致平坦的草原，硬性的朔风打到行人的衣上和脸上，表现一种不同的力量，似乎告诉大家，这面又是一种气候的区域，我们已经进入了一种新的环境。

顺着阴山北谷而下，汽车左右于湮谷之间，经过约十里左右的石崖险道，始进入较宽广的山溪、沙石混杂的大道中。这样的地形，凡是走过古北口、喜峰口的人，都可以想像得到这种谷地行车的景象。

归绥到蜈蚣坝是四十里，而蜈蚣坝到武川又是五十里，这条阴山北谷差不多有四十里的长度，好像一种长颈动物。当它把我们的汽车吐出喉管的时候，草原开垦波状地上已明显的摆着武川县县城。

阴山北面，所谓“山后”地方，地广人稀，出产丰富，粮食之富，不但可供“山前”人民的消费，而且为出境之大宗。过去土匪遍地，奸黠横行，民性强悍，地方当局对于民间之需求，向不能踊跃输将，非掩即赖。而此次百灵庙战争之前后，民众一变向日态度，尽其家之所有，以供军需，甚者自动运输粮草，遄赴军营，平常有线电报和电话，常常被人偷杆偷线，阻碍时生，而这次战争前后，民众自动保护，故军事消息传达上，没有感到丝毫障碍。二十三日晚进攻百灵庙之时，武北面的乡民，因地理熟悉，自动出来来当向导的，非常的多。他们领导军队在枪林弹雨中，模〔摸〕索前进，一点也不感到恐惧与惊荒。武川县长畅维兴氏，为记者等言之甚详。

我们最感到兴奋的，是我们听到此次百灵庙战争中英勇轰烈的事迹。孙兰峰氏是此次百灵庙战争的副指挥，他有位少年英俊的参谋长袁庆荣，二十七日那天碰巧他们正回到武川，我们以欢迎卫国英雄之情绪，热烈的和他们会见。他们自己的本身，也太被这种神圣的民族生存战争所激动了。当前民族生存的危机，我们应当为生存而战的大义，前方将士多年来的积愤，全国民众忍气吞声的素志，到今天我们在某种程度上，已经相当的揭开了。而且这次序幕战争，我们已取得了光荣的胜利。前后方的战斗情绪与战士的同情已亲密的打成一片。我们享受到真正的“同志之爱”，我们鼓舞欢欣到不能自持！

这是多么动人的事迹！敌人退去百灵庙之后，我们看到他们机关枪阵地旁边所留的子弹壳，堆积如小丘，然而我们终于冲破百灵庙的天险，轻轻拔去异帜，让我们的青天白日满地红旗随风飘扬！

蒙古人射击的技术，确乎不差，某方的督战，亦可谓始终不懈。据险而抗，以逸待劳，我们攻击了六小时左右，敌人始终不退后，而且由各方增调援军，我们的将士死亡枕藉，前仆后继，有些轻伤的士兵，不愿因伤后退，减少自己的战斗力，仍然继续前进！也有局部士兵，被人包围，被人命令缴械，他们的答覆是："我们不当亡国奴，我们要抗战到底！"

一位英勇的钢甲车司机，在战争眼看要败退下来的紧急时候，自告奋勇，开足钢甲车马力，领导着几辆载重车，载着我们最后的预备兵力，直对着敌人火力最强的东南大路，冲锋而前。于是被敌人的火力集中射击，在刚到要路口的地方，他首先被人射死了。他的身上中了十几枪，车里七个战斗士兵，死伤了五位，钢甲车被人打了四十六个枪孔！但是正因为他们这样英勇的牺牲，我们的预备队才抢到一个紧要的山头，转回我们危险的战局，他们的牺牲所换来的是整个国家守土战争的胜利与光荣！

官长的情绪，和往日也不一样，晋绥军本以"守战"著名，傅宜生主席涿州之役，造成近三十年来中国战争史上稀有的纪录。然而此次表现，晋绥军不但能"守"，而且能"攻"。如总指挥孙长胜、副指挥孙兰峰等及其高级幕僚，皆身临前线，视枪弹如无睹。此固为军事部门上进步之表现，而其重要之意义，实为神圣而庄严的战争本质所激励，而不自觉其异乎寻常！

《保安旬刊》
江西省政府保安处
1936年21、22期
（李红权　整理）

包头的河北新村

吴华宝　撰

一　引言

凡是到西北去旅行考察的，除了要知道一些西北政治的状况，蒙、藏和中国一〔本〕部的商业关系，以及民间的风俗习惯，和想瞻仰一下西北伟大的风景外，对于西北农业的状况是顶想知道的了。特别在目前东北几省收复无期的时候，西北在我国农业上的地位和对我国人口问题的关系，都使人对西北农事特感兴趣。但可惜的是这次到西北旅行，时间很短，不能作较详细的考察，特别是民生渠水利工程，车已到了磴口站，因黄河水涨，不能步行过去一看为最可惜。萨拉齐县任承统先生所主持的新农试验场，广一百余方里，办理极有成绩，又因车不在该县停留，没法下去参观。所幸我们在包头看到了令人极感兴趣的一个新村，总算不使太过失望。本刊编者要我写一些关于西北农业的文字，我极愿意把这新村的事业来介绍一下。

在车子初离归绥直向包头奔去的时候，我因早知道包头有这么一个非去不可的河北新村，所以就找西北考察团专车列车长朱先生，请问他关于河北新村以及新村主办人段先生的情形。他讲："新村办理还不到三年，一切还在试验期中，但外面人看来，已觉得很有成绩。主办人段承泽先生的刻苦牺牲精神更使人敬佩。段先生原本是一个师长，几年前不干军队的事，到包头来办一些实业，如电灯厂、面粉厂等，但大部分的精神则在办新村。”这时他忽然指着车子北面不到几百步一个城堡说：“那就是河北新村，耕种的田地就在城墙的东面。”我们一看，果然有一个小小的城堡，里面很整齐的有许多房子排列着，真是一个新村。旁边田里有十几个村民在耕种，我们登高临下的望着这有规划而整齐的新村，不自知的就起了一种好感！所以当下就和朱先生商量，能否请他代为介绍到新村参观并一见段先生，他一口答应。车到包头站后，他就去打电话，还来说：“段先生约我们下午到新村，他在新村等候。”所以饭后，向旅部借到了一部运货汽车，我们二十几个人就在濛濛细雨中出发了。

河北新村在包头城东南十二里，有汽车道可通。可是等我们到离河北新村二里路远近的南海子地方，因为黄河水涨，道路澜〔烂〕湿，汽车不能过去。天又下雨，改走他道亦无路可通，所以不得已只能还去，还程中车陷泥中，我们下车步行，费了二十分钟才重复上车。可是在晚饭的时候，朱先生来跟我们讲平绥路局预备在晚间为我们开一个联欢茶话会，同时又知道我们未能到新村，所以又请段先生来演说，讲新村的概况给我们听，我们都觉得出乎意外的高兴。

二　新村办法

晚上八点钟我们见到了段先生，段先生身材不高，但极结实，握手时很用力，极有精神。他演讲了四十分钟，茶话会散了后，我又和他在康燮宸段长办公室里讨论了半小时，并约好明晨九时再到新村参观。我现在先将河北新村的办法写下。

河北新村并不是一个以改进乡村为目的如定县、邹平样的乡村改进区，他是一个移民垦荒，建设出来的新村。段先生自己是河北省完县人，他感觉到中国内地人口太多，西北土地广大，乏人开垦，所以联络同志，组织河北移民协会，专门提倡到内地移民，出来垦发边荒。三年前在离包头城东南十二里的地方买了一万亩荒地，组织了现在的新村，名为河北新村。现在在河套又买了七万亩荒地，预备再事移民。

包头的河北新村现在有一万亩田，新村有一百家农户，每户有一百亩田，但现在每户只种五十亩一家。河北移民协会在需要时到河北省去拣撰〔选〕男女民众移来开垦，因为他们没有资本，所以一百亩地作资本（每亩约八角），及牲畜、种籽、房屋建筑、农具、田场整理，以及其他一切所需费用，每户共计约须四百元（故每一新村约需四万元），都由协会代为购置后放与之。协会方面则由段先生去经募借到，故协会若有四十万元，即可组织十个新村。据段先生估计，一百亩田每年生产四百元，当地每家农户之生活费不过二百二十元，故新村农民之经济状况一定比人家增进多多。第一年移民初到，人地都很生疏，设备又不全，故第一年之收获量较少，只希望能自给。第二年起应当将垫款四百元陆续还清，每年一次，分四期还清，第一年还四十元，第二年还八十元，第三年还一百一〔二〕十元，第四年还一百六十元，共四百元。若协会某次借到之款不需利息时，则借与新村农民，亦不收利息。若另一次借到之款要付利息时，则新村农民亦应照付利息，但时期可以延长一二年。除农业外，河北新村现在更做二种乡村工业，一是纺纱织布，一是毛织地毡。新村中还有小学校一所，使新村儿童可受初级教育。最近段先生想将电灯厂里的电通到新村，用电气灌溉，使有充分的水量，这在新村的农事上大见助益的。

三　新村所见

第二天早晨我们三四十个考察团团员就沿了平绥路轨往东走，约莫走了十二里路，就远远望见河北新村矮矮的短墙。大家一时兴奋起来，就跑到大门口，恰巧遇见段先生，段先生是新村的村长，他本人和他的家人都住在新村里，昨晚因演讲后太迟，没有回村，所以今早和平绥路管理局产业课课长李先生和工程课课长蒋先生坐手摇小机车赶来新村招待我们。新村是正方形的，四面围以短墙，四角有四座炮楼，四方开了四个大门，通常进出都用南门。新村里面都是住家，耕田都在村的东面。房屋的排列很有规则，每排三间。原定居住一家，但现因村子才盖起来，房屋不够用。村民都是农夫，不善于用泥盖房子，所以现在是二家居住三间屋，想到明年可照原定计划一家有三间屋住。村的中央是一片广场，作为村民的运动场，广场的后面，有一排十几间房子是村中公共事业的所在。我们在段村长家稍休息后，就出来参观，第一我们就去参观村民的住所，二家人家合用三间屋，所以就将左右两间作为他们的睡房，中央一间作为牲畜的厩房，因此气味难闻，大家都觉得极不合卫生。房屋因系新盖，所以外表很新，而且造作极便宜，每间只要五元，我想若能等到明年，每家有三间屋时，就大可改良了。以后我们参观村中的小学校，有小学生三十几人，教师二人，有一位是段先生的女儿。蒋先生说段小姐是新村的教育部长。过去五六间屋子是新村的工业区，有两种工业在试验着，一种是织布业，一种是地毯业。织布业是新村妇女的副业，我们没有踏进门，就听见里面机声轧轧。现在可有妇女十几人同时工作，每人每日可得工资二角五分，段先生的太太也站在那边亲自工作，以身作则，蒋先生说段太太是新村的实业部长，我但愿现在许多师长太太能学学段太太的能吃苦耐劳帮助丈夫创造一种新事业的精神，中国就是有几十百个这种的实业部长又有何妨呢！毛织部有机器三部，有九个孩子在工作，其中八个孩子都是本村的儿童，一个技术较好的，是从外面请进来的。我们细看地毡织得很好，式样亦雅，就只颜色配合稍差一点，织成后都销本地，可得一元五角一方尺。我们本要去视察农田，但因下午要在包头城内参观，所以没有费多时间，但据段先生说，该处荒地地力很好，经去年的耕种，其收获量比当地的出产量要稍高，若今年能用电气灌溉，前途准有极大希望。

四 我的感想

中国本部十八省人口太多，耕种面积不广，全国平均每人只有耕地三亩，与世界公认每人应有十五亩方足维持一人之生活的标准，相距极远。其结果一方面国人生活程度极低，他方面每年要向国外进口几万万元的米、麦、棉等主要农作物。虽然解救这种国难的法子很多，移民垦植确是里面顶好的法子之一。东北淞〔松〕辽平原十二万方英里，可移民二千万至四千万人，是我国人口唯一出路，然今不但不能移民出关，每年进关回老家的反有好几万人。收复无时，前途茫茫，不得已思其次，只有西北。西北范围极大，但因地势、土壤、气候、水利等关系，在农业上有关系者实在不多，其中渭河平原及绥远平原与河套平源〔原〕比较有希望。但是水利不修，还不能有绝对把握。我国政府因各种关系及财政不裕等原因，久久不能移民边疆垦植，私人方面不特力量薄弱，而且做起来亦极不容易。可是现在段先生却不顾一切的来干，直接从河北省移民出来到绥远垦荒，这种毅力、精神，岂是一般人所能做到！他每集到四万元，就可开垦一万亩，移民一百家，然而简〔间〕接得他影响的又何止此。在目前政府未能切实注意此问题以前，若有力量的私人们能出来做这种事，向外界多集些资金，移民到边境开垦，对国家实在是一件功德无量的事！

《南大半月刊》
天津南开大学
1936 年 29 期
（李红权　整理）

百灵庙前线实地写真

转载《新闻报》战地特派记者通讯

经过了许多的困难

百灵庙攻下后的第二天（十一月二十五日），记者为了我们失陷在匪伪手中的国土，一经收复，实不能不去一看，所以请求军事当局，前往视察，可是那时以失地甫收回，余匪附近，正在追击，我们当然未便前往。第三天便是十一月廿六日的清晨，我们在军中晤及傅作义主席的时候，我们又把往百灵庙去的请求，向傅主席当面提出，傅氏答应等到百灵庙前线，布置就绪，即准记者前去。这是事实上的困难，虽然傅主席不准我们冒险前去，我们应当谅解他的顾虑的。

原来百灵庙和归绥的距离，不像上海和吴淞间的那样接近，她是在归绥的北面，山道崎岖，相隔足有四百多里路。天气酷冷，满野都是白雪，加以敌机又不时到那里投掷炸弹，虽然我们愿意为祖国时时准备着任何的牺牲，而他们飞来飞去在空中出现，也足够令人麻烦，所以到百灵庙去，的确不是一件简单的事。

“到百灵庙去”，“到百灵庙去”，在我们到达归绥的第一天（廿六）几乎成为新闻界和慰劳代表的一致的呼声，甚至寒暄或请客宴会的当儿，同业间彼此问着“百灵庙去不去”，这时大家以为在最近的一二天中，要实现我们卧寐以求的目的，希望仅属几希，于是彼此不禁喟然叹息。突然在当晚（廿六日）有电说通知我们说，明天（廿七）省府已为我们和各地慰劳代表，预备一辆大汽车驶往百灵庙去，请大家准备御寒行装，在早上八时从绥远饭店取齐出发。这真是喜自天来，使大家不禁快乐得要跳起来，国家是我们的爱人，明天我们是要和恶势力抢去而重行给我们夺回来的爱人相见了。

凶恶的行程

本应八时驶出绥远城的汽车，为慰劳代表的参差不及准备，竟延迟了一小时，路途是非常险恶，一至城郊，即凹凸不齐，十时陡立的大青山横站在我们面前，汽车从著名的蜈蚣坝山坡，缓缓而上，山上乱石遍地，车身的不息的震动，使车中乘客，个个震得叫苦连天。汽车是一辆载运货物的铁板大篷车，上覆油布，其中并无坐位，又因人数众多，大家蜷足拥挤而坐，四肢不能移动，不到数分钟，全身都几乎麻木起来。慰劳代表中有大学教授、著名商人，和一般过着舒适的大都市生活的新闻记者，若非为了中华民族生存斗争的鼓励和宣传，即使杀掉他们的头，他们也不肯去的。

大青山上积雪未消，大地似乎同情着中华民族不幸的遭遇，而穿上了白衣。十时半汽车驶至山顶最高处，我们顾虑着下坡时的危险，大家跳下车来步行，下坡不久，见路旁有关帝庙一座，一兵士在道旁用着雄壮的声音告诉我：“咱们前几天出发抗敌，在这荒山中行军，弟兄们挨饿了一天一夜，没有吃饭，哦，我们为了赶往前方扑杀匪徒心急，竟然连吃饭大事，也不放在心上了。”看见了他们的杀敌的情绪，我们方寸间异常感动，而深信着中华民族是不会灭亡的。

十一时开始脱离山坡，而在两岸夹峙的沟中行驶，乱石更多，行驶愈难，在阎王路中苦走至一小时之久，方至平地，下午一时左右，才达武川县。驻在武川县的旅长孙兰峰，参谋长袁庆荣，和县长畅维兴等苦苦留我们吃饭，招待非常殷勤，把我们留至下午三时左右，方才放行。看看前面还有二百四十余里的行程，阴〔阳〕光又渐渐西倾，使人不得不感受到相当着急。

汽车夫新从太原来，他今世还没有走过百灵庙，和我们中间的大部分人一样，虽然在武川临走孙旅长派了一位参谋主任，指挥我们走路，可是据说他也只在近几天中走过百灵庙一次，所以在一片茫无际涯的大平原上，盲目的行驶，走差了好几次路，多走了一百多里路。天是晚了，周围的环境愈来愈可怕了，而百灵庙还如在大海中的一粟，不知何时我们才可找得她。

一轮古今明的皓月，和她周围的星光，高高的射在一辆孤单的汽车的上面，加壮了车夫和一众旅客的胆量，这样东摸西撞的直至七时半左右，才到二份子村。

“你们不用慌，坐下躺一躺，休息休息，今晚月光明，百灵庙路又好走，不到深夜就可到的”，二份子镇驻守的军事长官孙长胜师长等很态度从容地对我们说。这时大众又冻又饿又疲，眼见得情形已是如此，只好依着师长的话，大家手脚忙乱的吃茶洗脸，又吃口稀饭与馍馍。除了天津《大公报》记者范希天和一位慰劳代表因病停止前进外，其余如天津《益世报》记者王廷绅、中央社归绥记者王华灼、《北平实报》记者宋致泉、本报记者顾执中、沈吉苍，以及慰劳代表罗叔和等，都精神重复奋发地上车，去赶见他们的爱人百灵庙。

百灵庙万岁

九时半，从朦胧的月光，望见百灵庙的西藏式的建筑，一件苦想的东西，现在我们眼前了，有的人于是口中不禁喊起百灵庙万岁来。那时因为步哨方面，远远地正在询号灯号及口令，恐有误会发生，省府方面专负责招待我们的陈植琚君警告我们再勿高声，过了十分钟，汽车昂然在百灵庙街中直驶，在团部所在的一所庙宇前停止行动。我们心中充满着不可形容的高兴，一个一个从汽车中像虎豹的精神十足地跳下来，望望高高在头上的明月，又从明亮的月光中，细细地看着百灵庙的街路，百灵庙的屋宇及其塔顶，百灵庙的四周隐约不可辨的山脉，我们爱百灵庙，我们恨不得和她相抱而吻，我们希望其他暂时给敌人抢去的国土，也要像百灵庙一般的快些快些收她回来。

热烈的像意大利维苏维亚火山口喷出火石一般热烈的情绪，把深夜刺入肌骨的冷风赶散了，同时这时在百灵庙周围的山顶上、屋顶上和要隘口持枪在寒夜放哨的士兵们，也对我们说，为了他们胸中充满了爱国的精神和热心，所以把冷的侵袭生命的危险，都置诸度外了。三天前百灵庙是敌人侵略全绥的根据地，现在成为我们收复失地的先锋，从今以后，我们要把抵抗的意义扩大，积极的抵抗是要收回我们全部所失的国土。

勇烈的血战

我们随着出来欢迎我们的团长刘景新，曲折地走进屋内。这是某国特务机关的所在地，蒙政会也设在他的屋前的两个巨大的蒙古包内，庭院中溜地还堆积着某国文字的书籍，各人便用手中所持的电筒，随手拾起几页，以为百灵庙慰问的纪念。我们在屋内坐定以后，刘团长便开始详细告诉二十四日早上血战的经过。他说："当我们在昏夜中追踪侵犯武川之敌而至百灵庙时，已在夜间十点钟了。敌人心乱意慌，即向我们开火。我们持以镇静，不发一弹。至子夜十二时，我们以全部开到，遂将百灵庙团团围住。我们骑兵当时被派在百灵庙之北，担任进攻百灵庙东北方，一另团担任东南方，发令全部进击。我军人人奋勇，连长张〈振〉基率排长蔡玉庆等独驾一汽车从南面向敌冲锋，并试验敌方是否有地雷埋伏。初时敌人以为我们决不会根本解决百灵庙，所以一无工事等准备，后来渐觉有些不对，赶快做了一些极简单的工事，可是已为形势所不许。当夜敌人指挥蒙伪匪，顽强抵抗，枪声炮声，震耳不绝，我们也奋不顾身。在南面追击敌军者伤更多，以我的一团而论，已约有一百人左右，天明四时至八时，战事愈烈，九时敌始觉不支，纷纷退却，我军张连奋勇先登，余冒炮火前进，遂将百灵庙占领。十时我们派军四出追击残敌，迄今已在离百灵庙五六百里之外，一时是没有反攻的可能了。这次敌方的死四百余人，被俘虏者也有此数，我方所得胜利，只〔共〕有面粉一万多包、步枪六七百枝、迫击炮二门、机关枪四门，无线电台大者二座，小者三四座，汽车堆积如山，不能统计，实为敌方巨大的损失。"

仁慈地释放俘虏

刘团长又对我们讲述俘获伪虏的经过，他说我们对于俘虏极尽仁慈的态度。第一次俘获了蒙兵百余名，孙长胜师长开导他们说，我们不打中国人，不杀中国人，你们究竟是哪一国人，他们听了都潸然涕下，齐声说我们是中国人，不过一时受人逼迫，失却自由，现在我们都脱离了恶魔的牢笼，谢谢老佛爷，谢谢老佛爷援救我们。孙师长知道他们出于至诚，也大为感动，就派了弟兄们护送他们回家，并且每人分发面粉半袋、良民证一纸，他们都感谢而去。后来又拿获了三个汉人俘虏，他们现在很忠诚地在团部服务。他们原来都是忠诚的农民，因一时受骗，陷入魔窟，情殊可悯。那三个人当经团长传来问话，第一个名刘振华，年廿五岁，系察省宣化人，据他说，被骗来此后，无力回乡，月饷原言定十余元，但我来此四月，实得十余元，均系蒙政会所发的兑换券，每日上操二次，由蒙古军官教练，而由某国指导官督操。这次共有某国军官十余人，每一师有一某国籍的总指导官一人，每一团也有某国籍的指导官一人和教练官一人，每一团中汉人不过十余人，而蒙古军官，因不甘压迫，在某国人背后，时时吐露倾向中国之意云云。第二个名何士丁，系平地泉人，他说，我在商都旗木总管地被架，住了两月，转往康保，住三月，在嘉卜寺（即德化）又耽留了五十余日。百灵庙原来仅驻伪军一师，为十九团、二十团、廿一团三团，实际不满千人，十九团长名孟福居云云。第三个名王德，系河北涿鹿人，年廿二岁，五月杪被骗至百灵庙西地方投军，到此已有四阅月了云云。记者见他们身上仅穿橙绿色布棉袄裤一套（系伪军军服），无皮毛外衣，态度很是可怜。由此可知所谓伪匪军，实际不过受少数敌人操纵，而多数伪军士，大都是和以上三个俘虏相类似的可怜虫而已。某国人的计画，一方是逼着他们做先锋，一方借此打跑或打死当地恳〔垦〕牧的农民，用心是何等刻毒啊。

恳切劝导间谍

刘团长再把五个可疑的间谍传来，和我们同来的慰劳团中的一位军人出身的代表很诚恳的对他们开导一番。刘团长虽是一个冲锋陷阵的勇士，而心地也很慈祥，他说只要你们承认过去的错误，从此觉悟，就可负责保全你们的生命。五个人中的一个很是沉着，说他是开羊肉铺子的，原籍是通辽，曾经当过义勇军。大家听了他的一番供述，也觉得可疑，原来百灵庙是在某国人的某某机关管理之下，而且这地方又仅只七十余家，调查盘问，严密异常，非附近做买卖的本土乡民，绝对不许进出，外方人因来此不易谋生，也不愿来，他的嫌疑，一时似乎不易剖白。其他三人的谈话都很有次序，只有一人，供述较为可信。刘团长更检出许多敌人遗弃的地图，如各特务机关对满及对蒙谍报担任区域要图，和兵要地志、特别调查队行动经路图等等，还有王英和某国人来去的亲笔手札，蒙政会为书记员请假致某国××××长函。这一大堆文件中，记载得巨细靡遗，尤其是那些手画的地图，不但内蒙各旗盟各险要都明白详载，即是所认为远东之谜的外蒙，也可以概见一般了，据说还有一本綦厚的册子，记载着我国团长以上官长的经历、年岁等等，那更值得惊异了。

罣丸为缩蒙古风

记者偶然检阅一本某国人的日记，封面里题着这样一首诗："飞信频传阳春声，察省东边未见红。横洋杖矢于月下，罣丸为缩蒙古风。"又检出一本手写的蒙文会话，旁注某国字母，引导我们的陈植琚先生是精通蒙文的，也读了一遍说，那是宣传用语，是诱惑蒙人的一种利害工具。陈君感叹着说："我国人对蒙文不能深切注意，记得某机关译'革命'二字，把'革'译作革除，'命'译作性命生命。蒙人见了，为之咋舌而起了恐怖的心理，两两相较，这也是我们的国耻。"陈君又说，蒙人文化原不甚低，明末，尚遗留许多蒙文书籍，清康熙、乾隆时逐渐毁去，今蒙人子弟仍读蒙文，已无良好之书籍，幸蒙人注重汉文，所读之课本，与普通中小学校所采用之教科书相同，准噶尔旗方面之蒙人，多深通汉文、汉语，汉人用蒙文向彼等问话，而彼等辄用汉语置答。

战迹的巡视

当夜二时，我们一家〔行〕十余人，便假着团司令部床炕，和衣横身就睡，以白天疲乏过度，不一时大家都呼呼入梦。六时我们拉开身上所覆盖的皮大衣起来，只把手巾在脸上抹了几抹，便准备和刘团长等出去参观战迹。那时天色刚才发亮，从微明的光线中，透出我们所住的二间一度曾为特务机关的小屋的墙壁上，画着许多金线和佛像，在塞外可算是特别美奂的建筑。出门走入街道中，刘团长不断指示我们那天早上我方将士冲入时敌人狼狈不堪望影逃窜的情形。我们大家再忍寒踏着冰雪，绕过几条小弄，到了百灵庙。据传那庙建自乾隆时代，为内蒙唯一大庙，有喇嘛五百，在远处望望那金碧的屋顶、绛色的墙垣，重重叠叠的占了二十余亩的地，确是草原区中唯一的伟大富丽的建筑物。我们从侧门跨了进去，立时感受到阴森森的一股寒气，那里的大小喇嘛，已于战时逃走了，内中阒无一人。我们走过昏暗的念经堂，进入佛像殿，再进为大佛像殿，供着的如如来、罗汉之类不下百余尊。那大佛殿的顶特别高，透露出天光来，我们探视一下，正欲跨入，忽而起了一声怪响，一只黄毛野狐，飞也似的从我们人丛中夺路逃去了，这里也充满着恶气味，我们退了出来，迅身向前奔去。到了最前进的殿阁之下，中间悬置着广福寺的匾额，两旁还有四所不相连的黏着封条的屋子，也许是喇嘛的卧室。一个广大四方的天井在正中，冰雪积满着，四围的山风也带着如刀如箭的冷气飕飕地吹来，我们觉得太无意味了。这时一阵步履声，突破了沉寂的空气，原来刘团长、张晋咸团附率领奋勇冲锋的张振基连长和二十余个前线士兵代表来了。慰劳代表罗叔和杨立奎等致慰劳词，略谓诸位将士为国努力，业已造成了最大的光荣，还请继续奋斗。继由记者团推顾执中致词，略谓全国后方民众决以血肉和所有财产为前线将士作后盾，请各位继续大胆前进云云。末后有一士兵代表提了自来枪跃上石阶，和虎啸一般的说，卫土是军人的天职，这次战事我们还认为是耻辱，我们要收复失地，不达目的，誓不甘休。我们听了，一致鼓掌，齐声呼喊，“三十五军万岁，中华民国万岁”，士兵也应和着，声振山谷。

随后我们大家上马，跟着刘团长驰骤地跑出百灵庙，巡视山上战迹，不到十五分钟，我们跑上一座在百灵庙面前的山头，登山顶一望，见百灵庙三面皆山，仅北部是平地，最近为女儿山，次为巴别哈尔山等，共有出路九条，普通人称其九龙口。下马在山顶散步，见匪伪军当时所筑之机关枪座，和枪旁所拉出的弹壳，依然存在，下坡稍低处，死马一，和黄色制服的匪军遗尸，倒在小石之中，没有人怜悯他们，同是一死，一受全民族所尊敬，一为全民族所唾弃，有很大的区别。

在视察战地之后，我们走进了百灵饭店，这是此地唯一的旅馆，除了守门的兵士外，屋内也无一人，庭中置一辆损坏的蒙政会所有的小汽车。在饭店门口附近的屋子，门口标着第一库、第二库、第三库等库，库门深闭，从窗缝中望去，内中有长方形的木箱无算，再窥望第三库则有白色的实质的皮袋堆满屋内。那守卫的士兵笑嘻嘻的指示着说，那里全都是战利品，面粉最多，弹药也难计算。在平时这是禁止老百姓通过的地方，那对面的一座圆形和蒙包似的碉堡，是用来保护仓库的安全的。绕仓库而到南大街，那里有几家业已关门的商店，墙上黏着伪军十二团团长包俊山的布告，写着成吉思汗七百三十一年的伪年号。南大街之前有冰河如带通接九龙口，这冰河不冻时期甚短，因为这里即使在炎夏，也须至少穿上夹衣和棉裤哩。

飞也似重返归绥

隔天多方耽搁的结果，使大家因百灵庙的迟到，而延长了旅途的痛苦，因此二十八日的早晨，大家便不敢多所贪看，于山顶战迹巡视一周以后，就爬上汽车，和刘团长等告别，旋身向着归途的方向急速地驶行。这天懦弱的阳光只露了一露，重又缩回云端，大地忽然发起和尖刀般一样刺人痛的大风来。十一时车过二份子村，风势更猛，夹着细微如末的雪粉，吹入汽车中，令人人冷得发痛。这种风一般人称为白毛旋风，当这种风横行时，天气真是冷得不能形容，乘骑行旷野中，如为此风所袭，往往双双冻死，听了为之毛发悚然。又行一二小时，车夫又迷路，车轮陷入雪粉中，车身不能移动，我们以生死关头的到临，大家一齐下车，用力推车出险，二时半，驶近武川县，白毛旋风停止追袭，仰视阳光，重复从西方斜射于大地，又是一种天地。

武川县畅县长知道我们一天没有吃饭，特别请我们到县署对面的一家饭店，吃着一顿十分道地的饭，孙旅长和袁参谋长也来招待。这一来饥肠是充满了，而预算归途的时间又迟了一二小时，我们匆促地命车夫驶行，果然在水沟行走的时候，路前尚算勉强有阳光可见，及到走上危险万分的大青山蜈蚣坝时，只靠着汽车门前的两道微弱的灯光，战战兢兢的缓缓地摇摆地的驶行着，乘客苦，汽车夫比乘客还要苦。

七时半我们又在星月交辉之下，进入了偌大的绥远城，百灵庙的艰苦的行途，就此告终了。

百灵庙万岁，中华民族抗敌求存万岁。

《外部周刊》
南京外交部情报司
1936年144期
（李红权　整理）

绥行别记

转载《新闻报》战地特派寄〔记〕者通讯

把我们赶上前线

敌人的先锋队——蒙伪军——的枪炮，向着绥东开放，把全国民众为祖国抗战求存的情绪，如野火般蓬蓬勃勃地燃烧起来，我们的内心，也起了共鸣。我们新闻界和前线在酷寒边地作战的士兵，同属国民一分子，在这国家板荡不可终日的时候，士兵们为了我们全民族的光荣，不顾着他们的头颅，而勇敢地上火线，那么我们新闻记者也不能爱惜区区生命，而放弃了我们在前方为卫国勇士播送战讯的责任，良心上的不息的自问，结果把我们离开了金迷纸醉的上海，而赶上前线。

沉着有力的山西腔

在朔风飕飕的廿三日早晨，我们背了被包，跨下了平绥车，这里就是塞外草原的一区——平地泉，地属蒙古高原的第一级，据说是平绥线的最冷的一区，但这时天色清明，阳光朗照，也不觉得过分寒冷。我们越过了铁路，那东边是一片广大平坦的操场，这时正有着数百健儿一齐呐喊□号，老总们的山西腔是沉着有力的，在这警耗频传的时期，声声打入我们的心坎。接着是军号激昂，怒马嘶鸣，这里已完全表现着战争的状态了，那是何等地充满着敌忾同仇的情绪呀！

价钱贵得可以

我们憩宿在东一马路旁边的一个名叫泰安栈的小客栈里，据说这是平地泉的国际饭店，没有别的旅馆比他再大了。那里有十余间的火炕卧室，室内充溢着煤气，积满着灰土，一只破旧的小饭桌，一只小板凳，一只小炉子，设备简陋而秽浊，而房金每天却要八毛，外加煤料三毛、被租每条一毛，如果不早些定下来，恐怕就要客满被拒了。再往附近一个小饭馆吃一餐便饭，价钱也贵得可以。

原来是荒僻的游牧地

平地泉在民九年以前，还是极荒僻的蒙古牧地，据说苏武牧羊遗址还在平地泉以南。汉人移来垦牧后，蒙人渐向北移，目下这里的蒙人或已同化，或已远徙，蒙人装束的蒙人几乎绝迹了。民九年平绥路通车后，这里由数十间土屋的荒村，扩展成一个市镇，添辟街道，建造市房。民十改了集宁县，然而比起江南的小镇市，这里还觉得荒凉呢。

集宁县城方于今年四月动工开筑，至十月完成，只费去造价二万余元，环城约十六七里，平绥路直贯县城，东段多商店，西段很冷落，街弄计有四十二条，都是泥土地，松散的灰土约积半寸许，大路旁的大车道，则有半尺多的松土，土中杂着细砂和烟屑，刮风时尘灰蔽空。在那天午后一时左右，我们到司令部去访问赵承绶司令，不料走近操场，正值刮风，迎风前行，鼻空〔腔〕为塞，气息受窒，乃以手掩眼鼻，面首斜仄，身体向前，这是本地人临时指导我们的走路方式。

人口复杂的地方

平地泉的人口是很复杂的，城内总人口计一万五千人，其中计山西人占十分之三，河北人占十分之一·五，蒙回人占十分之四·五，本地人占十分之一。在过去汉蒙人常有争执土地之事，而汉人来此者又多为避难或流徙之人，因此地方上的风俗人情在过去是不足称誉的。以教育言，据说曾有一个中等学校因校长问题发生风潮，结果赖着一团兵士力量，方始解决，这传说似乎是不能令人深信的。

想念着东四省

平地泉的地位，现在是关系国脉了，我们不能再以“塞外的异域”的心理对待它。过去十年，移民殖边的事业迟滞不易进展，在近四年中，这一县的区域内，人口突然增加了十万，原因是我们失却了东四省的土地，关内移民只得转向绥远省发展去了。当地的土人对记者说：“我们这里的土地比东四省差得很远，东四省的高粱，长得比人还高，这里的草也不过尺余长，如果到东四省去屯垦，那是多么有希望呀。”我们听了也为之嘘唏不置，然而失之东隅，收之桑榆，向平地泉发展，也就是巩固平地泉的边防。平地泉的农产品计有小麦、山药蛋、白菜、萝葡、莞豆、黑豆、高粱、粟米等，矿产有煤，牧畜有牛、羊、马三种。如果一人有八十亩土地，足可以赡五口之家。

只见一个蒙古包

有一天我们到红格尔图去视察，由平地泉城外前去，沿途都是泥沙的平原，有时越过了少许高阜，也无特殊的景象。最觉得无趣的，就是那些没有草木和水流的泥沙、石子混着的土地，然而我们也不可忽略它，只要能够加以相当的人力和财力，也可以获得丰富的生产。红格尔图地势较平地泉为高，气候自更寒冷，惜因时间匆促，不及详细考察。那里虽属蒙人牧地，现下却无纯粹的蒙人，除了十二苏木有一个蒙古包外，其他各处都没有蒙古风味了。

经〔轻〕裘缓带的儒将风度

在集宁的几天中，我们晤见了几位军事领袖。骑兵司令赵承绶，是一位态度温柔、出言吐语非常文雅的一个将军。他的椭圆形的容颜，慈善成分超过威猛成分的仪表，几乎令人不敢相信他是武人，然而在他的指挥之下，他在绥东方面，竟把敌人打得一蹶不振了。还有骑兵第一师师长彭毓斌，写得一手好字，戎马倥偬之余，还不断的临池学书，他的词也填得不差，记得有一首《调寄渔家傲》道："卧虎山头抬望眼，玄黄田地玉龙战，戍里边声凄悲怨，何荏苒，韶光又把流年换。烽火连天斥堠远，慢慢长夜何时旦，与子偕行金石愿，纾国难，军中未必无韩范。"其余将领习知文事的也很多。晋绥军人，多富有轻裘缓带儒将风度，运筹帷幄之中，决胜千里之外，那些无智无勇的匪伪军，如何是他们的对手呢。

观测天文的尝试

塞边气候往往在几天之中，起了许多不同的变化，我们在塞外的戍客，为着自身的健康，就不能不加以注意。令人最关心的气候，第一是风，风一来飞沙走石，气候立刻要降下二十余度，偶往外面作新闻上有效的活动，时时为冷风所威胁，吹得耳目皆裂，气窒不能行路。第二是雪，雪一降，雪花就和泥土相杂，四面飞散，成为最利害不过的白毛旋风，好在塞外地旷人稀，夜观天象，便可略知几天中的气候。如果你在夜中仰观天文的时候，见满天星斗，灿烂无比，明月如镜，美丽悦目，那末明天必定日暖风静、有小阳春的天气，如果天上星月无光，乌云块块，呈现空中，明天必发风，气候必更冷，以此试验，屡验不爽。有一天晚上，我们在平地泉外出晚餐的时候，偶然抬起头来一望，见漫天全是乌黑，月姐儿不知藏匿何处，比及天明抵归绥时，狂风突起，吹得人人叫苦。现在我们有些经验，知道些预防的观察了。

悲壮激昂之兵歌

不息地在平地泉听见着勇士所唱的雄歌，最初我不明其中意义，但细听一二次以后，即可了解其中的字句，歌的原文是：“拿起你的枪，快快赴前方，和这恶虎狼，拼命的战一场，我们受亏已不少，今天和他算总账。告诉你的母亲，莫悲伤，告诉你的爱人，莫惊慌，等到我们打胜了，洋洋得意回故乡。冲过去，炮弹儿飞过来，莫回避，我们肝脑涂地也愿意，只要报国仇，出了这口气。冲过去，莫回顾，莫休息，把性命交付总理呀，拼命的战一场，才有最后的胜利。”

赵司令畅谈屯垦

二十六日晚上，赵司令将乘专车赴归绥，特邀我们同行，在午夜天降微雪时，我们赶上他的专车，赵氏很客气地留我们在会客间里谈天，专车给平包快车带着开行了。赵氏更谈得有味，我们也听得有味。他说："晋省曾努力提倡移民屯垦，凡携带家属同去者，可享受免费乘车的权利，如果移民带着家属，那末屯垦的地方才可发达。在过去有许多单身移民于春季离乡来绥耕种，秋收后回乡去度年，和做买卖似的，来来去去，这于本土是毫无利益的。"他又说到牧马牧羊之如何获利，我们都很羡慕，赵氏和阿王也是牧畜家，他们各自养着一大群的马群，据说，近年土匪肃清之后，养马较养羊更获利了。赵氏又说起王英的父亲，盛赞他在河套屯垦的事业，但却怪王英的父亲手段的酷毒，因他曾屡次霸占蒙人的牧地，把蒙人杀死抛入黄河，或逼着蒙人远去，蒙人对王英也很怀恨的。我们直谈得有些睡意，方各自就寝，一觉醒来已到了归绥。

像上海的中山路

从冷落的地方到归绥来，觉得归绥是很繁荣的，我们从车站下来，经过新城大马路，那广阔平坦连系着新旧两城的大马路，似乎有些像上海的连繫〔系〕着南北交通的中山路。沿着这马路，有规模巨大、建筑富丽的图书馆、公共会堂、绥远毛织厂和各机关等等。不过路线很长而建筑物稀少，龙泉公园、赛马场、公共体育场，也在这路旁。我们沿着平绥路来，几乎见不到一枝树木，而枯黄的草也只剩一些败根，这里却遍植着树木，尤其是公园中，和北平的中央公园后身似的，有一丛丛的树林，然而这时树干还短小，而树叶又早已飘落，迥不如江南的树林，充满着自然的美意呢。

绥远饭店宾客如云

我们到归绥那一天，正是入冬以来最寒冷的一天，飕飕的风，有如刀割，想平地泉更寒冷了。据绥远省政府的教育厅长阎伟氏说，去年这时，更为寒冷，最冷竟到零下三十度，我们准备着尝到这滋味，倒也无所畏惧。我们到了现代化的绥远饭店下榻，也毫不觉寒冷，这里正是宾客如云，由南方来的汤恩伯军长和几位师长，以及由沪赶来的慰劳代表，也寄寓于此。

归绥不啻北平缩影

归绥是一个北平的缩影，壮丽的北门鼓楼，归化城唯一的遗迹，宛如北平的前门，那楼的顶端设置着一座标准钟，夜间电炬朗照，楼前车马，连接着来来去去，这里也可说是归绥的交通中心。由此往南，大商铺不断的排列着，又可说是经济的重心。市房有些是漆着红、碧绿的颜色，市招上大都注着北平分此〔号〕等字样。驴马拖带的水车，小贩的手推车，镶着梗、铺着毛毯的人力车，点缀着小北平的街市。还有那胡同里或夹道中的大车道，也恰恰和北平一般的积满着松土。这儿也有北海的白塔，也有雍和宫模样的喇嘛庙，也有四柱八撑的牌坊。我们有一天，顺便经过城南的大召，那是唐代建筑的喇嘛庙，现有五十多个喇嘛，我们从旁门进去，在大殿前有题着“阴山古刹”四字的额。殿内也供着如来的像，在一个角落里，还有一座欢喜佛，这些对我们都没有良好的印象，院中这时正有百余个平民，在受着公民训练。我们又到小召去参观，这庙名席勒图召，很是富丽，小小的白塔，在另一个院子里高耸矗立着，殿前壁间的彩画是很工细的，还砌着琉璃瓦的龙碑，颜色、状态的美，似乎不下于北海的九龙碑〔壁〕哩。院中立康熙所建之碑，借悉归化城乃是古丰州地，系喇嘛席勒图发愿建立，或传康熙征准噶尔获胜归来，心中喜悦，乃建召以示恩于蒙人。由此可以想见清代对于蒙族羁縻〔縻〕的政策。按归绥有新老二城，老城即归化，新城为绥远，“绥远”和“归化”就是对蒙人态度的明白的表示，现在还沿用着。前清时绥远驻将军，归化驻副都统，现在新城中多机关和学校，旧城中多商铺，两城合称归绥。老城外有温泉二，据说经冬不冻，又有昭君墓，我们都无暇去巡访，大召前的玉泉井，传系康熙饮马之处，我们也未曾去看。

塞外生活之一斑

老于旅行的人，都能相信上海的生活，未必是最高的。塞外的生活，一方面固然很高，同时因为了我们是南方人，一开口就给对方知道是一个新来的“阿木林”，因此本来很高的物价，再加上一层“敲价”，就更昂贵了。平地泉车站附近，有一家名为集华春的菜馆，宾客如云，战事给了它一个发达生意的机会，我们曾去吃饭二三次，价值往往在上海经济菜的三倍以上，明知被敲，别处又没有较好的饭馆，只好忍痛耐着。又有一家在包头的旅馆——包头饭店——一间类乎上海三四等旅馆中的房间，房内设备毫无，而且卧床还是土炕，每天要取价二元五角，我们不愿人家常以“阿木林”看待，就在别家旅馆住宿了。其他一切琐屑的事，无庸细说，总之“敲竹杠”之盛，是超过了杭州。

备尝艰苦的记者

在前线工作的新闻记者，真是苦极了，冷和危险的不能逃避以外，同时也不能给你所需要的休息。譬如百灵庙前线的视察，是危险的，是艰苦的，经过两天汽车里剧烈的震动，一夜没有充分的睡眠，在第二天晚上八时赶回归绥时，论理在极度疲劳之余，可以脱衣上床休息了，可是他们还有重大的责任，他们还要勉强打起精神，写着长长的通讯，直等到天明四五点钟，才能休息。休息了四五小时，就要起身往照相馆去取照片，很郑重地把他们用最迅捷的方法，寄往他们的很远的报馆的所在地。百灵庙回来的那天晚上，同业一跳下汽车，拍电报、写通讯，忙个不了，我在子夜一二时，偶往隔室向一位同业借一物件，谁知叩门而入，即见他和衣倒在床上，再看桌上，摊着一张只写五六行字的白纸，大概是因乏累不堪，不能再写下去，更因不愿就眠而抛弃了他所应急做的工作，而就这样和衣不顾着寒冷而入睡了。我看了以后，不仅凄然有感，但反顾自身，还在苦苦地正和疲极的精神奋斗，急急忙忙地写着明天一早就要寄往上海的通讯稿哩！

土默特早已归化

归化原是土默特旗属地，现在这旗的蒙古人，早已归化，已无纯粹的蒙人了，但土默特旗的名称，还是保持着，并且特设一个机关，名土默特旗特别政府，现任总管荣祥，是这旗的长官，他本人并无蒙人的气味。在新城大马路间，我们见到土默特旗设立的学校，据说课程和普通学校相同，其他各盟旗的学校，向来注重汉文，课程也和普通学校无多大差异。自蒙政会设立后，德王积极提高蒙文程度，而少读汉文，然一般蒙人，均以能写汉字、能说官话为荣，有一部分蒙人，已多不了解蒙文了。蒙人为喇嘛者，尚须学习藏文，因经典多为藏文，藏文横行，而蒙文直写，我们在十二苏木时，曾请达密凌苏龙总管，将姓名译成蒙音，然曲曲折折，终不能了解也。

新绥贸易的衰落

归化的西庄客商，专营新疆贸易，在昔每年九月至三月间，骆驼队往还不绝，现在有了新绥长途汽车，贸易反无起色，那是政治问题，而非交通和经济的问题。新绥汽车每月定开四班，但无有确期，旅客前去者，须先经新省政府批准，否则汽车公司不敢接受。运新货物，闻以羊毛为大宗，近来新省对外省贸易，似已规定了一个原则，即新疆所需的货物，必须仰给外省者，方向外省购运，新省的货物，而为邻省所需要者，很少运至他省。

赫然触目的牌子

归绥是省府所在地，也是军事的策源地，然而某国的网线密布，公然设立什么公馆，或什么机关，担任工作者，常数十人。在剿匪军事发动之前，某要人曾来绥会晤傅主席，极尽劝诱之能事。傅谓："我自己死后还不知葬身何处，其他更顾不了。"某要人碰了一个大钉，怏怏而去，战事发生后，某国人已去了一半，但工作仍然紧张，赫然触目的牌子，不时引起人们的感触。

藏〔蒙〕古里有长有短

我们到达归绥第二天的清晨，挤上军用敞车，往百灵庙去，自德王给某国人包围后，百灵庙成为绥西之谜，归绥和百灵庙，相距约三百六十余里，或云四百余里，一说是蒙古里，那是有长里，有短里，无人知其确数。在大青山以北，这一段路途，尽是茫无际涯的草原，现在正当积雪没胫，白毛旋风肆虐的时期，路上缺少标记，多打了几个盘旋，至少又要多行百余里。我们的汽车曾经走错了路，埋入了尺余深的雪凹里，幸亏车中人多能够推车，才脱离了困境。

蒙眬中晤傅作义

上月廿五日夜，赵承绥司令邀我们上了他的开往绥远的一节专车，我们在车厢的会客室中，和他闲谈了一下，等到回到自己车厢里面，取时计一看，已是深夜十二时了。车震动得特别利害，我们知道明天一早要到归绥的，所以就和衣而睡，以免临时匆促。各人正在好梦正圆的时候，车突然的停驶，傅作义和他的交际主任尹邵伊等，都上车来迎候赵司令，我们在睡眼半开的当儿，认为时机不可失，就请求尹主任设法为我们在车中一见主席风采。一分钟后，主席表示同意，就请记者和主席相见。在黯淡灯光之下，傅氏脸下的线条，处处表现着刚毅的神态，又从他的谈吐中，使记者毫无疑问的知道傅氏的个性，是非常豪爽忠厚而倔强的，假使不是这样，当年他就不会坚守涿州，现在就不会实地抵抗匪伪，把敌人杀得四散奔溃了。伟大的最光荣的事业，往往是这种人干的。

黑夜中的庆功宴

我们在黑夜到达百灵庙，大家都成了饥寒交迫的难民，而又不好意思向驻防军队去索食，幸亏团长刘景新知道来客的苦况，已赶忙饬令夫役煮饼给来客疗饥，临时又在一间小屋子里，摆上了一具圆桌，设置着碗箸，一切都是精致雅洁，而面饼也很可口，我们很觉得受宠若惊。刘团长说你们不要客气，这次不是我请客，面粉、酱菜、油盐和桌器，都不是从后方运来的，众宾于是感谢刘团长说，要没有前线将士的拼命，我们来也不能来，哪里还有这样的口福呢？刘团长已有三日三夜没有睡觉，来客也觉得困苦非常，这时大家都获得了精神上的安慰，相对輾然。

现代化的某机关

我们临时休息的屋子，设备都是现代化，据说就是把持百灵庙的某某机关，这里有两间室，两个大炕，大概可安十余人，当我军猛攻之时，这十余个人员，着急得不可名状，但还到前线向伪匪哄骗，说援军快要到了，务须再努力抵御三小时，如有误失，惟长官是问，他们嘱托好了，偷偷向东北角乘汽车跑走了。

德王的随从卫士

德王于九一八后，常来去北平、南京之间，那时他的态度，似乎极能博得人们的钦佩。迨抵百灵庙，态度突变，据说他的耳朵都是很软的，当他在百灵庙时，忽有一个蒙古籍的卫士，终日跟从他，即睡眠时也不轻离，那人是某国特别提拔出来的文武俱全的人才，德王因此更难于自拔了。

百灵庙饱经沧桑

民元时百灵庙发生事变，现任护送班禅专使的赵守钰氏，那时曾率兵入庙平乱，纷乱中庙宇给暴徒焚烧，现在的庙宇，系乱后重建，规模不及五当召之大，但在绥西，也可称为蒙人的中心地。这庙原是云王的家庙，自德王霸持蒙政会以后，云王消极，不加顾问，庙事也废弛了，现在敌机常飞百灵庙轰炸，但对于庙宇，不敢毁伤，可见其用心之无微不至。

《外部周刊》
南京外交部情报司
1936 年 144 期
（朱宪　整理）

飞绥记

黄炎培　撰

民国廿五年十一月廿三日，我受了上海市商会、上海市地方协会、中国红十字会总会合组成功的绥远剿匪慰劳救护委员会的推举，同了王君晓籁和他的公子守法，以及林康侯、陆京士、颜福庆、庞京周、罗又玄诸君，一行共八人，于那天上午，从上海坐飞机过汉口，略停一下，飞西安，廿四晨飞太原，廿五晨飞目的地归绥，当晚飞回太原，廿六晨飞洛阳，午后飞回上海。从出发到回来四天中间，行了七千四百多里的天空鸟道，作《飞绥记》。

令令！令令！“咦，电话，你听。”从甜适而平和的睡梦中，给夫人轻轻地几声唤醒了。“咦！电话。”令令！令令！我去听。撅开了电灯，把时计一看，正指着四时零五分。“哙！你是谁?”“我是卫玉。韬奋被捕了。捕去还不过十几分钟。你明天什么时候起飞呢?”“明天上午十时起飞，我一定在动身以前去奔走。这时候怕没法想。”

令令！令令！“咦！电话又来了。”“哙！你是谁?”“我是重远。韬奋被捕了。还有衡山、公朴、乃器、造时。”“有没有别人?”“还不知道。你老能明天不走吗?”“唔！不走啊！怕不行。我一定在走之前尽力的跑，这时候怕没法想。”

和夫人谈这件事情的关系，和过去、未来的推测。夫人便联想到她的丈夫三十三年前的事情，从极度的同情中，表示多少愤慨。

一会儿，天明了。

跑！跑到某公馆，见某先生，某先生。商量！商量！“你还是走吧！这件事情，我们来想办法。你们走！”

虹桥飞机场顿时集了一大群人，送行的，被送的，行李，某先生办赠的途中食品，一个个手臂托着超过当地需要，准备向塞外和风雪奋斗的皮大氅。从飞机轮叶高速度的旋转所发出搅乱谈话听觉的雄大的声响中间，左一群，右一堆，咬着耳朵，在那里零零杂杂的谈：

“七个人，”“下半夜，”“天还没有明。”“手铐，”“巡捕房，”“公安局，”“一个女律师。”

雄大的轮叶发声忽然停止，广场上站着的，软玻窗里坐着的若干手巾挥动中间，一大群人渐渐地缩小了。大地旋转起来了。偌大的上海市便整个的和我告别。时计恰指十时零五分。

坐下来，凝神默想一下，飞机早坐过几次了。天空的环境，着实领略过，并没有能引起我不寻常的感觉。同行七人，六个是我的老朋友。就是晓籁公子守法，初次见面，从谈话里知道他是沪江大学毕业生，现在商界服务。我便展开日记来记着。这个机向张汉卿总司令借来，牌子是Bo-ing，译作“播音”，是美国Bo-ing公司制造的。机师两人，英国籍。同行者的职务分配完毕，小小的旅行团就宣告成立。

我便把到前方应见的人，应问的、应说的话，应调查的、应访询的消息和状况，一大片单子开出来给众人传观，这都是我旅行的惯例，便泛览我随身带来的书籍。

今天的目的地是西安。机该向西偏北行。拿磁针细看，何以老是向正西行呢？下午一时后忽见繁盛的都市，机便下降。原来是汉口，机加油，机师进食，机油加了十六箱，一百六十加仑，看看牌号，使我内心起一种愁虑。

二时九分又起飞了。磁针正向西北。愈前进，机飞愈高，山势愈雄伟而重叠。太阳反射在万山的那一面，一堆一堆都像埃及金字塔，作《夕阳大地》长歌：

夕阳大地歌

大宇窄窄风浪浪，千山万山明夕阳。俯看太华小培塿，终南大脉横脊梁。江长汉广行潦耳，自余纠结难名详。中有千年民人未观世界大，亦有沟犹小儒读书自娱不问国族之兴亡。龙蛇大泽靡不有，岂无鸾凤栖高冈。刀兵水火一劫白万骨，乱极思治还复修农桑。以此构成周秦两汉晋隋唐宋朱明大史册，共和五族稍稍流曙光。旁风上雨来重洋，江帆海舶争轮将。人人蹶起求生本自力，中州元气犹灵长。我生其间天职宁自忘，谁披荆棘修康庄。游心八极目四海，补苴罅漏汲汲殊未遑。九边寇烽日夕张，奋我神威收岩疆。人心不平有如地，山川纠缪心忧惶。无情白日自西匿，惟见大块烟云余莽苍。

到西安了。飞机场在城西。绥靖主任杨虎城、陕西省主席邵力子，一群老友都来迎接。入西京招待所，汉卿、力子先后来长谈。我们自上海起身时，许多友人托问当局对察、绥是否主张积极，飞机何以不到前方？到这里才知一切都不成问题。

明晨，一大群人共同进朝餐。他们见过上海报了，纷纷问沈钧儒、章乃器、邹韬奋等被捕究竟什〔怎〕么一回事。

朝餐毕，一行人众从西京招待所上飞机场登飞机，力子、虎城等皆送行。八时十分离地，向东偏北行，坐飞机越发老练了。坐下，我把在西安所闻所见，比较重要的，记录一下：

（一）我们见汉卿时，开口当然先说明赴绥远劳军的来意。不料汉卿却劈头说一句："怎么吾们剿匪剿了两年，没有人来慰劳呢？"

（二）从西安的报纸上，普遍看见杨虎城夫人、邵力子夫人热心援绥，自己捐助了钱，一个六百圆，一个几百圆，两位太太还亲出捐募银钱及物品送往前方。

（三）李维城君告我陕西不少新建设。西安有面粉厂两家，每天产面粉六千袋。大华纺织厂有纱碇〔锭〕四万五千枚，已开工的一万五千枚。有银行八家，中央、中国、交通、上海、金城、边业、农民及省银行。每年合共放款一千几百万圆，以农村棉业放款为多。咸阳新设酒精厂，有一小时可打四十二包之打包厂，有榨油厂，专榨棉核油以代酒精用。渭水旁有电气厂，在设计中。渭水新建洋灰桥，银行投资四十万圆，明年七月可完工。本年全省产棉一百二十万担。渭南还有两家打包厂，大的每小时可打四十包。

飞机将近黄河两岸，只见重重叠叠的山，尽目力所及，纠结复杂，竟找不到一片平地，更看不见一个人影，连飞鸟都一个没有。晴天的太阳，却孤零零地奔他的前程，从没有一刻停顿过。这时候，我心头起一个很有力的反应，原来世界的真象，是无始无终地这样寂寥的，这样无情而枯冷的。还推想到太阳走向地球那一边的十二个小时中间，世界的真象，是这样昏黑的，阴森险怪的。他们人类，正自处据守着那微渺的空间，奔逐着那短促的时间，各自要求满足他自以为无穷大的愿欲。

回看渺小的我，将怎样呢？觉悟了么？觉悟了。将怎样呢？将抛弃一切一切么？不。我一天有生命，我对赋给我生命的，一天须服从他所给予我的使命。可是我总不该忘却我是这般世界中间的一个渺小的我。

河东无数山峰的阳面，都有一条条白色的横痕，差不多的高度。这是什么道理？待问地质学者。

旅行的乐趣，就是说说笑笑，什么都不打紧。不是说过么？吾们离上海，先到西安，等绥远回来，还想到洛阳。同行八人，中有二人，是陆京士君和庞京周医师。吾便说：“我有一副对子，请大家对一下。”

以西安始，以洛阳终，“东西二京”（《千字文》）陆京士、庞京周，“周有八士”（《论语》）。

大家呆了。其实我自己也并没有能对出。一会儿，到太原了，时间恰十时半。

赵次陇主席（戴文）、民厅长邱瀹川（仰濬）、财厅长王均一（平）、建厅长樊象离、省秘书长王尊光（谦）、省委员王濬源（骧）、老友冀育堂（贡泉，教厅长）、李絅卿（尚仁，省委员），一大批人都到机场欢迎。从城内外见很多的工厂。到山西大饭店，这是我十年前宿过的。省商联会主席彭毅丞（士弘）招午餐，向同席实物准备库经理郝星三（清熙）问实物准备库状况，就是让老百姓把用余的农工服用品来售与该库。

郭君向之（裕）导游晋祠。留题两绝：

桐封差见平权意，龙起空怀专制朝。
阅尽兴亡千古事，青青周柏不曾凋。

大青山外响寒鼙，见说成城众志齐。
鼓起一池悬瓮水，尽湔国耻向辽西。

从太原到晋祠，须渡汾水，今有桥了，这也是十年来的新建设。

访王秘书长及民初江苏都督府同寅朱兰荪（绥光，参谋长）、旧友贾煜如（景德，秘书长），得绥远捷电，知百灵庙已于上午九时为我军占领了。

阎百川副委员长招待畅谈，他是一位老于建设而又有政治理想的。最近把他父亲遗传下来的家产价值八十七万元，奉了母亲命，悉数捐充前方军事费。他在最近几年中间，发表了不少对于政治上的见解：

（1）国识（意指国人对于国家的认识）必须走到国家生存所需要的前面，国家才能生存。政治领导国识，是维新。国识改造政治，是革命。不能维新，就要革命。既不维新，又不革命，就要亡国。

（2）假定把世界各强国的力量，各作为一百，我们民族的力量，等于三十，如何使我们的三十进到一百，这是复兴民族的问题。如何拿我们三十分的力量，来抵抗一百分力量的侵略，这是挽救危亡的问题。解答第一个问题，是要军事的政治。解答第二个问题，是要政治的军事。一个兵至少至少须有一个人民补充，才能继续作战。一个兵须有一个人民输送给养，饮食、弹药才能接济。一个兵亦须有一个人民维持后方，才能安定战时的秩序。晋绥有十万兵，至少须有三十万民众的帮助，才能作挽救危亡的抗战。

（3）挽救危亡，复兴民族，非人民具有牺牲的精神、吃苦耐劳的毅力，以养成民族自身的真力量不可。真力量在全体民众，而发动领导，在少数具有爱国心的人。我希望大家不做汉奸，不容人做汉奸；自己牺牲，不容人不牺牲；自负责任，不容人不负责任。

（4）民不愿亡，若久久无救亡法，则民怨生而民心离，政府必失其统驭之能力。政治失其统驭以后，千奇百怪之现象，有不可思议者。恐亡我者，非外人之武力，乃国人武力也。杀我、辱我者，亦非外国兵，乃中国兵也。读亡国史，何国不然。愿政府乘人心将瓦解而未瓦解之前，坚民志而固民心。今日应以非常方法督励国人责任心，组织训练民众，发达自然科学。

（5）有目前之国难，有将来之国难。目前之国难，在日本；将来之国难，在苏俄。国人应付目前国难，不外两种：（一）主张忍耐；（一）主张牺牲。我对此两种主张，各有同情，但应各附条件。主张忍耐者，必须保得住人心不瓦解。主张牺牲者，必须避免日共两军之夹击。欲谋应付将来国难，不在联日以抗俄，或联俄以抗日，而在能自存与自固。果能解决土地问题，以消弭“赤化”之大空隙，制定公务员遗〔贻〕误罪，以加速加强政治之效能，组织民众，训练民众，武装民众，将今日一盘散沙的民众，变成一块胶石的民众，以集中人力，实行特产证券，开辟造产途径，提倡科学，增进造产技能，以发展物力，则瓦解、夹击、自存、自固四问题，皆可解决。国难中有省难。华北为日军所必争。西北为俄军所必争。盖不如此，日军不能保其左侧背之安全，俄军不能保其右侧背之安全。而山西不免有被日俄两军拉锯式蹂躏之危险。

（6）非实行物产证券，不能消除经济侵略的国际战争。非实行按劳分配，不能清除国内劳资不平的阶级斗争。

以上都散见在昨今两年演讲纪录中间的。阎先生脑海里蓄着理想，手里又拿着政权，所以一件一件都在那里实行。为着造产救国，在民国廿一、二年筹备成立了西北实业公司，把一千六百万元资本所创设的印刷厂、窑厂、毛织厂、兴农酒精厂、炼钢厂、火柴厂、洋灰厂、制纸厂、机械厂、机车厂、铁工厂、农工器具厂、铸造厂、水压机厂、发电厂、电化厂、化学工厂、皮革制作厂、汽车修理厂、育才炼钢机器厂、煤矿第一厂、西河口铁矿采矿处、宁武铁矿采矿处、静乐采矿处、天镇特产经营场（据廿四年概况）统铁〔纳〕入该公司。而把该公司以及同蒲铁路、晋华纸烟公司、山西省银行、铁路银行、垦业银行、盐业银行，共资金八千万元，统定为山西省人民公营事业，设有督理委员会、董事会、监察会、各县监进会，负责监督管理该事业，而各该会职员，都由人民选举。订有管理章程、选举规则。中间同蒲铁路系窄轨，由太原南至蒲州已通车。其北现通至原平，明年可展至大同。晋华纸烟公司施行全省烟草专卖，年额六百多万元。烟草除自种外，一部分购自豫省。

我从谈话中问阎先生：(一) 既定为省公营事业，如同蒲路收用民间土地，用怎样方法呢？答：由公营机关委托政府办理。(二) 省库设有需要，能否向公营机关暂行挪借？答：绝对不能。

从阎先生谈话中，撮叙尤其精采者两节：

(一) 阎先生说：民众训练组织，着实重要，否则敌人来时，只有上中级社会发生影响。至于基层社会，他们认为全无关系。民众训练，须注重上中级的人家子弟，此等人家子弟，必须同样服兵役，否则打仗全属之一班穷苦老百姓，不但不合理，而且是永远靠不住的。

(二) 阎先生说：我常对军官们讲，凡事成败有三个方式：成功是成功，失败是失败，是普通的方式。第二，失败是失败，成功也是失败。例如贪官污吏，假公济私，失败固然是失败，即使贪污成功，而人格破产，名誉扫地，结果还免不了受国家法律上制裁，不是依然失败吗？第三，成功是成功，失败也是成功。例如抗敌救国，成功不必说，即使不成，尽了我们人民对国家的天职，在良心上，在责任上不还是最大的成功吗？

我在这样想：我们中华，自从挂了“民国”招牌以来，如山西总算把人民和国家，渐渐地打成一片了。

传闻山西壮丁，已训练了三十万，明后两年继续训练，可得九十万。

赵次陇老先生是一位理学家，今年七十一岁了。他是山西省主席。他对大众说：如果敌人有一天进了雁门关，我自己把头割下。

廿五日晨到飞机场，赵次陇主席、朱兰荪参谋长、冀育堂厅长、老友李絅卿等都来送行。天骤寒，机油不肯即时发力，至九时四十八分始起飞。向北行。东望，见五台山。我国境内名山，华山高二千二百九十公尺。昨从汉口飞西安所经过之太白山顶最高，竟达四千公尺。峨嵋山高三千零三十五公尺，而五台山高至三千零四十公尺。一过雁门关，万山皆雪。到底塞外气候，与内地不同。十一时十五分抵绥远。当飞下广场的时候，从欢迎群众中间，走出一位躯干魁梧、容颜红润、好像军官模样的，向我们一个个握手，我从没有和他见过面，就为是屡次报纸的绍介，毫不迟疑地断定此人就是傅作义将军。

绥远省会有新旧两城，相去不远。飞机均在新城北门外，傅将军用车迎我们到旧城内招待所。坐定，我们说明来意。当我们昨天在太原时，早闻得百灵庙为我军攻下，到这里便向傅将军祝贺胜利。傅将军肃然起立，用很恳切而又很沉着的语调来答覆：

“诸位代表！我们军人，受国家豢养，为保卫国土而打仗，虽牺牲生命，也是分内的事。万想不到劳动诸位不远万里而来，给我们精神上的鼓励，和物资上的补充，而物质的数量，又这般丰厚，这是何等可喜可感的事！我就代表我全体将士，全体民众深深道谢。有一层该慎重声明的，任何方面送来的捐款，我们是一律存储起来，从没有敢动用过分文，必得请示于蒋委员长、阎副委员长，完全听候他们斟酌支配的。”

我们便问昨日攻下百灵庙的经过情形，傅将军答道：

“敌人在长城以北，从察哈尔东边多伦起，经过张北、商都、百灵庙，迤西黑沙图、定远营、阿拉善，而达青海直北的额济纳，划成一条联络线，每一交通站，设有特务机关，已用去特务经费四万万元，有无线电台、飞机场、防御工程，节节联络。有定期航空飞行以上各地，企图截断我对苏联的交通。而百灵庙位置在全线的中部，给我打下以后，东西两方便没法联络起来，这一仗关系很大。廿三夜一时半在大冷天里，开始攻打，打到明天上午九时光景，便把百灵庙完全占领。到了十时，敌方飞机来了，一见便折回。下午四时又来，掷下许多炸弹，可是百灵庙已在我掌握中了。这一仗，夺获军用品甚多。除枪械外，面粉两万余包，煤炭五十万斤，还有汽油达三四百箱之多。”

我们便问：“伤兵多少？”傅将军答：

“这一仗，兵士们受伤了三百多人。连从前受伤的，共五百多人。”

我们立即声明，请从带来现金十万元中间，划出五千元，分赠受伤的兵士。

我们就立刻写起宣言来。

《上海赴绥慰劳代表团宣言》：“自从绥远剿匪问题发生，南方民众，非常热烈。尤其是上海市商会、上海市地方协会、中国红十字会总会同人立即集合起来，组织一个绥远剿匪慰劳救护会，开会筹备之结果，当场筹垫十万元，公推晓籁等前来面致傅宜生主席，并以极诚恳的意见，对于傅主席、各位将领、各位长官、全体士兵、地方民众，表示一万分的同情和感佩。我们常念国家是整个的，譬如人身一部分流血受创，全身血轮是要来救护的。我中华民国受敌人欺侮，一部分国土，已被人侵占，现在，还在一步一步扩大，吾同胞们，再不一致奋起，从万死之中，杀出一条生路，更待何时？这是我中华全国国民公共的责任。绥远诸位将领、长官、全部士兵，单独负此责任，在冰天雪地之中，浴血奋斗，教我们全国民众何等感激！何等兴奋！所带来的区区款项，仅仅表示吾们感激兴奋的情绪万分之一罢了。在途中得到捷报，知前方士气百倍，无攻不破，昨晨百灵庙又已攻下，此何等可喜事！而诸君的劳苦功高，又居何等！同人已告明傅主席，于带来款项内，特拨五千元，分赠受伤兵士，聊表区区之意。同人还有一层感想，人之爱国，谁不如我，诸君为守卫国土，不惜捐弃身家，即匪方岂无天良发现之人，想到受人愚弄，害了国家，还害了自己，活着对不起人，死了更何以对祖宗于地下？一念及此，必有人翻然悔悟，自拔来归。同人还望傅主席原谅他们，哀怜他们，给他们一条自新之路，依然为中华民国良民，这也是我们所十分希望的。吾们行色匆匆，不获亲向各地前方将士，一一表示意思，特写此短文，付之公表。国难未已，来日方长，惟愿诸君继续努力，吾全国同胞定当继续为诸君后盾。我们来时到太原，见过阎副委员长，表示区区，还要飞到洛阳，谒见蒋委员长，面陈此次北来所见所闻、诸君劳苦功高之实况。同人行矣，愿为诸君呼中华民国万岁！王晓籁、林康侯、黄炎培、陆京士、颜福庆、庞京周、罗又玄、王守法。中华民国二十五年十一月二十五日在绥远。”

绥远有五家日报——《绥远日报》、《西北日报》、《朝报》、《社会日报》、《通俗日报》。有六家通讯社——绥远通讯社、绥远新闻社、西北新闻社、蒙古通讯社、归绥通讯社、塞北通讯社，便把这宣言书分请发表。

颜、庞两医师和一部分同人便到伤兵医院去慰问，归来，傅将军在新城省政府设筵招待。席间，傅将军还有几段精警的谈话：

“从前看军队的打仗，仿佛和比球、角力等赌赛一样：打胜了，大家慰劳，祝贺；打败了，就没有人问。须知战争该问有没有意义。假如没有意义，就使连战连捷，有什么祝劳祝贺的价值。要使有意义的话，像我们为国家民族而战，虽败犹荣。

“这番打仗，受伤的兵士，毫不感觉痛苦。是什么缘故呢？绥远各校女学生、女教师，她们轮流不断地替伤兵看护。兵士们都是庄稼人，苦是吃惯的。当了兵，受伤也是常有的。哪里当得起这回那么多的大家闺秀，日夜轮流着，喂药的喂药，送饭的送饭，叫他们内心多么感动！多么兴奋！他们从此觉悟到替国家出力，是这样荣誉的呀！怕他们死也甘心，哪里还感觉痛苦。”

傅将军还说：“蒙军中的德王，他的盟地，在察哈尔锡林郭勒盟，就是西四盟之一，而并不在绥远西二盟。德王自己并没有背叛国家的意思，最近还派人来诉苦，完全给人家愚弄，简直是可怜。”

我在民国十四年八月曾来绥远，宿新城农事试验场三夜。这回虽没有时间参观，就车行所见，有毛织工厂，有国货陈列馆，有规模宏大的九一八纪念堂，都是十年前所没有见到的。

绥远也在办壮丁训练。受过三个月训练的，有一万人。受过一个月的，有十万人。现时还在继续办理。要是短时间内使得壮丁普遍受到训练，从此敌方浪人，以及所收买的汉奸，他们想来绥远活动，一到村落里，立被报告军队前去拿获，简直无法下手。这就为是多数人懂得国家的意义和国民义务的缘故。

下午三时五分，我们便飞离绥远了，只留又玄一人往百灵庙等处继续观察。

四时四十四分到太原，仍宿山西大饭店。旧友杨思诚（晋绥经济建设委员会设计主任）示我绥远十年建设计画。据云，黄河水运，上达宁夏，试验已告成功。向知黄河水运有两大困难：其一，山峡；其二，流沙。杨君言：“山峡问题，特制浅水轮船，上置绞绳，岸上节节设桩，逐节挽绞而上。流沙问题，沙流不定，致河道时时改变，现沿河每五里，设引港夫，雇用当地熟悉流沙情形者担任。船每达一段，由该段引港夫引到第二段，再由第二段引港夫引到第三段，如此逐段有人导引，便没有障碍了。现在专候经过各区政权问题解决，便可通行无阻。”

廿六清晨，正欲赴飞机场，贾秘书长来送行，同早餐，毕，辞别到场。次陇主席、育堂厅长等仍来远送。大家说起，昨夜刮大风，幸此时风势不很厉害。正欲上机，军官毛先生忽来，临时加人。设无贾秘书长一处同餐，匆匆便行，毛先生就不及参加了。八时五分起飞，忽地一阵大风，使得美髯公育堂先生满脸长髯，立刻变成八大山人、任山阴、吴安吉诸大家画本中人物。又是一阵，便把几十位送行者一齐卷入黄沙中，什么都不见。只觉今日的飞机，和往日大大的不同，震荡得特别有力。不多时，两舷的玻窗，好像外面糊上一层牛皮纸，又好像坐潜水艇行黄海中，唇齿只觉息息有声。原来飞机每一个的坐位，装好一条带子，从前坐普通旅行机，起飞时，机仆会替我把带子从左边膝旁搭到右边，第一次坐飞机，吾问机仆，真出事时，这带子有什么用处呢？他说："这也是定章如此。"到了此刻，机师公然授意吾们，大家把带子搭好，吾们才知道事态真严重了。这一条带子，的确给我们不少的帮助。飞机望上一耸，望下一顿，至少总有几十尺上下。同行中便有一位先生，把刚才贾秘书长陪吃的早饭，老老实实地"出而哇之"了。大凡人们最难当的，就是座旁有人吸烟，吞云吐雾，而我偏不吸；有人喝酒，猜拳轰饮，而我偏不喝；人家正在赌钱，呼幺喝六，有时恰巧三缺一，而我偏不赌。这已经不容易了。然而还不及座旁有人"哇！哇！哇！"地〈大〉呕大吐，而我偏不呕不吐，这真是天大的难事。我呢？自己不免多少有些自负，我总坐过几十次海船，别人呕吐，或僵卧不能进饭，而我饮啖自若，可是到今天坚强的自信心，不免根本有些动摇了。正在尽力挣扎的时候，抬起头来，忽见窗外一轮白日，万里无云。向机身底下一望，翻翻滚滚，尽是黄砂浊浪。恍然悟大风挟沙行空中，成极厚的沙层，飞机穿透了，打从沙层浮面上飞行。只见毛先生站在两位机师并坐的中间，不断地唧唧哝哝地商量，忽然机又跟向沙层中，许久！许久！才远远望见树木房屋，快到洛阳了。原来两位机师，这条路没有飞过。先前从黄沙中间仿佛发见一条河，认是黄河，便欲下去，幸亏毛先生指出他们的错误，立即阻止，并加以指导，居然到达目的地，没有遇什么险。原来毛先生是航空专家。如果他不搭坐我们的机，向昏暗的黄沙层里摸索，也许降落到不知什么地方去，也许出多少乱子。事后同行诸位告诉我，在顶危险的时候，他们正在想，你老出什么对子，“以西安始，以洛阳终”，这“终”字哪里要得，我们简直要寿终洛阳天空了。如果这样，你老简直是一位预言家。

恭喜！恭喜！安然降下洛阳飞机场了，看时计是十时四十五分。风还是大得不了，同行诸人满身是泥沙。有一位先生躯干比较肥胖，简直变成江苏特产无锡大阿福——泥人。入军官学校，盥洗，少息，见蒋委员长。

蒋委员长见我们，劈头第一句，我当你们今天不能到的了，这样大风，问途中状况，我们说明了来意。蒋委员长用恳切而沉着的态度给上海同人以若干褒嘉和鼓励。其中尤可注意，就是很坦白地，对我们说，察北问题，有办法，有决心，华北问题决不迁就。

留我们饭，我们以急须飞沪，恐耽误时间，辞出。随便吃了些，便行。停在场上的机，都用绳拴住在桩上，还恐吹去，若干壮夫拉住，十二时五十分离地了。

今天的风，是从西北走东南，恰巧我们行程同方向。霎时间，又飞入沙层中了。大凡人得了一回经验，便加壮了一分胆量。我们早自动地把带子搭好了。只听得“拍！拍！拍！”狂急的马达声中间，夹着“和！和！和！”尖锐而峭烈的怪声，机还是望上一耸，望下一顿，霎时间又走到沙层上面来了。抬头看天空的太阳越加明朗，想到沙层底下地面的人民，又不知昏暗到什么程度。简直是沙土中的虾、蟹、虫、蚁，幼时读《穆天子传》“君子为猿为鹤，小人为虫为沙”，认为荒唐得利害。到此一想，吾们终算是猿鹤了，他们的的确确是虫是沙。约莫走了一小时半，机身底下的黄沙层完了，只见大块的白云，凝成大聚团，聚若若干大团成一大集团，仅目力所及，无数集团，在天宇中间，翻翻滚滚地前奔，我恍然大悟了。今天的风，据洛阳飞机场揭示，一小时行五十四公里，但我们飞机一小时须行两百公里以上，较风几乎快到四倍，当然赶上风的前边。这一团一团的白云，就是被风在后方驱逐着，显出一种慌张奔窜的形状。这飞机却自由自在地抢先飞去了。这也是科学战胜天然的一证。

大风飞行高空所见

到此真浮博望槎，手扪日月弄云霞。

红黄叠珊瑚海黑，白翻空玳瑁花直。

欲孤身浪犯牛斗，只怜下界尽虫沙。

开襟无际成高朗，何用尘寰更恋家。

到白云层走尽，才见长江，四时四十分抵沪。却没有一人一车来接，为是电报不达的缘故。还是吾自己去打着“令！令！”的电话，招车来迎着大家归去。

四天中间，由上海而汉口而西安而太原而绥远，回来由太原而洛阳而上海，共走了七千四百五十二里。据飞机师事后说，最高时飞达一万四千尺。还说，的确有相当的危险，虽然，比他们在战场上飞机大炮底下怎样？我们为什么不这样想。

《国讯》（周刊）

上海国讯社

1936年149—151期

（李红权　整理）

晋绥从游记

袁荣叟　撰

民国廿四年九月，荣叟随市长沈公赴济南、太原、大同、绥远、包头，考察教育、经济各项，原议归途仍循平绥路转平汉、陇海两路，以赴洛阳、西安，嗣以市长改道由包头乘飞机往宁夏、兰州转西安，荣叟因参观晋绥屯垦事业，西赴五原，遂由平、津回青。奉命记述沿途见闻，逐日作成日记，其重要事项，并就访问所及，略述颠末，各标一题，而附诸日记之后。行程自九月十四日至九月三十日，计十有七日，所经胶济、津浦、北宁、平汉、正太、平绥六铁路，及晋北、包五两汽车路，为程六七千里。实际所游览者，只石家庄、太原省城、大同、绥远、萨拉齐、包头、五原七处而已。逗留时间，太原省城四宿为最久，五原三宿，大同、绥远、包头各二宿，萨拉齐五小时，石家庄三小时为最暂。

九月十四日，土曜，晴。　晚九点四十分，随市长乘胶济铁路一次特快车，赴济南，随行者，荣叟而外，有译电员蒋德钦〈等〉四人。

是夜通宵失眠，年来神经衰弱，畏嚣多虑，迁地则难于成眠，殆成习惯矣。

府主面谕，此行所赴地点，注重在太原、绥远、包头、张家口、西安数处，其他北平、天津、保定、郑州、洛阳、潼关，亦拟便道参观。其对象则注重教育、工厂，而社会事业次之。荣叟因本斯旨，提议行程预计，初议先赴平绥路之张家口、绥远、包头，归途再经大同，赴太原、保定、郑州、西安，嗣以注重参观太原建设，乃先向正太路。

九月十五日，日曜，晴。 早七点廿分车抵济南站，韩主席及其寅僚多人，在站相迎，因邀市长入城，并约荣陪往午餐。

韩主席与市长，谈最近巡视河防情形，对于治黄方针，有简单之谈话，或谓听其二股并流，亦属一策，当局于此则无成见。市长又谈及青市禁止现银出口情形，以为私兑、私运来源，仍在胶济沿线各站，如能从源头着手，效率较大，韩主席允通令沿线各县地方协力防止。

晚八点四十五分，乘沪平通车赴天津，韩主席仍莅站为市长送行。

九月十六日，月曜，晴。 早六点四十分，车抵天津总站，有姚秋武、高元礼、林凤歧〔岐〕诸君，在站迎候，因为时尚早，乃赴咖啡馆，早餐毕，市长便道访问驻津之英、美、日本之领事，盖皆昔年驻青之旧友也，嗣访在津旧友，考询平、津近状。

九点零五分，乘北宁六次之平津快车赴北平，十一点五十分，抵前门车站。有驻平军分会鲍主任志一诸君，在站迎候，市长赴德国饭店小憩。

晚十一点四十五分，乘平汉第廿一次快车赴石家庄，市长原意过保定下车，小住半日，访问商主席，嗣以快车过保适在深夜，虑扰及地主不安，且当日晚车到石家庄，又须多留一宿，故改计径赴石家庄，以便赶乘翌午之正太快车赴太原。

是夜又失眠，三日连乘夜车，仅津浦车中差得熟睡半宵耳。

九月十七日，火曜，晴。 夜四点，车过保定，商主席派秘书陈君笏上车招待，请市长留保一谈，但以业经改变行程，遂辞谢之。八点零分，车抵石家庄，赴正太旅馆小憩。馆在站旁，旅客升降亟〔极〕近便，盖正太路局所筑而赁与商人经营者也。

九点随市长乘人力车赴大兴纱厂、井陉矿务局及石门贫民教养院参观，怱怱绕市郊一周，市容略睹大概。

石门有平汉、正太二路机厂，各有工人千余，此外则推大兴、井陉为巨擘，居民数万，商店数千，街道、铺面，尚称整齐，并不繁华。商业以煤为大宗，粮食次之，车站附近，多属煤栈、粮栈。规模大者，多装有岔道，以便装卸。银行有中国、交通、上海三家。此地向为毒品出入要道，近年稽查较密，幸无外国籍人留此，贩毒者多本国人，由天津各埠勾结外人运贩于此。

石门驻军，以李生达之一旅为主，另有廿九军之一团，宪兵六十人，公安局警察三百余名。

石门为入晋必经之咽喉，时有外人旅行赴晋，尤以教师居多，间有洋商采办货物，即假旅馆一室行其营业。

十一点廿七分，乘正太一次快车赴太原，晚七点三十八分，到太原。有山西清乡杨督办等在站候迎，寓南门外山西饭店。

记大兴纱厂

大兴为石门唯一之纱厂。初有纱锭二万五千，嗣增至三万。布机三百架，今增为五百。旺年工人三千名，今只二千七百。工资平均日支五角，高者或至八九角。工人待遇尚优。有宿舍七百间，并附设学校及医院等设备。往年工人借党部势力，不免多所［劳］要求。今党部已取消，工会犹存，厂方每月贴给工会开支四百元。厂内凿有洋井，引水为池，且设有喷雾器，以调节空气之干燥。所纺之纱，以十支者为多，最高至廿二支而止。所出之纱，三分一供本厂织布之用，余则销于附近。每日约用棉花三万斤，每月约用百万斤，即一万担，每年约十二万担。用煤年约一万五千吨，多取给于井陉及正丰。据经理徐松滋君谈，此厂于民国十一年创立，其时虽受内战扰累，然因交通阻绝，各路货均不至，虽仅开工六个月，犹有赢余。近三年则每年须损失二三十万，每年约征厂税廿四万，适当所损之数，所幸历年公积较厚，尚得勉为支持，然而资本三百万元，实支已愈四百万，除以公积抵补外，则由中国银行贷款五十万以资周转。石门之优点，在于用煤便利，工资较廉，出货有销路；但近年工资已逐步增高而销路大困。惟大兴销布以山、陕为主，上年西安尚销乙万包，又以陕南之三原、富平棉产称最，故于西安增设大兴第二厂，预计廿五年春完工，投资一百万元。旧厂不适用之旧机械，移一部分装于新厂，而旧厂则另易新机，以期便于管理，而出货得以加速。该厂所用之花亟粗劣，只堪供纺粗纱之用，且废花甚多，近年乃利用之以制绒毯，每条售一元六角，去年某军购三万条供军用，每年闻可出十余万条。又闻厂股多属鄂人投资，经理、技师多鄂人。创办人徐某，于欧战期间，承租武昌之纱布四厂，大获其利，以此魄力雄厚，经验亦丰，际此纱业凋敝、激烈竞争之余，该厂独能力争上游，更辟新厂，不可谓非难能可贵者矣。

记井陉矿务局

参观大兴纱厂后，即驱车往访井陉矿务局，时诸委员均有兼职，不恒驻局，由张主任用陈及会计侯君、技师徐君引导参观。据张君言，现在采掘之煤层，在井陉县南河头，有四公尺厚者一，七公尺厚者二，廿公尺厚者一，最深之井，有百八十尺，股份华人占四分之三，德人占四分之一，盖一再改订合同，始有今日。约中有一条曰，二十年后，无条件交还。总局原设天津，近乃移于石门。产量旺年有六七十万吨，近以销路维艰，产量大减。自本年九月十六日起，井陉与正丰立约，实行分产合销，按井陉五十二成半，正丰四十七成半之比例，合设销煤机关，各派三四员，司掌运输、贩售事宜，其开支由两家分摊。其合销之区域范围，限于长辛店以南，顺德以北，及保定城区在内，保定乡区则在外。井陉煤价高于正丰一角。石门本厂则以炼焦为主，副产品有汽油、柏油、铔水等项。井陉煤多属烟煤及半烟煤，宜于炼焦，每日约出一百吨，汽油日出十吨，铔水供塘沽永利公司制碱用，沥青供都市修路之用，并有油漆等项副产，但为量不多耳。谈话毕，遂参观炼焦场，炉系铁制，分为十大格，每格均有铁闸板，外封以泥，度炼焦既已成熟，则以机械之力，牵引闸板上升，炉内焦炭正燃，俨然结为一大火聚。此时更以机械之力，由炉背之活塞推而出之，此一大火聚，遂拥出炉前，散为小火块。工人挟水管随出随浇，此时烟火弥漫，与水相持，熊熊之光，乃渐化为烟雾，其余热仍达于数丈之外。吾辈遥立煤山之上，犹觉热不可耐，其踞于炉火上之工人，真不知其何以堪此也。特以为时已促，未及遍观化学品制造各室，遂辞去。按井陉初为德人汉纳根与张凤起合办，集资甚微，其后频年获利，始于逊清光绪末年，作价廿五万两，而由华方出地与之合办，其后增估至百五十万，盖历年赢利至厚。当我国对德绝交之际，矿权完全收回，于是农部矿司，乃与武人勾结，视为肥缺，局务领袖，一岁辄获十余万之腰缠，降而下之员司，亦复称是，不十年而营业遂衰，几于不可救药，近年由河北省府改组委员制，稍见整顿，然值世界恐慌之际，亦未易奏功也。

记石门平民教养院

石门平民教养院，事属私立，乃第二十九军参议周君化邦所创办。周君，字维新，河北元氏人，初任军职，近年则服务于社会慈善事业。院内附设两级小学、工艺制造所、戒烟所，全院容留工徒及学生约九百人，多数专司作工，少数工读兼施，学生有三分二住院，三分一走读。住院者，多属孤贫无依，由院供给膳宿，走读者，有家可归，院中仍供给课本，以工徒在工艺制造所工作者，约五六百人，分鞋工、木工、纸盒、料器等十部，以鞋工为多，计有百人，所制千层式布底鞋销正定等处，每双售价三角，成本二角，余为盈利。料器、玻璃出品以煤油灯为大宗，其次则家常日用之器皿，多销顺德一带。工徒之膳宿衣着，由院供给，并按作工勤惰、盈利多少，酌给分红，但不另给工资，全部开支，每年一二万元，除出品售价抵偿一部外，则赖捐款弥补，闻阎主任近为拨助千元。到院参观时，周君有事他往，比及赴站登车，周君偕大兴徐君到站相送，更为市长述其颠末，市门〔长〕慨为捐助二百元。

记正太途中所见

正太路线长二百四十余公里，所经多崇山峻岭，仅获鹿以东，寿阳以西，稍见坦途耳。获鹿、寿阳之间，约百五十公里，地广人稀，土瘠产薄，交通阻隔，旅、货甚稀，仅有正太铁路之大血管，而无道路之小血管以相为灌输，故正太路常患贫血症，全路每日催开客车往来共五次，此外有太原、榆次之区间来往各一次。市长所乘快车，以八车为一列，计邮车兼饭车一辆，一二等客车三辆，每辆皆一二等混合，计四室，一等室四人，二等室八人，合计可容二十八人，三等车五辆，每辆分为六排，每排四座，可坐八人，每辆仅容四十八人，较之他路大车容量不及三分之一，固因幅狭轨轻，不能载重，实亦客货稀少，无所需于重轨大车频繁往还也。正太轨宽一米达，轨重五十六磅，通车已三十年，营业迄今实少进步。其路线当胶济五之三，而营业仅得三之一，是知对于正太及同成而主张广幅重轨者，亦一偏之见，不足为定评也。

由石门而西，始犹属坦途，过获鹿后，入山益深。山势愈峻，轨道迂曲，车行经转弯处，首尾有时成六十度钝〔锐〕角，日光自右窗射入者，忽易而左，车轮辚辚之声，触于司听之官，直感觉其行之悠缓，过寿阳而西，乃如坂走丸，驰驶无阻矣。

十二点半过南河头站，井陉矿务局，有矿区在此，其西有南张村站，为正丰公司矿井所在地，正丰初掘井处，在井陉站附近二三里内，嗣以矿苗不旺，乃东移于南张村，其公司旧址，在井陉站，占地颇广，有旧式建筑不少，近年则供军队宿舍耳。

一点，过井陉站，站东隔河有井陉县城，山城斗大，半山半谷，颇占形势。

一点半过娘子关站，娘子关四面皆山，中通一径，古人所谓“骑不并乘、车不方轨”者，迄今犹然。其山不必如泰、华之险峻，但以层次重叠，入一重，仍有一重，以此易守难攻，遂称天险耳。关前后有北峪、南峪、程家、陇底、下磐石、岩会、乱流诸站，观其命名，亦可窥其形势之险要矣。

娘子关雄踞山半，下临涧谷，其后更有高峰，相传唐平阳公主避暑楼在其巅，疑为古烽火台之遗迹耳。

娘子关车站，新辟小公园，引涧水为游泳池，长五十二步，广二十八步，入口浅处可四五尺，出口方面深度增至一丈五六尺，属正太路局本年新筑以供游侣休憩者也。

三点一刻，过阳泉站。阳泉亦大站之一，附近有炼焦厂，及隆化瓷陶厂。其地属平定县境，平定向以磁铁著名，本年铁路展览会，平定出品之陶器，价廉物美，颇受赞许。保晋铁厂，设于阳泉，年产生铁六七千吨。附设窑厂，年产瓷陶器总值十余万元。保晋煤矿公司总根据地亦在此，闻该公司阳泉总厂，年产煤三十余万吨，大同分厂，年产十万吨，阳泉附近又有建昌、广懋煤矿二公司，所产仅三五万吨耳。车站有岔道，与煤厂衔接，停放煤车甚多。

五点半，车过寿阳县站。是为正太沿路地平最高处。由石门来此，大都上行，由此而西，则为下行。以东皆幽谷峻岭，以西则为坦途。车中下望，涧水东西分流，以寿阳为分水岭。寿阳站距太原站八十三公里，当全路长度三分之一，快车只行二点零九分。其他三分二之行程，则需六小时之时间，虽其停车数次，占去三十余分，而行车之迟速，显然有别矣。

七点过榆次县，距太原五十里，为中部富庶之区，其地有晋华纺织公司、魏榆面粉公司、利晋染织厂、兴业织布厂，而晋华为最著，盖工业之一集中地也。

正太全路有隧道二十五处，以井陉站附近之隧道为最长，车行一分廿秒始通过，然比之居庸关隧道之八分钟，犹为短也。

九月十八日，水曜，晴。　早六点起床。托旅馆雇汽车不得，闻太原省垣有公用及私人汽车近百辆，但无营业车商，外来贵宾，向例由绥晋公署或省署招待。绥晋公署有公用客车十辆，货车若干辆，专供招待之用。市长初虑扰累地主，嗣以无从雇用，不得已，仍受绥晋公署之招待焉。

七点，从市长拜客多处，与阎主任、赵总参议、贾秘书长、朱参谋长诸公晤谈。便道谒傅青主祠，祠饶园林花木之胜。廊厦荫森，藏碣甚多。正室供傅先生画像，束发抱膝，削颊长髯，道袍芒蹊〔鞋〕，意态潇洒，而具肃穆清高之气象，若懔然不可犯者，诚一代奇人也。今以第三十四军军部借驻于此，游人裹足，不得任意展谒矣。

十一点，赴山西大学参观，是亦国立最古大学之一。盖由庚子赔款抚恤山西教会之恤金中提出五十万两为大学经费，设立中西两斋，而委托李提摩太、敦崇礼等代为主持，十年为期，直至清末，始行收回自办。嗣取消两斋名称，改组文、法、工三院。文学院分国文、英文二系，法学院分法律、政治二系，工学院分土木、机械、采矿、冶金、电机五系，嗣又将独立之法政学堂并入于法学院，又并入师范学堂而增设教育学院，又增理学院，尚未招生。现有学生八百余名，而法学院占半数，又有附属高中二班，以后即停办。历年各系毕业不下二千人（专斋不计），但设备甚简陋，现在常年经费三十万元，在北政府时代，中央补助经常费十万元，久已停止。

午后二点半，参观西北实业公司之机车厂、农工器具厂、铁工厂、铸造厂、水压机厂、电气厂、枪弹厂，由技术主任马君开衍引导参观，并为说明。五点，赴土货商场小憩。

晚六点，随市长赴阎主任之招宴。

记西北实业公司之七工厂

本日参观之七工厂，属西北公司事业之一部分。此七厂之厂址，原属太原兵工厂改造，利用旧有造兵机器，改充制造农工机器工具之用。每厂有经理一人负责，而以马君任各厂总管理处之技术主任。马君，字子敏，宁波人，其兄当民初之际，为山西四旅长之一，与晋省关系甚深，嗣由晋省派赴英国留学机械工程归国，乃受此重寄焉。

机车厂以同蒲路为惟一顾客，同蒲路之客货车辆，大约全部取给于此。制造车辆之木材、铁材，虽取给于舶来品，其他零件，多属自行配制。参观中见厂中堆积钢轨及桥梁材料甚多，又有若干铁材，供西北炼钢厂建筑厂房之用，木材多用花旗松，有锯木机、铇木机分解巨木，举重若轻，或切边挖槽，方圆无所不可。厂中工作甚忙，以制造装配客货车为主。同时见有机车二辆，方在入厂修理。事后又闻人言，同蒲所购机车，以务求价廉之故，洋商搀售旧货，以致交货不久，有锅炉渗漏之弊，所语或亦不为无因也。又见大钟多具，钟面直径尺余，盖本厂自制，供给同蒲各车站之用也。

农工器具厂，农具而外，并制有天平、绘图器、测量水准各种精巧仪器，及新式锁纽扣、建筑用零件等，农具则有新旧各式犁，及喷雾器、汲水器、锄草播种各种农具，经理人张君志贞出其斯成之测量水准一架，云工本仅七百元，较诸千二百元之舶来品为值仅及一半。又演试所制之喷雾器甚灵活，云本年已行销百余架，盖除去害虫以喷雾之法为最便利也。然以一省之大，行销仅得此数，其尚有待于推广，又不待言矣。市长因索取出品目录及价目单一份，留供参考，且将助为宣传焉。

铸造厂内分部门甚多，有木工、机工、技术、营业、总务、事务等部。而设备机械，以试验厂部分为最精贵，有试验铜铁硬度者，有试验引力者，有试验冲击力者。有九十倍之显微镜，置小钢片于镜下，则花纹斑驳，点点可见，借此以考其材质之纯杂焉。又云，日本钢铁材料较廉，但不及德国之优良。电气机械之制造，有大小电气马达及电扇、电话机多种。

电气厂有五千基瓦之发电机，所有西北实业公司所用之电，均取给于此。枪弹厂，有新制步枪，及往年所制之炮车、炮弹，层列其间，旧兵工厂之造兵作用仅余此矣。

记土货商场

土货商场为三层楼之建筑，上有屋顶花园，辟作茶社，可供眺望，盖公家建筑之萃卖场，仿照北平之劝业场组织，而归西北实业公司管理者也。其贩卖陈列，按物品种类，分为六组。第一组，分棉织、毛织二类。第二组，分毛巾、帽子、线毯、线袜、布箱、肥皂、头油、针线、扣子、五金等十类。第三组，分缝纫、火柴、蜡烛、磁器、纸烟五类，均在下层。第四组，分罐头、挂面、饼干、蜂蜜、酒五类。第五组，分线织品、皮毛品二类，均在二层楼。另设营业部及机器、木器二部，亦在二楼。第六组，分纸张、笔砚、文具、铜器、料器、靴鞋六类，在三层楼。列贩物品以类为归，但均注明某厂出品，优劣精粗，易资比较，且无以洋货冒充土货之弊，此可法也。太原城内建筑多属平房，故土货商场之屋顶花园，已获纵眺全城，但仍不若鼓楼晋绥物产陈列馆之为更高耳。商场纵人参观，惟屋顶则售票。

九月十九日，木曜，阴。　早七点，随市长赴太原北门外，参观西北毛织厂、西北皮革厂、西北窑厂、育才炼铜机器厂、西北印刷厂。另有大规模之西北炼铜厂，尚在建筑中，又旧火药厂改造之西北化学工厂，近值停工，均未参观。继又赴西北实业公司总办事处，拜访总理梁君、协理彭君士弘，谈话半小时，乃赴省府各厅长、委员之招宴。

午后，市长访阎主任谈话，荣遂赴川至医院打针。此行在出行前即患缓性伤风，在青打伤风预防针二次，过北平及太原继续各打一次，但因中途重叠感冒，到太原已由缓性轻伤风变为急性重伤风，打针亦未见效也。

记西北毛织厂

西北毛织厂资本四十万元，四分之三用置机械，四分之一用置厂房。营业资金，则赖银行往来以资周转。所用纺机全部购自法国，织机则为育才铜铁机器厂自制。经理杨君玉山，留学比国有年，专习纺织，归国受任此职，上年十月始开工。预计能力每日可出呢五百码及毛线毡毯各若干件。所有出品以供给民用为主，北平、天津、济南、徐州一带，均有销售。兼制军用毯，原料以棉为之。全厂工人三百余，男多女少，工人待遇，月薪自六元至九元，所需羊毛原料，多采自本省。出品前曾陈列于四届铁展，定价较廉，而原料属纯毛，无搀杂，惜质地较粗而硬。盖羊属土种，毛未改良使然，且土著剪毛亦多不得法，以致沾泥带絮，梳毛洗毛，较为费力。市长拟嘱青岛工商学会，与之接洽，酌取样品价单，代为陈列，以资宣传，在现有之西北各毛织厂中，或当推此为最完美也。

记西北皮革厂

西北皮革厂资本二十万元，厂房、设备占半数，其余半数供营业周转。按照能力预计，每月可出牛皮六百张，羊皮六千张。但自开办迄今七八个月之间，实际制出牛皮千余张，羊皮三万张。所用之生牛皮，大都来自河北，羊皮则出自本省。现有工人百余名。除揉革、制皮外，并有皮鞋、皮箱、皮带各项制品。

记育才炼铜机器厂

是厂以制造机器为主，出品甚多，实为晋省工业之母。然资本亦只三四十万，现归西北公司承办，年缴建设费二万余元，作为租金。自民国十三年创立迄今，作过出品二百余种，其数量为二千架，大约可分为三大类：（一）造弹机；（二）面粉机；（三）织布机。面粉机以二十架为一套，每日可出面粉六千袋。织布机以二百五十架为一套，每日可出布五百匹。最近四川省订购洗床三十架，大者七百元，小者四百五十元，关〔闻〕系供造枪之用，其价目比上海订货尚为廉减云。本厂不自炼钢铁，所需钢铁料，仍购自德国，以德货虽较日货稍为昂贵，而品质较优也。

记西北窑厂

此厂以烧制耐火材料为主，专供西北炼钢厂建筑设备之用。本年成立，一月开工。工人五百余名，资本十三万余元，大都充作建筑设备。每月开支六千元。所出货均供炼钢厂用，故销路在目前不成问题。所用原料，以红火石为主。在未发见此种原料之先，屡试无成，及发现后，送至德国分料化验，知为上等火砖原料，始计画窑厂。此项原料在附近二十里以内，到处产有。由厂派人自行采取，厂中空地堆积如山，按其含酸性之厚薄有无，各别分堆。红火石，色微红，敲之可以发火。此外有黑色一种，黝黑而光润。其他杂色，则欠浓厚。碾房有大小石碾数具，最大者重三十吨。经〔径〕二三寸之石块，投置碾下，一碾即成粉末。在未碾之先，并以铁爪篱拌之使匀。制某种砖，应用某种石若干等份，均由技师配定比例，指挥工人为之。所烧之砖，以木为型，倾粉其中，捣压成块，然后倾出入窑。方砖而外，别有锅炉用之有孔砖材及瓦管等项。窑分三场，内具四窑者二场，具三窑者一场。每窑分为九格，全厂每周可出货百二十吨。技师晋人某君曾赴日本学习窑业，嗣即服务此业，已十余年，上年曾赴博山调查窑业情形云。

记西北印刷厂

此厂资本二十五万元，机器、建筑、设备，共用十五六万元，余充营业资金。廿三年八月创立开工。现有工人百五十人，工徒九十人。设备印刷机，有凹板〔版〕机十四五架，平板机十五架。凸版机有照像制版、三色套版。据厂中技师言，省垣印刷业有五六十家，但多属小本营生，揽印传单、名片者居多，仅有数家规模较大，全部营业每年不下百余万，即银行、钱号印刷银元、铜元票，亦不下三四万，本厂所揽工作，公家印刷居多，每年可二三十万。现有绥远垦业银号订印钞券，正在印刷中，尚称精美。

记西北实业公司之组织

西北实业公司组织，内容亟〔极〕为复杂，外人不易明了，就各厂治〔沿〕革言之，约可分为甲乙二种：甲种为旧兵工厂改造者，如电汽厂、机车厂、农工器具厂、铁工厂、枪弹场、铸造厂、机械厂、水压机厂是。二十一年废止兵工厂，改组壬申制造厂，利用兵工厂固有机械，改造农工机械及衣食住行所需之百货，以资利用厚生，而建一省经济之基础，同时废旧火药厂，改为西北化学工厂，改造硫酸、硝酸等项。其后因官营成绩不良，乃于廿三年九月改为官督商办，将以上九厂，连同旧有之育才炼钢机器厂、汽车修理厂，共十一厂，一并委托西北实业公司管理经营。其新创之西北毛织厂、西北洋灰厂、西北炼焦厂、西北制纸厂、西北皮革厂、西北煤矿厂、西北窑厂，则属西北实业公司直辖，又西北印刷厂、西北火柴厂，亦附隶之。但据梁总经理及马主任言，每厂各有经理一人，负其盈亏之责，似乎包办性质。个人如何堪负如此重大责任，在外人或且引为疑问，然而当局则谓施行此制以来，多属有盈无亏。至于各厂设备、资本，除兵工厂改造部分，及三育炼钢机器厂，原属公家设备，现在租与西北实业公司，每年酌取建设费（似即租金）若干外，其他新创之炼钢、制纸、毛织、皮革、洋灰诸厂，设备资金，约共八百余万元。西北实业公司，既非商人组织，所有资本，仍系公家筹出，大约由军民行政经费中挪移一部分，由山西省银行、盐业银行、绥西恳〔垦〕业银号、晋绥地方铁路银号通融一部分。无米为炊，良非易事，山西近年高倡公营民监主义，据梁总经理言，西北实业公司之组织，正在过渡期间，日后当实行交付省民，由各县分别推选代表，以施行其董事之责焉。

记川至医院

川至医院虽为私立医院之一，然在太原一隅，或为最完备之医药机关，盖以医院与医学并举者也。川至医学堂，初属省款公立，名医学传习所，民国十五年，改名医药专门学校，十九年以经费支绌停办，二十年，阎百川先生捐资恢复，由保晋煤矿公司余利项下拨助基金若干，遂得支持至今。现在医学年支三万元，医院年支八九千元，而收入可得万余元，尚须移补校用。院中分内科、外科、耳鼻喉、眼科、妇人产科，附产科学校，以高小毕业为入学资格标准，二年毕业，每年毕业一班，约三四十人，医科三年级生，均在本院实习。此外有教会及私人营业之医院三四十处。

九月二十日，金曜，阴。　早九点随市长赴农业专科学校、女子师范学校、工业专科学校、太原中学参观，并拜客数处。嗣赴清和园便酌，市长邀请程公安局长、薛交际课长、李课员，谢其连日招待之辛勤，并借此一尝并州酒馆之风味耳。闻太原上中等酒饭馆，不下四五十所，清和园则属清真派，创业始于前明，小楼一角，尚属有清中叶重修，规模虽不宏广，尚有旧家风范，其资格之老，有似北平缸瓦市之白肉铺，而肴之丰美过之，在此亦仅称为小酒馆中之上乘耳。

午后二时随市长参观晋绥土产陈列所，继出城赴晋祠，并访周司令、荣司令之别墅，六点回城，赴湖北会馆及朱参谋长、贾秘书长二公之招饮。

记山西农业专科学校

山西农业专科学校，创于清末壬寅，就汉山书院改建，初名农林学堂，拨杏花领地百余亩，充农事试验场，拨小东门内营房地基，充苗圃。其后迭有变迁，民国二十年秋，乃改称山西省立农业专科学校，今设农艺、森林、畜牧三科，计有学生八班二百余人，常年经费七万余元。此校建筑系历年陆续增修，新旧不一，而故有园林，犹存胜概。教室而外，有农业推广部、图书馆、出版部、诊疗所、养蚕缫丝室、农林器具储藏室、理化实验室、农产制造室、昆虫室，及附设农场、畜牧场，又有林场在城外。本校先后毕业二千余人，多服务于本省。校长李君红，字紫封，为市长言，本校近年试验改良棉种，分发各县，颇著成效，惟缺少海岛棉一种，青岛农场如有此种，乞惠少许。市长允俟回青交葛所长办理（嗣询葛所长，乃知青岛亦缺此项棉种也）。

记女子师范学校

山西省立女子师范学校，创于宣统二年，全省原有同式六校，嗣经裁并，今则仅存二校，此其一也。本校师范三班，学生百余人，附设两级小学十班，幼稚园二班。成绩室存列成绩品，多有可观，小学生及幼稚生，尤觉活泼，天真可爱。

记工业专科学校

山西省立工业专科学校，创立于清末丁未年，初名实业学堂，嗣改甲种工业，二十年乃更今名，分机械、电机、应用化学三科，各二班，另有高中二班。机械科及高中，今后均不再招新生。另有艺徒一班，专习染织，每周上课三十小时。附有机械工厂、电机工厂、化学工厂，以供实习、试验之用。化学工厂以鞣革、制皂为主，并有照像制版，另附设窑厂，工人百余。有窑二，每月烧三次，每次可出货一万件。所出瓷器，尝陈列于四届铁展，较景德镇、醴陵出品，为质素而价廉数倍，颇合上中社会之用。太原附近颇为行销，盖由实验而带有营业性质矣。本校经常费，昔年十万余元，今减为七万。工专与农专二校，成立较久，设备较完，历年毕业生，多服务于本省，与山西近年之实业、行政，关系甚大。

记太原中学

山西省立太原中学，创自清末，就贡院故址改建，今之礼堂仍为明远楼之旧筑改造也。现有学生八班，高三初五，共三百三十余人，经常费四万余元。高中毕业生多数升学外省，且以理科居多，盖山西定制，入大学者由本省年贴费一百元，按照指定科目升学者年贴二百元。所指定科目，以化学系及土木工程居多。运动场甚广，校长崔君山封言，每日四点半以后，施行强制运动一小时，半数沐浴，半数运动，交替行之。校中附有菜园，供学生试耕。

记晋绥物产陈列所

晋绥物产陈列所，利用旧鼓楼改充，亦如北平午门之改充历史博物馆，正阳门楼之改充商品陈列所也。其面积，东西百余步，南北八十余步。筑楼三层，层各七楹。试登其上，不惟全城在望，即城外之郊坰原野，冈峦起伏，亦了如指掌矣。陈列所之设，始于民国二十二年，先开晋绥物产展览会，闭会后，所有陈列出品，除发还原出品人外，其余概陈列于此，俾将临时展览，易为永久陈列，此实为地方物产展览会应有之作用，而在物产幼稚之我国，尤为特然。陈列物产，按工、农、矿之性质分为若干类，视其科种名称，以类为归。同类同科之品，均分别注明产地，或出品场所，附以两省土地、人口、物产、贸易各种统计图表，悬诸四壁，使参观者诵其图表，睹其物产，油然而生联想之感。其第一层陈列机械，以壬申制造厂出品为主，各类并陈，尤见精彩，此实晋绥工业之基础也。二层陈列农林产品及矿产品，其特异者，如五台之蘑菇、垣曲之猴头、辽县之党参、包头之栽绒毡、方山之狼皮、平定之无烟煤等皆是，所缺者水产耳。山西恒苦旱，由此可以联想及之矣。三层陈列各工厂及家庭手工出品，以棉、毛二类织品为大宗，丝绸则居少数。入场游览，须买票，每人收铜元二枚。此外闻更有太原国货陈列馆在中山公园内，陈列国货，本省产者千三四百种，他省产者亦数百种，又寄售品二三百种及古玩字画等项，入门券收费十枚，未及往观。

记晋祠

古之晋国，以晋阳为政治中心。相传帝尧建都于此，其后唐叔封此，扩为三晋，汉置太原郡，治晋阳，盖今之太原县也，迄于北汉刘崇，为宋所灭，焚荡一空，中心始移阳曲，此晋垣一大变迁矣。晋祠在今太原县西南十里，祀唐叔，盖晋国以晋水得名，而晋祠又以晋国传世。《公刘》之诗云“相彼流泉”，泉固民族奠都之第一要件，又不仅为名胜古迹之所系也。出阳曲西行，渡汾水五十里而达晋祠。祠初有二泉，北曰善利，南曰难老，而难老尤负胜名。昔人建亭泉上，摩勒殆遍，泉流涓涓，远而愈放。《水经注》载：“智伯遏晋水以灌晋阳，水分为二流，北渎即智氏故渠也，南渎径晋阳城南，又东南流入于汾。”隋开皇间，别开一渠，流遂衍而为三（见《元和志》）。今太原县之农工多利赖之，沿渠水磨甚多，供制纸、织布之用，不仅灌溉已也。祠有周柏二株，其寿不可考，要在千年以外，是可断言，因为摄影存之。殿宇规制宏壮，建始于宋元，而明清迭经重修，殿前廊广檐深，梁柱盈抱，镂成龙形，殿下有铁铸巨人四，相传为北宋故物，后毁其一，虽经补成，工巧乃不如古。祠中元明碑碣具存，尤可贵者，为唐文皇所撰碑记，书法二王，殆太宗亲笔也。祠垣崇墉雉堞，虽已残颓，犹想见昔年胜概，祠外今仍有小村落，居民引水灌田，稻麦并植，向称沃壤。士大夫之避嚣习静者，更辟园林以资点缀，有李愿盘谷之风焉。

记同蒲铁路

同蒲铁路为直贯山西省之南北大干线，亦即同成铁路北端之一段，计长八百廿五公里，连同岔道全长九百八十公里，晋省当局计算，如用八十五磅标准轨，需费九千万元，如用五十六磅米达轨，需费六千万元，如用卅五磅标准轨，需费三千四百万元，如用卅五磅米达轨，需费二千四百万元，如用三十磅米达轨，需费一千七百万元。又据山西当局调查，全路往来货物，每年约有五千万延吨公里，往来旅客，每年约有七千五百万延人公里，以全路直长八百二十五公里，乘三百六十日之数，除五千万延吨公里，得一百六十七，即为理想上每日所运输之货物吨数。又以之除七千五百万延人公里，得二百五十，即为理想上每日所运输之人数。更为从宽打算，开始一年，每日运输客货，所需车辆吨数，不超过三百六十三吨以上，而三十磅之米达轨，其运输量以每次一百吨计，每一点半钟对开一次，则每日得三千二百吨，是第一年之运输能力尚余十之八九。更以每年客货递加二成计之，则四十八年以后，实际客货数量，始超过其运输能力。故山西决采用三十磅重之米达轨，纵令四五十年之后改造标准尺度之重轨，仍为合算。盖筑路费省却七千余万，再加以四五十年之利息，纵令日后工料加昂，另增一度改建之烦扰，终为合算。此事不仅山西为然，似乎全国铁路均有考量之必要，如或为通轨计，不能将现在通行之标准尺度更为改狭，然而轨之重轻，大有伸缩余地。至于山乡僻邑，尤应详密考量，我国筑路通病，在于不以本国为本位而去打算，故尔处处吃亏。近如杭江、同蒲乃能以自己为本位，精密推测，以期供求之相应，而经济上仍然合算，庶几称为合理化矣。同蒲路原估应用一千七百余万元，其后因用兵工筑路，每日每人稍有津贴伙食，约在银币一角以内，间或征雇民夫，工资亦不甚巨，大约兵工占三分之二，民工占三分之一。自太原为中心，分为南北二段，北段工程紧张时，每日或调用二十连，约计二千人，南段尤众。但一般兵工工作，多不及民工之迅速，同蒲是否不脱此例，则不得其详耳。同蒲工程自廿二年五月开工，南段于廿三年七月通至介休，今已展至永济（蒲州），北段通至原平，因北段山洞较多，经过地方不如南段之富庶，故工程亦较缓。闻全路工程决算，比之预估数目，或且有减无增，而此一千余万之工程费，除钢铁材料、机车、机件、车轴、钢架等件购自外洋，其余凡本省所能造者，皆由本省供给，故有一大部分资金，并未流出省境以外也。此行由太原赴大同，原拟乘同蒲车至原平镇，再行换乘汽车，嗣以大同间之晋北公路六百余里，车行需十二小时，火车钟点较晚，中途换乘汽车，须日暮乃抵大同，遂尔中止。

记山西省境之公路及汽车

山西省之修筑公路，始于民国九年，殆为各省中之最先者，然近年似少扩充，是则经济幼稚使然。即以晋北、晋南分别观之，晋南公路视晋北为密，河东一部则为尤密，是知交通事业，如其顺自然之供求以为发展，则就交通之疏密，亦足以测其地方经济之发达与否，如其行政上、军事上有特殊之作用，是则又当别论矣。山西省境形式狭而长，而省会适居中部，故交通亦以此为中心，由省垣北去大同为晋北干路，南去永济、风陵渡为晋南干路，今已增筑铁路，与之并行，晋北干路有二支线，一由忻县通河边村，一由阳明通代县，晋南干路有支路一，由侯马通河津。此外有白晋汽车路，由祁县之东观通晋城，更南衔接清化镇，乃旧泽、潞二府之出入要道，是路有一较短之支路，由上村通屯留、鲍店。

有晋东汽车路，由平定通辽县，有晋西汽车路，由阳曲通柳林、军渡，隔河与陕西之吴堡相望。晋西、晋南二路之间有支路，由平遥通汾阳以沟通之。此数路者，晋南干支共长千余里，盛时有客车二百余辆，今已为铁路所夺，日就澌灭。晋北干支七百余里，客车仅二三十辆，每日两头对开，各有一二辆或二三辆不等。白晋五百余里，晋西四百余里，晋东仅二百余里，旅客往来均少，货则更不多见，故山西公路之不发展，亦经济供求之自然结果矣。四路营业，其初各有多数公司，作无意识之竞争，其后赔累不堪，公家乃限定每路只许一家营业，而公家监督之，故营业虽不发旺，尚可支持也。客车座位概为长凳式，人坐两侧，行李则堆置中间，坐狭车颠，尘沙扑鼻，其构造与管理，均有待改良也。

杂记晋垣闻见

晋垣湖沼虽不如南京之多，但亦有八九所，概为积潦停潴而成。在城内者以文瀛湖为最胜，民国后辟为中山公园，供居民游息之所。在城外者以新南湖为最大，民国十九年以前，尚属小池塘，近年频遭霖雨，淹没附近村庄，扩为周围六里之大湖，深处达二丈，于是小工厂乃得利用之。

晋垣饮料惟恃井水，昔年即闻当局注意及此，然此次未获详查，仅知城内有新式井数处，正太站有洋井一口，供车站及山西饭店之用，饮之尚称甘美。又闻村政处正在研究凿井事业，但彼乃注重农田灌溉，非仅为省垣饮料计耳。

晋垣住户之粪便，向由乡民收取，其人多在汾西，农忙需急，则乡人出钱买粪，农暇不需，则城户贴钱雇人出粪。夏季汾河发水，乡人不得渡河入城，则城户时苦粪满为患。闻省会公安局程局长言，今已顾虑及此，正拟招人包办，备汽车四十辆，专供除粪之用，并由公家收费若干。

晋垣报纸有太原、晋阳、山西、并州、新中等五六家，销数多者千余份，少者数百，营业尚可支持。太原与公家接近，消息较为灵确，余则大同小异耳。

闻农林局长言，全省分六林区，各有林场数处，各县有一苗圃。民林甚少，每滥伐作薪，但近年奖励与保护之结果，小建筑之椽柱，不假外求。二三丈长者，则仍仰给于外。深山中尚有径尺木树，但不易运出耳。

山西在民初仅有一混成旅，其后增为四旅，继更扩为四军。二十年以后，一再缩编，今余第卅三、第卅四、第三十五军三军，每军二师，每师三旅，每旅二团，每团三营，每营三连。每连约七八十人，故一营约为二百二三十人，一团为六百余人，一旅为一千三百人，一师约四千人，另有步兵三独立旅，骑兵四旅，炮兵若干团。卅五军分驻绥远各境，卅三军、三十四军军部在晋垣，师、旅部多驻山西各县。晋垣营业人力车二千余辆，连自用车近三千辆。据一车夫言，每日平均收入在一元以上，但一家数口胥赖开支，故亦不能有余。试观一般车夫服装整齐，其境遇似比北平等处为优，独赁一车者居多，二人合赁者少数。晋垣夜市收张较早，晚九点以后大都休息，故车夫以日班为多，自早六点至晚六点，夜班则甚少也。车份每月六元，则比青岛等处为薄，车辆概不见佳。

晋垣市场不下六七处，而菜市场只文庙前一处，摊贩麇集，颇形拥挤。通衢两廊，仍有摊贩，但由公安局指定地点，尚不妨碍交通。

晋垣街道广阔，同属北方气象，市乡交通向以骡车为主也。但有若干僻巷，进出口之左右建筑，仍取方角，故汽车出入转向颇感困难，此等去处若将全巷展览，事固匪易，如将巷口建筑，改方角为圆角，则出入已臻便利矣。骡车之车轴及轮瓦，均已改良，车轴加长，轮瓦加厚，并禁用卯钉式之轮瓦，一律平脚。往年之西脚式短轴薄瓦，一概不许入城。考旧时代骡车之有西脚式，大都利用卯钉式轮瓦增加摩擦，以行山道，是殆发源于山、陕，故名西脚耳。若胶东即墨一带车轮取瓦陇式，仅有轮面之两边着地，是则不明其意所在矣。

当此举世经济恐慌之际，当然通都僻邑，概不得免，然晋垣比之平、津、青、沪等处，不求过分之繁华，故亦不显过分之萧条，此点似为我国各大都市所极应注意者。津、沪等处之过分萧条，固受国际影响，然而自己不识时务，不知合作，无意识之竞争，不合理之操纵，不能补救恐慌，反使病症增剧，是则不得不谓为自取之咎也。

晋垣大街商店，多属旧式平房，存质朴阔大之气象，惟柳巷一带称为商业区之中心，乃有楼房栉比，然而转因此而转形其街道之狭窄矣。晋垣街道多作丁字式，或谓宋太宗始迁州治于此，多所忌讳，故官街多作丁字形，然而街道迂曲，转利于城守，意果何居？令人费解，而贻害于千百年后之交通，则为事实矣。商店每日清晨开业，店伙洒扫街头，颇称整洁，入暮八九点，闭户休业，犹有古风也。

记山西省之政治

民国初元，山西久有模范省之称，但民十四五年以后，世人对于山西亦多訾议，以为模范省之区村各项组织，亦只供征发之便利，致使区村长视为畏途云云。平心论之，国民有无组织及组织巧拙为一事，如何使用其组织另为一事。民十三年以后，山西不能仍保持其保境息民之主义，而亦陷于内战之旋涡，诚堪痛惜。

然同是陷于旋涡，而组织之有无巧拙，其结果究属不同。即就军事征发一事言之，山西历年征发车马，比较公允，且事后尚有一部分交还原主，他省或并此而不可得，是即有无组织之效验也。

孔子之言政治，首曰“因革损益”，政治家之言用人，必曰“慎选久任”。山西自辛亥革命，兵不血刃而定全晋，迄今二十余年，地方政治中心，未经变动，故得从容以为因革损益，用人行政，较有轨道可循，虽其间亦尝一再陷于内政之旋涡，然境内民众，只苦负担过重，究未受兵燹匪扰，如其他各省之甚。故无骄兵悍将、污吏贪官，亦少土豪劣绅、暴民流匪，一省之内，具有统制，发号施令，胥少扞格，故虽地瘠民贫，而建设仍能与年俱进，举相当之成绩，亦并不假力于中央补助，他省协饷。又如土地村有、物价、证券等等重大问题，均能默察大势所趋，而预先为之研究，其当局者头脑之细密，致力之勤勉，诚可佩也。所惜交通不便，省界较严，省外投资，难于招致，经济物产，未能与邻省合作互换，以各显其特长。盖自给自足之说，乃以一国为本位，国际既互存敌意，自不得不求其自给自足。然在科学尚未登峰造极之今日，人力终为天然所限，故一国本位之自给自足，仍须联合与国，诱胁邻邦或殖民地，造成经济集团，以实现其自给自足之政策。如我国之地大物博人众，不假外求而独力堪以自给，所缺者正在内部各省密切合作耳。故今后之第一要件，在各省互相补益以发展其特产，互相交换以造成更密切之关系。凡在省内举一事、设一计，目光须注及省外。譬如修筑同蒲铁路，即须注意如何与平绥联运，如何与陇海接轨，庶几境域互相沟通，而政策得以首尾连贯。在今日努力建设之各省，似尚未注重于此，意者交感互利之事，本较自谋独断者更为复杂，相互之间尚有所待乎。

山西政治因中心迄少变动，故官吏得久任之利，虽其待遇较薄

(省署课长月薪百二十元，课员四十元，其他可见一斑)，而地位较为巩固，且乡土观念较重，外籍宦久，亦在当地落户，本省更不待言，故见异思迁及作奸犯科之事较少。惟人才缺乏，仍所不免，所谓省政十年计画，县政村政十年计画，考其推行成绩，多少总须打些折扣，以及延长期限。推其原因，虽属出于环境以及临时发生障碍，而人才不敷应用，身臂手足运用欠灵活，仍为效率不进之一大原因，然以全国各省为比，山西终在上中之列矣。

元、明、清三代建都北方，故山西、山东、河北久有三辅之称。山西土地面积，亚于河北、山东，而户口则仅当山东三之一，河北二之一而弱。且山多地瘠，高寒少雨，交通困难，风气闭塞，经济上之位置，远不如二省之利便。然近二十年来，山西人民，比之二省实为幸福，可知得天独厚者，仍不如人力加勤之易见功效，所以政治良楛，与民彝美恶，迭相因果，而为一切人事之所本也。

九月廿一日，土曜，晴。　早五点即起床，市长原拟先赴阎主任各处辞行，嗣以赵总参议、贾秘书长均在北门候驾送行，而来馆送行者亦络绎踵至，遂于七点三十分，由山西饭店穿城出北门小站，与赵、贾诸公握别。十二点抵阳明站打尖，午后一点由阳明出发，六点二十分抵大同。有卢县长诸君出郊相迎，入城至山西省银行下榻。

记晋北途中所见

由山西省城至大同之汽车路六百二十里，分三大段：自省垣至忻县为一段；自忻县至岱岳为一段；自岱岳至大同为一段。计廿二站，每站设一站长，归汽车公司任用，修路工程则归建设厅管理。建设厅之下，设一汽车管理局，管理全省长途汽车事宜，按行车营业数量，客票抽百分之十五，货票收百分之七·五。

自晋垣北行百里，过石岭关（石岭关在历史上为险要必争之地），为阳曲、忻县分界处。距石岭北数里，过七岭河，有木桥甚长，过河四十里抵忻县。忻县城甚大而雄壮，城之北壁加垛甚多，殆以增其防固之用。忻县汽车站与火车站相望，有水塔一，长途汽车北去者十一点过此，北来者则下午四点半过此。由省垣至此，一路只见高粱，间有小米、黍类。闻之当地人云，夏季间或见麦收，但甚少。自晋垣至忻县百四十里之间，地多平坦，忻县而北，多属冈陵地。又百六十里至阳明堡，则山势愈峻。车过阳明而北，始沿涧行，可十里，继则上岭，极尽迂回盘旋之能事，二十里达太和岭口，又二十里始登太和岭顶，逾岭而北，则又盘旋迂曲而下，又二十里而抵广武，此段路工甚艰巨，过太和岭顶时，降车北望，村原点点，由山隙间隐约可眺。时有乘自行车者四人，自北而南，询所自来，答称来自绥远，四日而抵此，察其服装，殆服役于路工者耳。

太和岭山势并不十分险恶，只以连绵不断，横亘南北之间，重峦叠巘，遂为要隘。司机人云：十六年冯军攻至广武为止，不克再进，因层山叠岭，散兵线尽一昼夜之力，始越一二山谷，而前方待越之山谷，更有无尽数，其间亦无人居，故难攻而易守也。

雁门关在太和岭顶之东方，相距只数里，而山势阻隔，不得望见，道尤崎岖，迂道前往，云须半日可达。关内外有故道，供骡马车往来。同蒲铁路则取道于太和岭之西方，相去可二十里，与宁武关为近。盖勾注山脉来自恒山，由东向西，愈西则山之倾斜稍缓矣。

广武在太和岭之阴，东西二城，新城建筑才十余年，旧城居户尤少，枯石荒城，举目咸凄凉之象，更降二十五里则为山阴庄，沿涧有十余户居之，殆即昔人所称之白草沟也。过此则千里平原，道直如矢。塞外之怀仁、大同，土壤似较塞内之崞县为优。所经崞县、阳明一程，道路崎岖，行人稀少。比入怀仁、大同境，渐见行人、牛马车及零星放牧之驼或牛羊，道旁亦间有三两间之茅舍，粪窖及晒场，列有瓜果蔬菜之属。闻怀仁宜果木，苹果、酸梨、李、柰均有，但形小味酸耳。又经过树林一大段，广袤数里，闻其地多沙，并含碱性，六七年前始造林，今虽未成材，然于防沙防水，已大有益。其地距大同，汽车约行一时间路程。

此行初议乘同蒲路火车至原平，再换汽车，借得参观同蒲工程，嗣因火车钟点较晚，虑误行期而止。然自省垣出发，迄于原平，汽车道与铁路成一平行线，而稍有出入，原平以南，似少艰险工程，过此则铁路线歧偏西，不获见其盘错开凿之状矣。自晋绥至大同汽车廿二站，距离如下：

自晋垣出发，廿五里皇后园，六十里黄塞，九十里大盂，百廿里豆罗，百四十里忻县，百九十里忻口，二百廿里原平，二百六十里崞县，三百里阳明堡，三百廿里太平岭口，三百四十里太和岭顶，三百六十里广武，三百八十五里山阴庄，四百十里薛家圐圙，四百四十里岱岳，四百六十五里黄洪城，四百九十里陈家堡，五百十里薛家庄，五百四十里怀仁县，五百七十里辛寨，六百二十里大同县。

九月廿二日，日曜，晴。　早七点半从市长及卢县长、李院长、续副官赴永定庄晋北矿务局参观，十一点回城，游览上下两华严寺。

午后二点，同赴云岗之游。五点半回城，赴城北酒精厂参观，又赴南善化寺游览。

记大同城

今之大同县，在汉属平城县境之一部，高帝刘邦被匈奴冒顿围于白登，其地即在县东三十里。历代朔方多故，大同自汉迄明，始终为北方重镇之一，旧志所谓“三面临边，最号要害”者也。清代三百年，因蒙古内向，塞北无异族抄掠之患，大同久矣失其重要，仅于准部回疆有事之际，以此为军事策应地，供后路转运而已。县城即昔之府城，周围九里，崇垣重闉，城阙巍然，虽甚残颓，然基址宏扩，胜代遗规，犹可想见一二。城内通衢广阔，殊少弯曲歪斜，不似太原之多作丁字形，而具有北平之风味。城中心建四牌楼，亦如北平之东西四牌楼者然，但彼偏在东西，此则为城中心之标帜耳。北门外气象尤为开阔，城楼改建民众教育馆，翼然高耸。附郭昔为校场，今辟一部为教会医院及民居，偏东地势较高，元魏道武建都于此，其宫垣城阙，旧在城北，旧志称北门外有土台二，东西对峙，盖魏之双阙也。元魏所建之南北华严寺、南善化寺，今皆在城内，可知今之城区，乃元魏之附郭耳。古人之立城郭，大都衙署、兵营居城中，而民居、寺院环处于外郭。后世大都有城无郭，然四门之外，必有四关，商肆、作坊以及居民，大都附郭而居，此亦聚落自然之形势也。有关而无郭，殆内地太平之设制，若在边徼，必有外郭。昔李牧为赵守边，谨斥候，严壁垒，寇当则收人畜入塞自保，坚壁清野，使打粮者无所得食，此制御蛮族、流寇之上策也。但在军器进步之现代，仅有城郭，仍不足恃，于是有堡垒地带之扩充；凡一城堡四围，必有若干小堡垒，当防御之前线，以成多数犄角，而资互相策应；明之大同镇所管堡垒，隘口甚多，东接宣化镇，西抵河套，盖当汉、唐、宋、明朔方多事之秋，九边长城以外，皆属战场，亦即堡垒地带耳。

大同镇、大同府今虽裁撤，然大同县仍不失为塞外一大都会；行政机关之县长而外，并有军事机关之骑兵司令部，有司法机关、高等法院分院及地方法院，有财政机关之塞北税关分关，教育设备有中学师范，金融设备有省银行分行，工业有晋北煤矿、保晋煤矿、酒精厂、电灯面粉厂。城关居民万余户，七万余口，约占全县人口四分之一。十字大街商店栉比，虽不繁华，颇称殷实。大同、宁武之余粮，由此运销平、津，以小米、高粱为大宗，年恒二十万吨内外，故商业关系与平、津、绥、包之联络较多，日后同蒲通车，情势或当逐渐变更也。城关正在修路，敷有轻便铁道，运土填路，此间有乘客汽车四辆，骑兵司令部、晋北矿务局各占其半，运货汽车十余辆，亦为司令部所有。大同久以产生佳丽著称，国人之持多妻主义者趋之若鹜，此行无暇一探其实，然通衢行道所睹妇女，似觉仪态大方，肤色洁白，服饰虽不甚华丽，亦尚整洁，固知世俗所传为不虚也。或谓浑源佳丽著名，更在大同之上，斯说真伪，姑不具论。但人物之出产地与集合地有别，山水清秀之区，人物当然亦受有好影响，吴越出佳丽，可为一例，至于娼妓集合，大都随有闲阶级相因而至，邯郸娼在二千年前即著称于史册，正以其地属通衢大道，而为商旅以及有闲阶级之所聚集耳。省会、商埠无不藏垢纳污，此风由来已久，特近年之生计愈艰，礼教愈堕，益得有所借口，而昌言不讳耳。

记晋北矿务局

大同产煤之地名永定庄，距大同六十里，其间平绥路修有直线，至口泉为止。由大同至口泉约二十公里，每日开区间车往返各二次。由口泉镇入山为泉峰支路，属矿务局所有，专供运煤之用，亦有汽车道，由城直达晋北矿〈务〉局。晋北矿〈务〉局分南北二厂，其设备略同，但电机及机械修理之设备，则集中于北厂。北厂有电机二架，每架发电一百几罗瓦脱，原动机有二百二十马力，矿井深四百三十尺，井内横走一里余至二里。又有数井较此为浅。煤层厚五尺余，或至七尺半，运煤出井之车，每车载重半吨。厂内敷有轻便铁轨，出井之煤，随即连车推送至堆积处所，或即转装火车。按照两厂能力，每日能出三四千吨，但因全国销路不佳，现在只出五百吨耳。工人千余，夏季较少，在山成本每吨约二元上下，运至天津则需七八元，运费不详，运销则由大同矿业公司经办，乃官商合办性质，晋北资本初收百万元，嗣又增为百五十万元。晋北由民国十八年设立，另有保晋公司成立较早，亦有矿井在此，但规模较小，所用工人约当晋北之半数。又有同宝、恒义、宝恒数家，规模均不大，每日仅出数十吨。同宝因欠缴矿税十四五万，故已被取消。以上情形，皆得之晋北协理赵君保章。但又闻外间人言，前数年更有协兴公司，乃平、津资本家所组织者，经营数年，颇称得利，嗣经有人告讦，谓协兴职员有赤色嫌疑，因此公司亦被牵连，遂尔歇业。或谓系同行忌妒，而当局又不予以保护，以致省外之资本家因而裹足不前矣。莅局参观时，市长及卢县长皆缒而入井，观其内部工作，荣以正患伤风，畏井内外之温度遽变，故未入视。晋北矿局之东，有矿工千余家，自成村落，小商贩及烟、赌、娼亦随之而至，无教育、无娱乐之矿工，殆视此为惟一之乐土矣。

记华严寺、善化寺

大同城内有古刹三，一曰上华严寺，一曰下华严寺，一曰南善化寺，相传皆建于元魏，但无初建碑碣，不获详其颠末。上华严寺仅存明碑三，一为成化元年立，二为万历九年立，下华严寺则存金碑一，首题《金西京大华严寺重修簿伽藏教〔教藏〕记》，云中段子卿撰，释法慧书，无纪年，南善化寺存金碑一方，纪年天会，盖金之初兴，而徽、钦衰落之际也。上华严寺并有辽刻经幢一石，首行刻辽太康七年，岁次丙辰，佛顶尊胜陀罗尼经幢云云，石为八角形，每面刻经咒四行，字尚完整。考燕云十六州于石晋天福初割弃入辽。辽兴宗重熙十三年建西京于大同，即宋仁宗庆历四年也。后八十年，宋金会师伐辽，收回大同，改为云中府，旋即失之于金，名为西京路大同府，故段子卿碑仍称西京。太康或即大康，乃辽道宗年号，唯太康七年乃辛酉，非丙辰，大康二年乃为丙辰，即宋神宗熙宁九年也。三寺佛殿构造以及佛像均极庄严。上华严寺大雄宝殿为屋九楹，规模犹宏敞。殿内正面供佛像七尊，皆作跏趺坐，高可四五丈，皆用夹纻塑法，以绸与漆层层裹叠，而虚中空无所有。闻初塑时，以木为胎，以绸裹其外，加以髹漆，俟外壳稍坚定，乃抽出木胎，而仅存绸漆之空壳，故质极轻而仍坚固耐久。相传古之巧手，五官四肢皆用同一塑法，同时塑成，拙手仅于身腔大段抽去木胎，微处则填实不空，但耳、鼻、手臂，往往分塑而后装配一起，再加上涂漆于外以弥缝之，此巧拙之辨也。上寺画壁绘佛成道故事，多出明代名匠，手笔甚精，更有千手千眼佛像，尤为精美。下华严寺规制较微，正殿奉三大士像，亦属同一塑法，闻叶遐庵居士往年游此，瞻仰流连，不忍遽去。据云此类塑像法已失传，仅我国与暹罗犹有数尊，至可宝也。三寺建筑始末未详，大约均在魏太武崇道灭释以后，当与云岗造像同时耳。

记云冈造像

云冈在大同县西三十里，山自西来，平冈无奇，亦少迂曲。中夹一涧，名武州川（《水经注》载，武周川出县西南山下，北流经武州〔周〕故城西，此正汉雁门郡之武州县也云云。汉武州县境今属左云、云冈山脉。武州水源皆自西而东。跨左云、大同二县境）。造像在涧北岸，凿山为窟，因窟镌像，总名为石窟寺。据《清一统志》载，造像始于魏明元帝神瑞元年，成于孝明帝正光末年，其间凡七帝，历一百有十年始竣。而《魏书·佛老志》则称，昙曜以复佛法之明年，自中山被命赴京，于京西武周塞凿山石壁，开窟五所，镌佛像各一，高者七十丈，次六十丈云云。意者神瑞佛窟，业经太平真君一度铲毁，昙曜乃复兴之耳。《一统志》又云：寺原十所，首曰同升，次曰灵光，三曰镇国，四曰护国，五曰崇福，六曰童子，七曰能仁，八曰华严，九曰天宫，十曰兜率，石佛廿龛，石窟千孔，佛像万尊，由隋唐历宋元，楼阁层叠，树木蓊翳，诚为一方之胜地，其山之最高处曰云岗，岗上建飞阁三重云云。考佛教东来以六朝为最盛，盖值龙树、马鸣中兴之后，而西域与南海之交通，愈亦进步，遂使天竺、西域之高僧，及我国之热诚求法者，往来不绝，宗风大振，是为佛法东来之初盛期。南北朝同时传布，而造像尤流行于北方。我国最有名之佛窟，推大同云岗、洛阳龙门，皆成于此一时期。但云岗较早于龙门，盖造像发起虽出于沙门缁素，实亦赖帝后宫闱之资助成之，故二大佛窟皆在元魏建都之所，亦若随政治中心而为移转者然。然亦惟其布道范围偏重于贵族士大夫，而未能普遍灌输于一般社会，故虽有丰功创举，获炫耀于一时，而终无补于佛法之衰落，与世道之凌夷。千百年来，邻省、远方之人，心中目〔目中〕固未尝想像及此，即附近居民视此石窟佛像，亦无异于其他石材。盖不因此而感到先民经营缔造之艰难，与其虔诚坚毅之精力。或借石窟为穴居之所，或借佛像为堆草之场，甚者又视为利薮，凿毁盗贩，以供其私人短期之衣食娱乐。其讲求珍藏或流连忘返者，亦只视为美术奇珍供私人之玩赏而已。故自明清以来，石窟荒凉，荆棘满目，宝相庄严，仅余残肢，神女妙目，乃成只眼，四壁斧痕，适以表示我民族之堕落衰颓，自趋末日而已。此固由于无政治、无教育有以使然，而宗教自身之不努力，亦应食此果报也。近年国人稍有觉悟，始知衣食物质而外，尚有精神方面之建设需要，政治、经济而外，尚有宗教、伦理之相互作用。于是由粗陋而求精微，由单纯而入繁复，存古、考古之事，亦渐为世人所重视，官厅责任，亦以增重，于是云冈石窟之类，亦渐有人顾及。于是有赵司令承绶集资建筑云冈别墅，以供游人息肩；有卢县长宗孚筹款建筑云冈新村，以供村民移居，而免有污佛地；当地之公安局，亦派有警士常川驻守，以免外人及奸贩之盗毁。别墅久矣落成，新村则今冬完工，所有镌像石窟，今后将缭以周垣，以利防护。现下尚有数窟，因为居民占用，圈于私宅院墙以内，又有一二处偏在一隅。警士虑其照料难周，因垒砖石，封闭洞窟，遂使游人不获遍观其全，引为遗憾。今后新村告成，后来者更可获饱眼福矣。由大同通云冈之汽车道，经过冈陵，均称平坦，惟路基不坚固，又不能以时修理，渡口及狭隘处所，行车不免危险。闻卢县长言，今后更将兴修，且使骡车分道扬镳，则续修之道更可耐久矣。

记大同酒精厂

大同出产甘薯既多且廉，银币一元可购五百斤，因有人想到开设酒精厂。在大同北门外，初由军界人物与绅商合办，资本号称十五万元，开办费八万元，或云实际只用六万元，嗣又改归官办。厂中设备尚称完善，充其能力，每日可出酒精六十桶，每桶十八立脱耳，装以马口铁桶，大都收买煤油桶改造。

九月二十三日，月曜，阴。　早五点起床，随市长及送行之白副司令、李院长、卢县长诸君，偕赴车站，乘五点五十一分开之快车赴绥远。午后二点十分抵绥远。傅主席及军政各高级官吏，多到站相迓，寓绥远饭店。市长即入城拜客，荣乃乘间至民办教育馆、国货陈列馆忽忽一游。晚赴傅主席之招，入署陪餐。

记西去绥远途中所见

平绥路因山势关系，路线较各路为迂曲，与正太相类，而大同则为一大迂曲之尖端。路自天镇、阳高来此，均向西南走，越大同后，乃改向正北走，过平地泉，始折而西行。由大同出发，初沿洋河西岸北走，路左右多属平原。七点过丰镇站时，望见站东北方有沼泊，询之车守，云是名南海子，周围可七八里。铁路沿湖之西南岸行，稍北西又有河，名亦道沟。丰镇前年新筑土城，借以捍御土匪。

九点过平地泉，平地泉与丰镇、桌资山皆称同绥间大站，站旁除路员宿舍外，仅有粮栈与煤栈耳。栈房皆属大院露置，一望而感有北方风味。时方有牛车数辆，在站卸货，似系棉花。丰镇、平地泉诸大站，为附近余粮囤积之所，多东运销平、津。盖平绥沿线地广人稀，食有余粮也。平地泉亦有新筑土城，其地势亦为大平原，但由大同至此，坡度逐步上升，比至平地泉，已有高不胜寒之概。盖平地泉地属高原，而北方并无屏蔽。由此而西，入阴山境，路线乃敷设于山谷之中，距平地泉西方不远，先经小山，山阳有小河，均在路线之东北。十一点半，过桌资山站，站以山得名，山在路南，东西绵亘甚远。有东桌资村、西桌资村之分，东属凉城，西属集宁，村有千余户。由大同至此，一路收麦甚多。或云如于六月中过，则沿途罂粟花大有可观。过桌资山站而西，路线遂入山谷中，沿溪行，约经十五分钟始出峡，仍沿溪行，但山谷形势较为开展矣。由桌资山站西行，第二站曰三道营。站在涧侧北岸，站之东方开山一段，正在工作，约行十分钟始通过，即达三道营站矣。自平地泉以西，路线恒出没山谷间，有时为山势所逼迫，路轨紧邻山涧，时为山洪所冲毁，近年频改道，在各段落间开凿山岩，改筑新道，使之就高避洼。

白塔站在绥远东一站，快车过此不停，南望有塔甚高，相距十里外，犹能见之。由此而西，又为大平原，南则平原千里，一望无际，北则大青山，遥亘于北方，隐为屏障。沿途禾稼甚茂，其南已属大黑河流域，水土称沃衍矣。平绥路特快车，以五车为一列。南口厂新制十车，分组二列，构造甚精致，造价共二十二万元，车盘在外。

记绥远民众教育馆

绥远民众教育馆内部分总务、阅览、健康、出版、教学、游艺、讲演七部分。附设《社会日报》及民众学校二所，阅报处二所。经常费月支八百元，馆员十余人。所谓阅览者，仅有日报十余种，及少数杂志。所谓出版者，即指日报事业，健康等项尚未见有何项设备。今年新筑大礼堂，七月间落成，询以如何利用此项宏大建筑，庶不掷黄金于虚牝，馆员云尚未行开幕礼，故尚未计画以后应如何利用之也。

记绥远国货陈列馆

馆为四面厅式，屋基乃一土台，高出院基五六尺。陈列物品以晋、绥出品居多，粗具形式，亦足见篮缕开疆之不易也。厅前有东西厢房各三间，东为缝工成衣室，西为售品所。售品以布匹为大宗，闻每日销售五六十元，时已暮，独行踽踽，愈益形其凄凉沉寂，察其形势，殆为寺宇改造者也。

记绥远城

今之绥远辖境，在汉属定襄、云中二郡地，元魏初建都于此，号盛乐，当在今之绥远城附近。唐置单于大〈都〉护府于此。五代石晋割燕云十六州入辽，迄于金、元，始终为异族所有。明初收复塞北，筑玉林、云川等城，设兵戍守，后又陷于蒙古族。嘉靖间，俺答筑城于丰州滩，谓之板升。其后俺答效顺，明室封为顺义王，乃锡以归化之嘉名，此归化城之所由来也。俺答亦元后裔，属土默特之一支，曰西土默特。清初设归化、土默特二旗，今犹有土默特总管公署设置于此，附有土默特军营学堂及办事处。然土默特族多汉化，操汉语、汉文，或更优于蒙古语文，体格、职业亦类汉人，不似外蒙人之高大，以牧畜为业也。康熙中，西征噶尔丹，驻跸于此，盖大本营所在地，号令策画之所自出，转运粮台，咸集于此。乾隆初年，又筑城于归化城北，名曰绥远，是为新旧二城之所由始。旧城昔为汉人住居之所，今则商店多集于此，新城昔为旗营所在，今则衙署多设于此。新城不见有濠梁〔梁〕，殆因年久淤垫，城垣远不如大同之雄壮。旧城则形迹渐归消灭，仅余一二城楼耳。旧城街道较狭，且不如新城之齐整，意者旧城乃住户逐渐发展，初无布置计画；新城以驻营为本位，故街衢部位较有行列耳。北方城市街道原比南方城市为宽，且都市既未达于繁华，则侵占官地之事较少，故市街修路亦省却一种困难。绥远市街马路多由兵工修筑，故工费廉而易举，汽车仅军政机关有之，马车亦不多见，人力车有九百辆，均属日班，一人独拉，闻车夫言，每日车份二角五分，进款可收七八角或至一元。

九月廿四日，火曜，阴。 早六点即起床，随市长参观绥远之烈士公墓、省立师范、私立正风中学、农林试验区、省立职业学校、毛织厂、图书馆、体育场、面粉厂、舍利图召、小召。午后渡大黑河，访昭君墓。

记绥远烈士公墓

绥远烈士公墓，乃民国廿二年春，热河失守，第三十五军助守察东殉国将士公墓之所也。前为墓塔，题镌烈士姓名，后为祠宇，悬挂烈士像片，春秋致祭，以妥英灵，以昭示于国民。墓前有泉，因以为池，架桥其上，置守墓兵士数人，植花草、种蔬菜于其间。闻往年胡适之君来绥远，为撰碑文，嗣以某方抗议，此文遂怀而藏之，更为烈士公墓增一纪念。此碑是否日后尚有补立之机会，则视立碑人之决心与努力矣。

记绥远师范学校

绥远师范学校，民国十一年创立，系就公主府旧址改筑，面积宽敞。现有师范生三班、初级中学二班，计一百七十人，学生皆寄宿校内。经费由省款支付，每班千五百元。省立有师范二校，中学三校，内完全者一，仅设初中者二，职业三校。

记绥远图书馆

馆屋乃前年新建，附设古物陈列所，建筑费一万余元，经常费每月四百元。藏书不多，来馆阅书者每月有二百人内外。古物陈列所有古陶制瓶不少，其次则为盔甲，本城有出售者，每副值四五元。

记绥远面粉厂

绥远面粉厂，兼办本城电灯，有四百几罗瓦特之发电力，电力蒸汽发动机为瑞士造，有五百四十马力。磨粉机械皆德商亚美公司承办，由天津来。计有钢磨五座，筛粉机二座，清麦、进麦机各一座。面粉原料来自武川，销路大宗供本城食用，少数运北平销售，每日出面粉一千袋。全城电灯将近二万盏，公司每年尚有盈余。

记绥远毛织厂

绥远毛织厂视太原规模为小，设备亦简陋，机械由天津海京公司代办，乃美国产品，殆海京用剩之旧机耳。出品每月可出呢三千码、粗毯一千余条、毛绳线二百磅。销路以本省及西北为主，原料每年约需羊毛五十万斤，多来自宁夏、五原等处。

记绥远工科职业学校

是校初为五族学院，乃冯焕章先生所创办，嗣改名中山学校。

有师范、中学、小学各班，本年始改为工科，计有正科四班，其中习制革者一班，习毛织者二班。又中学一班，是为正科，另有补习一班。其设备有毛织机二架，乃自打图样向北京永增号订制者。其电动力，则由电灯公司供给之。

记绥远农林实验区

有地千三百亩，农地百二十亩，本场系旧庙宇改建，分为本场陈列室、建设厅农场陈列室。前者仅本场产品，后者则往年开农产展览会，向所属各县征集者也。各县所征集者，分为麻子、亚麻、烟、豆、根菜、荞麦、高粱、大麦、燕麦、麦鱼〔鱼麦〕各部。园艺有桂花、佛手之类，皆属盆景，由北平购来者，有气候观测室。

记绥远体育场

体育场在马场之中，占面积六十亩，购地费万余元，设备费亦称是。出赛场有四百米之跑道，有球场三。有常设管理员二人司其事。马场跑道环其外，每年仅赛马一次，故马道而外仍为耕地，平日固无碍于耕种也。

记绥远第一中学

第一中学创立于光绪末季，迄今曾举行毕业者三十班，现有六班，各年级俱全，计二百六十余人，经常费每月二千三百元。绥省规定经费标准，高中班月支四百二十元，初中班月支三百五十元，教员俸给，高中每小时一元五角，初中一元，教员以清华或北京师大毕业者居多。学费高中免费，初中每期十元，多数寄宿，不收宿费。学生以莜麦为主食，自奉甚俭，高中生每年约用八十元，初中六十元，比之鲁西、岱北，尤为廉俭。

记正风中学

正风中学属私立，有基金万余元，地二十顷，每顷约值百元，每年收租顷得二元而已。校舍初为商号大厦，本校以万金购得之。学生六班，概属初中，计二百六十人，全数寄宿，均加入童子军，制服一律。每月支出千三百元，教育厅及省党部，各予补助五百元，余由学费抵补之。

记绥远召庙

召乃蒙语译音，华言庙也。绥城召庙以舍利图召为大，殿之建筑为四方形，每方有立柱十，柱与柱之间距离一丈，故每面之长为九丈，全殿面积约为九九八十一方丈。因系正方形，且窗户不用玻璃，故内部亟〔极〕形黑暗。将前部隔为亟〔极〕深之廊，廊内更有隔扇一重，暗乃愈甚。询之导者，前廊盖喇嘛唪经之所，然其中积尘甚厚，其功课之疏可知矣。

小召建筑无舍利图召之宏伟，但因康熙帝昔年尝借此驻跸，以御用盔甲、衮袍为酬，有康熙四十二年谕碑记其事，盖战胜准部噶尔丹之后，留为纪念，亦明昭示武功，以震临蒙族也。盔属铁制，内衬棉类，裹以锦绣，重可八九斤。甲则钢铁片联结制成，甚精致。袍、甲殊长大，其体之高伟可知。又一召内有塔，作西域式，下部仅一户出入，四面无窗，中有石阶，旋而上，上为平召〔台〕，五塔分立五方，闻系乾隆中建，塔砖间有梵文，登塔者需携电棒或手提灯，否则暗中摸索，将不免于倾跌。

记昭君墓

昭君墓在绥远城南二十余里，有汽车道直达墓前，但大黑河桥未筑成，汽车涉水而过，甚为危险，游人大都倩人负之涉揭，或雇旧式骡车渡河，水深不越车箱，较为平稳，河面亦仅二三丈宽耳，过河里许即达矣。此行本备有骡车，易乘而渡，乃汽车司机人欲试其技能，并考验汽车过河之可能性如何，俟骡车既渡后，彼即循其辄迹方向，驾空车冒险而过，止之不可，居然平安达到彼岸，可谓勇矣。比及归途，则困于北岸下，再四鼓勇，欲上不能。盖北岸坡度较陡，易降而难升，汽车仰而上行，全恃后轮用力，而后轮陷于泥淖中，无力推进，前轮既达危坡之半，又不得力，以致屡次鼓勇而上，皆困于最后一刹那之难关，不克越过，卒由筑桥工人协助，以巨絙牵引，始得过，否则因车轮鼓动之力，将愈陷愈深矣。昭君墓乃圆锥形之大坟堆，孤立于平原之上，纯由人工以土堆积而成，其高可十余丈，蔓草丛生，覆照〔罩〕其上。墓阳有明清及现代人为立墓石，但只相传如此，未有考据其本末真伪者也。某君碑记载称，数年前有人于墓侧掘得古明器及古衣冠，皆遇风即化为灰尘，未获存之以俟考古家之研究。《清一统志》载青冢在归化城南二十里，蒙古语称曰特木尔乌尔虎，即此。又闻宁夏及张口外，皆有昭君墓，亦莫辨其真伪，疑为古战士之公墓耳。

记绥远之毡毯业

绥远、包头二处为西北产毛汇集之所，故毡毯工业甚发达，闻绥远全省，每年制裁〔栽〕绒毯十余万方尺，值二三十万元，毛毯二十万方尺，值三四十万元，此外毛布、毛被单、毛袋、毛鞋、毡帽之类，亦不在少数。所惜资本薄弱，知识幼稚，仅有手工作坊，散在各县，又不知合作，联合推销，以致力以散漫而愈形其微弱，大好原料，不获尽量利用。每年由绥、包运出之羊毛不下二千万斤，此类毛织细品，原料所值远在手工工资之下，如其出口二千万斤之羊毛，均留在当地制成工艺品，则工资收入大有可观矣。绥远之地毯厂，以大有恒为最，有工人百余，年出货三万方尺，价分四等，上等货每尺二元二三角，最次货七角，比之平、津、青岛，价亦不为廉也。绥远所出毛布似珍宗羊而短，坚实耐用，但质地稍嫌粗硬，往年有人为购制夹袍，每尺仅三四角，此次访之有名之赵记毛布工厂，亦未之见，仅有粗哔叽一类之毛布耳。凡手工业之出品，大都俟有订货，然后从事制造，如其无人订货，或销路不佳者，势必停制，故有时纵有临时需求，又必以缺货而遭拒绝矣。

记绥远之政治

绥远近年之政治成绩当推剿匪为最。绥远向称胡匪出殁〔没〕之区，民国二十年中，商旅梗阻，居民流亡，久为国人所习知，而游者咸有戒心。此次入绥远境，乃知近三年来，业已焕然改观，绥省境内所有著名胡匪，多已剿除解决，叩其所以，则治匪之要点有三：一、有匪必剿，不事招抚羁縻；二、利用汽车追逐搜捕，向之枪马自豪来去倏忽者，今乃相形见绌；三、归诚者必须缴械。此三者为傅主席治匪之方略。其所以能行之有功，当然尚有他种关系，例如士卒用命，不复与匪勾结，挟寇自重。又如修筑道路，整治车辆，种种皆有关系，凡作一事，不但贵有计画方案，而且贵有执行计画方案之人物及准备也。绥省境内偏僻处所，单身路劫之事，虽尚难免，然大帮胡匪已绝迹，故居民不似往年之感受胁迫，有安土立业之乐。即如绥远近郊土地，往年每亩仅值三四十元，近已涨至八十元或一百元，此固尚有道路交通之关系，然治安之效，可见一斑。所患者，商业方面，原恃蒙、回二部为灌注，自库伦独立，外蒙商路中断，近年新疆又复多事，绥新交通迄未恢复原状，经济方面极感困难。然以彼平原千里之沃壤，只愁地广人稀，不能尽其地力耳，否则以六十万方里之面积，至少可容二三千万人（现连乌、伊两监〔盟〕共只二百三十万，每方里平均一个半人），如按三成可耕地计算，亦当有耕地九千万亩，每亩出粮五斗，即有四千五百万石矣。故绥远第一要务在垦，然而地多属于蒙旗、喇嘛庙，蒙人迷信本多，又以历来汉人刁狡，蒙人常受欺骗，汉官又不注意及此，因此旗、庙对于开垦、采矿等事，更为深闭固拒，故欲兴办屯垦，必先抚绥蒙族，使之恒信畏威，通力合作，乃有着手处。或谓垦务大辟之后，牧地日减，蒙人饮食原料不足，生计日困。不知耕之利什倍于牧，如以牧地供养同数人口之食料，必须有五倍或十倍耕地之面积，故知斥牧地什之一二以事耕种，即足供养同数之民食而有余。凡有垦地各旗、庙，多称富有，过于往昔，故近塞蒙人，若逐渐变更其放牧之习惯，而学为耕，于蒙族亦有大利。至于采矿伐树，有碍风水，更属迷信之谈矣。绥远民政袁厅长谈论及此，荣即以鄙见奉告，请以全力举办蒙政、屯政为二纲，其他教育、交通、水利、警备，均应以此二纲为准，不必效法内地亦步亦趋，袁君亦以为然。且以北方大势观之，热、察、绥、宁四省本前明九边诸卫重地，四省之中，似以绥远尤为重要，盖赴库伦、乌里雅苏台、科布多，西赴哈密、古城、迪化，均以归绥为出发点。秦、汉、唐之有事朔方，恒以云中、九原为中心，而兼顾及东西两方，元、清二代化为内地，军事上失其重要，至经济、交通上仍为西北之总门户。近自外蒙独立，东北失守，绥远乃又立于第一线，其地位之重要，情势之危急，国人尚不了了，然而谋我者，久矣张牙舞爪，视为口中食、掌中物矣。

绥远全省地方收入仅百四十余万元，特税附加十余万元，支出教育费四十余万，建设费七八万，党务费十五万（近改充义教经费），司法费十二三万，省会警察费十二三万，各县行政费十六七万，余为省府各厅开支。军费三百万，则由山西支配应付，并须本省弥补少数。中央收入三百万，亦归山西支配。各县另有县财政收入，以地粮附捐、杂项附捐为大宗，支出则以教育、保卫二类为巨，大县支教育费二三万不等，保卫团称是，小县则两项各支数千元耳。

记绥远之交通

绥远面积五十八万方里（乌、伊两盟在外），约与甘肃相等；而行政区划仅有县十六，设治局二。县之大者如武川、东胜，面积十万方里，其他小者亦在一万方里以上，故在行政方面，交通尤为重要。所幸绥远省区以及蒙、新多属高原砂碛，略为修治，便可行车。故绥远省境以内，由省垣以达所属之县城、设治局所以及乌、伊盟十三旗之王府，除河套之沙漠地方，及山僻崎岖而外，其余大都可通汽车，其不通汽车地方，则骡车、驼马仍可通行。重要县治及大镇之相互间，亦有通道如网状。省内商办之长途汽车，有由归绥经武川达百灵庙之一路，全程四百五十里，一日可达，有车商三家。有由包头赴五原之一路，全程四百里，一日可达，有车商四五家。此路本通临河、宁夏，今年因黄河漫溢，五原以西停驶，须待冬令水退，方能复业。省外商办之长途汽车，有绥新汽车公司，资本三十万元，有车二十余辆，由归绥经古城赴迪化，约六千里，分十五站。近以新疆多故，虽议恢复，而仍留以有待。又有商办宁夏汽车公司，由包头经五原、临河以达宁夏，约一千三百里，须走四日，本年亦因漫水停驶。全省邮政，仅有局十二，代办所三十三，以面积言之，似嫌太疏，但以人口过少之故，此项需要，实亦不多。电报有电报局十一处，而归绥一局实为西北通电之枢纽，平时甘、宁、青、新与华北往来电报，均由归绥局转，滂江局又为库伦、北平间之收转枢纽，故地位颇见重要。无线电台仅有省政府、三十五军、七十三师三座，可与南京、北平、太原、大同、宁夏、五原、包头等处通电。长途电话则利用电报局之设备，凡有电报局之处所，皆能通话，其未设电报局之处所则由绥省电信队自修以补助之，约有线路一千三百里。凡有县治之处，及丰镇县之隆盛庄等处，皆通电话。其电话使用往来，要以平绥沿线为主体，其次则属大同、杀虎口、太原，惟远方不能直达，须辗转传递耳。

铁路则仅有平绥一线，为绥远惟一之大血管，但此路日在危险状态中，而西、北两路汽车又未恢复，一旦平、津有事，则绥远将被封闭，虽有同蒲铁路可以补偿一部，然于出口贸易仍属无济，仅于国内邻省之间，得互相交易耳。

九月二十五日，水曜，晴。　早七点由绥远乘快车西行，傅主席及军政界首领，多到站为市长送行，傅主席并托炮团李团长送至包头。中途在萨拉齐站下车，由陈县长、武团附偕观萨托民生渠、新农、华北二村。十一点由车站起程，十二点半到新农村。一点十分向民生渠出发，一点三刻到。二点赴华北村休息十分钟，即赴县城。四点五十分仍乘车西行，五点五十分到包头，王师长治安欢迎，市长下榻交通银行。

记萨拉齐县

萨拉齐与丰镇，在绥省同为一等县，而土壤肥沃，水泉便利，萨县更首屈一指，盖地跨黄河两岸，除北鄙沿大青山之一部外，概为平原。大青山屏蔽于北方，可减少朔风之寒度，而山泉涓涓不绝，自北而南，又有黄河横贯其间，到处有水。此行自车站南行三四十里，沿途见有桔槔，场圃连接，住户散处其间，遥相呼应。全县面积五万五千方里。闻有耕地一万九千顷可耕之地，似已开垦十之七八。有人口三十三万，此点在晋、绥二省推为第一。然每方里亦仅得六十六人，视山东、江浙之人口密度，达五分之一或十分之一耳。每人平均占地六十亩，似又超过其耕种能力，或者不仅耕种方法粗放，而且已垦之地，尚有大部供轮耕休作之用耳。以此观之，即在农业最发达之萨县，尚有移民之余地，余县之缺人更可知矣。又闻全县所产高粱、麦子、谷子、糜子、豆子、麻子，合计不过六十万石，平均每亩仅得三斗，似嫌过少，盖可证明耕地多数之在轮流休作也。萨县产煤，年可五六万吨。沿河又有水产。沿山亦出药材。但野牧极少，仅有家畜、牛马及野生之盘羊、青山羊耳。县长陈君怡庭，名应道，甚干练，拥有马及自行车，交换乘骑，因此益有感于居今日而任县长，不但须有细密脑筋，活泼手腕，而且须有强健身体，骑马放枪，始堪胜冲繁之任也。萨县之自治区，分十四镇、一百六十二乡、二百四十二村，有指导员十人，巡回指导。萨县之水利，山水、河水均可利用。山水有清水、洪水之别。谷雨前后，雪融化水，为清水，缓流水清，普遍滋润，早晚随时可资灌溉。夏季霖雨，水头大者高二三丈，是为洪水，渠道阔大者可供一时之用。是类山水渠，大部由官督修，利用天然溪流而沟通之。

记萨托民生渠

萨托民生渠者，由萨县西磴口村瓦窑口起，开至托县高家野场村，入大黑河旧槽，经托县城南，再入黄河，长约二百里。其中黑河旧槽约五十里，无甚工作，此外则属新开。其事盖始于民十八年，迄于二十三年竣事。盖萨、托二县，均跨黄河两岸，为绥省主要农区，而十七年绥远大旱，二县灾情尤重，始倡议开渠。其初以工代赈，由绥远赈务会主之，嗣由华洋义赈会主之，并于七十、七十三两师抽调兵士四千人，加入工作。二十年渠工告成，继修钢闸，共费百万余元。乃一经告成之后，水流不畅，不能应用，或谓当时亟于工赈，未及测量全部水准，便尔仓猝兴工，又以经费不敷，分段进行，不免有所作辍，以致全部勾配不相应照，或谓工程师设计疏忽、测量欠准确所致，或谓下游黑河旧槽太浅，宣泄不畅。吾辈非工程专家，不能得其真相症结所在，但此渠已同废物，则为众所共认。本年黄河漫溢，尚能引水，平年水平距闸较远之处，不能引水，而每亩年收水租二角，一次亩捐四角，土地移转附捐五角，尤为地主所不满，于是又有人以为，萨托傍山跨河，本有山水、井水可用，无需此渠，不应以偶尔之旱灾，兴此大工，掷黄金于虚牝。盖国民通病，多数恒立于旁观批评之地位，而绝少努力共同研究其真相。而主其事者，又每苦于才力不能称职，益贻人以口实。是知一般技能之缺乏，较之资本之缺乏，尤为国民经济之重大问题，惟有学术，方可以救国耳。

记萨县新农试验场

是场于民国十八年创办，资本六万元，买地三百六十八顷，地价二万一千余元。初议试行大农制，用火犁代人工，置有美国制五十马力之拖车，带三行犁一架，二十马力带二行犁一架，双行四排圆盘耙一架，条播耧一架，割捆机一架，打谷机一架，连同附件共用二万余元。嗣以汽油昂贵，经济既不合算，据云两部拖车，每日可耕地一顷，需用煤油七桶，小犁带圆盘耙每日可耙地一顷二十亩，割捆机每日可割一顷地之禾稼。以上三项，各用油三桶，打谷机可打一顷地之禾楷〔秸〕，用油一桶，按其工作速率，足当牲畜百头、壮丁百名之工作。但因现在工料均廉，人工每日仅需工资二角，牲畜每头平均只二三十元，而机器油料，均属购自外洋，油价日高，比用人畜开支加倍，技术方面，运用亦难，故火犁乃备而不用，惟打谷、割捆二机尚有用处。种植外，兼畜牛羊，主其事者，任君承统，乃金大农科出身，其他则多北平农学院毕业生也。自二十年起，改归绥远省官办，每年由公家贷款一万元，先后付过四万元，连同阎百川先生损失资本六万，均作为新村贷款。俟建设完成后，分期归还，故目前可支持，兼负一县试验之责矣。共分五村，中心村六七十户，合之其余四村，共二百余户，大小男女千余口，有效男工三百余人。每人种地六十亩，内含一部分兵垦。此地原名油坊营子、石老营子。

记华北实业公司农业部

华北实业公司集资二十万元，股东多属华侨，农业仅其一部分事业耳。在此置地二百顷，现在开垦已过半数，采用佃户制，耕获物三七分配，所用工人月薪四元，工头六七元，均由公司供给伙食。

记绥包途中所见

由绥远城站西行四十里为台阁牧站。由站南望，正当黄河湾处，铁路取正西方向，而黄河则取东南方向。大青山过此而西，山势益卑，且向西北折，距路较远。车又西行不久，仍傍山而行，山麓一带有村落，参差相望，且有多数水泉。由台阁牧南望河南岸，有山不高。又西毕克齐站，路线仍沿山麓行，此站附近，以产蔬菜著名。山药、大葱、白菜均肥甘。又西察素齐站，站上路员宿舍以及民居，瓦房齐整，均形富庶之象。又西麦达台站，亦产蔬类，山药长一二尺，粗盈一握。自平地泉至包头六百里，皆傍大青山行，但在三道营站以东，皆行乱山中，或远或近，三道营以西，则路在山阳，南望概属平原，此数百里间之大青山，构造似极单纯，只有东西起伏，并无南北分歧，当绥萨县境内，犹且蜿蜒曲折之势，山谷中时见有树成林，愈西愈卑，且愈枯槁，至包头，遂失其山形。又西数十里，乃起有乌拉山。大青山与乌拉山之间，脉若中断（就地形言之），或谓包头之得名，正谓其为两山头所包围耳。又闻大青山在绥、包一段，山势东西走，山阴倾斜缓，起伏波折较多，故多森林，山阴倾斜急，起伏波折较少，森林亦少。比东入陶林、集宁、兴河诸县境内，又有察、热境内诸山，自东而西，纵横四出，文理乃愈形复杂矣。

九月二十六日，木曜，晴。　早七点即出门，随市长参观中央政治分校、王氏小学、安惠医院、南海子村、转轮藏、包头电灯公司。十二点市长乘飞机赴宁夏，由此转兰州、西安，嘱荣与电员蒋君等循平绥路回青。因念屯垦为救国先务，往年亦尝建议及此，今既有此机会，决意赴五原一游。蒋、张二君遂先行。午后偕七十师之葛副官，参观河北协会主办之新村，晚访李载青团长道谢，并告以明晨赴五原，不获同道东返矣。

记中央政治分校

中央政治分校乃中央政治学校之分支，专为训练蒙人而设，现有简易师范科二班，计八十人，均属一年级，小学六个年级，共一百人，师范四年毕业，所以养成小学师资，以供日后赴蒙办学，小学则为蒙地示范，亦为日后升学，养成边地人才之计，其讲师则中央政治学校毕业者也。学生一概住宿，膳宿均由本校供给，其籍贯则土默特旗占半数，西公旗占二成，其余三成，分为六七旗之籍贯。土默特人大都通汉语，习惯已多汉化，且体亦不似外蒙之高大，彼之日以骑射为务者，体格当然比耕农为强健，若习为工商，恒居城中，则愈形退化矣，土默特旗之弱小或以此欤。分校教员待遇，师范班每点二元，小学月俸二十五元，其在政治学校之藏蒙班毕业者，例须服务三年，服务期间，月俸四十元，比之晋、绥之中学、师范，实形优厚矣。此校常年经费二万四千元，建筑费已定预算二万元，尚未领齐，故暂赁民房应用。参观时适校中招考书记一名，有应考者三十人，方在写作试验中。

记安惠医院

是院乃王师长治安及七十师官长人员自为组织，以供市民医疗之所，职务均由师部军医担任义务。分为内、外、妇、婴等科，一、二、三等病房，同时可容住院二十人，一等收费一元二角，二等八角，三等四角，内部布置井井有条，月支四百元，专供药品、杂项支出，每月就诊者恒百数十名，盖包头惟一之医院也。

记南海子村

是村距包头城约十里，临黄河边，略具湾形，盖黄河上游之一码头也。黄河自兰州下至河曲，三千里皆可通航，而以宁夏、南海子间之千三百里为最盛，兰州以上，只通皮筏木排，兰州至宁夏之间，可航小舟，宁夏以下，可航载货一百担（每担二百四十斤）、吃水二三尺之大船，已达托克托县之河口镇，而以包头之南海子为集中地点。自包头通车之后，水陆衔接，愈形便利，包头市面日盛一日：洮河、导河之木排，西宁之皮筏，皆经兰州汇集于此，而其交易堆栈，则在包头城内。包头之渔业，亦集于南海子，南海子乃包头之外府也。民国七年，有商人组织公司，置载重二万斤之轮船一艘，因资本薄而经验少，只航行二次而歇业。嗣甘省政府又置二艘，亦未继续营业。建设委员会，近议置吃水二尺之汽油船二艘，平底驳船三十艘，每汽油船可拖驳船数艘，方拟试行。此行见岸边泊有驳船二，可容二三十吨，又有旧式之高帮船、五站船，桅杆林立，颇有济南泺口之气象矣。黄河水色甚黄，平时颇和缓，发水时则上流汹涌而来，河岸每易坍损，南海子村洼处积水成沮，然村距岸甚近，似河岸尚少变动，榜人选此为泊船地点，或非无因也。

记包头电灯公司

此公司于民国十九年创办，集资八万元，置有西门子发动机一座，有一百三十马力发电机一座，电费每度二角八分，电灯按二十五支光为准，每月收费七角半，计有四千余盏。兼磨面粉，置有德式清麦机、筛粉机各一座、钢磨四座，均亚美公司出品。所用原料，多购自包头附近及后山一带，每日用麦四十石（石二百四十斤），出粉一百六十袋（每袋五十磅不足），出品多销包头、五原、临河，远者亦至宁夏，工人约三十名，工资低者五角，高者一元余，电机工头或至二元四五角。

记转轮藏及城西水道

转轮藏在包头城北，乃大青山山泉之一，引之以供城户饮料者也。泉源发自山后，距城可数十里，有显流，有伏流，显流为山涧，沿城东而南下，伏流由地中行，至此溢出，民十五年西北垦务筹办会增凿六井，泉流益茂，池在崖半，由池外引，凿石作龙首状，水由龙口引出，名曰转轮藏，崖有庙曰龙泉寺，城居以水车集此取水者，晨暮不绝。转轮藏所不及引者，仍归于涧，沿城流经田间，资以灌溉。由此西北行约半里，平岗高可五六丈，中凿一沟，宽可丈余，闻属上年七十师部所开。因城西地势视城关为洼，山水发时，积潦潴于城西，甚或倒灌入城。因开此道，使山洪改道，经城北角，故入固有之山涧，免其入城为害，既有益于城关之卫生，而西关交通亦少妨碍矣。

记包头之经济状况

包头为河套一带之经济中心，其在金融商业上之关系地位，视绥远、宁夏更为重要。本城大小商店千余家，分为九行十三社：九行者，即米面行、油粮行、皮毛行、牲畜行、杂货行、货店行（经纪兼堆栈）、纸烟煤油行、药材行、钱典行，纯以贩卖交易为务；十三社者，即银楼、木匠、皮坊、毡坊、染坊、干货坊、菜铺、鞋铺、屠宰山货行、毛毛匠、□匠①，以手制造而兼批售者也。营业以皮货业首屈一指，羊毛自宁夏、兰州来者，旺年值一千万元，绥西、山后来者，亦值四五百万元。其次则为布匹绸缎业，绸缎大者六七家，多属武清帮（河北武清县）。高阳布匹二三十家，高阳布匹近年尚销八九十万元，连销宁夏、兰州者在内，旺年犹不止此。绸缎洋布市内外合计，亦有近百万之营业，洋布多属欧洲货，近则日本之双龙牌颇侵入。又次则银钱业，银行有中国、交通、农业及绥远平市官钱局、垦业银号；俱出银元、钞票，平市、垦业并出角票，其铜子票则惟平市官钱局发行之，五家钞票合计平时流通四五十万元。烟税旺时，则发行可增二倍，角票、铜子票则值五六万元而已。钱庄多属乔家福字号投资，粮食、典当亦然。西来大宗货物，除羊毛外，即属皮张、甘草、食盐、水烟、枸杞。皮张，以羊皮、羔皮为主，牛皮次之，旺羊亦有十余万张。甘草来自肃州、甘州，经宁夏，运包头，年可二十万斤。往年有俄人设甘草公司于包头，择优洗净，熬膏制砖，所选皆细枝，每百斤出价四元，比平常市价几加四倍，每百斤可出膏三十斤，运至天津，可售三十五元，嗣以营业不良，歇业已数年矣。食盐来自阿拉善旗之吉兰泰盐池，每年九十余船，每船九十余石（每石三百斤），均由磴口装船，下销绥远全区及晋北十三县。水烟年有二三万箱。枸杞年有十余万斤，其他药草亦颇不少。牲畜买卖以驼、马、牛、羊为主，每年亦有三四十万元之交易。东来大宗货物，除布匹外，以煤油、纸烟、糖为主，纸烟、煤油二项年销二百万元，旺年或至四百万元。糖约三万包，值八九十万元，据闻民国十三四年之际，经过包头之货物，进出合计在两

① 原文如此，所列为十一社而非十三社。——整理者注

千万元以上，自西北军派饷筹捐，包头元气大伤，又以甘、宁、绥、新四境，迄少宁日，到处农村破产，商业凋零，包头市面因之大为减色，淡岁仅得千万元而已。

记河北新村

河北新村在包头城东二十里，乃河北移民协会主办，而由段绳武先生主持其事。段君昔隶孙馨帅部下，任师长，近年锐意开边，以移民先锋自任，值黄河水灾，河北之长垣、濮阳、东明三县首当其冲，河北省组织移民协会以救济之。历来移民实边之组织，什八九多失败，此村成立二年，今已树有基础，远方来游者多称道之。此行获晤段君及干事部诸君，详谈二小时，并巡回场圃一周，观其织工房、小学、合作社、村民家庭，又赴村前观电力水车，比暮而返，所有问答语，记之如下。

记河北新村之问答

问：贵村移民来自何处？答：来自长、濮、东三县。

问：报名时如何选择？答：试以米袋举重，能负米举重者为真正农户，否则不录。

问：成绩如何？答：初次报名六七百人，合格者只七户；因初议每户可贷款四百元，城市游民先得消息，竞来报名，而多不及格，二次乃先行宣传，赴各村演讲移氏〔民〕宗旨及其条件，并发传单，使之家喻户晓之后，再行报名，结果选得真正农民一百户，于廿三年冬十月行抵包头。

问：来者是否携带眷属，胜任何等工作？答：七成携眷，以纺织为主；第二批之移民，选择时并参考眷属状况，作为标准之一。

问：移居此间后，其原籍产业如何？答：多属无产之人，有产者则委之父兄戚友照管。

问：到包之住所如何？答：初到先搭草棚暂住，有眷属者或向邻村借住。

问：宅地、耕地如何分配？答：宅地预定整个计划，每户给宅地一区，携眷者必须自盖，每户给地五十亩，余夫多者增给五十亩。

问：耕具粮仓，及使役家畜如何？答：犁锄耕具自备，碾子等大件由合作社公备；无眷合宿者，粮存公仓，有宅者，存自己宅内；每户给使用家畜一头，初用骡马，嗣后逐渐以牛替换；骡马可兼运送，但不如牛之力大；并为制备冬令衣装。

问：家畜、服装费用，如何摊还？答：自第三年起，分五年还清，第三年还一成，逐年递增。

问：第一年食料如何？答：由合作社代买，款由河北移民协会供给。

问：晒谷场所是否合在一起？答：各人归开。

问：贵村领地若干？答：一百六十顷。

问：此项地亩以前曾否垦过？答：四十年前曾经垦过，其中大部分含有碱性，或因此而放弃。

问：贵村对于碱性如何对治？答：今为开渠引河水洗之，购地时每亩约值二元，一经开渠冲洗，碱性减退，地价可值四元以上，故后收之地较贵。

问：第一年垦地若干，所种多属何种耕作物？答：一年每户各开廿五亩；耕作物以糜子为大宗，黍次之，高粱又次之。

问：各户收获成绩如何？答：勤者每亩收糜子一石，惰者只二斗。

问：收获物如何分配？答：公共之耕作物由协会支配，各户之收获物，完全归各户所有。

问：收获物如何销售？答：有贩运合作社，各户余粮均交合作社代销。

问：社员是否强制入社？答：非强制，但全体多已加入。

问：各户有无副业，供妇孺之职务？答：间有养猪或鸡者，现尚不多；妇女则有纺织合作社；又有牛乳合作社，运输合作社。

问：此项合作社组织如何？答：纺织以纺毛线、织布为主，纺毛线每斤给工资一角，原料及出品均归河北移民协会。织布由协会在天津买纱，寄此织布，亦归协会销售；利益二分之一给织户，作为合作社股份，其余二分之一归公积金：织布一匹，给工资一角五分。社中备有铁机、木机，铁机每架日出两匹，木机日出一匹，熟练而勤快者二日出三匹。此外新增地毯一项，织布制毯，各有技师一人。牛乳合作社之牛，归各户自置，协会贷以二分一之牛价，分期偿还：现有乳牛十六头，每头日出牛乳廿七磅，每晨送包头城内分销各食户，每日可盈卅六七元，供开支外，尚有盈余。运输合作社，专为包头面粉公司运面粉，每袋收费一分半，由村民轮流工作，车骡由协会置备，计单套车四辆。

问：家畜有无伤损？答：本年伤损十六七头。

问：村民一年来之增减如何？答：百户三百十余人之中，在此一年内，大人死亡者三，小儿死十一，生十三，相抵有余。

问：村民教育如何？答：有村立小学，有学童五十八名，分一二年两级，由实习生三名，及段夫人分任教课。

问：本村自治组织如何？答：有村长及闾、邻长，全村事项由村长处分：每晚开闾邻会议，每晨集合村民全体，开省察会，各自省察，并由村长等谈话；并推干事五人，分任合作社及教授事项，有时亦为村长代理。

问：村民有无流亡？答：移民本有游移性质，亦为失败之一原因，本村遇有此项人物，既去不许复归，其原籍有事必需归去者，其地归他人接种或代种，但去者甚少。（荣与段君访问村舍时，见有一户存粮较多，询知伊夫妇二人承种百亩，盖有一户还乡，将地顶与此人，是为一例）

问：村民有无斗殴词讼一类情事？答：尚未发行，但口舌攻讦在所不免，所幸村民对于村长尚存敬信之意，一经晓喻亦便解决。（按村长即段先生任之）

问：村民感想如何，有无不良习尚？答：农民头脑简单，向少训练组织，移此一年，安居乐业，生计无尤，又无恶人勾引，故烟赌一切恶习尚未发生，间有性情乖张狡猾之人，村长必予以特别注意。

问：此间有无水田种稻试验？答：距此廿里之黄水洼地方，已有人试种成功，本村明年亦拟试种。

问：贵村公用房舍及渠工，归谁担任？答：公用房舍由协会负担，渠工则村民共同服役，其工程计划，灌溉耕种，一切计划指挥，则由实习生三人负责，分任其事。实习生乃农学院毕业，协会介绍来此服务者也。

问：村民中有无习于木匠或瓦匠者？答：有习此者，因在一乡村中，凡有木匠、瓦匠之需要者，亦自有其相应之供给也。

段君又为荣言，历来移民开垦，病在人民无训练、无组织，而办事人无经验、无技能；而且实力薄而希望奢，以致失败多而成功少。数语可谓透切之至。荣因此有感于国事败坏至此，实以殷浩、房琯太多之故，此二人非无相当之聪明材力，但志逾其量，而又而〔无〕毅力诚心以赴之，遂至空疏无据，遗祸国家，其贪利而好乱者更无论矣。

段君谈话甚多，摘录如此。又观其电力引水之设备，计有十二水车，每车每点钟抽水一万六千立方英尺，每点钟用电卅个字，水位低时用电加倍；每日作十六小时，每年用六个月，即每亩灌水一次，费用合一角五分，此项建筑费，即电气房、坝工、水车各项，共用一万三千元。时正引水入田内以润泽土壤，且以除去碱性，浸一昼夜，随即向低处泄出。是村筑围墙甚广大，亦辟四门。来时由村北经洼地积水，汽车惧陷，涉过草地，衣履沾湿，归时则出村南门，乃知距南海子固甚近也。

九月廿七日，金曜，晴。　早八点，乘长途汽车发包头，晚七点一刻，抵五原县城。赴绥靖屯垦五原办事处，访郭处长价人，吴副处长象先，并投刺二零五旅田旅长，未晤，办事处即附设于旅部也。此行承王师长预为介绍指导，值郭处长有事赴新中公负暄乡，约定明晨八点同往。郭、吴二君邀留办公处下榻，因念办公处所不便寄宿，且欲一睹内地客栈状况，乃谢二君而投宿于同心客栈。

记五原途中所见

由包头至五原，有南北二道，北道经安北扒子补隆，至五原□三九零里。然山后道路崎岖，故寻常长途车，多循乌拉山之阳，经西公旗南之公庙子，计四百二十里，或曰四四零里，汽车一日可达。中途打尖处所曰公庙子，距包头二百里，另有小站数处，亦可打尖。由包头赴临河、宁夏，亦出此道，闻始修于民国十四年，半用民工，半用兵工，十八年有一次之简单修筑，同车往来旅客则以包头、五原为多，中途上下者甚少。包、五间汽车公司有七八家，多系他项商家兼营此业，此次所乘西久成汽车，即系机器五金商号而兼营长途运输者也。此号有汽车四辆，有铇床、旋床三架，供修理汽车零件之用，此为他家所无，他家汽车自己不能修理者，必须请教于西久成矣。各家合计有车二十余辆，小者不足一吨，大者可载一吨半。包、五间旅客多者五六十人，少则十余人，平时大约四车对开，两来两往，视客货之旺淡而加减。是日由包头开三车，二大一小，共载四十余人，五原来车二辆，客约卅人。此项汽车以运货为主，故构造纯属货车式样，据闻有客车一辆，具有坐位，但迄未获见之。此项货车在创办之始，仅系平板，并无车箱，货积其上，人即以货为座，四周环以絚绳，缚诸乘客，俾车行颠波〔簸〕时不致堕于车下，然有时终不得免，其后乃改用运货之箱车，上覆番布蓬，货少时人坐车箱中，货多则高高在上，以行李承垫其下，盘膝或箕踞坐其上，互相拥挤，不得少有展转。每车仅有司机侧之坐位一票，得略舒手足，然进出亦须爬行，盖司机处之车门，概被封闭，外横铁杆一支，较轻之货，则载诸车头之踏板上，更以绳缚于横杆，故司机处之出入，不得不由此类货车或行李之上，爬而越之也。试以购车成本询之司机人，则谓价都不昂，盖北平剩余旧车，乃于此辟一新销路，据云每辆多在千元上下，则亦不可谓廉也。此项车辆时有漏油、泄气诸病，司机人之工作因此愈以加勤，有时过桥或遇上坡道，则乘客须降车，助为推挽，尤可危者，转向器不能充分听司机人之指挥，遇有泥泞，辄不能运转自如，所幸绥西路出平原沙碛，晴多雨少，差得以天惠之厚，补此人工之不足耳。

由包头至五原，前数年，客票原定每客十元，但以多家互竞之结果，现在只售二元，其司机侧之头等坐位，亦仅三元，拉缰经手尚有折扣，由此益足证明山西每路限一家营业而受官厅监督之办法，实为统制不可少之方策。行车有捐，且须检查载重，不使逾量，故车由包头开出，经汽车管理处过磅，已装捆之货包、行李，须重卸重装一次，且须停留十数分钟。荣因询之司机，各家车行盍不合在一处，上车装车，先磅后装，岂不省事？盖包城地面不广，汽车管理处即在西门，距车及旅馆、货主所在，均不甚远也。司机人云，往年原有公会，共同售票，轮流开车，嗣以同行相忌，公会解体，今则散漫无纪，诸感不便云云。可知凡事必须合群，而合群首要公道，政治力量之统制，乃无往而俱属必不可缺者也。

自包头至五原四百里，始终沿乌拉山而行，出包头西门不远有七十师将士公墓地。此十余里车辆往来频繁，马路碾成旧式土道，旱则车过扬灰，雨则积潦没踝，稍西则路渐平稳。六十里至空都轮河。此六十里间山麓，树多成林，路南颇有耕地，更西则不见树与耕地，仅见颓垣败堵，孤峙原野间，远望似有人居，近视乃知其为四壁徒立耳。过空都轮河西行约六十里曰三经账房。由此更西行，五十里曰加杆旗庙，由三经账房至加杆旗庙之间，南望距路一二里外，似有村落，绿树成荫，若断若续，路北山麓则枯槁异常。自加杆旗庙以西，汽车路南有河，与汽车路作并行线，西行过西山嘴后，路向西北折，始距河渐远，过加杆旗庙以东则河向东南折，距路亦远，询之司机，谓名三湖河，盖平原洼处，黄河岐流入之，遂成夹河，间有宽阔成泊之处。加杆旗庙前二塔尚整齐，大殿已崩其一角，庙东有营房，住军一营，又有稽查站，住有蒙古游缉队一棚，西公旗之石王府即在道北山谷中，距庙约十里。在此地段原属西公旗游牧范围，近因该旗部下冲突，引起蒙政会之冲突，故西公旗派有旗兵在此地段巡逻，遇有车过，必询有无兵队，司机告以全系客商，乃过，盖虑蒙政会或派军队来此也。七十师亦防其双方之间或有意外冲突，故亦派兵一营，驻此以监护之。中途又一再遇有军服处哨者，司机谓系护路保商队，汽车经过，均纳捐云，系七十师与杭爱旗共同组织者，亦不得其详也。由加杆旗庙西行七十里为公庙子，公庙子有汽车站及客店各一所，院落均甚宽大，可停留汽车八九辆。店中有三合式土房各三间，每间均有土炕一铺，供客留宿。店中备有盐烟、鸦片、水三事供客，别有小贩，只售西瓜及烧饼，更无其他食物。同车有二女客，入店打尖，先索烟具过瘾，据其人为同乘言，盖平绥路上之流妓，兹回五原故巢耳。公庙子站之东方，有教堂之瓦房三四所，颇整齐，由公庙子西行一点有余，约六十里，地名西山嘴，乌拉山脉自公庙子以西逐渐卑下，至西山嘴遂就澌灭，不复睹山之形态矣。西山嘴附近，有乌梁苏海子，南北二十里，东西三十里，殆山麓之洼处也。自西山嘴以东，桥梁颇少，土质坚硬，间有小段落，沙质过多而松，西山嘴以西至五原，地属平原，其洼下处易于存水。由西山嘴又西三十里，为帕子部落，计行五十分钟，有修路巡查队第四组驻此。又西二十里喀什剌，计行廿分，此地有十二三户，有售瓜者，客乃大食其瓜，瓜皆绿皮红瓤，大如五寸碟。塞外西瓜久贮不坏，闻冬令且有食者，此行自抵大同后，沿路频见食瓜，时已九月下旬，内地西瓜早已过时，谚谓“穿着棉袄食西瓜”，非虚语也。由喀什剌西行十五里，地名坏木，居户渐多，且见羊群，渠亦愈密，又西四十五里过雁翎河桥，去五原尚有十五里，时已六点半矣，有修路巡〈查〉队第五组驻此，沿路一再遇有身着制服、方在修路者，即各组所派出也。今晨由包头出发时，即闻司机言，五原一带前日有雨，至坏木以西，乃见雨之痕迹，遇有洼处，已有泥泞，故车行愈缓，七点一刻始入五原城。

九月二十八日，土曜，阴。　七点赴屯垦办事处，八点偕郭处长价人乘骡车赴新中公负暄乡参观屯垦，十一点半到，承邓营长领导参观场圃、讲堂、宿舍，并约实习员张君晤谈，因为郭、邓诸君摄一影。郭处长则为屯垦士兵训话，约半小时。郑君坚留午餐，杀鸡为黍，饶有乡居风味。四点启行，不三四里即遇雨，所乘骡车末〔未〕带油布，冒雨二小时有半，初犹急驰，遇泥泞则只可缓步而行。比入城则雨已止，盖距城近处，雨势较微也。因拟明日东旋，故忽忽又赴东郭外农林试验场参观，与场长张化若君长谈一小时，比入城，已闭门下键，幸有旅部侯副官同往，乃叫关而入，抵同心店，已八点钟矣。夜中闻雨声，颇以行程有阻为虑。

记绥西屯垦

绥西屯垦始于民国二十年王治安师长，以所部编余官兵八十余人，组为垦殖队。私人出资，在五原县之锦绣堂地方，购地数十顷试办。廿一年由绥省政府及卅五军合力主持，于七十师、七十二师、七十三师各拨兵士一连，共计三百余人，组织试办兵垦队三队。在临河县之祥泰魁地方，觅地三百余顷，建筑百川堡新村，筑土堡一所，长百五十丈，宽百三十丈，连同宿舍计费一万二千元，开渠一道，长六十余里，宽三丈，名曰百川渠，计费一万二千元。是年夏，阎百川主任设绥包区垦务委员会于晋垣，决定屯垦计划纲要，成立绥区屯垦督办办事处，委王治安师长主其事，乃扩充组织，就五原、临河、包头境内之各段生熟荒地，划为四个屯垦区，于第四零九团、第四一零团、第四一九团之三团中，抽调廿七连，视地段之广狭，距离之远近，以一连或二连至三连编为一乡，廿二年已成立十四个乡，连同军官屯垦二队，计共授出四千余顷。军官屯垦队以十人为一组，初编三十八组，嗣经除去病故假革，只余二百人，缩编为十二组，每人授地百五十亩，父子兄弟同往者增给五十亩，并为保证贷款，首年可贷百元，次年六十元，第三年四十元，由第三年起分期偿还。其兵士屯垦，每人授地百亩，庐舍、渠工、牛马、籽种之费，均由公家垫付。廿二年屯垦费支出十四万余元，以购置农具、牛马、建筑为主。开渠费四万余元。屯垦编成之各乡村建筑，闻以百川堡为最完整，有公园、学校、产消〔销〕合作社、屯垦办事处各项建筑，其他村舍，在廿二年已成新村十一处，为十九个连部，计有住屋一千二百间，廿三年继续增筑，预计扩为卅六个连部，其垦地区域，除第四区在包头县境，其他三区及军官屯垦队，均在五原、临河二县辖境，盖一县辖境在五加河与黄河之间，昔年著名之八大干渠多在两县境内。据绥西屯垦队调查，后套地方南北百里，东西三百里，可耕之地不下十万顷，今所授地三千余顷，仅占百分之三四，将来尽有扩充之余地也。兹就绥区屯垦报告所载，各队屯垦地点表列如左，以便诵览。左表所列之外，更有包头县境之第四区，有一营屯垦，其地在黄河南岸，本年并开一渠，引水百余里，费十余万元，款由山西绥靖公署垫支，日后于水租项下归还，现灌地五百顷，日后可增开至二千顷，每亩岁收水租二角，五百顷可收一万元，二千顷则可收四万元也（附绥区屯垦队一览）。

绥区屯垦队一览

编队次序事项		现在乡名	故有地名	地主	隶属及所在方向	依傍川渠及四至	领垦亩份	垦前状况
一区	第四一九团第三营第十连、第十一连	敬生乡	南牛坝	沙灌庙膳台〔召〕地	五原城南三十里，属五原县	东与南均界通济渠，西邻觉民乡，北抵沙梁	中地一百顷	初为王姓包租，嗣归屯队领垦
一区	第四一九团第三营第九连	占元乡	通兴堂	杭锦旗马场	正当黄沙渡口，属五原县	南临黄河，北界塔布渠，有摇头娃横贯其间	中地一百顷	初为王姓包租，嗣归屯队领垦

续表

编队次序事项		现在乡名	故有地名	地主	隶属及所在方向	依傍川渠及四至	领垦亩份	垦前状况
二区	第四〇九团第一营第二、第十一、第十二共三连	觉民乡	南牛坝、六分子	杭锦旗、达拉特旗	五原城南三十余里，属五原县	南界通济渠，西界义和渠，东敬生乡，北民地，旧有福太长渠贯之，已坏，新开曰惠渠	中地二百七十六顷，下地卅三顷	初为王姓占垦，廿一年冬屯队领垦
二区	第四〇九团第二营第五、六、七、八计四连及迫击炮连	并入折桂乡	白头王又吉、杨三桥	达拉特旗永租地	属五原县	南通济新稍，北五加河，西义和渠	中地一百八十二顷	廿二年冬达旗报放，屯队领垦
二区	第四〇九团第二营第五六七八等四连	折桂乡	刘硕圪坦、增威茂、张明林、郝拴保等村	西公旗后套地	五原城西南三十里，属五原县	南磅〔傍〕五加河北沙梁	中下地二百三十二顷	初为王姓占垦，廿二年春屯队领垦
二区	第四〇九团第三营第九连、第十连	乐善乡、子厚乡	红柳圪坦南牛坝	达拉特旗永租地	五原城西十余里，属五原县	东沙河渠，西新公中，北洋人渠，南五临公路	中地一百九十三顷	廿二年冬，达旗报放，屯队领垦

续表

编队次序事项		现在乡名	故有地名	地主	隶属及所在方向	依傍川渠及四至	领垦亩份	垦前状况
二区	第四〇九团第一营第一、第三、第四计三连	负暄乡	新公中	达拉特旗永租地	五原城西四十余里，属五原县	东邻沙河渠粮〈地〉，西邻旧灶火地，北至和硕公，南至曹柜，新皂〔灶〕火渠贯其间	上地三百十三顷	归屯队领垦
三区	第四一〇团第一营第一、第二、第三、第四计四连	良忱乡	五分子	达拉特旗永租地	丰济渠中段之一部	东旧皂〔灶〕火地，西丰济渠，南至察罕脑，北至拉僧宝格庙地，有改兰绰、多罗台布各渠	与杨福来合计四百亩	廿二年达旗报放屯队领垦
三区	第四一〇团第一营第二连	并入良忱乡	杨福来		在良忱乡南	东毛家渠，西丰济渠，南杭锦旗地，北察罕脑地		廿二年屯队领垦

续表

编队次序事项		现在乡名	故有地名	地主	隶属及所在方向	依傍川渠及四至	领垦亩份	垦前状况
三区	第四一〇团第三营第十二连	可言乡	崇发公	杭锦旗马场地	永济渠崇发公渡口之东，属临河县	东百川堡，西永济渠南沙梁，北双威隆草地，有杨柜废渠	下地六十三顷	廿二年夏屯队领垦
三区	军官屯垦第一、第二两队及第四一〇团第三营第十一连	靖勤远乡	永安堡		属临河县	东界西大渠，西乐善堂渠	下地三百九十顷	廿二年夏屯队领垦
三区	第四一〇团第三营第九连	通三乡	公产地余荒	杭锦旗马场地	属临河县	东葛亥土召庙地，西石成希，南石成希，北杨秀川地，有光惠渠	中亩〔地〕一百顷	廿二年屯队领垦
三区	第四一〇团第二营第八连	寿轩乡	苏龙贵庙	杭锦旗马场地	属临河县	东准葛尔渠，南至花户粮地，西老财渠，北苏龙贵庙，有寿轩渠贯之	下地七十顷	廿二年春屯队领垦

续表

编队次序事项		现在乡名	故有地名	地主	隶属及所在方向	依傍川渠及四至	领垦亩份	垦前状况
三区	第四一〇团第二营第六连	贵生乡	东那直亥	杭锦旗马场地	属临河县	东沙梁，西杨家河，南老谢渠，北哈拉壕	下地一百〇三顷	廿二年夏屯队领垦
三区	第四一〇团第二营第五、第七计二连	广咸乡	八代滩地原荒	杭锦旗马场地	黄土拉亥渠西岸最高处，属临河县	东黄土拉亥渠，南、西、北三面均界花户粮地，有万元开渠、义惠渠	下地二百〇一顷	廿一年冬屯队领垦
四区	第四〇七团第二营		东大社		包头南，属包头县	东乌梁素、七分子，西乌拉沟，南沙梁地，北周三营及西大社	不详	
	军官屯垦第三队	威远乡	五同镇圪坦村、董国隆	达拉特旗永租地	属五原县		下地八十七顷	廿一年夏屯队领垦

记五原农事试验场

此场附设于绥区屯垦办事处，所以供屯垦之农事研究及技术训练者也。本场在五原县城东，土名隆兴长，地当包五临公路之冲，昔年尝有商家设号于此，故即以商号之名为地名。场址即西北军军营故址，面积二百七十亩，另于义和渠赵家圪坦地方，拨地二顷，廿二年春，组织成立，即开支渠一道，引义和渠水以谕〔输〕灌溉，建筑屋宇厩舍，开垦苗圃五十余亩，耕地二百亩，杂植疏〔蔬〕类、谷类，以资试验。其组织工作，分为作物、畜牧、森林、训练四部，每部设主任、助手各一人。作物部分为试验区与经济区，前者以试种后套所未尝种植之作物为目的，后者以改良后套已经种植之作物为目的。畜牧部以整理土种、改良土种为目的，前者重在管理饲养，后者重在选种。森林部亦分苗圃、植树二项，前者以供给各处种苗为目的，后者以利用余地自行种树、防灾为目的。训练部初由屯垦队中，每连选取二名，授以农业经营及种植各项知识技术，二年为限。是日与张场长谈论甚久，于边地种植略有探讨，兹记其问答之词如下：

问：后套农垦以开渠为要件，何不于渠旁种树种草，借以延长渠之寿命？答：垦户大都缺资力，不为长久之计，而且地广人稀，佃农无暇及此，今屯垦队业已注意筹画。

问：以何种草木为宜？答：树最宜杨，次柳，次榆，护堤之草，以箭草、苜蓿为宜。

问：沿途所见红柳甚多，有无利益之处？答：一年生之柳条，可供编席、盖屋之用。

问：日后垦地日开，牧地日减，何术以改良牧草，以求牧地之经济？答：可利用咸〔碱〕地、沙梁种莞豆①、荞麦，待开花时，割充饲料。本场上年试种咸〔碱〕地，每亩可收青草千余斤，但因土质坚硬，苜蓿下籽时甚费力。本场上年试种，系以苜蓿籽三分之一，与谷籽三分之二，搀和下种，使无力之苜蓿籽，得借谷籽之力而顶出土皮，结果仍觉苜蓿籽缺力，每亩连谷草仅割得千六百斤，但苜蓿宿根□经保护过冬，以后得借自然之力为之推广矣。

问：后套各渠时开时毁，其在技术方面病根安在？答：病根在乌加河下游淤塞，以致各渠引进河水之后，无尾闾可资宣泄，其次则因渠口工程不坚，八大干渠之进水口，只用柴草堆垛，无法节制用水。

问：农肥以何者为宜？答：青肥较有办法，堆肥难于着手。

问：青肥以何种为宜？答：以蚕豆、豌豆效率为大。

问：日后采煤日增，能否替出燃料用之牛马粪，以及遗弃之骨类，充作堆肥原料？答：因交通及习惯之关系，恐不易采集。

问：后套耕地，间作与轮作，何者为多？答：轮作居多，间作较少。

问：农轮作以何种耕作物为多？答：以豌豆、扁豆、胡麻为多，上年栽豌豆等，下年则栽小麦。

问：近年黄河水量大增，多谓融雪所致，现在秋后又多雨，是否气候有变化？答：西北气候近年比昔年为暖，雨量亦增，现当九月下旬，五原附近连日下雨，且范围甚广。

问：闻后套以夏田为主，而春水颇少利用，在我辈观想，春水乃融雪所成，流速比伏水为和缓，而有久浸之功用，是否因为节

① 后文又作“豌豆”。——整理者注

候较迟，不能利用？答：本场利用春水，试种夏田，所种小麦、莞豆，比之伏水地所种者有优无劣，农民畏用之心理，此后可以打破。

问：资力薄弱之小农，不知深耕，因此旧式犁多不得力，如何补救？答：本场自用生铁，仿制新式犁，入土既深，而用力反省，现已由屯垦队推行。

问：包头试种水稻，已有一二成功，此处如何？答：本场曾经试验，困渠水不足，尚未成功，但已知其有可能性。

问：贵场年来试种之耕作物以何者为主？答：麦类、豆类、蔬类，大都成绩良好，玉蜀黍之收获量，比原产地为劣，秋麦已竟〔经〕试验成功，可以保护过冬，其要点在结冰以前，仅培土壤，停止灌溉，今后将更为推广，落花生小种似比大种为宜，甜菜根欠肥大，所含糖量较少，尚待研究。

问：贵场对于畜牧部分，以何者为主？答：牛、马、羊、猪均经试养，但以牛、羊为主，羊在后套希望最大，猪与鸡希望较小。

问：羊之种类如何？答：以推广美利奴种为目的。试验结果，以美利奴羊与滩羊交配成绩较优，以美利奴羊与本地白毛羊交配成绩尚可，以美利奴羊与本地黑羊、杂毛羊交配，其毛色不固定，以滩羊与本地羊交配无大变化。

问：牛以食乳、使用，何者为主？答：以使用为主。

问：牛羊病疫如何？答：牛羊病以炭咀〔疽〕为多。

问：牛马价值如何？答：二年生之牛，向蒙旗买，每头只十余元，四年生之马，可四十余元，若向马贩购取，为价较昂。

问：贵场苗圃，以何种树苗为主？答：栽有榆、椿、侧柏、洋槐等项，以榆苗成绩最优，侧柏为风雨所伤，成绩最劣，且后套土质胶固，似不宜于柏树。

问：大青山一带曾见不少林木，但所见均不高大，不知所未见者如何？答：大青山阳面多已被人砍伐，阴面森林，因蒙人迷信不伐，尚多高大木材。

问：此项森林，以何种树为主？答：以松柏为主，其次为桦，又次为杨柳。

问：五原、临河所需木材，取自何处？答：大都来自宁夏、兰州。

记负暄乡屯垦

负暄乡乃绥西屯垦组织新乡之一，其地旧名新公中，先为王同春所包租，以公中为号，而又分设新柜（分店）于此，遂名之曰新公中。地距五原城西四十里，属五原辖境，而地则为达拉特旗之永租地，计有上地三百十三顷，今为第四零九团第一营第一、第三、第四计三连，集合屯垦于此。绥西屯垦制度，以连为间，以营为乡，连长即间长，营长即乡长，故每以营长之号名其乡，负暄即第一营邓营长之别号也。负暄乡之建筑为垒字式，营部居前，而三个连部作品字形环列其后，每连分前后二列，每列平列建屋四幢，每幢六间，合作社、作场等则在乡外，乡外并有民村，乃原有新公中之住户，亦即负暄乡之佃户，共有三百余户，分编为十三间，而附于负暄乡，其间、邻长皆由乡长委任之。连部之四隅，建有岗楼，以资瞭望防御，此项建筑，木工、泥匠之工作，仍系雇工，小工之挑抬搬运，则兵士任之，建筑工料费每连一千六百余元，营部则比连部为巨，当第一年未建筑前，则假民居为宿舍也。负暄乡之垦地，为参差不齐之三角形，其中一边夹有非屯垦地，因此全部略成凹字形，土地平衍，渠道四出，在区各屯垦地中称最。其水利以新灶火渠为干渠，纵贯垦区之南北境，另有支渠及子渠各五道，相为贯注，干渠身宽十五尺，深三尺，支渠身宽十尺至十五尺不等，深二三尺不等，子渠，宽度、深度略同支渠，但长度较短，大都三四里，支渠长或十余里，干渠、灶火渠长九十余里，其他干渠亦有百里以外者，此一干渠、五支渠、五子渠都属民挖旧渠，但年久多淤塞，或适用，或不适用，经此次屯垦后，又加以疏浚耳。负暄乡垦地，既为三角形，其方向约为正南、正北，即一角向北，余二角向东西平出，其中渠流大都导源于西南方之一角，而向其他二角分流，又画为若干之锐三角形，盖后套之渠流，大都导源于黄河今道，而向黄河故道流去，是为通例。支渠、子渠稍有变例，而不能越此大经，故观于负暄乡之渠流，亦可窥知后套渠流之形势矣。后套各渠通病，多因下流尾闾之乌家河不能尽容纳疏通之责，以至渠流不畅，负暄乡之新〈灶〉火渠亦有同病，病在下流宣泄不畅，不浇地时，渠水无处排泄，故易生淹没田亩及淤塞渠道之病，惟负暄乡境内之干渠，水位较高，引水尚不为难，屯垦队上年曾将渠道下流洗刷一次，并将渠之两岸加高培厚，借减漫溢之患。至于乌家河之根本治疗，则为后套水利全部计画，非局部之事也。

负暄乡之第一年耕地，约占本年二分之一，每人耕地能力，第一年可耕二十余亩，第二年三十余亩，第三年四十亩，以后尚可增加。全部耕地，半数屯垦队自耕，半数租于民众佃户耕种，二十二年收粮一千七百石（石二百六十斤），本年约收四千五百石，其中二分之一系佃户所缴之租，计现有耕地九千亩，每亩约收四斗，值银二元五六角耳。屯垦队之食物，小麦占三分之二，糜〔糜〕子占三分之一，所取粮食，除供自己食用外，所余则运储屯垦队公设之五原仓库，其近临河县者则运储临河仓库，分别出售。屯垦队备有运船，干支渠大都通航，故运送甚为便利。

每连有使用家畜五十头，牛占八成，后套农民向不知用肥料，余询及邓营长，固有粪肥、青肥，能否供用。据云，每连人与畜之粪可供五顷地之肥料，故肥料仍嫌不足，无〔各〕连所有之草及禾菽之楷〔秸〕叶，只敷饲料、燃料之用，故青肥亦嫌不足；但以余度之，此二点似尚大有研究之余地耳。

屯垦队采寓兵于农之政策，每日仍有讲堂及操场功课，故勤务杂项职事较多，约占十分之四（据郭处长见告，此四成兵士有时亦轮流兼带，耕种不至全无经验），实在下地躬耕□亩者只十分之六耳。照章官兵均许携眷，然兵士大都无眷属。此次自五原还，过包头，与王师长谈及此事。王师长云，兵士大都未完姻成家也。官长则多携有眷属，另于附近民村赁屋而居。邓营长导观农场、菜圃、苗圃及合作社，菜圃面积二十亩，每连十亩。内地所有蔬类，大都有之，惟气候较寒，虽在夏令，夜必盖棉被，昼夜恒差至四十度，故耕作物之生育期间，〈较〉内地为短促。合作社除供给消费外，兼制酱及豆腐。苗圃、菜圃均傍支渠，灌溉甚便，树苗长成亟迅速，杨树苗一年生者高已达一丈矣。

九月廿〈九〉日，阴雨，日曜日。　昨宵小雨不止，街道泥泞不堪，九点钟时，雨稍止，客车开出一辆，余虑其不妥，决意多留一日。既而又雨，不出二小时，原车又复开回。询之司机人，云出城十余里，遇雨折回，是日遂无车开驶〔驶〕矣。午后雨少住，访王君若愚谈二小时，王同春之少子也，拟偕王君往谒乃翁之祠宇，以泥滑不能行，且王君亦有酬应，遂不果往。

记王若愚君谈话

王君为余言，乃祖向以驮运为业，所殖驼马畜产颇多，洪杨事变之际，为人运送行李，经山东，赴浦口，值久雨，损失骡驮四十余匹，以此家道中落，其族祖某向习制造鞍辔蹄铁，颇与蒙人往还，故同春翁十二岁时，即从族祖出塞，至包头西山嘴，又西至哈扒补隆，十三岁即随人作工，习开渠工作，是冬仍回原籍邢台过年，十四岁复来工作，二年升为工头，益感觉开渠挖河之有兴味，至十六七岁已能举二三百斤。其后随人练习武术，体格发达，比及成年，身长六尺，足着一尺三寸之鞋。

当时在包头经商者有万泰公、万德源二家，在五原东之雁翎河桥设店，一日，因演剧，与田、侯二姓聚众斗殴，同春翁出而武装调停，遂与郭大义相识。盖郭、万相契，而是日之武装调停，乃压迫较强之田侯而为万姓解围也。

雁翎河桥东有什宁庙，庙产有地五六百顷，因此二万、郭、王四股合组，租种庙地，每顷年出租金四两五钱给喇嘛，召集河西人民来此耕种。于开地之先，先在雁翎河桥附近之短辫子河开渠，此河进水之处，其时已淤，乃由二万出资千两，另开一口，以引黄河之水入故渠，时在前清同治六年也。由此历年整理已开之渠，已租之地，推广新开之渠，新租之地，遂于雁翎河东之杨三桥河，引一渠道，向北以通乌家河（其短辫子河故道则向东延长），初名之曰老郭河，即今之广济渠也。光绪元年，翁又向雁翎河桥西之三横庙喇嘛租地三十顷，独力经营，而就老郭渠上游另开一渠，名曰和合成渠，因开此渠，颇受同伙议论。光绪三年，翁乃与郭、万等分手，分手时分得粮约二百石，于是翁又另开一义和渠，直接引用河水，以代和合成渠。此时适有河北交河县人张振邦租得大宗蒙地，分一部分与翁，即以和合成渠供其灌溉，兼顾三横庙地之用。自光绪五年至十三年，此八年之中，翁乃更辟长九十六里之义和渠一道，先后需用工价十二万两，翁无巨大资本，故逐年分段开工，即以某年租款收入，陆续偿之。光绪八九年之际，达拉特旗发生事故，翁乃乘此机会，出资五千两，租得五原城南、城东及临河一部之大段达拉特旗地。

光绪十七年开沙河渠，十九年前后开中和渠（即今之丰济渠，又名协成渠)。协成渠初由干冒河开渠，殆在光绪初年，至是翁乃引黄河水，通干冒河并协成渠而俱浚之，又将干冒河之西向故道，改为南向，以与黄河联接。

在义和渠、沙河渠之间，原有哈拉干河，至是，翁亦整理之，名曰永和渠。其后沙渠河〔河渠〕告成，永和渠遂废。旧灶火渠乃天然河道，相传康熙间行军出此，尝在河沿设灶，土人遂以灶火名之。有崔应霄者，尝经营此渠，此事大约在咸、同间（崔之子当时亦在王若愚君处相值，察其年可五十余，盖为五原之世家矣)。至是翁又于旧灶火渠之东，开一新灶火渠，与之遥相并行。

塔布渠初亦为天然河道，范、郑二姓常整理之，其事大约在同治年间，塔布者蒙古语，华译言五，殆言河宽五步，或云自河套而西，此为第五水也。

民复渠在爬子补隆①，光绪廿六年前后，比人费礼所开，又名洋人渠，其附近地亩概为天主教堂之产。

翁之测量，先定某地点之目标以多数木桩，自出发地点间续插立，以达于目标地点，翁乃乘马往来，察其地平高下，以肉眼之功能，代仪器之作用，盖其脑力强而经验富，必有过人者矣。

乌家河比黄河约高三四尺（此盖就同一经度言之)，但西方比东方之地平，差度更甚于此，故开渠引水，多自西南方向东北方走，乌家河下游淤塞，殆为各渠通病。闻同春翁有后套水利之治本二计画：其一，开乌家河故道，乌家河故道之受病处，在安北县南，乌拉稣海子东北，昔名黑水河，由此分二支，一入乌拉苏海，因山水夹带沙泥，逐年淤垫，约有百里之遥，至安北治东之太梁址，业已不通，太梁址已东犹通，如开此道，可使乌家河水

---

① 后文又作“扒子补隆”。——整理者注

仍由空都伦河入黄；其二，自义和渠入乌家河之地点，向东南行，另开一退水渠，经过传恒与东坏木、扒子补隆，沿包五汽车道，经西山嘴退入黄河，此渠长约一百十里，须开至六丈宽，六尺深。以上二道，皆为乌家河水谋出路，即为各渠之水谋出路也。

普通收成后，仍放水灌地，深至尺余，约浸一个月，始放去。大约一年之中，各干渠五个月有水（自三月至九月七个月之中视气候稍有早晚），余时及冬令无水，自旧历三月望至四月望，为整理渠道时期，掘取渠内淤土，培厚渠堤，且使加高，向例于旧历九月底或十月初，用柴草及土堰封杜渠之入口，至翌春为止，如浇灌空地，则三月间即开堰，否则须四月下半月始开堰引水，以灌麦苗。同春翁历年开渠所用工人，在光绪二十年以后，多由顺德、大名各属招来，旺年或近万人，每年只作六个月，工毕仍回原籍，在光绪廿年以前，则用宁夏人。

包头西六十里空都伦河地方有大仙庙，乃同春翁捐建。据云，光绪初年，同春翁与其堂兄驾牛车过此，途遇老人附载一程，入一山市而没（状如海市），翁认为神灵显圣，故为修庙。清乾隆初，此地尝设空都伦县，又萨县之大岱镇，同时亦尝设大岱县云（按此语典籍无征，恐不确）。又云翁十四岁时过托克托县，梦一赤面长须之人，告以事业尚在西方，故后捐建［设］关帝庙于托克托云。又谓翁死于民国十五年，本年乃十周年，翁与郭大义乃儿女姻家，非翁婿也。

以上就王君若愚所谈述之如是，证以顾颉刚君之《王同春开发河套记》，以及当地人士之所传说，大致不差，而小节略有出入。大约同、光之际，后套移垦之事业，已视前此为盛，故王不远数千里，亦得追逐其间。王自十二岁出塞，即厕身土工，为人开渠。顾记亦谓王初佣于郭姓，继为赘婿。王若愚则谓王、郭乃儿女亲家，要之郭为前辈。据闻万德源于咸丰初年来五原，以商贩而兼垦业，义和渠南段乃万所开，其村名四大股村，在雁翎河西，五原城东，北段则王同春为之延长耳。郭、万年辈相若，则各传说可证也。其他开垦前辈甚多，就渠名地名考之，可以为证，目其名称变更亦不少也。据一般人传说及顾记所载，王在五原，恩仇功罪，均非一端，此固豪杰之士，建功立业之人，所必不可免者。后套数十年来，蒙汉人为王所杀伤者甚众，其中篮缕开疆之同志，因同行猜忌或利益冲突之故，而为王所杀者，亦复不少，盖其地既为国法所不及，竞存者多赖自身之能力以自卫，而其人又多属天才优越、个性坚强，而未受教育之徒，动辄感情用事，快意则有之，公道未易言也。内地乡村亦多不免此病，豪强或以此起家，其次亦必借豪强以自保，乡绅为争面子而兴讼或械斗者有之，盖亦迫于环境而不得不然。无教育之社会，只知欺弱畏强，墙倒众人推，此真我民族之病根也。王之结识万、郭，由于路见不平，拔刀相助，易言之，其中自含有好勇斗狠、竞为雄长之意义。其眇一目，亦由此中得来。王之技术，殆出天才，其受环境感化，当亦不少，观其初年渠工多招宁夏人为之，可见艺术亦必有所传授。宁夏中卫之农户，长于开渠，固国内闻名，久有历史，顾记亦称郭有元娶甘肃女子，首开老郭渠，意者郭亦有所渊源也。王与后套各渠关系甚多，然其中多数开浚在王之前，王特为之修复延长，或沟通补救之耳。其同时有功于后套垦务者自必不少，但未得如王成功之大，盖其名字且不可考，甚为可惜也。

记五原所见

五原有南北二城，旧为北城，县政府、公安局等行政官署多在旧城，南之新城，初为兴隆长商店，其后人烟日密，自成一大聚落，而兴隆长歇业，乃立为新城，商店、住户，多集于此，第二零五旅旅部亦在此，盖赁民居充用也。义和渠穿城而过，渠之两侧，今犹多菜圃。新城街道颇宽阔，大街可容汽车二辆并行，两旁尚余有人行道，宽处亦可一丈，城内无人力车，远行可雇骡车，近处无代步之具。大街尚属清洁，小街则不免于便溺，然似有供扫除之役者，惟过雨则泥涂没踝，且虞倾跌，以此因雨多留一日，并未能更赴他处参观，为遗憾也。五原人大都吸烟，明暗娼妓亦多，盖生活程度低，而烟价廉，故虽十元内外之收入，亦不废烟；女子既少教育，又无职业，但求衣食有着，为娼为妾，均所不计也。后套地方称高地为肐〔圪〕胆，洼地为棭把，穴为窟笼，或写为圐圙，长冈为圪梁，塞外大都若是。五原屋价甚廉，三百元可购十余间之四合院落一所，普通赁屋，月出二三元，即可租得六七间，可供中产阶级住居矣。余居之同心客栈，每间土炕一铺，四壁亦土坯为之，已为上等宿舍矣，屋内尚不十分污秽，惟后院厕所，则与骡马同群，且粪池不用砖砌，仅掘一土坑，而以木杆横驾其上以承足，木软若不胜其重者，然稍一不慎，即有倾入粪窖之危险。大约后套一带，无陶土，不宜烧砖，又缺乏木材，故建筑多矮小薄弱，不为久计也。

记后套沿革形势

语云："黄河百害，惟富一套。"河套有二，黄河自兰州、宁夏沿贺兰山脉东北流，北阻于阴山（即乌拉山、大青山），乃折而东流者，千有余里，又被阻于绥东、晋北之管涔山脉，复折而南流，介秦、晋二省之交，南下成几字形。此几字形以内三面包围之区域，即括有绥西、陕北、陇东之三部分，而以伊克昭盟七旗为主，是谓河套，土名前套。至黄河北岸之五原、临河二县及安北设治局之西部，其地介在黄河、乌家河之间，四面为河流包围，作四字形，是谓后套。所谓“黄河百害，惟富一套”者，可作广义、狭义二种解释，以广义言之，前套仅东北一角，昔称沃壤，而大部则属荒丘沙漠，虽汉唐开辟耕种，或视今为优，然亦限于一隅，未足以概其全部，且其致富之由，尚赖山水、河水并用，不能尽归功于黄河，惟后套地方平衍，是处可以开渠，五原、临河之农事，纯受黄河之赐，庶足以当此语而无愧也。

后套妙处，即在两河夹流，环平原而围于其中，其地势西高于东，北高于南，盖随山势为转移，河北之大山脉，固由西南向东北走也。但在此四面环水之中区地域，其南北之地平差，小于东西之地平差，相去远甚，故开渠者多自西南方向东北引水，易言之，引黄河之水以入乌家河而已。

今人皆称乌家河为黄河故道，而现有之黄河正道为新道，实则黄河南北分流，歧而复合，已有一二千年之历史。案《水经注》卷三郦道元注称：“河水东北径三春〔封〕县故城东，又北径临戎县故城西，又北屈而南河出焉，又北迤西溢于窳浑县故城东，又屈而东流为北河。汉武帝元朔二年，大将军卫青绝梓岭，梁北河是也。东径高阙南，又东径临河县故城北。自临河县东径阳山南。东流径石迹阜西。南屈径河〔柯〕目县。北河又南合南河，南河上承西河，东径临戎县故城北，又东径临河县南，又东径广牧县故城北。径流二百里许〔许里〕，东会于河”云云，是知汉时已有北河、南河之分流，故卫青即有架桥北河之举，惟郦氏之注释高阙，有“其山中断，两岸双阙”之语，并引《史记》赵武灵王自代、并、阴山下至高阙为塞之语，所述其山中断、两岸双阙，俨然即大青山、乌拉山中断之状，似古之高阙塞，即在今包头城附近，而古之南北两河合流，尚在高阙东甚远之处，但今之乌家河由乌家岭西麓（土名西山嘴），南折汇于乌梁素海子，因为积沙淤垫，平日遂不通流，仅大水后，间有渗漏伏流，入于黄河正道，而黄河正道在西山嘴附近左岸，又析出三湖河，与黄河正道作平行线。自西山嘴沿乌拉山南麓，东流蜿蜒二百余里，复返于黄河正道，其汇流处，尚在包头城西，或谓乌家河故道，盖绕越乌拉山之北麓、东麓，由包头城西之空都伦河复入于黄。汉之北河是否如此，不可知，惟《汉书音义》有“阳山在河北，阴山在河南”之说，而郦道元则谓南河、北河及安阳县以南，悉沙阜，无他异山也。要知河套地带为诸山所包围，河流变迁不似下游之剧烈，汉之南河、北河，大致尚可探考，因夹流而衍成后套之四字形状，其来已久，盖可知也。

汉族之开垦后套，亦有二千年之历史，考汉之朔方郡治黄河南岸，即今之河套鄂尔多斯旗地也，五原郡治黄河北岸，即今之绥西、包、五、临诸县辖境。定襄郡在云中郡北，五原郡东，即今之归绥、萨、托诸县辖境。朔方郡领县十，五原郡领县十六，定襄郡领县十二，其设治之密，数倍于今，又置东部、西部二都尉以监护之，其为大举屯垦又可知矣。高阙以东，又名北假，《史记》载，秦使蒙恬将十万人北击胡，渡河取高阙，据阳山北假中云云。注曰：“北方田官主以田假与贫人，故云北假。”可知河套之移民屯垦，创自秦汉，而汉魏降胡，恒置诸塞上，与汉族杂居并耕，其来久矣。所惜者，我国政治根本未上轨道，数千年来迄未脱一治一乱之局，而且乱日苦多，治日恨少，故开边屯垦，更不免于作辍不恒，以此开边二千年，迄未立定基础，此其病又在中枢整体，而非尽属一隅支官之责也。

现代后套各渠通病有二：其一，黄河正流，虽不似下游之数百年之一大改道，然河身两岸，小小变动，时所不免，因此各干渠之进口处，不能设施完整之闸坝，完整工程所费甚巨，一经设备，不可复移，而河流时有变动，遂使工程坐废，转不如柴棚土堰之工程，虽属力弱，又不耐久，然工本既轻，犹得随河流之变迁而为移动，然而木□土堰，偶值水位较高，便无节制力量，水位稍低，又苦于汲引无力，此进水困难之通病也；其二，乌家河下游津〔淤〕塞，所有各干渠之退水均归于此，积不能容，以致退水无力，退水无力，故渠流不畅，渠流不畅，故渠身易淤，此节与进水困难一层，又尝互为影响，故数百年来，后套诸渠迄无长治久安之事，盖全局公共利害，非以国家或地方政府全力任之不为功，本非人民枝枝节节所能奏效，况属知能薄弱、素无团结之零星移民，只知各攘私利者乎。闻前黄河水利委员会曾经提议疏浚乌家河及乌梁素海子，使南北两河由此沟通，而利用乌家河造成一大干渠地位，而将旧有八大干渠，首尾更换一个方向，即现由黄河进水而向乌家河退水者，日后改为由乌家河进水而向黄河退水也。余于水力学未经研究，然以常识推之，此举应有可能性，盖乌家河故道，地势虽较高于黄河，然非绝对的，而黄河水流中绝，不复循入汉之北河故道者，其故在于中经淤垫，亦与下游之频频改道者同病，但将游〔淤〕垫段落疏浚，自可通流。且乌家河北依山麓，再经人工疏浚，较有归束，不似黄河正流之泛滥无定，各干渠由乌家河进水，闸壤工程便于设备，而且利用北高南低之自然形势，引水入渠以后，势顺则淤自少，如此则上述进水无节、退水无力之病，当可减少。乌家河之下游，究应取乌梁素海之道，抑取空都伦河之道，此中大有研究余地。必须将乌家河全流，乌梁素海子以及乌拉山北麓、东麓地势，详加测勘，始可下断案，但空都伦河既属天然河流，时有清水供河身之冲刷，且古之北河，似曾取此道，王同春君亦曾有此遗言，其中当有可取也。不过现在八大干渠之水，南进北出，故渠身多取由西南往东北之方向，今后改为北进南出，则渠身或须改为正南正北，或由西北向东南流，乃为合乎地势，如此则各干渠旧道尚须变更，始得利用耳。

又闻黄河水位高下，有五泛之不同：（一）春水泛，又名消冰水泛，期中水位高涨，较普通低水位约增一尺，为时约十日左右；（二）热水泛，较普通低水位增一尺五寸至二尺二三寸，为期约十五日至二十余日；（三）伏水泛，水位最高时比普通低水位增三尺至五尺，期间约一个月至五十日；（四）秋水泛，水位高度及期间，均与热水泛略同；（五）冬水泛，比以上各汛为低，水流涨落不定，期间亦不定。

又闻人言，黄河夹沙泥虽多，然属黄土细末，罕见沙粒，但令流速不生特别变化，殊少沉淀，惟遇大水急流，夹带土沙过多，则防淤，至春令冰雪融化，泥少水清，冬令则因量减流缓，夹沙亦少，当地人多于此时引水刷洗渠道。大约渠身倾斜度小，渠内流速比来原〔源〕之流速为弱，则水流无力运动其所夹之泥沙而致沉淀；反之，若渠内流速过大，水力增长，则渠底及堤岸又有冲刷之患，必如何使渠身构造、水流迟速，与地势倾斜之缓急，及渠流之长短相称而适合，此固须测算准确，使常保适当之匀配，亦须进口上水有节制，方可收效。

后套本属山阳面盆地，由黄河冲积而成，故地平亟为平坦。若以丰济渠为界，丰济渠以西地势较陡，常在四千分一至六千分一之间，丰济渠以东地势益平，常在八千分一至万分一之间。

九月三十日，阴，午后转晴。　早八点四十分乘长途车去五原，回包头，屯垦处郭处长、吴副处长均来送行。晚八点到包头，即赴七十师师部访谒王治安师长，并为道谢，仍寓交通银行，与王行长谈包头市面情形，至一钟始就枕。

记归途所见

连日降雨之后，汽车道甚形泥泞，辙迹深处多积潦，行车时须更换辙迹，时行左道，时行道右，汽车既旧，机关本欠灵敏，至是司机更有把握不住之势，车之方向摇摆不定，所幸车路与路外之地面等平，危险较少。九点至东牛坝，过一桥，适当路转弯处，且过桥，且转弯，司机未及注意，前后轮尚未转成一直线，前轮已行越桥顶最高处，而左后轮才到桥脚边，将桥脚边之梁木压断一根，左后轮下陷，幸而倾侧未甚，余三轮犹而撑持，车即斜置桥头，诸客亟下车，并招附近村民，将所载羊毛十余包及行李等概行卸下，十余人协力用杠子将车之左后方扛起，乃得过桥，约费半小时，从新装车亦耗二十分钟，十点十分，乃由东牛坝东开。车上原有助手二人，如于过桥时派一人下车，视察车之转向，后轮是否合辙，以助司机耳目，则此失可免，可知凡事预则立，损失多出于疏忽也。是日五原开出三车，二小一大，余所乘大车，载客十六，司机三人，又载皮毛多量，致有此失。

出五原城东行三十分钟，距雁翎河桥尚有十二分钟之路程，此一段雨似不大，途中经过三渠，乃达雁翎河。雁翎河附近泥泞最甚，缓行七八分钟后，始较平稳，十一点五分至太甲地，十一点三十分至坏木，计行六十里，十二点过喀什拉，计七十里，十二点二十分过爬子补隆，计九十里，一点三十分到西山嘴，计百二十里。二点三十分到公庙子，入店始知包头昨开来二车，载客二十余人，因阻雨宿此，刻见五原车到，始敢西开，公庙子昨雨终日，店中洼处今犹积潦，雨势之大可知也。余等在公庙子打尖，同车一少年，携一女客，入门即索烟具过瘾，询之盖五原某地政机关之办事员也，月薪仅二三十元，尚需养外家，抽鸦片，盖鸦片既廉，外家于衣食外，亦无多求，而养外家者之人生观，亦仅知有此而已。

公庙子附近为大平原草场，一望无际，草似剃去者然。

午后三点，由公庙子东开，四点二十分过加杆旗庙，距公庙子七十里，公庙子以东宿雨似较少，路干而平，车行较驶〔速〕。四点五十五分至三径账房，距公庙子百二十里。六点二十分过空都伦河，尚有六十里，已暮色苍黄矣。先开出之二小车，其一乃候于此，云油罄不能行，幸大车尚余一筒，乃贷予之。途中见有驼群约二三百头，放牧归去。七点三刻，行至包头西门，街道有小坡，车不得上，诸客皆降车，共为推挽，乃以载重，故无效。余以明晨即须东行，今晚尚有应办之事甚多，乃单身先行，是处地僻，既无街灯，亦少人居，乃暗中摸索行数百步，幸不远即达通衢矣。

十月一日，阴，火曜。　七点十五分，乘平绥特快车赴平，途中询问车守，始知降雨区域甚广，绥东平地泉一带皆有雨，陶卜齐新修便道，且受损失。夜一点过张家口，市长原嘱过张一游，但念一经到张参观，先须访谒当局，预托介绍，非一二日所毕事，且夜间上下，多所不便，遂过而不留。翌晨七点五十五分车达北平，以伤风迄未愈，又以连旬奔波，借此休养数日，赴首善医院诊治，并赴午门历史博物馆、正阳门商品陈列所、天坛、西山等处一游，乃于十月八日起程回青岛。

《青岛自治周刊》
青岛市政府地方自治筹办委员会
1936 年 184—192 期
（李红权　整理）

绥北道上

岱孙　撰

一个多月前，听说有一位熟人预备组织一个小考察团，沿着平绥路到归绥、包头等处，再由包头西去宁夏、兰州，回折到西安，然后沿陇海路到郑州，由郑州再北转回平，不禁为之一动。记得孩时吃丸药，常常喜欢把丸药外边的糖壳先吃掉，尝一尝里边的苦味。久住在都市中，常感觉得我们沿海省市所谓物质文明，不过像丸药的糖壳，实在的生活是要在这糖壳底下去体尝。还有，我虽然是生长〈在〉华南的人，而对于江南一带山明水秀的景物，虽非毫不领会，然而实在觉得有点厌倦。反之，塞外的高原广漠，连延不断的远山，旷野游息的羊群，对于我似乎有一种说不出的神秘的诱性。不幸考察团拟定的路线既是如此之长，时间至少须二个多月，因为职务的关系，我不能偷出许多的时间，所以虽然心中一动，而马上即作为罢议了。二星期前，又有三个熟人，想借双十节假期的机会，到绥远包头北边大青山里去打猎，因为以前我也去过察、晋等处打猎，他们也约我一起去。虽然路线短缩了，并且目的既是打猎，当然说不上甚么考察，然而既有当初之一动，时间又只有一星期，因之也就痛快的加入了。

我们双十节的前夕坐平包快车离平。向例，三等车厢中是挤得连座位都没有。我们一行四人，虽然除开猎具外，每人只带提包一只，铺盖一卷，行军床一具——此外还有二大包的干粮食具——

聚合起来也就可观。车厢中加上这些物件，更显得了无隙地，而我们这四个人当然几于无所容足了。还好一站一站的过去，下车的人比上车的人多，到了晚间，我们不但有了座位，并且可以斜靠着铺盖卷而假寐了。不过过了大同之后，每数站都有人来盘问，因为我们以前有过同样的经验，在没有登车之前已经预备了这一着，每人都放二十来个名片在口袋里，每次盘问的最后一着，都是要一张名片，我们便都很熟练的，从口袋里掏一张名片交过去。盘查者大概是附属于晋绥军的宪兵。晋绥军纪律甚好，宪兵更是十分客气，所以盘问次数虽然很多，而双方并没有任何不快的感觉。在报纸上，我们常看见绥东吃紧的情报。在车上我们和同车者谈话，也听说从平地泉到归绥一带的西北边很不安静。我们车经平地泉、归绥途中时，正是夜间。车窗外漆黑一团，甚么也看不见。其实就是白天，难说还看见到甚么。然而我们还觉得是白天能够瞭望瞭望总是好些。

我们在双十节的早间到了包头。我们的目的地是包北约一百五十里地的大青山的西北岭。我们四个人中没有一个人到过绥远，所以当地的情形不大熟悉。幸而包头平绥路的职员十分帮忙，许多的事情都由他们代为照料，省□我们许多的事。我们原定计划是当日从包头坐载重汽车到包头北一百二三十里地的固阳县一宿，第二天再由固阳县骑马或徒步北进入大青山。因为近来包北一带稍为有些谣传（二三星期前有一种传说，说有一部分窥伺绥东的察北土匪，将由固阳与百灵庙之间西去进扰绥西，以便与绥东之匪策应），路上的朋友为顾虑着我们的安全，替我们打一个电话问一问保安司令部那边的情形。保安司令部的回话是那边情形并没有甚么变动，不过他们不大希望我们往包北去，如果我们要打猎的话，他们建议我们可以去包西七八十里的某山中绕一绕。我们听见这话当然觉得很失望，因为在固阳方面，我们早已有所接洽。

并且我们的目的是要打几个大角盘羊做标本，其他的野兽并不注意，而据我们所知，只有包北大青山里边有这一种的羊。我们推测保安司令部不希望我们在包北的理由，不外是：(一)怕有甚么意外的事情发生；(二)我们的来历不甚分明，包北一带既然常有谣言发生，军事区域当然不容来历不明陌生的人乱跑。对于第一点，我们当然十分感谢他们的好意。不过我们觉得如果有大批匪队骚扰，我们自然见机而退，不会冒无谓之险。如只是三五个土著匪人，我们每个人有一百颗的子弹，也足以使他们有些戒心。所以这头一个理由还是次要的。至于第二个理由，我们觉得如果我们能向司令部说明我们的来历并且详细陈明我们的路线，应该可以得到他们的谅解。所以我们便挽了路上一位朋友，去保安司令部去拜田司令。不巧我们到司令部的时候，他去参加包头各界双十庆祝会，要到下午才能回司令部。我们于是也赶往会场去。会场是包头城西南角的大操场，我们到时已经是万头钻〔攒〕动，争看各校学生的表演操。我们不久便见到田司令。田司令请我们到来宾茶棚中谈了半个多钟头，我们详细的把我们的来意说明，承他很痛快的答应给我们一张护照，以免途中发生误会。我们领了护照回到车站，以为马上就可以出发，而不想到打电话叫车时，包头几部的载重汽车都开往别处去了。到下午三时，好容易才寻得一部轿式旧汽车，而汽车夫看见我们四个人之外还有许多行李，借口天色已晚，路上难走，一定不肯走。我们也觉行李太多不是一个小车所能载，只得决定在包头下店一宿，第二天拂晓再走了。

客店寻好之后，我们就到城内最热闹的前街去观光，顺便买点小东西。粗野的装束，引起不少街上人的注意。有两次铺子里伙计都问我们是否开飞机的。我们因之记起车上一段的闲谈。这闲谈所述的事情，我们没有时间去证实，它可信的程度如何，我们不敢说。不过它确是近来绥、包一带一个很普遍街谈的资料。一个月之前，平、津报纸一度登载日军在包头设立飞行场一节的新闻，而了无下文。在火车快到包头的时候，我们远远看见一架飞机在空中飞行。于是车厢中便议论纷生了。据坐在我旁边一个中年人说，日人飞机近来常在绥、包一带飞行，这个飞机说不定又是他们的。我想起前些日子关于包头机场的新闻，就问他到底这事情的下文如何。他说这事情起始的情形与平、津报载的差不多。日人所要擅建的机场是在包头城外不数里一个平原上。虽然当初我们官厅反对，而他们工作进行还是如故。如果当时没有阻碍，这个机场当早已成立了。官厅方面因为口头的抗议不生效力，便于某日夜间由保安队直接占管。监工的日人住在包头城内。第二天清早就有八个监工人来到场所，言语之间与领队官长发生冲突。该监工人便动起武来。领队官乃下令将八人拘传送入城内。后来几经交涉，才将八个人释放，而机场便由保安队驻守，工作也就停止。到现在机场一半已立的间架还可以看得见。说完这一段话之后，这个中年人就很兴奋的说："凡人总要讲理，我给你讲理，你不讲理，蛮干，好，我也不客气，也蛮干你一下子，怎么哪，也就没事！"

第二天清早，我们的行李都上了新赁到的小载重车，我们就坐在行李上面。这个车，据说在包头营业小载重车中算是一辆较好的车。然而其破旧的程度也就可观了。开车的是个天津人，并且是一个基督徒。他双十节那一天从包西五原地方刚载货回包，今日就要走远路，他自己说这个车许多机件都松了，要不小心，路上恐怕出毛病。他又说今日是安息日，照说不应工作，如果路上出甚么毛病，牧师又有话说了。果不其然，我们车将出北关，缴验护照的时候，车箱中的破布着了火。如果发觉得慢，也许要出个乱子。因为车箱旁边还有两大桶汽油，而车上还有数百颗猎枪子弹。把火弄灭，车的发动机又摇不动了。我们只得下车，把车推出城去。推了几步，发动机动了。等到我们上车，它又不动了。城外北去的路是上坡的，不宜推车，于是车夫又转过车头，我们又帮着推进城去。如此推来推去，花了一点多钟，才算是推走了，而出城之后，走了廿分钟的路，便得打住修理机器。我们走的路虽然名为可通汽车，而其实是普通的大车路。不过绥北大车是宽辐的，汽车的左右轮刚好可以放在大车轨中。虽然车路是沿着山脚山沟里边走，而多少总有点起伏高下。顶在行李上面的我们真是“时虞陨越”。

出包头北关时，我们车上多了两位搭客，一位是穿便服类似小商人的年青人，他一直同我们到固阳去。他后来行动似乎证明他不是一个商人，而是陪我们去的。不过他很活泼，遇见车子发生困难时，他很出力的帮助，所以我们的感情倒融洽得很。还有一个是个军人，他是到包北若干里某一个地方去。到将到他目的地时，我们想叫我们汽车绕点路，直送他到达，他一定不肯，我们也不便勉强。这个时候，我们车是在一个山沟中绕着走。两边山峰高耸，形势颇为险要。我们因为赶路，不敢多作盘桓，不过在车上四周环顾，稍稍领略而已。

在包头北边约六十余里地有一个山缺，本地人叫做坝。汽车到此，要沿着山边斜上，到山腰，再回头一转折，再沿着山边，直上过这个山缺。过了这个山缺，再走不多路，便是一片高原，一直到固阳。我们因为车上行李甚重，并且汽车在路上又常有毛病，决定下车步行过坝，以减轻车上的重量。汽车到坝下，开足马力往上直冲。不想头一段的斜坡还没有走了一半，发动机又停了，车子便不进而退，往下倒溜，车闸复坏，开车的简直没有法子收住，眼看就要溜下坡来。开车的一着急，极力的把车往里边拐，拐到里边的石岩上，只听得隆然一声，车子翻了，车上的行李都倒出来。这个时候，我们还在坡下慢慢的向上走。第一个感觉，就是开车的一定伤了，或者开车的伤势不重，车子也一定坏了。一霎那间，我们臆想夜间在山边露宿的滋味。然而等我们赶到车子翻处时，车夫已经从车厢中爬出，一无所伤。他第一句话就是“有耶稣的保护”。我们再查看汽车的机器，似乎也没有甚么损坏。于是最急切的问题，就〈是〉把这个翻倒的车扶过来。车夫建议先由我们几个人试一试。可是车身太重，我们乘客和大小车夫七个人的力量，不能将其扶正。只好暂时休息，再想其他办法。大约等了廿分钟之后，坡上来了几辆大牛车，由这几个赶牛车人的帮忙，我们居然把这个车扶起来。车夫上去试一试发动机，一摇即着。这一翻，反而把机器翻灵了。为避免再有同样事情发生，我们还请这几位赶牛车的朋友帮着我们推着车子上坝。可是只推过一半之后，机器的力量已经能自己直上无阻了。过了这坝，不多路，就是一片高原，车行倒甚顺利。不过车闸还是不兴，所以每遇下坡的时候，车夫就没有法子管制，只好让这车子一直溜下去。而每次经过这种经验之后，他总是笑一笑，摇摇头，说一句“有耶稣保护”。我们因为他有这种信念，也得到一种安慰。而同时又怕他的信念太坚，真的甚么都靠着耶稣，那就有点麻烦。

当日下午三点我们才到固阳。同行者在没有去之前，已经有一封信给当地天主堂神父请他替我们接洽一切。到了固阳之后，我们一直驱车到天主堂拜会这位神父。固阳人口不过六千余人，而有两个城，一个是旧城，一个是新城。两城相距不过一百多码。旧城是天主教徒居住的区域，居民约一千余人，区域的四周有城堡围着。天主堂就在这个旧城的中心，而神父也就是这城中最受尊敬最有权力的人。新城人口约五千人。县长公署及其他官署等都在新城里。新城的城墙像是新修的，城外还有一二在修筑中的碉堡。我们拜会神父的意思，就是看我们托他介绍跟我们入山做向导的本地猎户来了没有。大概神父看出我们面有饥色，所以极殷勤留我们吃一顿饭再入山。吃饭的时候，我们与他稍为谈谈本地的情形，和新旧城的历史。据说新城前不多年还是很荒凉的，前几任的县长的家眷都是住在天主堂内厢房中。近几年来新城人口才逐渐加多，县长也住在城内了。因此他就问我们要不要见县长。他说县长同他很相熟，如果我们愿意的话，他可以请他过来谈谈。我们说我们想于回来时到县署去一拜县长，现在我们觉得以不惊动为妙。说话之间，外边报道县长来到，我们稍为觉得有点窘。谈话之下，我们才知这位县长是北平师大的毕业生，到任只有一年半。最使我们感兴味的，就是他说这一年半来，倒学会骑马和放枪二件本事。我们因为预定的目的地是在大青山西北岭中一个山沟，去固阳还有三十里的山路，太晚了不大好走，所以匆匆别了县长和神父，同着三个向导和一个厨司上道。这几个人都是天主教徒，并且都是很有经验的猎户。我们所预定山中的居停所也是神父介绍的，当然也是天主教徒。因为动身稍为晚些，我们终于不能在天黑前赶到目的地，而只好在山脚下一个小村落里先借宿一宵，预备次早入山。

我们的目的地，名义上是一个村，而其实只有一个院落，中间住了三四个家庭。我们居停共有里外两间的房子。他把里间让给我们，自己一家人睡在外间大炕上。里间房子只有外间一半大，除开一个大炕外，便只有十二三尺长、三尺宽的余地。像北地普通的布置一样，炕头就是灶，煮好东西，就在炕上吃，灶中的火气又可以作暖炕之用，倒也合适得很。就是一样，本地不但没有柴火，便是稻草一类的燃料也都没有，只好以牛马粪代薪，所以院子中遍地是牛马粪，以待太阳晒干。而干粪烧起来，虽然不十分臭，然而也不十分好闻。

我们在山五日，每天都是天明而起，吃点东西就出发，午时在山上略进干粮，下午早则四点，迟则六七点回来。平均每日翻了六七十里的山。头二天的确是累得要命，第三天之后便渐渐相习，可以多走了。我们三个向导都是民团团员，绥北一带，似乎借重于民团者不少。而这三个人对于本地情形也有相当的熟悉，所以在走乏休息的时候，同他们攀谈也觉得颇有趣味。我们房子是在一个山沟里，房子的后面是一座大山。山上有一道高不过四尺的颓垣。我的向导告诉我，这就是万里长城。我似乎没有听见阴山、大青山岭上有长城的遗址。不过在山的最高峰东西望，这道墙倒是随山起伏，一望无际呢。三个向导中间有一个是有嗜好的。我问他为甚么年纪青青的一个人会染上这种习惯。他说："在我们这个地方，一两好土，只卖五六毛钱，吃两口玩玩的多得很呢。"确实的，住在我隔壁一对青年夫妇，整天是一榻横陈，过这个玩玩的生活。而我们每晚吃完晚饭预备睡觉的时候，我们的外间也送进来一股刺鼻的香味。

五日的成绩倒也不错，而兴趣也尽了。照预定计划，我们又回到固阳，谢过神父，我们赴县公署投一张〈名〉片之后，依然坐前此送来的汽车回去。经过［开车］数日的修理，车走得顶顺利，只走了四个钟头就到包头，路上一点毛病没有。因为要坐早上的平包通车，所以是晚在包头又住了一宵。原来想去参观民生渠，和一位段先生所办的河北移民新村，因为天晚，来不及了，没得去。

平包通车是早上十点钟自包东开，经过归绥、平地泉一段正是白天。在平地泉附近铁路北边山上——去铁路不过一二百米——掘有壕沟及其他设备，坐车厢中，可以看得很清楚，不禁有寇深矣的感觉。这也就是来时夜间过此段时未能证实的臆想。

《独立评论》（周刊）
北平独立评论社
1936年225期
（李红权　整理）

蒙边旅行记

作者不详

外论社译《中国导报》：四月清和之日，余步出车厢，于海拉尔所见之变态，殊出意外。车站之日本军警往来如织，于市内则每一举足，辄遇佩刀带剑之人，余备尝艰苦，冒雪入市，几为日本骑哨所践踏。军队奔腾之声始息，复来六轮马车多辆，盖为易于通行蒙旷野之泥地及沙漠者也。屈指三年，遍处皆已建立日本兵营及堆栈。兵营为电网所围，环市为电网所布。

简而言之，海拉尔已变为一大军事基础。其间所驻日军不下一师团，全系机械充足、待命而向边境推移者也。

海拉尔满布严重之嫌疑空气，余抵海拉尔时，一切外人均属可疑。非日籍之居民均为前途而战栗，亦不敢言时事及往事。余抵海拉尔时，系林（译音）王被捕之后数日，察觉蒙人之政权及威仪，自日军权力之加强后，已大为动摇。蒙古衙门，向称海拉尔胜地，窥之寂然。其上悬有教堂旗帜，未见蒙古或满洲之一兵一卒，到处惟日军耳。街头所站者，乃蒙籍警察而衣满洲服装。有一日兵拽一警察过市，蒙人伤心流泪而哀求。其时猎取林王之同谋者尚未终止。

余曾会晤日本领事，乃一闲静殷勤之人。其以夸耀之腔调语余，三年以前海拉尔无一日本居民，现在则已有二千人之谱。领事尚有其他数字。据其所言，海拉尔之二万居民中，约有华人一万，俄人四千，日人二千，余皆鞑靼及蒙古人也。

离海拉尔较来时尤难，车站日本宪兵围我，彼辈详细盘查，乃余抵远东四年以来所未见，虽然余常遇日本侦探及警察等等。宪兵检查余之行旅〔李〕、衣袋及日记，最后则考察余之保险证书。彼等如此稽延及刻意研究此一文件，几令余不及赶哈尔滨火车。车甫离站，向导人即将窗帘掩下。其中一人语余："日人不欲汝所见过多。"离海拉尔二十五公里之后，复准吾人一睹悲哀之蒙古平原。

距离边境之纷乱已远而返〔反〕较安宁之长春，余与日本军官庵田谈话，其现任蒙古行政院副院长（自然，此乃管理满洲伪国一百五十万蒙人之最重要人物）。

庵田不否认蒙人对于日本之改革无任何兴趣，其亦不否认满洲之蒙人亦有同情外蒙之成功与希望者。

庵田又称："兴安之文官及预存野心之日本青年最好进身之阶，此种日人派入战地邻区者为数不少。"

满洲内蒙及中国内蒙之间无显著之间隔，华人在内蒙无驻军，而居住者乃无保障之和平游民。然其战略意义甚大，盖其接近外蒙也。中国内蒙乃一旷野，日本势力如巨潮涌入，中国当局仅保持西部地位，然于该处亦因日人不断之压迫而逐渐让步。

一观地图，即知关东军何以视统制中国内蒙为其两重使命之重大目的：即保持满洲伪国之边境及使中国脱离共产影响。此一广大之缓冲地，系由空地及草地所构成，从东、南两面包围外蒙，阻止武力攻袭及妨碍宣传，有限功效。由多伦至宁夏一带之战略地，约一千五百公里，日军正建立"服务地"及"势力中心"，若干地则为供给基础。

今日中国内蒙乃一国际阴谋之焦点。华人及日人于该处顽〔玩〕弄东方外交手段，交由蒙古王公处置。蒙人已被近年来所仅有之严寒所苦，冬季死亡之羊类甚多，而蒙人亦开始顽〔玩〕弄外交手段。彼辈道谢金钱之赠予、汽车及“善意”等。余不责难蒙人较忠于慷慨之人，蒙人不欲任何主人，其尊重日人或华人均属疑问。其所有者乃实利观念，倘须服从，则不无报而服从。

关东军参谋长坂垣乃一意志坚强之人，余与之相见于长春，其语余曰，日本及满洲伪国无任何领土欲求。

“蒙古归蒙人”乃推翻中国政府及于彰〔张〕北（张家口以北五十公里），组织日人所领导之蒙人军政府之最好口实。李某所行之政变使其成为内蒙之主人。倘为日本当道所须要，其易于彰〔张〕北主脑部制止蒙古邻境之任何运动。

关东军所最重要者，乃李某之政变使日本对于外蒙之态度转剧。李某以军队割断张家口至库伦之孔道，可控制外蒙与中国间之交通。

李守信所造成之察哈尔小王公〔国〕，仅为满洲伪国之邮政及海关分站耳。李守信之士兵皆衣伪国制服。然伪国及关东军之负责人犹语余曰：“李某决非满洲将军，其完全‘独立’，唯对满友善耳。”李某始能取得之地位实亦非常不定。据日人言，李某已将地盘交内蒙政务委员会管辖，且服从德王命令。此种服从乃形式上之服从，可无疑问。

余所知者，日人为实现此一切，不必派兵入中国内蒙，被〔彼〕辈使蒙人互相摧残，而不侮辱其民族感。日人使现有政府机关为己用，谓中国主权未受破坏，甚且为使蒙古夸耀，将其“已失”之察哈尔一县归还，然此一手段使德王陷入绝境。

日人之侵入中国内蒙终遭反抗，北部之中国将军傅作义行一狡计，欲包围或阻止日本势力之侵入。绥东〔远〕主席傅作义深知倘内蒙西部王公继续卖身日人，则其本人地位非常无望。

日本一帆风顺向内蒙全境进展。其军用汽车截断无森林及少人口之各面，蒙古大寺院已变为前哨，而防北部势力侵入，以利诱威逼而收买中国内蒙之游牧民。

内外蒙间无任何确定分界。

唯一分界为乌德（张家口至库伦间之小站），由中国运至库伦之丝茶，其汽车由蒙兵保护，无通行证，不准任何人经过边境。

《外论通信稿》（日刊）
上海外论编译社
1936年1621期
（朱宪　整理）

绥行日记

李宗瀛　撰

十月二日在夕阳中，火车带着我们往西北跑。平绥车有这样神气，是我们做梦也没有想到的。我们是坐的三等卧车，整六个人，占了一间屋子，吃晚饭的时候，车役把我们请到饭车上去，三等客人居然可以坐饭车；记得有一次在平沪车上，被查票的从饭车赶回三等车去，即是有天壤之别了。

过了南口，火车走入了两山之间；天色黑了，月亮从山爬出来，沿着山跟着我们走。山是不断的，似乎没有尽头；然而那不是单调，却是无穷无尽的伟大，在月色朦朦中，依稀辨出沿着山岭的长城和那相间不远的一个个箭楼。不知多少中华民族的血，曾为了抗御外侮而在这里流过，就是最近，二十九军和其他军队不是在长城各口，用血肉写成了抗日史上最悲壮的一幕吗？可是现在呢，敌人占了我们长城以外土地还不够，又用了种种威胁、恫吓的手段，在长城以内也撑起了他们的保护国，一步一步的进逼到内地，历史上中华民族的屏障，已变成了敌人的防线了。

舒适的过了一夜，早晨起来，天是异样的冷，很有初冬的样子。到了康庄，我们看见车站上有一连步兵排着队在那儿等车，有一些穿着皮大氅，手缩在袖子里，口里吐出气，也许是敌人的进逼，使我们见了武装的中国士兵，特别感到亲切，车开的时候，我们彼此行着注目礼。

九点多钟，我们到了平地泉，那是我们在报上最近常见的地名。车停的时候比较长一些，我们得以下去走走。从一个老头的嘴里，我们知道平地泉有很多驻军；在平地泉北七八十里的陶林，是我们的最前方，再过去便是日本兵和内蒙兵了，车上的守兵告诉我们，在这儿驻了有两旅中国兵，一旅步兵，一旅骑兵，军事工程方面，也有很充分的准备；前些日子，为了陶林吃紧，曾赶筑工程；最忙的时候，有五万人工作，这些人都是由附近募来的老百姓；他们并非出于强迫，而是甘心情愿的来做的。这些话，到了归绥，在同一个旧同学谈话时证实了。

车子到了归绥，很多人下来了，我们也下车，站上的军警，也不知为什么，对我们查得特别严，他们盘问我们的来路比盘问任何其他人都严，除了我们把学校的证明书给他们看了之外，我们还回答了一串问题，写下了我们的姓名。奇怪，难道绥远当局也讨厌学生吗？学生难道变成了祸水的源流了？这些问题在我们心中盘旋着，找不着答案。

归绥有两个城，老城和新城，前者在西，是归绥的商业中心，比较热闹，后者是省府所在地，在东，是满人的区域；民国以来，满人渐离散，余者无几；所以除了一些机关之外，居民比较少，买卖尤其是提不到了。为了省钱起见，我们住老城里一个新开的比较便宜的旅社；旅社的主人很殷勤，一定要让我们住在楼上，比较贵一些；但是照我们看来，还是楼下比较好一些，并且便宜而且方便，就决定住在楼下。

也许今天是好日子，结婚的特别多；我们出去吃饭，在街上就碰见了好几起，新人都坐着花轿，在街上过，新娘不大容易看见，新郎却看得很清楚；几个年纪都不过十五六岁，由此可见内地早婚风俗之一般了。回来旅社，主人叫我们写登记簿，同时还告诉我们，方才来了几个便探，疑心我们是“友邦”人士，特别问得紧，这时我们才明白在车站上之所以被“另眼相看”，也是如此！

下午我们便去新城，新城离老城有五里多地；不像旧城一样，她有一条城墙围着，街道也比较整齐宽大，我们去访问省政府、绥蒙自治长官公署、教育厅、民众教育馆等处，建筑都非常朴素，职员也没有别地方的那样官僚气息重，见人谈话却非常诚恳而坦白。很不幸的，傅作义主席已于本日赴前方视察，要明天晚上才能回来，我们没有见着。在省政府我们见着一位交际科负责人，他答应我们主席回来之后，再打电话通知我们。在长官公署，我们碰着了一位老同学，告诉了我们好多可贵之材料，绥远的蒙旗，由于傅主席以往的努力，是比较归顺中国的；长官公署，也是因为一般绥蒙王公不满德王主持的政委会而设立的。最近日人谋绥东，傅主席已有“人不犯我，我不犯人”的守土决心，同时中央又派了一些高射队来协助防守；一般绥蒙王公，虽经日本特务机关的行动，但仍是倾向于省政府的。末了他告诉我们最近日人因欲在包头设飞机库而与我军所起的冲突；现在冲突虽已停止，而交涉则仍在进行中。

在教育厅，阎厅长因为在主持一个校长会议，派了一位社会教育科科长接见我们，作了长时间的谈话。绥远的教育费几乎全部出于大烟税，是相当难于出口的。绥远的文盲是非常多的，民众教育馆便是尽力要清除文盲，但是，一则由于人才的缺乏，二则由于经费的拮据，三则由于一般农民生活的劳苦，成绩是不很显著的，现在全省有十四个县有民众教育馆，规模很小，而且绥远的村庄，四五家所组成的很多，不易集中，所以教育馆的活动范围，也有很大的限制。我们人和他商量关于发行通俗读物的事情，他告诉我们，在这儿，抗日的口号是可以自由提出的，在印出来时，不至于变成××，这是使我们感到一些安慰的。

最后，我回到老城去看看“友邦”在这儿所设的特务机关。

这个机关，是在去年九月间成立的，虽然它的成立并不是得了当地地方当局的同意，但是现在却代表驻屯军和当局进行一切地方交涉；除此之外，他们还进行离间汉蒙的行动，在后一点，他们到现在还没有获到多大成功。特务机关的地位，正当县政府的对面，门口挂着一个“羽山公馆”（羽山是当地的特务机关长）的牌子，房上高挂着一面太阳旗，这旗恐怕是全归绥最漂亮的一面了，从门口往里看，房子很神气，院子里停了一辆最新式汽车。

回到旅社里，去访问《绥远日报》的六位同伴也回来了，他所得的材料，大约是这样，由于乡村训练所的工作和“防共自卫团”的训练，绥远在准备抗日方面，已有了相当基础。乡村训练所的指导员，大半都是从高平和邹平、定县等处来的；他们是负责训练乡村小学教员，这班训练出来的小学教员，除了教书之外，还负责监督村长，并可以控告村长，以期树立廉洁政治。至于“防共自卫团”，现在已训练了两期，每期千余人。在陶林的自卫团曾打败过李守信的部队，建树过功绩。学生方面，抗日情绪并不太高，也没有什么积极工作。学生训练继续存在着；今年暑假，曾有过三个月的集中军训。军事工程方面，因为保守秘密，不能详细知道，所知道的，则平地泉和归绥一带，都筑有护堡和其他军事工程。

晚上长官公署的那位同学来看我们，带了我们去溜大街，老城只有一条比较热闹的大街，便是北门内大街，长有二里多地，两旁的商店，应有尽有，灯光也亮，颇有些像北平前门外一带的大街，洋气是一点也没有的。

在绥远，显著的有一种民族问题的存在，就以归绥一地说，七万人口之中，却杂居着汉、满、蒙、回四种人，在老城里，还可以看见一所土默特旗旗政府，一所回回学堂，一所蒙旗师范学校。旗政府是属于省政府的，但是它却有着统治蒙人的全权；至于两个学校，却都着重汉文。在归绥，满人已完成与汉人同化，且无组织，所以实际上可以说是不存在，回人与汉人也很能相处，并不成问题。至于蒙人，虽然在衣食住行上与汉人同化，但是由于以往的彼此仇视，和一些田地问题，在全村常常和汉人发生冲突。

绥远一省最大的问题，便是毒的问题，在这儿，政府每年所抽各种的鸦片税，达三百万左右，超出其他任何税收以上，其中有七八万是供全省教育费的，七八十万供行政费，其他二百余万，则供晋军军费，这很明显的可以表示出来，禁烟在绥东是不可能的。我们曾去参观过一条小街，两旁屋连脊比的都是烟馆，挑着某某记的字号，我们曾去参观了几处，设备却是非常破烂，而顾客则完全是下级市民，尤其是苦力们，根本没有中上级人士去光顾，所售的烟土，都是本地出产，每钱不过六七分到一角之左右，有时可以比吸纸烟还省，所以很多苦力，一天用血汗换来的钱，一部分是消耗在这些黑店里面的。

娼妓在归绥也是很普遍的，不过还没有鸦片那样成问题。

在回到旅社时，我们买了两个西瓜，尝尝“怀抱火炉吃西瓜”的风味。

十月四日

今天是星期日，我们没有事可做；学校今天都放假，当然是找不到人的。上午，省政府的几位旧同学请我去青冢，我们便答应了。出发的时候是八点半，同着省政府验新筑公路的汽车一齐去的。说起这公路，是很有意思的，为了傅氏抗日，据说中央发了一百五十万军事工程费（其实这一百五十万是不够作什么的），公路建筑便是其中的一部分。他们今天去验的，是公路上的四座桥：除此之外，别的也没有什么可验的，公路和大车路是差不了多少的。这条路的意义，便是连络晋绥间交通，因为若是一旦有战事，平绥路和其他经过平地泉附近的交通路线是不足持〔恃〕的。

在青冢的附近，我们去访问一个农家。在那家里，我们没有见着男子，只见着了一位老太太和一些小孩。那位老太太告诉我们，她家里有七口人都被独立队（土匪之一种，其他还有黑马队等名称）打死了，她家现在还有一倾〔顷〕多地，可是生活还是很苦，因为常有人来要车马粮食，可是她可说不清那些人是什么。和我们同行的宪兵告诉我们，若是我们强迫她们拿些东西出来，她也会莫名其妙的给的。我们又问她是哪国人，她告诉我们是庄稼人；由此可见他们的文化水准是非常低的，除了和他们的日常经济生活发生关系的事情之外，他们是不知道别的的。

从这村子出来，我们便到了青冢。青冢实际上就是一个大土山，有一个小道可以上去。在冢的旁边，有一些石碑；其中有一块是吉鸿昌写的“懦夫愧色”四个大字，这大约正是这位殉难的抗日烈士在军书旁午的时候题的。在他旁边题的小字之中，很可以看出他当时抗日情绪的高涨。

在回来的路上，我们看见了一些碉堡。显而易见，这些东西在真正军事意义上是很小的，惟一的作用，也就是造成一种抗战空气而已。

十月五日

上午，我们分别去访问一些学校，我去的是一个省立一中。由一位姓霍的校长出来招待我们，他是非常坦白的一位年青人，由他的谈话之中，可以看出他对他的事业感到非常有兴趣而且很热忱。我们把来意说明，并且把我们昨天拟出来的各学生调查表交给他之后，他便领我们去参观。这个学校是绥远全省规模最大的一个，神气和北平的一般中学差不多，学生除了组会和饭所管理之外，还有一个读书会，这读书会是用来提倡学生课外阅读的，由教员指导，书目也由教员选定。经我们的要求，霍校长把书目给我们看。书目之中，一半是国学书目，没有什么道理；其他一半，是新文化书籍。由这书目看来，对于学生思想方面，还相当自由；所不让学生看的，多半是淫书和一些无聊的武侠小说。

下午十二时，我们便上车往包头，车的两边，却是草原；在一边山离我们很近；另一边，则一往〔望〕无际，边上点缀着一些远山。风景是很单调的，却大有“天苍苍野茫茫”之概。在车上，我们把填好的调查表大致看了一看，大致一般学生对政治还很注意；在阅读方面，文艺是最受欢迎的，其中以张恨水的作品最受欢迎，鲁迅、巴全〔金〕、冰心次之。

下午四时，车到了包头。包头特别惹人注目的是黄泥的城墙和城门口的“努力救国”四个大字：在这救国有罪的当儿，在辽远的边城还能见到这样的标语，和南京的新生活标语对比起来，是使人感到哭笑不得的。城门的两面，各有一碉堡，这当然造空气的意义大于军事意义的。拉我们洋车的人，多数是北平人，从前跟孙殿英到此的；孙殿英被解决之后，这些人便流落为车夫了。

在车站的南边，便是中航的机场，最近日本筑飞机库的事情，也在此发生。事实是这样：在前些日子，日本人画了一个区域，开始筑飞机场，为了阻止他们，中国兵便便装了冲进去，捕了一些日本人和华工。这事发生之后，日本便来保出被捕的人，继续建筑。为了避免正面冲突，中国兵便以演习为名，把日人建机场这片地画入演习地带，禁止通行来阻止工程的进行。结果，日本人不得不停止工事，进行交涉。现在交涉也已停止，将来究竟怎样解决，恐怕要看最近时局的演变和中日外交谈判的结果！

由段省〔村〕长的招待，我们住了包头饭店。在饭店之中，我们碰见了一位《益世报》西北旅行团团长。他当过营长，阅历很深，所以人也非常爽直，无话不谈。段先生从前也是一个军人，曾作过师长；后来弃军从农，以一己的精力和财产，致力于西北的垦殖，在包头办了一个河北新村，是很有名声的。

从他们的谈话之中，我们知道原先在西南事件没有解决之前，绥军是预备放弃绥远，而以全力守雁门关的，所以当时一般官民都非常消极，士气也很不振。后来西南事件解决之后，绥远可以希望从中央得到一些援助，便决定守大青山一带；有了这个决定之后，士气已相当旺盛了，人人都有一战的决心。但是在军事上，大青山是相当难守的，山北大带，都是高原，敌人进攻，非常容易，若是日人以全力来攻，只靠绥军是不足守的，是以绥远、山西方面有以全国力量守绥远的口号。

十月六日

今天预备上河北新村去，小朱一清早就把我们叫起来了；起来之后，车还是不来，又不敢出去，怕车马上就来，这样就把整个上午耗费了。车马一直到十一点多才来。

坐轿车是我初次的经验，坐在车沿上，让车慢慢的走，十分有意思。这儿的土，比北平可大多了；车过的时候，扬得很高，落在身上便是一层；直应了“拂了一身还满”这句词了。

车绕到机场，我们下车看一看，在包头机厂〔场〕的外面，停了一驾有太阳徽的小型侦察机。据在那儿看守的巡警说，本来有三辆停在此地，今天早晨飞走了两架，就剩一架在此。日本人并没有在此看守的；地方当局为了怕生意外，还得派他看守。说的时候，脸上颇有怨色。

在机场西南，便是日人预备筑飞机库的所在，架子已经大部搭起来了，旁边放着一大堆油箱，也有巡警在那儿看着。段先生和阎先生告诉我们，在前三四个月以前，日本人已来了不少；他们在此非常专横，一切下流的地方也都去，有几个甚至都有了大烟瘾。自从筑飞机〈场〉被阻以后，气焰已减了不少，有一部分也已回去；现在就剩四五个住在包头饭店。

车子不大舒服，改乘马前进。在黄河河套旁边南海子的地方，正巧有一排牛皮筏子从上游兰州下来，在此上岸。牛皮筏子是西北运皮子的方法，在兰州那儿，他们把皮子塞在一个整的牛皮里面，再逢〔缝〕合起来，一点水也不漏，缝好之后，就好像一个博物院里牛的标本，不过首尾四肢都没有了。把成百的这种皮包穿在一起，便成为牛皮筏子，从上流一直漂下来，看守的人，便坐着船在旁边照料。

三点钟时，我们到了新村。新村在包头的东边，是段先生手创的，才有了一年多的历史。全村子约有六十倾〔顷〕，村基有一倾〔顷〕，在最早，全村有一百户人家，其中大半是黄灾难民，一部分是河北省的移民，最近因为有几家不守规则被开除了，剩下九十多户。村中田地灌溉用水，都由马达从黄河引水入村，因为地土不肥，在最近期内村民所出粮食，仅能自给，所以又用纺织等副业来补助他们的生活费。

村中有一所武洲〔训〕小学，供全村幼童入学之用。一般幼童，除了识字及学习常识之外，还有种种劳作训练。成人方面，在闲空时也可以识字，不过一般农民不感需要，所以也不热心。除此之外，还有自卫的训练和组织；村子的四围起有土墙，每角各有一碉堡，若有缓急，全村壮丁可由锣声召集，出来守卫。

在村子里面绕了一圈，由段先生领道参观了一些农家，大部分的农家，一家有四五口人，占两间屋子，一间是堆房，存粮食和以〔其〕他农产品；一间是起居的屋子，里面除了一个大土炕和一个铁锅之外，很少有别的家具。有些比较干净点，大部分都非常脏，有一股很浓厚的窒塞的气息。

在村子里吃了一顿饭，是本村出的稻米和糜子窝头，还有几样乡下风味的菜蔬，非常可口。

不到六点，我们乘轿车回绥远，同去的通俗教育编刊社的三位朋友住在村里，明天上武〔五〕原。暮色之中，新村的四座碉堡渐渐消失了，展开在我们前面的是一片原野，除了横在西北的大青山，四面都望不见边。我们的两辆轿车在这原野的中央走着，使人生一种幽远的情绪；时时还有一群的大车或是骆驼，来点缀这寂寥的旅途。到了包头城，天已黑了，有一队士兵，出操回来，想着他们将为祖国宣劳，用血肉来守住这土〔片〕草原，一种敬念，不觉油然而生。

十月七日

告别了包头，对城上“努力救国”四个字和四围的壕墙与碉堡留恋地看了最后一眼，我们三个人从新踏上了征途，返回省城。

下午三点钟，得见傅作义，很幸运的，今天下午二时到四时，正是他见客的时间。到了省府不久，我们就会着他了。这位以苦守涿州六个月保持中国内战守城纪录的将军将又要在西平〔北〕的草原上，发展他的才能了。他穿得非常朴素，一身黄色的布质军服，没有结皮带，绑着裹腿，没有任何装饰，圆圆的脸上，忠厚而同时有精神，用了沉着的语调，表示他守土的决心。他告诉我们他虽然不能向外去击退敌人，却抱了决〈心〉不放弃他守土的一寸一分。绥远在中国国防上是非常重要的，绥远若是失守，中国在西北的防线，将由五百里变成七千里，增大了敌人对我们袭击的危机，所以他希望中央以全力来援助，全国民众也能了解以“全国力量守绥远”这个口号。他并且还表示，在华北任何一个地方若是发生了中日间的冲突，他必定出兵来分散敌人的力量。末了，他告诉我们，他不愿意作空洞的宣传，他愿意脚踏实地的尽他军人的天责。他非常高兴，我们的谈话一直延长到半小时。

晚上，他派了省府的交际组长在凤林阁招待我们。

饭后，和几位在绥远的朋友谈天，得了不少可贵的材料。

绥远本来是很乱的，四五年以前，兵匪遍地，抢劫的事情是常常发生的，现在由于治安的办理得法，绥远已是中国比较安静的省份了。不过由于当地的恶势力和许多困难，许多事情都很难办，即以禁烟一项说，省府是具有很大的决心的，但是一般县长，虽有省府的严禁和老百姓的不满意，仍旧是愿意种植，因为他们可以从这里拿到很大一笔进款。省府下令之后，他们便按照禁烟办法，把县中种烟区分为四区，次第禁种，四年禁绝。这本来是很好的办法，但是聪明的县长们却会想花样，他们所划的第一区（本年绝对禁种区）都是不毛之地和天主教堂的占有地，这两块地方是本来就种不得烟的。

省政府的各机关都是很廉洁的，而建设厅却是例外。建设厅长冯曦已在绥远盘居了十多年，根深缔〔蒂〕固，还有靠山，省府对他无可如何。除了鱼肉百姓之外，成绩是不多的，所以绥远人有“冯曦不死，绥民不活”的歌谣。绥远溉田用的沟渠，除了一条无用反而有害的之外，都是农民自筑的，建设厅一点也没有帮过忙，到了丈青之后，建设厅去〔却〕要抽每倾〔顷〕十八元的税。造林也是建设厅的事功之一，可是耗费了一万八千元的国币，成绩是一点也没有。

大多数的蒙古王公贵族，也是非常专横的，他们的子民是用着十三四世纪的生产方法，而他们却过着二十世纪的享乐生活，只这一点，就可知道他们对子民的苛捐杂税了。最近的云继先殉难，其实也是他剥削士兵的结果；即是日人不挑拨，也是要反的，从此我们可以看出一般蒙人作汉奸，准〔谁〕应该负责了。

十月八日①

《学生与国家》（半月刊）
北平清华园学生与国家社
1936年1卷1、2期
（李红权　整理）

① 未见续文。——整理者注

绥行日简

杨刚　撰

一

一年来没有旅行了，几年来没有到过一点新鲜的地方，这次去绥远实在是令人痛快的事，尤其是现在所去的地方，站在无人管理的国防边上，你不知哪一时哪一刻它便要被人夺去，改作他人进攻我们的根据地，我们能够在这时去它那儿一游，想来真是又痛快又痛心。就我旅行的经验来说，没有一次我的心是塞得这么饱满，没有一次使我受到这莫大的冲击和亢奋，在夜色苍茫里，崇郁的山岭，交叉的田畴，大的树，小的草，哪一件哪一点没有我民族的血液、我国家的灵魂在里面？是谁人如此忍心将国家民族的心与血这么闲散随意的抛给敌人，如扬散糠秕一样！

前人经营这平绥路是费了一番苦心，明知是处在朝不保夕的局面里，却还要把这铁路修得这么整齐，车辆制备得这么清洁舒适而便宜。以我的（也是许多人的）经验来说，平绥路车辆的干净、舒服、便宜，应为全国第一。三等车有宽大的卧铺，车票却不过十一二元，车行又很平稳，对于旅客总算是为他们想的那么周到，用意无非鼓励人们多到这国家的边界上来多看几眼，也对它生点爱惜之情。

那天晚上写到这儿，就觉得一阵恶心忍受不住，大概因为伏桌写字的缘故，从那时停笔起直到今天又才拿起它来。

几位同伴都活泼热心，见地都颇清楚，总算是时代的产儿。有一位同学因为曾亲去丰台调查过九一八纪念日所发生的事件，特为我们讲了一讲。

火车在黑暗中爬进西直门车站时，他的谈话开了头。据说他是和一个外国人去的，到那儿时，丰台已全无中国兵了。九一八那天，中国兵士出操回营，在唯一的窄小街道上碰见了也要回营的一队日兵，习惯上，这两军相遇，也都没事的过去了，所以中国兵士全然没作准备。突然，日兵站住了，一个军官撒下马朝我们的队伍冲过来，用意原是要冲散我们，我们的兵士一时怒不可遏，就一刺刀刺到马腿上去，马乱跳起来，日军官就摔在地上了。立时中国军士全拔下刺刀，托起抢，就要杀过去，可是连长不许，他拿出手枪来指着兵士，说："谁放枪，我打死谁！"一句话没完，日兵已经冲来，将连长掳去，逼他令军士缴械，连长不许。至晚，城中来了一个参谋，和日军交涉，我军遂退至赵家庄，日军才把连长放回来。军队退到赵庄之后，连夜赶作工事，准备迎战，可是工事刚作好，又得了命令，叫他们放弃赵家庄，退集卢沟桥。

在军队没退之先，据说已经有北平去的中国兵在丰台左近与日兵战了三小时，并没失败，而长官畏敌如虎，只要退保无事就好。现在丰台周围已经全无中国军，远远望去，只有斗大的红日太阳旗在空中招展，代替了中国军警〈的〉，是日本宪兵在搜查行人，镇守车站，每日从早至晚，都有日兵在操场或在街市巷战演习，演习时全无正经，都嘻嘻哈哈，跑来跑去。他们的用意全不在正经演习，只是要示威给中国人看就是。街上中国居民的房屋由他们任意攀登，任意取来作假想攻击的目标，居民往往骇得抱头鼠窜，不知何事发生，日兵瞥见就哈哈大笑，尽量取乐。不抵抗政策是至今还不肯放弃的!

听说东北义勇军的行动愈来愈整齐了,现在几乎所有的义勇军都是有了训练和政治了解的人民革命军,普通义勇军上阵去固然打日、满人,退下来就枪〔抢〕劫人民,为百姓所痛恨,现在都经过淘汰和训练,与朝鲜人民军及人民合作,日本人完全无法消灭他们,便设法将小村、远村归并在都市的大村落里去,免得革命军有所凭借。他们将小村里的房屋统通烧掉,免得被利用。这么一来,人民军反倒好了,东北房屋多是土筑成的,火只能烧掉房顶,人民军走来将房顶重新盖上,搬入居住倒很便宜。村民都已移走,既不必防备汉奸,自己倒免得要穴居野处了,他们因此更加把势力集中起来。“满”军来攻时,向例只是朝天放枪,一闻枪响,人民军便知是“朋友枪”来了,便退下来让“满”兵走入防线,送下子弹,便再走回来拾取。后来日人知道有这种情形,便交代“满”兵以后打去若干子弹,便要缴回若干枪壳,这样一来,“满”兵以后就永远不开枪,因为开枪时子弹射出去了,弹壳也必飞走,无法将它一个个捡回来的,因此整个人民军的问题全得日本军队自己对付。自九一八以来,日本兵派去满洲的,据陆军省发表,已死八万之多,但这绝不是真的数目,真的数目是只有多没有少的。

这些消息听来令人又悲愤又兴奋,我们这个民族是在怎样苦难的状况中争出路!我们的人民是受着怎样的煎熬!而同是中华民族的统治者们却硬不顾惜,没有丝毫的血心,只是私人的便宜安福尊荣。这样的局面,我们将一天一天的容留它延长下去吗?

第二天九点的时候,我们到了集宁车站,那就是平地泉,离北平时,原听说这地方是军事重心、危险区域,想像中这儿一定有不少的热闹和兴奋,至少日军是不会没有的。火车嗡嗡的爬进站时,我们都立在窗上,冷风将太阳光冲凉了,稀薄如水,注在人身上反而冰棱棱的，脚下像有一条冰的蛇在往上爬，在用冷得和刀锋样的舌头刺你的腿，风头如一把冬天的水龙对你直射，连口、鼻、眼睛全被它打得不能呼吸，一口凉风窜进你的心里，你即便吞了一条死鱼也不会那么难受。平地泉车站像是被冷风占据了，只有“集宁县车站”的木架和三两个人裹着棉袄棉裤，囚着肩膀，在那儿慢慢拖来拖去，车站自个儿独站在广漠的郊野，上面是青天，下面是黄地，天不言，地不语，人不说话，剩下的只有空气还在唏嘘哼呼，像是为了这寂寞的氛围，心里烦躁不安。远处躺着不正的三座山，影子里也是那么安定，懒管闲事的样子，谁知这些有意沉默的山头肚里藏着些什么呢？

我们不肯相信这安闲的神情，就走上站去打听打听，我的对象是站外走来的一个老头，朱祥麟却找到了一个穿制服的人，老头子摇着他那棵〔颗〕装不下事的脑袋，说我的问话来得无稽，提到陶林时，他才若有所悟的点了点头，随即又否认了。据说离陶林还有二三十里才有××兵，打是绝没有的。穿制服的人倒说了些比较在行的话，平地泉有两师人，并且那三座装得没事人似的一大堆的山头，也正藏了三肚子丘壑呢？

在平地泉看见一个卖酱鸡的，一个卖包子的，包子倒是热气腾腾，给我们壮了不少的热胆，朱涛普君买了许多来吃，可以挡挡寒。这点地方真冷得古怪，丰镇警察已经穿大老羊皮袍，两只脚还要癞虾蟆似的直跳，就在中午时，也不辞将大厚棉袄裹在腰里，虽然上身只穿一件单褂。塞外的草木已经有点转黄，但是青绿鲜红的仍然很多，草木似乎比人还要经事一点。卓资山以西的山头，远望如笼着粉色的轻纱，就像女人擦了胭脂那样艳艳的，火车不使我近前去看。我是一直的怀着个谜，以为阴山山脉，怀有红云呢。等到再朝西去，穿过了几处山径，我才大大的领略这红云的色相。遍山崖上全是细矮的红枝红叶，黄枝黄叶，里面夹着细条的绿草，有苍的，有翠的，也有嫩青、深紫和浅黄，密密穿插，织成一片彩幛，垂在车窗外面，伟丽精致，全不缺乏；自然景物，能安排得深入人们的心情，绝不是人们所能揣测的。

塞外树木几乎全是白杨，不知是否土地、气候适宜的原故，要不然天公为何会这样好事，特地要叫这哑巴草木来陪伴他的悲风呜咽？或者也许是造林人有意要附和风雅罢！绥远新旧城之间，那条长长的马路，就差不多全是白杨夹护着，老子骑青牛出函谷关，不知也曾到此地来了没有，听见这白杨的哀泣，他怕也要嫌造化多事，做作无聊罢！

到绥远的那天，恰好神照顾，没有呼风唤雨。天的样子真美，人也凑热闹，有几顶透明的玻璃花轿把挂红带花的新郎孩子和珠翠满脸的大新娘送到我们眼线里来，叫我们看了个饱。花轿前面是吹鼓手打锣鼓的，一个个倒很精神，不过并不像北平那些送嫁人，包上些破尿布似的红线绣呢袍，就像土地庙里走出来迷了路的土公土婆一般。花轿后面还有大队的骡车，有男有女，带着大的胸花跟着，这又和北平不同，就是我们那边也不这样，不知他们是迎亲还是送亲的呢？

吃饭是在一家羊肉馆里，我们以为此地出蘑菇，要了两盘，结果糊糊涂涂的被他算去四元，这古丰轩想是本地人开的饭馆，生油味重极了，可是鸡子儿却了不得大，给〔跟〕鸭蛋差不多，有的还要大些。在院子里，我们发现一个大地窖，里面挂着有几只宰了的鸡，一见了他，不免想起了顾大嫂的人肉作坊，寒毛就直树了起来。后来听伙计说，那就是他们的冷藏室呢。缺少水，不会藏冰的地方，只能使用地窖的方法，顾大嫂之流的人物，想来也是从这儿学去的罢。回来时，王日蔚君买了两大子野葡萄，金黄的小珠儿围缀在灰色细枝上，倒很出色，看见小孩子们吃的津津有味，我也摘了一颗放进嘴里，可是立刻就吧的吐了出来，犹觉一口酸味无法洗刷，敢情这金玉其外的东西，是除了一点酸涩的汁液，什么都没有了的。

绥远有新旧两城，新城大约都是政治、军事、文化机关所在处，旧城则买卖特别多，吃食店、绸缎店、药店都集在一条最繁华的有些欧化的北门内街上，在那儿也有三层楼的西式建筑，也有新式的浴堂、电灯、电话、无线电，看来像是很热闹，很近代化，可是留心一看，就知道这种近代化全无意义。我看见一个大夫的广告，借重了北平医生的大名还不算，还要连那北平大夫的官衔都写在头里，这样那条广告就成了某某中央机关某长某人之代理人，某某某某医生。又有一次听人讲，那儿的小学生毕业，家里也有人报喜，就如中了秀才似的，报条上写着捷报总司令某、主席某、厅长某、所办某学校、捷报贵府某少爷毕业等等。中学以上的毕业生当然就是绅士。在这种抄袭来的近代文化里面，所有的实在还根深蒂固是这种封建官僚的升官发财心理。这种心理原是中国各处都有的，却不像此地表现得这种堂皇显露，恬不为怪，而且这种心理至今还濡染着一部分青年。据一位当地人说，当有时考问大学生、中学生的求学志愿时，他们就答说求学就是为了回来好作绅士。这种现象是很可悲的。国事如此，绥远处在这国防前线，正在死生存亡的关头，青年们应该是国家的一份实力，对于这种局势应该抱有积极的态度，作有意义的表示，也显得民族精神的作用，可是实际上这边的青年们方面却仍是寂然无闻！这种现象若是作绅士的心理所致，则教育者与外埠的觉悟青年应当赶紧承认自己的错误与失败，应当赶紧起来救济，救亡工作若不能普遍的散布于首当其冲的国防边界，普及于穷乡僻壤的智识分子和非智识分子，若只是几个大都市的文化界、学生界来弄，是很没基础，很难收效的。必须整个青年、整个人民都起来，尤其不可放弃了处在最前线的落后分子！

人人都知道绥远布，绥远呢，人人也都想要看它一看，我们也就是这人人中的一分子，承建设厅毛织厂李工程师很热心的招待我们，把厂里各部分都走了个遍，又仔细的讲给我们听，我们才能有个比较清楚的印象。厂中的工人男、女、小孩一共有一百多人，每天工作十一小时，工资由七元半到三四元不等，比起外埠大厂家来自然不算大，可是在绥远毛织中就算唯一使用近代生产方法的制造厂。织造的东西主要的是床毯、车毯、军呢、普通毛呢，至于我们常说的绥远布，还是其他手工业作坊织的。工人生活，推测当然不会满意，尤其是分毛的女工、小孩成天被毛层喂着，包围着，嘴眼鼻耳无处不盖满了又脏又臭的毛绒，脸上全没人色，和豆纸相似，一个个精神萎靡，躬腰缩背，像枉死域〔城〕中的幽灵。这种作羊毛的女工，以我想来，只有比纱厂工人更苦，更容易受病的。可是他们困于生活，无法躲避这种病险，人生到了这一步田地，实在不能算是人，只能说是一种比较灵便的两脚畜牲！它比机器更苦，因为机器受苦而无知觉，他比牛马更苦，因为牛马比他更结实，能抵抗。人受苦到极点的时候，真是会失掉人性，连抱怨诉苦都不会时，人真变成了一头灵魂上的牛马，只会哑着嘴，呆着眼，将牛马来看承自己的。一个国家能把自己的人民造成这种实质的牛马，这种国家、这个社会还能说有存在的理由，真是宇宙间永不会再见的奇闻！

绥远在外表上，颇见得出一点朴素。在火车上沿路来时，就只见有七零八落的黄土小屋，被灰尘蒙蔽着，伏在荒野山脚，老实本分的可怜，还以为是乡村气象。及至洋车走到归化（旧城）城大道上时，两旁仍然是一些灰黄苦脸的旧土屋，房子多半没有横梁，用黄土和晒砖作成的居多，偶有用木头之处，无非作门窗之用，而门和窗又是很少的。像这类的房宅，无论或大或小，差不多都有个很大很大的院落，院中黄土满眼，高低不平，牛马骡车全可以停歇在那儿，牲口也就在那儿用草料，拉尿拉屎。稍讲究点的人家，大门里面还有一块黄土照墙，次些的都是从马路上就可以望见内室。房子照例都是很矮的。乡村人家，土篱不过二三尺，土屋才可一人高，有的还不到，居人走进屋去时，男人们准得低下脑袋，先把头钻进去了，才不致碰壁。

新城的各种机关，也都极其简单朴质。一个晋绥长官公署，不过一所很小的四合房；属于政府机关的绥远日报社，除了有一个铺满了石灰、鸟粪的大院落之外，就是几间未经涂漆的白木办公室，也许这房子还是新的建筑吧，但就这房子的姿态看来，无论如何油漆它，它也是不会有怎样漂亮面孔的。至于省政府，虽是一省的观瞻所系，也还说不上像北平公安局那么张皇。一切方面，都见得出一种朴质不华的态度。当然我们知道，绥远整个从长官到人民的质朴表现，都有着决定的经济原因在背面，人民居处的草率简陋，不是我们所能满意的。

只有旧城的北门内街，显得五光十色一点，房子也不是那么浅露，在这里算是有了一点文化的意味，但同时也带来了病态的、表面的华丽。据说绥远的商店没有一家不是在愁眉苦脸中过日子。有许多铺子，卖的钱不用说赚，连开销都不能支付，年终结账，没有赔大本的就算买卖好。市面萧条到了极点，我们留心看去，简直少见有人走进一家店铺去，只有一家电料行，倒是门口天天日夜挤满了人，那里有粗野的无线电在弄沙嗓子，刮得人耳膜生疼。市面萧条的原因有好几种，交通不便，情势不稳定，使人不敢也不能放胆作生意，都是理由。最要紧的还是因为没有生产事业，消费者的力量也很有限，很薄弱。绥远除了官办的一家小小毛织厂外，并无其他工业，市面只靠些消费贸易来维持，消费者的机关职员多往平、津一带直接买东西用，本地作小买卖的往往衣食之外，不须，也不能置办什么消费品。至于主要的消费者农民，则年年荒歉，今年又遭旱灾，高粱只长得二三尺高，眼见得收获微末得很，完粮还来不及，那有余钱买东西？即使年岁好，如民二十年时，谷子每担只卖八毛钱，每人每年要三担谷食，再加一二元的衣服费，四元钱可过一年，可是谷贱伤农，往往谷子卖不出，就连八毛钱也不能到手。近年来每年灾害，谷子卖到六七元一担，平空每年每人生活费增加了十六七元，而又收不到谷子去卖，又哪有钱去作消费之用呢？

市面萧条，省府的税收减少，自不得不从别方面设法。绥远当新疆与内地交通的冲要，每年由那儿有几次骆驼队转运羊肠过境。这笔羊肠税，也就是一项收入，此外就是鸦片、亩捐、烟灯税、花捐等等。据说上等烟馆，每月纳税在二十元左右，最下的也要八九元，所以烟馆很多，老、少、壮年都常常一榻横陈。我们曾亲见有穿中山装、西大氅的青年，也躺在烟榻旁边，不知是醒是醉，景象很可惨。

听说绥省每年的收入，都直解太原，以后，再由太原发下省府的经费。既然如此，当局者似应该为国家万年之计设想，把这种黑籍捐税完全取消，好在绥远上下官民都十分朴质耐苦，不怕牺牲，当局者何妨宁可核减一点他们的经费，将这毒税取消，厉行禁绝毒物？似这种一边唱禁、一边要派烟亩捐，其结果，是非到民族消亡不止的！

西北人民生活之苦，大家耳中想来已不生疏，土地荒芜，缺少水源，又加旱、蝗、雹子，绥远一带几乎每年必灾。十顷之家，往往收不够食。有几顷地的人民也都是披一块、挂一块的衣不遮体，终年手足胼胝的在地里劳动，所吃的不过是油面、土豆、小白菜、老盐冲水而已，这还是土财主的人家，赤贫的人家每日只能熬极稀的糜米粥喝，没有盐，也没菜（糜米是比小米、玉米更坏的一种粮食，形状很像小米，但是价钱并不便宜，也要三十子左右一斤，绥远一毛钱合四十枚，糜米也就几乎一毛钱一斤了），北平人的窝窝头，此地人都想不到嘴，所以人民多半是精神不振，面有菜色，很精壮胖大的结实农民倒是少见。

以上所说还算好的，是年岁比较不太坏的结果。若当大旱如西北五省大旱灾的那年，绥远的的确确是人吃人，饿倒在街头，气未断，腿已经被人咬去了一大块。还有就是卖。三十岁以下的一岁一元，以上的递减，到五六十岁时，三四元钱也可以卖给人了。这种老女人多是口里孤老人来买去，预备自己死了，有人陪尸哭灵，还有买女死尸的，那是准备自己死了有人合骨同葬。这种合葬同穴的观念，在人民中间有如此魔力，是改造社会的人们值得注意的事。许多人不爱旅行，安土重迁，没有冒险性，都是这一点迷念在作怪。其实人已死了，知觉已没有了，不但合骨归葬与否你不知道，就是人家将你的骨头如何处置了，你又何从得知？生既然是为人而生，自己终不能得到享受，何必在死后反以枯骨害人？

绥远耕地不多，土质好，可是因为水利不足，耕种方法未改良，未垦的地，固然毫无出产，已垦的地也是产得很少很少。地价极贱，有的到三四毛钱一亩，有的一二块。近城附郭地方，因为交通便利，水源足，种植青菜和杂粮，出产很多，那种地方也贵至一百元左右一亩，或六七十元。不过一般说来，种地面积还是太少，农村稀疏，往往大片平原杳无人烟。树木在城区之内种植得非常好，又整齐又多，尤其是城外几条大道，肥绿夹护，蜿蜒不断，望去像一条壮硕夭矫的青龙，可是一出到郊外，也就寥落极了。绥远左近地亩草地少，农地多，所种的大都是油麦，据说这东西的养分非常好，其次是高粱，种地的牲口还是牛占多数，其余多是马或驴。我们到时，农人正要翻土下麦种，常见田土上一个辛苦的农人扬着脸儿，架着一对牲口在那儿迟疑的、慢吞吞的犁地，像有一团黑云照住了他的眼光，看不清前面的道路似的。

现在，该讲到绥远的形势局面了。我们还没来的时候听到了关于此地种种的传说，总以为这里必然是很不可终日的。我因此扩大自己的幻想，甚至以为铁路有被截断不能回去的危险。谁知道我们把担心的眼光望着此地，绥远人却将上海、南京的情形挂在心上，对于本地，反倒处之泰然，没事人儿似的。事实上，为害绥东的现在还只有王英、李守信们一般汉奸。他们的匪军现在离陶林几十里的地方，曾经有过要来绥远吃月饼的大言。现在当然只好把这月饼放弃了。日本因汉口、上海等事件，精神不在这方面，并没有调兵过来，只在策动这些汉奸活动，最近又无事生非，平空占领包头一片地，要建筑飞机库，被县政府派兵制止了，逮捕了许多工人，现在这件事还未解决。我们去那儿看了一趟，老远老远就看见平沙广漠上，耸起一座纯钢筋的雄伟建筑，系一个耸身蓄势、待要猛扑上去的饿狮，旁边不远伏着一片卑微的黄土房子，像要钻入地里的田鼠儿似的。这种情景正象征了几年来我政府与敌人的关系！在我们的土地、我们的原野上，居然能容许这饿疯了的兽物来盘踞，赶得我们的人民无处可以安身，这种耻辱即使我们将来能把它完全洗尽，可是它的纤维已经深刻在我们的肌肉、血管里面，已经织入我们的灵魂里了，这是我民族永生永世的伤痕！本来敌对我们原无硬干的实力和决心，凡所举动，不过借事生端，虚声恫吓，企图以积威劫中国，垂手而灭亡我们。我们若一有退让，敌人便立进一步，弄成秦与六国的局面，使我们“日削月剥以至于亡”。我若窥破它的计谋，便宜以全国的军力坚守阵地，以全国的民力组织后方，应用各种可能的外交手腕，不惜对其他国家作实利上的牺牲，以爆发他们和敌人之间的积久矛盾。同时努力与国内各种××实力合作，进行对方壁垒中的宣传工作，以策内应。这样，战事上的胜利是完全在我们这边的。

因为我们是以全国在拼命，敌人却仅靠几个军阀横蛮抢劫；我们是以牺牲为光荣，敌人是以送命为上当的。自古以来的强弱之势，未有如我们和日本这么对峙得鲜明的了！

在绥远这方面，准备工作，已经作了不少，陶林内外沿大青山全建筑了坚固的攻势，平地泉也有了准备，高射炮也到了不少，尤其要紧的是绥远的士气如虎，人心安堵，大家非不知有战祸在前面，却都安心的等待着，好像等着过大年的样子。全中国的儿郎们，齐把你们的眼光转到这儿来，我们是要以全国的力量，死守绥远的！

日本人在这儿也并不疏忽，他们不但遣派了许多浪人来，并且有经常驻在这儿的特务机关，羽山公馆俨然想在这儿作太上皇的样子。无论什么事它都要伸出一颗头来探望探望，管一管。若不是绥远当局坚毅稳定，绥远在这批先生的捣乱之下，不早变成察哈尔了么？国内实力派们，应该注意这一点才对，我们万不可使守边重将感到物力与精神的薄弱。智识分子们，应该多多与边城守将发生关系，由各方面给他实助，给他力量，使他感觉在他的背后立着的，乃是中华整个民族，全民族四万万五千万铁掌，都朝这方面伸着！

最后，要说几句不是时候的话了，虽然不是时候，可是一旦松口气时，这些事也都是很要学〔紧〕的。

绥远省面积不算小，有十七县和一个特别区，可是人民却只有二百多万，这二百多万人民主要的还都集中在绥远城、包头这些大城市周围，两处城市连村落的人口，听说就占去了几乎五分之一，其余散处村县的数目真是微乎其微。同时又因为水利不好，工具不行，大好土地往往变为无用，为敌人所觊觎。包头事件之发生，也因为是荒地，便于占据的原故，以这样地旷人稀、荒榛满野的地方，实在没有建立省治的理由。昔美国开发西部的时候，并不曾一来就在那片空地上建立个有名无实的省份，来位置职员官吏，人家是老老实实当它一个开发区域白去投资，决不是当它个文化、经济区来设治征税的。我们今日的西北所处情形，只有比当日美国的西部更糟，我们却当它一个省份去处理，太不合适。我以为绥远应该撤销省治，老老实实改为垦殖特别区，专就屯垦、畜牧、造林、开辟水源四件事，大规模用国家和私人的力量来举办。一面在这儿兴办大规模的毛织厂、制革厂以及羊肠等等贸易。在这种开发期内，绝对免除一切捐税，将这儿变成一个生产的，而不是消费的所在。以现在的情形看来，绥远有许多旷地，有大片肥美的土壤，可是畜牧、垦殖似乎都还要留给他人来代庖，连一个小小的毛织厂，每年还得由新疆进口大批的羊毛，才能开得成工，这是多么没道理的事！我们若是能保守这块土地，好好经营起来，西北真是遍地黄金，以后人家不用跑到美国西部去拾那宝贝东西了。

十月五日晚于包头

二

一行人在绥远住了两天，每天大家分头东奔西跑，走马看花，除了收点极新鲜又模糊的印象外，最多也不过只能多贮藏一些根据印象自己造来的谣言故事，准备带回去骇呼一下好奇心很大而又不能自己去看一看的人们。既是如此，所以同学姚会依邀我们去看青冢，我们都踊跃奔命，好像那一代美人的白骨正站在青冢上对我们招着手儿似的，要不然总也有她的灵魂儿由大黑河的水纹里钻出来朝我们点头吧，我们真是一股子那份见神见鬼的热心。恰巧我们的车是省政府派出去勘察公路桥工的，走过一道桥，它就得停一停，有人下来视察，视察了几道桥，我们也就得视察几次自己的忍耐，妨它也不结实。桥工视察完了，回来登上那峨峨高耸的土峰时，我不觉叹了口气。细听听，千载琵琶的哀音似乎还能由周围白杨叶里听得出来。这人的伤心、怨恨、苦闷和抑郁，几千年之下的白杨还能那么清晰哀怨的吟呻出来，难道美人昔日的怨恨就是我们今日的煎熬，难道昭君就是我民族的怨魂么?!

大黑河上的桥工

站在青冢上面，大黑河像一条焦裂的伤痕，横陈在平原中心，敞露在旷远的天宇下面，没有树林为它摇来一些清凉的嫩风，没有山泉用泉流淋洗它枯裂的伤口，没有掩护，没有遮闭〔蔽〕，它赤裸裸暴露在地平上面，像一个失掉了灵魂的女人赤身露体躺在众人眼前，像一个抛失了勇气的战士，甘心缴下武装，躺下待人宰割！这条不知羞耻的河流，它那吞咽过昭君一胸怨愤、浮载过民族怨魂的水源哪儿去了!? 它为什么那样苦脸绉腮，老婆儿似的增加国家的伤痛？它怎样忍得心看守那片穹阔孤苦、焦渴秃黄的平原，舍不得带给它一丛绿林、一片青绒，尽咽着一泉水，不肯令它流灌到大地的血管里去？这无心肝、缺感觉的河流！她不是条淘气费心的浪子黄河，便是黄河也有心在河套绕个圈儿，干点人事；她也不是条不知人间痛苦的长江，便是长江她却终年到底(除了最近几年) 浮载过国家的生命，民族的命运，可是那饮了美人血的大黑河却那么坦然的玩味着荒漠、寂灭，与整片大地的凄凉枯焦，以为那是她的一笔得意文章，这不是极其可惨、极其无耻的怪事么!？

昭君冢听说有两个，在包头的，据说是衣冠冢，要此地的才真有千年人物在里面，草色常青，所以叫做青冢。其实冢色仍然是黄的，那青冢的话儿不过表现在杜工部的一片诗境而已。冢身特别高大，以它来藏护那点为民族而死的精神体魄，倒是谁也不妨点头的一件事，至于讲到她的真假是非，除了历史家之外，要这么考究的人必是要拿脑筋去和一堆土拼命，以为它冒了牌，造了假，这样人不正是莎士比亚笔下一位最好的角色么？

青冢前的墓碑之一，冯焕章立

昭君冢上下来，我们带便走到一家农户去参观。那是有了一顷多地的人家。听了这话，你总得在心里为它准备一个大庄宅吧，砖墙瓦房，相当的厅堂院落，长工男女吧。不，要那样想，你得往南边走，这儿可不能招待你。在这儿转过土篱门去，你若以为自己的鞋有些高贵，你就得留心照顾地下的马牛粪，人家可不管替你收拾，人家用手抓捡屎粪，就和我们用手舞笔杆、抓馒头一样。在这夹屎夹粪的院子周围，也有牲口房，也有人房，作法材料都差不多，就差牲口的没有墙门，人屋里还多了一片万能博士的漫地大坑。还算跟祖宗住在一起的人享福，那里还多了一只神柜子。他们正要吃饭哩，锅里闷了一锅土豆，马粪团儿似的。炕上一大碗开水抄〔焯〕过带黄的青菜，一碗羊粪似的烂腌菜，一个碗底托着一点老盐，这是百亩之家的食物！孟夫子的什么百亩之田可以几十者衣帛、几十者食肉的话，在绥远不知要打几多折扣。绥远今年的年岁又不好，高粱、土豆全是瘦小不堪，收得又少，农家人真没日子过，他们的小孩子有的上面穿棉袄、底下没有裤子，有的上面打赤膊、底下穿棉裤，猴着腰，仰着脸望我们。更小一些的便将赤腿缩在他姐姐的衣服里面。收成不好还不是唯一的麻烦呢，他们所最怕的还是要费（捐税）、要草、要车马的，他们不知道来要这些东西的是什么人，什么机关，总之来要就得给，等到这边刚给完，那边独立队（土匪的称呼）又来了。问他独立队是谁呀？他不知道。再问，你们是哪国的人哪？他说：“噢，庄稼人呵。”他们就知道自己是庄稼人，管他大清、民国、东洋、西洋呢！这般农民落后的程度真是我们所难想像的。有人说河北农民还比他们强，问起来，知道说自己是大清国的人民，这样的了解也许更能投一般汉奸的意，容易被他们利用，但比那浑浑噩噩洪荒未凿的绥远村民多少要清楚一些，容易受教一些。

绥远农家

由昭君墓回来，我们不久就收拾去包头，为这件事我们还着实踌躇了一番，不知段绳武先生会在哪儿，我们将怎样去找他呢？我们来以前，是有信告诉了他的，可是他很忙，五原和河北村都有他的工作，若他已去五原，我们怎样和他接头？未必又抢到五原去么？因为我们去的目的原是要参观他的乡村，不见着他，看什么呢？所以一到包头，我们便到处打电话找他，结果发现他已经亲自在车站上接了我们有三天了！这是多对人不起，多笑话！段先生的形体像一个极大的橄榄，可是待人坦挚亲切，温恭有礼，决不像个杀人如麻的凶煞军人。他说起话来，于亲切有味之中，常常有一针见血的见解，可是人家对他有所批评、讨论时，他也极谦厚的接收〔受〕。他爱说话，可是你不能讲他是徒尚空谈的说嘴家，不管他作的是什么，他见到了就动手，这一点我实在自愧不如。据他自己讲，除了十六岁以前在私塾念过几年书之外，便没有再入学校，十六岁起，他受了外蒙独立的刺激，志在救国，弃家投军。从那以后，他过了近二十年的军队生活，转战淮、鄂、赣、闽、江、浙间，足迹几乎盖满全中国，由行伍弟兄，升到师长的地位。这样戎马倥偬的生活，这样的缺少机会与书本智识发生关系，他却能保留住一颗敏感的心，时时追问自己生活、工作的意义，把一双匆忙的眼睛转到这荒凉没落的河套来，作无人过问的移民事业，这个人活得真是值得，真像个样子。我把他拿来比自己，就觉头痛，离了书本，离了纸和笔，就觉不能作人，这种病不知怎样种上身的，心里不是不觉得这样无味，就舍不得把它治好绝根，一天离了书案子，就好像脑袋都胀得不知方向了似的，弄到好像自己的存在就是几张稿子、一支笔，倘若要把这些丢了，就如是一种了不起的牺牲，这是干吗？

包头夙称西北一个较大的都市，我还小的时候，已是常听见它的名字和冯焕章先生连在一起，就觉得很有意思。在绥远时，听人说包头比绥远外表更近都市，它有着北平瑞蚨祥式的大商店，有几条热闹大街，车站也特别宏壮。这印象太华贵了，实物〔际〕一接近它时，就显得很原始，很简陋，西北建筑材料主要的黄土，越往西去，这情形越真，绥远城墙还是砖作，到包头已是土垒而成，矮小得如一道围墙，常人很容易爬上去，城内有一条闹市，和绥远的大同小异，在那儿作买卖的似乎以旅馆为最多。山西色彩非常浓厚，大部分人口据说都由山西而来的，有不少商店、旅店都喜欢带上个“晋”字在它的字号里，像什么“晋丰源”、“晋阳楼”、“晋西旅社”、晋……直是触目皆是。山西人本来会作买卖，他们的殖民力、冒险性看来也似不小，有人说绥远就是山西的殖民地，这话看来不大错，可惜这种有生殖经营力的山西人民却没个强力的政府站在他们后面，现在敌人处心积虑图绥远，简直想把它变为他们的殖民地，山西人无拳无勇，万一绥远有事，山西人就有步南洋华侨后尘的可能。皮之不存，毛将焉附呢！

讲到近代化方面，绥远似乎是力仿摩登，包头则是勤守旧风，这情形可以绥远饭店和包头饭店两旅社作典型的代表。前者完全模仿平津饭店式的西洋建筑，其中设置了跳舞厅，现用来作演电影之用。包头饭店却是“庭院深深深几许”的到〔道〕地中国房子，往地面上发展，不往天空里去，形式素朴，没什么彩漆油画，房子的构筑也很简单，房顶都是没有横梁的，用草与泥作主要材料。在我们见多了饭店、洋楼的人看来，这样一个素朴的所在，觉得很有意思，比那费力不讨好来学人家西式东西的，要体面舒适得多。

包头有一点不如绥远，缺少林木，损了它多少美观，绥远的树木原不能算很多，可是那夹道云阵足可以傲视的全国的大都市，包头却几乎是个秃头，看去苦得很。包头也有不少财主，除了经营业务之外，何不分点钱来殖林？钱虽不能马上收回，可是十年之后，他的利益也可几倍，光为私人打算，这件事也不是不可干的。绥远的树长的那么又茂盛又高大，令人疑为几十年以上的东西，问起来则民国十三四年左右冯焕章先生所种，也不过十来年的工夫，当日的嫩枝细芽已经筑成一道广厚的绿城了！

那日晚上，由于段先生的好意，我们由霉湿的晋西旅社挪去了包头饭店。在我们对面恰巧有天津《益世报》西北旅行团住着，他们是由阴山背后过来的，打算再动身往宁夏去新疆，绕甘、青、川、陕而回，住在这儿等新疆的护照。团长阎祖吾先生听见我们来了，很高兴的走过来谈话，述他在山后所见蒙古人的情形，活龙活现，好不有趣。据他说蒙古男女都精骑术，女人高大健壮，和男人无异，在他们中间没有要饭的乞丐，也没土匪，大部分还是游牧生活，养马、牛最多。家居平常有客人来了，便献上奶饼、奶皮、酪糖，客人吃完了，抹抹嘴，不说话，也不给钱，蒙古语中根本就没有“谢”这个字。客人吃完，通常是拿腿就走的，倘若他不走，坐下，掏出根纸烟来燃上，送给主人，主人必很高兴的接来，抽一口，又恭恭敬敬的送还给客人去，有时他把烟接下来就奉上自己的鼻烟壶以作回敬。他们没有货币，见有客人带来可用可喜的东西，比如说毛巾、手绢罢，他见了爱不释手，便会走进去抱一只小羊羔来和你交换，你自然不好意思受哪，你拒绝，他也不强执，你白送他几条手巾，他也只笑笑的收下。若是有人在这儿使用在饭店里冲锋会账的态度，以为可以名利兼收，他真叫碰了霉气了。

阎先生是黄埔出身，他又主张骑马是往西北去的必要技能之一(其余两项是打枪和照像)，所以他也有一般军人的嗜好，爱马。他浸浸的跟我们夸奖他一匹好马，毛片怎样，性格怎样，跑的本事怎样，可惜我是门外汉，许多地方听不懂，懂了也记不住。以我的耳朵作见证，我只听见他讲那马有一次正在奋鬣电驰的飞奔，恰当路心有个老女人站在那儿，它便由那老女人头上腾跃而过，把马主人骇得几乎心裂，可是转回一看，那女人却还好端端在那儿，扭着头愕然的在看那狂驰的马呢！

因为他讲马讲得那么热闹，我又从来不曾开过荤，就说好第二天去骑马试试。朱祥麟君的本事，倒借此大显露一下，我则不过尝尝而已。初骑上去时那栗栗若将陨于深渊的滋味，怕是谁都想得到的，而最不对劲的还是你坐在马背上却受着马的支配，它要走就走，要站就站，它要上天，你得跟上天，下地，你得跟下地，坐在上面，不亚如迎神赛会中抬着满街跑的一位关菩萨，还没有那菩萨那么坦然，那么安逸，心里直怕得罪它，又怕怎么一歪，从鞍子滑下来，才真是笑话呢。

包头也有敌人的特务机关，就住在包头饭店中，叫做××公馆，这公馆手下大约还有不少受支使的浪人散居在饭店其他房间里。这些先生们虽说是在这儿办着要公，也有闲时在这儿陪妓女叉麻雀，抽大烟，有的都抽上了瘾，舍不得走。旅馆里常常闻得烟味四流，都是一般大烟同志散布出来的。听说这些特务先生们都是特派来助我们“防共”的，所以他们用大烟把脸涂黑了，把精神叫大烟薰薰得飘飘渺渺，以备可以作神出鬼没的工作，倒也是深谋远虑的表现！

日本驻绥特务机关——羽山公馆

在包头的日子呆得真匆忙，头天晚上到，次日早上便要赶去河北新村，以致什么地方都不能去看。及至下午到了新村，摸黑的看了看，次日五点钟又奔回城里来坐汽车去五原。在走马看花之中，包头的那场走实在比跑还快，不用说看见花朵，连颜色都来不及瞟到。

去新村道上的骡车，也是第一次的经验，说起来，好像比五原路上的汽车还要舒服得多。骡蹄得得敲，合着那嘓哆嘓哆的车轮声，像原野的土壤在和我们哆啰闲天，一颗头摇摆碰撞，毫无着落，像一个失了家、不知世故的小孩，到处碰钉磕壁。可觉得这么碰出来的几个小包，倒是自己的新鲜收获，摸一摸，软软的隆起在手指底下，似乎比那平平无奇、硬硬邦邦的旧头角要丰满有滋味，以为似这么星罗棋布起来，不妨认为是自己发了点小财。当然，骡跑的愈快，检这类小棋子的机会也愈多，并且那爬高落低、忽而上穷碧落、忽而下落黄泉的经验，也使你不妨把临卭道士壮游中所见的世面拿来咏味一回。若是你不想令自己委曲，你可以将车后厢用被子垫得高高的，委屈别人一点，自己躺下来，这时你不妨想像自己落入了一个摇篮里，不过你千万不要抢位子似的，得着地盘，立即躺下，舍不得花点从容，来把后厢垫得厚厚的。若是不听话，只顾心慌，不管许多，那么你总得多备下几个天灵盖，免得人家说出门人自己不会照看自己。

路上经过了日人所遗留未完成的飞机库，又高又大，全身钢筋毕露，蹲踞在那儿，旁边还堆着许多木箱，里面不知是些什么材料。有两个中国巡警在那儿看守，据说县政府曾把建筑工人全数逮捕起来，派来的军警都气不愤，和日人混打一阵，把他们全打跑了。那事以后，他们便施出恐吓的故技，俨然声势喧赫的和省政府提条件，并撤走了特务机关长和大部侨民，摆出个要打架的庄子，谁知结果却也无声无臭。截至我们离开绥远，这事还没结束呢。

此地的黄河，看来要比河南所见的起劲一点。山东的我未曾留心，但平汉路是走得很熟的。一过那大桥，我就感觉黄河是一片水沙漠，在那里你见不到河身，见不到河岸，沙中冒水，水里浮沙，一望平坦，有时便在那平原中心躺着线一般一条小溪，那就是黄河的真身，中间偶有一两支小划，像搁在沙滩上的旧鱼，已经连挣扎的意思都没有了似的。拿这样的河流来和长江摆在一起，除了是因为它害人的本事出色以外，真说不上别的理由。可是你若要将那样的印象搁在包头的黄河上，就大不对了。黄河在包头，颇像个当家人的排场，宽宽荡荡的流下来，情形很是浩汉〔瀚〕，它载起了沙洲，也浮动着宽大的平头船，岸旁有许多的人在叫唤，青色的天空中耸起树林似的樯桅，深玄的地上有赭赤的脊腰在跃动。这时上游正到了一排牛皮筏子，停在岸边卸货，两个人精光了脊梁抬进〔着〕一只挤得肥胖像猪肉店掌柜的牛皮包冲着我走来，那牛皮包四只腿扎煞在半空，像要抓人的夜叉，把我的马骇了一大跳，一把不住，这畜生一双前腿跪在泥里去了。我就顺势下马，跑上那牛皮筏上去看看。说也奇怪，你把牛皮包四腿落地，远远看去，定会当它一口了不得大的口外大猪，倘若猪与牛能长到这样肥实，它们还能有生命没有呢？听说北方人喂填鸭，关着它不许活动，每日在意的将高粱作食条填进它肚里去，它吃不下，便捉起它的颈子往下勒，务使它饱到发晕，肥到骨镕，才有特制的焖炉去伏侍它爬上人类的杯盘去。这样一想，我真能同情那些讨厌肥胖的人，从前把他们减食少餐看成无聊趋时的心理也消了许多。原来无条件的肥胖表现着生命的死亡，据说苏格腊底一天只肯吃一顿饭，这老头儿事事比人看得早一步，不过他也未免太作的出来了。

一箭双雕的包头飞机库

牛皮包，大车上翘起来的是两只牛腿

整套牛皮打牛头那儿褪了下来，就是一个代〔带〕腿的口袋。口袋里塞满了羊毛或驼毛，将口缝起，翻转来令它四脚朝天，然后一排一排把许多牛皮包摆好，扎紧，就成功了一架牛皮筏，和我们的木筏差不多样子，可比木筏更上算，因为木筏虽能自己漂浮转运，不使人累赘，它却不能运载其他货物。牛皮筏既运载了别的东西，同时它自己也就被当作货物出卖了在包头，虽有一部分仍然又运货带回青海去。

黄河的平头船也是包头颇出色的交通工具之一种。切去一个胖西瓜的两端，将它直剖开来，你便得了两只小形的黄河船，它里面没有什么舱板，船皮像薄木片，斧凿的痕迹全然裸露，没有刨修，没加任何漆染，连根桅杆也全是几股歪歪扭扭的木头接成的。船身又大，走起来慢得要死，活像一只快生鸭蛋的鸭母，不怪黄河岸上的纤夫那么辛苦的去拖它，像拉着一个世界在他们背后似的，生在落后地方的人民真苦。

黄河上的平头船，西北主要交通工具之一

车马空东，忽的惊起一群野鸽，飞过眼前，听见后面劈把两声，知是阎先生在试他的能耐。问起来，据说打得了几根鸽毛，我们都笑了。

下午两点钟光景，我们才到了新村吸水场。这吸水场离新村还有二三里路，全是新村自己作的。由黄河开一条渠到吸水场口，口上套有十架左右的木制水车，由一个电力发动机运转，电力一通，十架水车一齐哗哗鸣动，滔滔白水喷沫吐星，如几位出色的希腊青年演说家在群众面前竞赛演讲，珠玉齐泻，星月同飞，再加那或响或脆的音调，汹涌滂沛的声势，令人站在那儿就想不起走开的念头。水场后面有个小小蓄水池，通进一条大渠流贯到田里去，我们在那儿站了几分钟，渠中已经哗唧哗唧的流起水来，比绥远城外所见几条河里的水并合起来还要多。据段先生说，这一架电机能使动六十架水车，而管理它的却只要一个人！那乡下两三个人并力蹬一架水车，累下来的汗流，比车上来的河水还要汹涌，和这个比较起来，多少筋力，多少焦急，多少时间岁月是浪费了的！而且这过度的浪费完全没有代价，没有意义。人民天天是这样浪费，月月年年是这样浪费，并且不但年月，一代代，一世世，都是这么为了一点可以极不费力的事情，拼上几条、几十条、几百条生命，换来的不过一些糜子米、粗糠、榆树皮和几件千层衲的破布褴褛而已。别国人民是在生活，我们的人民老是在磨命，生命在我们观念中，似乎是久已没有地位的贱品了！可以毫无代价的拿去浪费的东西，要人家不把它看的贱，哪有可能？

以西北这样没开发的地面，土质又好（虽有碱质，也很容易去掉），若有哪样政府，能够运用国家农场的政策，利用自然发动力和机器去经营，发动和训练农民来自己管理，不经过官僚地主阶级的垄断与腐化，又没有在东南改变土地制度时那些人事上的麻烦困难，西北的将来真用得上一句旧话是天府之国。尤其是河套一带，这种经营开发的事业是须臾不可缓的要计，国家要保有绥远，经营西北，非及早以全力开发河套不为功。现在敌人图绥远愈来愈急，目的就是要攘夺平绥路，贯河套，入宁夏，除了军事上的目的之外，河套的开发也是算在他的计划里面的。

据段先生说，起先以为西北土地不宜种稻，后来开了黄河渠，小作试验，成绩竟非常好，从那次以后，他们连年种植，收获几乎全可以自给，惟今年因春水来的晚，稻子不能下种，才种别的，可是收成都非常之好。可见那儿土地生产力之厚大，若是有政府来经营，最少河套可以变成一个极重要的农业区域，不下于皖、赣，而它的畜牧、毛织事业又不是长江流域所以企望的。这样的膏腴，这样的肥厚，这样广阔光明的前途，于今都落在敌人贪馋凶利的眼光底下，它的毒爪已经伸出，像猎人的钢叉一般，阴险的、狡恶的直指过来，要一把插进我们的肥土去，像刺入我们的肉里一样，把它撕走，这种疼痛，这种割裂，我们能忍受么!？若不能，便让敌人和我们在西北同死！看谁拼得过谁！

在吸水场留连了好一会，大家上车的上车，骑马的骑马，便向新村进发。在田间穿行了好一会，又爬过一道小堤埂，我们车中段先生五岁的小公子便得意的喊起来："咿，这不是咱村儿吗？""嗯，嗯，是呀。"赶骡子的一面应着他，一面将长的鞭梢一扬，口里起劲的"嗯"了几声，那两匹骡便一个劲儿的撒开腿，追下前面那几匹马去，尘土像一挂白纱幔子张了开来，转过幔儿，河北新村的村门已坦然张臂立在我们面前。

《大众知识》（半月刊）
北平通俗读物编刊社
1936 年 1 卷 2、3 期
（朱宪　整理）

西北文化之一角

——从萨拉齐到五当召

杨令德　撰

前　记

五当召，汉名广觉寺，在包头东北九十里，距萨拉齐县百一十里，是内蒙最大的召庙，风景绝佳。藏园老人傅增湘先生今年曾一度往游，他说：“五当召群山之奇景胜地，奇伟美丽，使人惊叹迷恋。”实非虚语。记者于七月一日由绥结伴至萨拉齐县，二日由萨乘马赴五当召，往返四日，尽兴游历，溷迹城市中之烦嚣为之一洗。特将此行经过拉杂记之，以供国人研究西北文化之参考。

一　萨县城和石硴村

萨拉齐县居归绥、包头之中，绥包路上，这是一个较为富庶的县份。县的设治历史很久，是汉云中郡西部都尉治所，直到清光绪二十九年以前，辖境仍很广，现在的五原、安北、包头，当初都是萨县境地。所以本地流行着一句谚语说“萨县的官，管事宽”，就是辖境广大的表现。萨县城俗称圐圙，现在行政范围当然缩小得多了。

记者等一行十骑，二日午由萨县出发，因为骑术不怎么样高明，所以送行的朋友们很替我们担心。五当召在萨县西北，我们走了三十里，在东园村打尖。这一带的田地都是要用水灌溉的，水源虽多由山沟中出来，但都为私产。分春水、伏水、秋水，按昼夜出卖，大约用水半日或一夜，以三元起码收费。有水的人家，什么负担也没有，什么资本也不出，只是管理分配，坐享其成，把天然所有的水成了私人的产业，真是“贪天之功以为己力”了。

下午五时，由东园起身，出石门，行三十里，至石硴（通称石拐）村住宿。五当召在五当沟内，一出东园，便进入山沟，盘旋不已。石门极险峻，我们系从山坡上择捷径行走，可是有的地方却不能骑马，牵着马走路，也大有“一失足成千古恨”之势。

石拐是萨县和固阳交界的地方，村中有关帝庙，内设有两个村公所，一个属萨县，一个属固阳，我们住在萨县属的村公所里。

石拐附近产煤最为丰富，所谓“石拐煤田”是经中央和地方建设当局测量过，并认为产量在阴山最为丰富的地方。煤窑上的工人，冬天甚多，所以影响到石拐的人口；商业上自然也要繁盛一点。

这里的围堡很完整，街上也有些商铺，“留人小店”最多，铁匠、银匠也有，比起绥远的偏僻县份——如和林、东胜等处，其繁华有过之无不及。因为东胜县城的户口不过数十家，而这里则在数百户以上。另外还有一家药铺，主人是一位中医，据谈这里的巫觋太多，几乎家家户户都要“顶大仙”，所以有病不求医生，只求狐仙，医生的生意于是乎便大受影响了。这个地方不但巫觋之流多，抽大烟的人也是遍地皆是，所以这位医生创办戒烟事业，现在已有四十几个人戒烟了。

我们住在的村公所，是在关帝庙内，按庙内的碑文纪载看去，关帝庙之建筑远在嘉庆年间，旁供吕祖，陈列签筒甚多；竹签之多，约有千支，另外有许多包解答卦象的底簿，原来关于医药一门，竟是应有尽有。大概是按《本草》或《验方新编》分的类吧，什么眼、耳、喉科、产前、产后科，签筒各归其类，抽签之后也按科照号觅方。这样你可以知道这个地方不但有巫觋之流争夺了医生的生意，就是吕祖竟也摆卦治病，竟也悬壶问世了。有病乞灵于吕祖，凭卦签对号，抄录神方买药服用。解答簿上“不处方”，大概就是不可救药的了。记者把眼科的签筒抽了一支，翻解答簿便是没有处方的。有几句半通不通的话，意义也很晦涩。记者是有砂眼病的，中医对砂眼仿佛就没有什么办法，吕祖大概也是束手无策罢。实在好笑的很，我们的农民都是自己安排下命运而又任命运摆布。

二　石拐煤田

一过石拐村便看见“石拐煤田”了。煤窑都在这一带，所出的都是大炭，有一种本地叫做“蔷炭”——无烟焦炭，是煤窑的人自己烧的。以大土堆埋炭于中，如陶器制造般的用火煨烧，十数日烟尽炭成，价较普通炭为高。出石拐村即见火光熊熊的土堆，都是烧制焦炭的地方。这里一带的煤窑，冬天有数千工人工作，极为热闹。挖煤的工人，通称“煤黑子”或“窑黑子”，生活很苦，我们一路见过不少的窑口。

石拐村至五当召有这一段石拐煤田，既是大青山最良的煤田，当然要有人从事开发的了。民国六年孔庚氏组织漠南矿业公司于包头，开矿区即在石拐及安北营盘湾一带，以石拐煤田收入为佳。

漠南公司在石拐设办事处，把煤田租给窑主，收十分之一的租价，即按所出炭价实收。窑主称为二柜，所有开窑以及别的损失，都由二柜负担，收入也是炭价的十分之一。“煤黑子”挖出来的炭，被贩卖的人用骆驼或驴驮载，是以一元载五百斤计算，实际上是以牲畜为单位的。贩炭的在窑上交款载炭，由窑主书明数目，漠南公司出有联单，在石拐路上再派人稽核，将联单从贩子手里收回，每月和二柜算账。贩卖炭的都是苦力，如果牲畜数目和联单上所开的不敷，余外的炭都要被漠南公司稽核的人没收。记者曾亲自看了几次，载炭的牲畜，如过关卡，漠南公司的稽查，气焰十足。

一个煤黑子如果一天挖出五百斤炭，可以卖到一元钱，漠南公司和窑主各得一角，煤黑子实得八角。在冬天，一个煤黑子每天赚八角钱是很平常的，有时候也可以弄到一元多，收入就不算少了。可是煤黑子几乎都有大烟瘾，而且窑主都有赌的设备，石拐村还有专接待煤黑子的土娼。这些煤黑子从黑暗的地狱走到人间，得到一点用血汗换来的钱，都要断送在烟、赌、嫖三件事上。如果在窑内死了的话，照例是由窑主出白布一匹、薄棺一具了事。当地流行着一句俗话是“煤黑子打断腿，小事一件”。打断腿还是小事，生死也就太平常了。往往窑内出水，几十个人都淹死了。煤黑子自己头顶上的油灯燃着什么，焚了窑，许多人都火葬了，里边没有人理会，外边也没有人知道，报纸上连几行字的地位还占不到呢。

窑主每家每年也不过得三数百元的收入，他们说起漠南公司，都很羡慕，以为坐享其成，太便宜了。记者同漠南公司石拐办事处负责人谈起，据说公司方面近年来也不怎么样好。

不只是石拐煤田，就是全绥远境内的煤田，也都是用土法开采。何以不用机器开采呢？据漠南公司的人说，一来是限于经济，其次也是销路问题。现在用人工开采，冬天的炭完全要卖尽，如果用机器开采，产量多起来，销路便要成了问题。

不过现在用土法开采，对于窑往往不能尽量利用。分明产量很丰富，因为人工的关系，输送挖取不易，在某种限度内便只好弃而不用，于是便另辟新窑。这种缩短窑的寿命和减少窑的产量的土法开采，太不适用了。

从石拐到五当召沿路，在山脚下便看见露出煤苗来，所以采挖极易。同行的人说喇嘛坝一带，山间有的地方，终年不断的冒烟，大概是火山，想来是自流井一类东西，可惜无人过问，只好货弃于地，任其自消自灭了。

"煤黑子"都是山西人多，一到冬天就都来了。在本地居住的很少，夏天因为炭卖不出去，所以煤黑子都找别的工作。途中在煤窑附近，记者曾访问过几家窑主和煤黑子的家庭，他们的住室，不过用乱石堆叠，既低又小，肮脏黑暗，无法形容，只是一件好，冬天不缺炭烧。但是有几家煤黑子的妻子，因为煤黑子出去做别的工没有回来，竟是不能开锅，几个裸体的孩童，站在那里瞭望，已是傍晚时分了，他们说早上喝了些米汤，一直等到现在，爸爸回来才能吃饭呢。煤黑子的生活，惨苦如此！

三　广觉寺和根毗寺

三日从石拐至五当召。五当召有膳召地亩办公处，在召之前。至办公处，尚望不见召，因召在沟内。我们住在办公处。五当召有土地百余顷，每顷分三等收租，收三元者为上等，但甚少，普通多为二三等，收一二元，此外有放垦地三千顷，仅收少数地租。统计办公处每年收入约五千元，养蒙兵二十名，司守护之责。五当召从来未受匪祸，据说土匪走近五当召，召内喇嘛即大举唪经，匪辄感头痛而去，其实是五当召地势险要，土匪不敢轻入，否则召内连兵也不必养了。

下午由办公处进召，召距办公处约二里许，入山沟即辉煌在望，建筑伟壮宏丽，给人第一个好的印象。管事的喇嘛和我们打过招呼，派人领导游览。休息的时候，喇嘛以咸茶待客，倒也别有风味。

层层叠叠的召庙差不多都看完了，远道来的蒙古人，正磕“等身头”（五体投地，虔敬万分），我们到一家铺子里休息好久。

召内唯一的商铺，是专做喇嘛生意的，卖的货物是面、炒米、酒、糖、油、茶、布、皮靴和一切铜制的佛堂祭器。这家铺子的生意，据说近年来也不十分好了，有的东西，蒙古人都到包头直接购买，这里每年只卖五百箱砖茶，几百双皮靴之类，贸易都以放账为主。

这里的辅币依然是制钱，由喇嘛之手到了铺子，再由这铺子归到召上，这样循境〔环〕不已，保持五当召的一种特殊的金融组织。

五当召附近也有一些蒙古居民，傍山而居，有的住着很简陋的房舍，有的虽住蒙古包也成固定性质的了。一般的蒙古包是随时可以移动的，这里的蒙古包则在地下挖成炕身，可以生火，外面亦有烟囱，这样就不便于移动而成为固定的了。五当召的喇嘛和附近的居民都能讲国语，蒙古妇女的装束也有汉化的倾向。在五当召附近居住的蒙古人，大多数都是为召上服役的人。

这里的蒙民因为召庙所在的关系，另成一个社会，有时也成了蒙民逃亡的地方，一个某旗的少妇，她的丈夫在召上当兵，她在两年前从某旗王府逃出，当初“王爷”下的命令是随地捕获可以格杀的，可是她居然也恢复了身体自由。原来蒙古的平民，不论男女都有为王公服役的义务，蒙古人自己称当差。妇女们在王府当差，没有一定的年限，如果王公不放你出来，你就永远得当着奴才。所以年青的蒙古姑娘往往把她宝贵的青春会在“当差”之下消磨了的。

五当召的纯西藏式的建筑，曾经引得班禅在这里流过眼泪。这样的佛堂僧舍，在我们没有特别感触的人看去，已够怡心悦目的了。可是五当召的好处还不完全在此，最引人入胜的是五当召的山。所谓五当召本在山麓，山后还有奴尼庙，普通称为小召，汉名根毗寺，正和五当召之为广觉寺相同。

我们由五当召转入深山，盘绕许久，从山沟中逐渐攀登，愈深入愈觉山之幽美。根毗寺是五当召活佛避暑的地方，最近遭受火灾，有一处屋宇已完全焚烧了。

傅增湘先生最近曾来游五当，并在根毗寺题字留念。此老真是健者，居然也走到绝顶来了。

四　五当召的活佛

五当召是清乾隆年间修起的，原初修这召的是活佛班第达一世，他从西藏来到蒙古，选中这一块圣地，立志化缘兴修。最大的施主是准格尔旗王。班第达一世和准格尔王交情最好。相传班第达一世和准格尔王相约，要在五当召共同守岁过年，普通过年，在除夕夜焚香迎神，召庙的喇嘛都要唪经，所以年都是在夜里过的。可是准格尔王在本旗也要“过年”，因此他只能在除夕后半夜飞骑向五当召赶来。准格尔旗和五当召相距数百里，任准格尔王如何飞骑驰骋，到达五当召已是元旦之晨，日出许久，而班第达一世仍在等候着，于是只好白天过年了。

直到现在五当召的喇嘛都是“白天过年”，和普通别处夜里守岁者不同，据说就是纪念班第达一世和准格尔王的故事。

现在五当召的活佛是班第达六世，年十八岁，转生在达尔罕旗，九岁迎奉回召，他的师傅是喇嘛洞广化寺的活〈佛〉。

四日早上，班第达六世遣人向我们致候，我们当时便往拜谒。

班第达六世的名字是“对音库尔”，人很聪明，他极客气地接见我们，谈了一些应酬话，由喇嘛传译。班第达六世今日甚喜悦，嗣后喇嘛告诉我们说，我们的佛缘不浅。

五　喇嘛最高学府的五当召

五当召的喇嘛从前常住的有一千余人，自从外蒙不通以后，常住的只有五六百人了。平时喇嘛是分居的，平素是以集团的方式或个别的做自己的功课，只有唪经的大聚会才到一起。过去，在蒙古谈不到教育，召庙便是教育机关。当了喇嘛，便有了受教育的机会。五当召便是一个最高学府。它所属的召庙也不少，内外蒙的喇嘛都要来这里学经。现在外蒙虽然不通了，内蒙各召庙的喇嘛还都是来这里受业的。

不但是喇嘛，各召的活佛也都来学经。有几个小活佛，也和小喇嘛一样，正在这里苦修呢。

初学经的小喇嘛称“般迪尔”，十年以后学成升一级为“彀布什”，二十年后学成则为“阿令金巴”。喇嘛到了“阿令金巴”，始有地位，如同大学毕业，自己便也可以收徒弟了。这二十年的苦修，真也不易，每日念经不用说，冬天也是五鼓即起，在冰冻中入经堂完成功课。喇嘛的袈裟不过一条红布，下身着裙，不许穿裤，分位高低，以贴身的背心为别。背心都是棉的，镶边处有分别。定制所关，冬天也须赤膊。所以耐冻也几乎成了喇嘛无形的功课了。

五当召所以能维持它最高学府的地位，是教规的严厉。它的组织，在活佛之下有札萨克大喇嘛一人，正副“铁钋”大喇嘛各一人。活佛在召中居至高无上的地位，但不管政事。札萨克大喇嘛虽为一召之主，也是管一些比较重大的事，因为他只是陪同活佛念经的时候多；“铁钋”大喇嘛才是实际的管事者。此外还有四大喇嘛：(一）圪垁吾；(二）点穆齐；(三）藏胜；(四）搦霸。四大喇嘛职权也都不小，熬上“阿令金巴”才能当四大喇嘛。四大喇嘛分掌各事：搦霸是办交际一类事的，对外都由他一人主持；点穆齐是掌刑罚的，喇嘛犯规，在经堂持法棍责之，权威最重。

喇嘛的功课极繁重，背诵经文，无时或已。每年大考一次，应考者登坛讲经，全体喇嘛群起问难，彼此皆用藏语，并须根据经文。“彀布什”和“阿令金巴”都是这么拔选出来的。

平常喇嘛犯规，论其轻重加以朴〔杖〕责，打时用红柳条，伤皮肉而不及筋骨。但打的数目是以红柳条的捆数为单位的，如规定打以红柳条几捆，须将全数打折始止，最重者打完并驱逐出召。法如此严，所以五当召的喇嘛没有不守清规的。职位小的喇嘛见了大喇嘛更为敬畏。

各召庙的活佛，在五当召学经，和普通喇嘛相同，不过体罚时，却要由伴读的喇嘛代为受责。活佛毕竟是活佛呀！

五当召的藏经最富，并且还有许多木刻的藏文经版，自己来印刷经卷，别的召庙多来这里请经，实不愧为一个最高学府。

六　萨县的“绥远新村”

四日下午，离五当召，循原路而返，仍住石磚村。五日返萨县城，六日至萨县城东二十里新农试验场主办之“绥远新村”参观一次，七日返绥。

绥远有两个新村，一是段绳武主办之包头“河北新村”，一个便是萨县兴〔新〕农试验场任建三主办的“绥远新村”。河套屯垦区域的新村不在其内。“河北新村”历史较短，“绥远新村”则为绥远最初新村，已有约近十年的历史了。

萨县新农试验场从民十八起，由阎锡山氏出资六万元，于是收买田地，建设新村。那时正是饥馑之后，人多逃亡。十九年起绥省府每年补助一万元，截至去年止，该场共得晋、绥两省补助费十一万元，作为无利贷款。该场作十年计划，从十九年至二十四年为第一五年计划，以从事开荒为主；今年起至民国三十年为第二五年计划，已不受任何方面经济上之补助，以自身收入，从事建设。

现在主办的"绥远新村"，户口有二百余户，人口在千人以上，占地南北十一里，东西八里，划分为五区，中间为新村围堡，一百丈见方，四角有炮楼，南北门有掩房，试验场即在其中。四外为北庄、东庄、东南庄、西南庄。共有可耕之地三百六十顷，成"亞"字形，已种有二百余顷。村民，河北、山东、河南的都有，大半是逃荒而来的。北部是牧畜区域，现在已划定固阳五平乡一段地为牧场，将来耕种的田地，还可以扩充。新村对于居民无条件的收容，先用之为短工，加以考察，然后拔为长工，最后则任其耕种。村民是由佃农变成自耕农的，因为起先一切籽种、牛犋都是由试验场供给而按股分粮的。

村民中有一个曾经当过匪首的，现在改过向善，携眷在村中工作，极能吃苦，成绩甚佳。

村堡内有百货商店一，并有邮政代办所，商店有一点合作社的性质，出卖的是衣食、农具，完全以供给本村农民的日用品为目的。

这里本来有全部农用机器，可是因为用油的关系，消毫〔耗〕三倍于人工，所以不能用，现在把机器都保存起来，我们曾全部参观一过，觉得这真是英雄无用武之地的了。

新村的组织逐渐完成，以五家为邻，五邻为闾，四闾为庄，五庄为村。新农试验场的主任任建三君便是新村的村长，事在人为，

"绥远新村"的成就，可以说完全是任君全副精神努力的结果。他是金陵大学的学生，学农业的，几年来携眷在此工作，已和农民打成一片了。

这里有一点与普通"旧村"不同的是，在十年计划未完成之前，一切田赋杂税，都不负担。绥远农民对公家的负担统称"官害"，这便是农民的致命伤。新村没有"官害"的负担，真成了世外桃源了。

几年来到此参观的都有题名，人数不怎么样多，可见"绥远新村"，在绥远虽然已经有了特殊的成绩，而在国内却还没有引起人的注意。但是就在这少数的参观者中，"东邻"的来人却占了大多数，这也是值得我们吃惊的。

后 记

从萨拉齐到五当召，经过大略如此，不过所记有详略之不同，比如绥远新村，就记太简略了，因为此行所记是以五当召为主题的。记者本年春夏之交，曾从包头经东胜至伊金霍洛一行，沿途见农村苦困，赤贫如洗，令人哀伤无已。这一回从萨县到五当召，经过萨县和固阳县的村乡，情形比包、伊道中大不相同。这一带的农村比较富裕的多，旅行不带食物，打尖住店，也不生恐慌，这便是包、伊途中所办不到的了。绥远农村还不至完全破产，如何保持此一丝一线的生机，正有待于政治当局之努力。

七月十二日，绥远

《文化论衡》(月刊)

上海杂志公司

1936年1卷2期

(张敬钰 整理)

蒙古之今昔

——一个三十年前后底旅行的比较

[日] 鸟居龙藏　著　刘亦苹　译

一

今日的蒙古比较以前的时期，颇有很大的变化，我们先将三十年以前的蒙古与今日的蒙古作一比较，其中所经过的变化究竟到如何的地步？作者当以数年来在蒙古亲所见闻的事实概述于后。

本文所述三十年以前的时期（明治三十九年，西历一九〇六年），是自亡清光绪三十二年起，直到新中华民国政府产生以后的其中数年为范围。

现所欲述三十年以前的蒙古，已在清朝末叶的时候，先以当时在蒙古最初的见闻记载，而用以对于今日的蒙古所见闻的事实来比较，所讲的，皆我亲履其地的经历和记载。

最初深入蒙古考察，系实地研究人类学与考古学，当明治三十八年（西历一九〇五年）的秋末冬初，去探查科尔沁蒙古的宾图王与薄王诸旗，此次蒙古的考察，实为我最初的一次。

翌年（明治三十九年）春季，我的妻子被喀喇沁蒙古王招请去蒙，所以我曾经同赴蒙古，经过约有两年的时期后，我亦为蒙古王聘为教育顾问，这一次实在造成考察喀喇沁、翁牛特等各旗蒙古王绝好的良机。

到明治三〔四〕十一年的春末，在王府的任务结束，较为自由，故能得以深入蒙古各地方去考察。其时我的妻子生产幼女幸子，有三人相伴着，不感觉寂寞，同时我亦乘此机会学习蒙古语言，作为出发赴各处探查的一种准备。

先从翁牛特北上，渡过西喇木伦河，经巴林、阿噜科尔沁、西乌珠穆沁，再西行到外蒙古的车臣汗部的各旗，出巴尔喀蒙古，回到东乌珠穆沁来，又经东西札噜特、奈曼、敖汉、土默特、察哈尔蒙古、克什克腾、阿巴噶〔噶〕等部、盟、旗，差不多费去了我、妻、子三人一年多的时间，始将在蒙古各处的考察，稍为得到一些大概情形。

自此以后，往来蒙古内地，以及“满洲里”、黑龙江省巴尔喀蒙古等处，在这几次的探查经过，以我实践体验的所得，来概述三十年以前的蒙古与今日的蒙古底变迁过程，究竟是到若何的阶段。

二

三十年以前的蒙古，各蒙古诸王，和清政府的情形相似，一般蒙古的民众，也具备一种独特的生活样式。

那时内蒙古同外蒙古，都隶属于理藩院的管辖，各蒙的诸王每年从远方来向北京清政府朝贡，这种意味，可以使蒙古诸王，受到清朝特别待遇，他们所掌的生杀权，以及租税及其他自由诸事，都为蒙古王所委理管的。

在内蒙古一大统辖者，就是清朝皇帝。内蒙古方面设立许多“盟”，盟下设许多“旗”，在盟中有盟长，以安排相互间的关系。

当时的各蒙古的居住者，有贫穷不均的各蒙古王，他们当中有非常之富的，亦有非常之贫的，有多数都是靠贷款而生活，那生活就颇觉困苦。

可是富有的蒙古，那要推今日察哈尔省属的西乌珠穆沁蒙古，有盛大的牧畜，有盐湖出产无尽藏的盐，不设军备，简直是和平之乡，但是邻近兴安岭里的东乌珠穆沁蒙古，较西边的生活为贫瘠了，加以栖息着的群鼠，常带来了鼠疫，给予牧畜地一层厄运。

至于东部，兵备俱全，性质也剽悍，与那西部无兵备的温文情形，大相悬殊，所以西部人称东部人为齐鲁苦碟族。

在各蒙古的王府，有众多仆役制度存在，各自拥有兵器的多寡，以其事务而决定。

三

从内蒙古人民生活的状况来讲，本来一般蒙古人民差不多皆赖牧畜为其主要生活，在清朝末年时，长城附近以及满洲的法库间——在康平附近的蒙古人——渐次有迁移到中国人住的地方来，他们是为中国同化最早的蒙古人，生活的样式，和中国的农人相似，他们也耕种田园，而游移不定的牧畜生活，业已成为过去的事实。

在清朝热河行宫的附近，中国人在那地方居住的甚多，其东北有赤峰县，是清朝乾隆时所设置的县厅，该处当时是中国人大聚集会的地方。赤峰县又设分署衙门在县北的乌丹城，时在三十年以前，我曾经滞留在赤峰县有数月之久，各处往来的中国商人，皆以该县为集合中心点，一般农业出产品的买卖，群集一处，评订价格，间接足以促成移居该县附近的中国人日渐众多。

中国人再向北移出赤峰县，在东北最近的翁牛特沙漠，近辽河本河以及支河流域，而两河对岸所移来的中国人很多，除业农者外，一班经商贸易者亦复不少，他们在幼年的时候，即随从父兄伴往，赴各地作商业买卖，在每年的初春，再结伴满载商品，运往自己的市场目的地，等到秋季的时候，再结伴归来，同时多带了羊毛、皮货等交易品，往来做买卖，年年如此，甚少改变他们的宗旨，对于蒙古语言，他们都很熟习。

然而在蒙古人的眼光中，对于中国人都很歧视，他们声称其蒙古王有生杀权利，与直接审判的权利。在三十年以前的时期中，像诸如此类的事情，是常常有发生的可能性。

在西喇木伦河以北的巴林，阿噜科尔沁等处为蒙古的半农半牧地带——他们所牧畜的以〔有〕羊、山羊、马、牛等家畜（骆驼甚少，豚是他们自古以来绝对不饲养的），而他们农业耕种地皆在亚〔西〕喇木伦河以南。

近西北方的蒙古，犹有过着他们纯粹牧畜的部落生活，关于农业生产品可谓极少，他们多往来蒙古草原地带畜牧，他们居住的房屋，却用自制的毛毡帐蓬，过其游牧生活，尤以西乌珠穆沁等处为最多。

四

三十年以前纯粹牧畜地方，及半牧半农的地方，一般民众的生活都很安定而快乐，向来蒙古人沾染点武士风气，又一方面的罗马恩淇磁库的地方，有很悦人的歌谣、乐器存在，日常在牛车、家畜的放牧者旁，总可听得这样俚歌，可如各地节令时，假如在西乌珠穆沁的蒲恩蒲里节时，他们就唱蒲恩蒲里歌！

富豪的人必有马头琴同胡弓，男子弹奏，女子和歌，犹似我国（指日本）的日本海方面歌谱的分节，在这寂静的沙漠地带——铁恩达里似听到余韵袅袅，这半农及半牧地方居民的主人，饮乳酒，弹胡琴，夫妇的歌颂，颇有兴味的样子。

我的妻子、幼女从伴着探险，知道无论何时家中父母、夫妇、儿女会见，总唱着种种趣味的俚歌，近来，已及于日常心事方面的歌谣了。

蒙古人自述男子常出外战斗，只留着女子在家中操守，颇有秩序，而安排亦好。

蒙古人住处多少含有中国化，他们甚乐于蒙古人的生活。至于和半牧或半农的一般民众生活对立的，就算喇嘛寺院。寺院的在王府管辖下的，有如三寺院哪，回寺院哪，那建筑堂皇极了，其中多喇嘛僧寄居，大者有数百僧侣，有寂然广漠的大喇嘛寺院之存在，颇引人具强烈的感化，这真是万绿丛中一点红了。

蒙古人的喇嘛教的信仰最深，他们全赖喇嘛教作精神的统一，如那些多数的寺院，及建筑经费总出自王府，于是王府的负担也因而加重了。

外蒙古的三十年以前，一般以纯粹牧畜的人，逐渐富有，喇嘛寺院也见盛大，人情质朴，他们比较内蒙人还要崇尚着古风，他们语言如文语（蒙古人语言有文语、口语两种），大有从前元人的气概。

外蒙古的哈鲁哈瓦恩地方，人颇温和。近北居住于满州〔洲〕的巴尔喀蒙古人同外蒙人相比，较为剽悍，且家畜亦富有。

因此，这巴尔喀蒙古纯然是蒙古人，内蒙古与外蒙古均不相属，惟有满洲衙门有直属的关系。近时巴尔喀地方同蒙古人有种种的称谓，然而此处就是黑龙江省的满洲。

五

在前面所叙述的，皆为三十年以前的蒙古散记，然而今日复往蒙古，许多的状况，已见到变迁了，迥非三十年以前可比。

以上曾经讲到在三十年以前的西喇木伦河南北的半牧与半农的蒙古人，他们从前的优游生活，已不复见于今日，最近再到那地方看看，比较以前已起了极大的变化。第一所见到的，是为中华民国的县厅设置，第二所见到的，是为中国人移居该处者日渐众多，如农田、村庄的增多，旧有的牧源地，而今多被中国人辟为农作耕种地，中国人的风俗习气盛行，生活程度的提高，使本来的蒙古人日趋贫穷……等等的实例，大非我在三十年前的蒙古所见到的现像〔象〕。

自从清朝灭亡，至中华民国政府产生、统一全国以后，中国政府对于蒙古的政治施行进展之始，首将从前蒙古王府的各隶属的地方，忽改在其处设置县治，当县长的多为中国人，既在中国人势力范围之下，而经商买卖的更［外］日渐众多。

县治实行以后，即施行征收税额，将旧王府制度废弃结束，蒙古诸王暨一般民众，既为中华民国国民，对于缴纳国税的义务，当无异言的担负起来，以前蒙古诸王的权利，悉为中国政府取得，中国人在此情况之下，确非以前的时候可比。

且县治盛行、奖励中国人移民政策，由南至北的中国人，源源不断，接踵而至，各安其所辟荒地，热心建设开垦。现今蒙古的农作耕种地，差不多都是中国人的锄头开出来的，各地田园非但可以种植高粱等物，即是蔬菜一类的农业副产，亦可以同样的种植。所能见到的情况，实以此为最显著。

中国人既然次第增加了农庄田园，而拥有昔日广大的牧场底蒙古人，在生存竞争中的结果，蒙古人渐趋于失败了。

现在蒙古人的生活极感到不安定的地步，推其原理，大概因为中国政府的设置县治，与新移往者排挤了他们，而弄得他们的生活感到困难，加之各种日用品几全为中国商人经营运来，从中提高价格，而消费者的力量不足，一般低级的蒙古人民，何能不感到生活的穷困与艰难，同时各蒙古王族，因为蒙古人民力量微薄，他们的收入顿形减少，比较以前在清朝政府下的时候，其相差的出入颇大。最为影响到他们自己仆役费与种种仪式、节会的铺张，不得不从事紧束节约。甚至还需裁减寺院与僧侣，废置殿台庙宇的废〔设〕置。有的僧侣仅靠自耕自种的收入来维持他们寺院，在昔日有大施主的各蒙古王替他们来负担，现皆因入不敷出的困难而中止了。在今日的喇嘛寺亦可谓呈现了极不景气的状况了，如此情形，在日本的佛教史上亦可以找到有点相似味口的地方哩！

总之，蒙古困苦的情形已如上所述，同时亦可算到了很可怜的地步，以我三十年前所见到的蒙古与今日的情形来比较比较，实不胜今昔之感！

六

如以上所言的西乌珠穆沁蒙古，中国人尚未移民开垦，还是三十年以前的那么样子。

迨我最近去巡礼，那三十年前的生活情形，实还是蒙古人的旧时生活。

今日见到内蒙古所有的蒙古人风俗，已非在西乌珠穆沁所可冀及。

而且外蒙古的状态，实在含有危险的毒氛，盖为今日苏维埃联邦所推移，这是外蒙古人的不幸，三十年以前他们信仰佛教、纯牧的质朴居民，他们今日在沦于争战中，考察起来，颇足惊人。

当时在北方居住的巴尔喀蒙的〔古〕人，颇为剽悍，他们明显地今日居于哈鲁哈河的南岸，接邻外蒙古的哈鲁哈瓦恩地方，巴尔喀人是满洲黑龙江省的人，在当时德意志、俄罗斯的地图，把哈鲁哈河的南岸都填着满洲样的颜色。从这种意义看来，三十年前哈鲁哈河南岸是属于满洲的？

我将三十年以前的蒙古，同今日的藏〔蒙〕古对比起来，实如上述。

一九三六年九月，于南京

《边疆半月刊》
南京边疆半月刊社
1936年1卷3期
（王芳　整理）

阿拉善南寺纪游

西康刘家驹　撰

家驹年来追随班禅大师宣化，奔走各地，近复远莅塞北，寒烟衰草，徒增惆怅。当这春光明媚、和风醉人的当儿，寄居定远营僧舍中的我，更觉寂寞无聊。每欲邀友出游，借慰客情，但这塞外风光，触目荒凉，且以城垣狭小，四野黄沙，出室三步，即令自回。故我的内心中很热烈地期望着到一个新的地方去游玩。

恰巧这时，听本辕某高级堪布说："阿拉善南寺最近派有代表到府，欢迎大师到那庙上念经开示，已定二月十八日前往。"我当时心中万分愉快，便情不自禁的问："大师是否要我同去?"他就摸摸胡子答道："那是自然了。"但我心中觉得并不十分可靠。十七日下午，送到知单——明晨陪侍佛座到南寺的职员名单，幸运得很，看到单子头一行，就有我的名字，这时才放下了心。此行人数不多，可见佛心慈悲，这样轻骑简从，不过想节省寺里的担负罢了。

十八号早晨，把被褥和皮大氅裹成一筒，送到汽车上，交必利看守；我自己背着摄影机，到行辕去了。十句钟，大师才上灰色的小汽车，森且堪布陪侍，以供沿途咨询。在这百忙中，还有十几个蒙古人，争先恐后的向大师跪求摩顶。我同策觉林佛、丁杰佛、旺堪布、大卓尼等，坐一蓝色小车，其他的职员、随从和念经喇嘛，分乘汽车五辆先行。我们就紧随着灰色的小车，出护兰门，经南大街，两旁的商人，都拥挤在门外观看，街头悬挂国旗，迎风招展，走尽街头，向东而驰，依旧步入前次由宁夏来府的大道，沙路溪泥，挣扎过去。旋因数辆大车落后，大师便下车休息。只见绵亘不断的贺兰山，如屏障般的遮着了宁夏，无边沙漠的起伏曲纹，好似太平洋里的波浪。极目四眺，除几处羊群而外，村落则杳不可见。

不廿分钟，只见落后的大车，如小蚁般的蠕蠕而来。我等复登车前进，约行二十里，弃大路，向北而驰。在几行骆驼常经的小路上行驶汽车，这恐怕是破题儿的第一遭吧。差幸蒙人早将路径修竣，较高的草堆铲平，础路的巨石撬开；又恐我们迷失道路，每隔十几步，往往叠石作标，用为路引，不能不说便利许多了，我们向着指路标蜿蜒而进，路旁山坡时起时伏，磴道天成，不假雕凿，可称巧妙之极。

上登约三百余尺高的陡坡时，那些载重车，和马力小的汽车，都要人力拖着，方能开动。可见路不垣〔坦〕平，任凭怎样好的车辆，也是不能行驶的。更上便是几十丈高的土山，车路倾斜，危险万分，稍不留神，滑跌倒下，将会葬身在这沟壑里了。这山就是一道很长的陡坡，大家都下车步行，任空车缓缓下去。先到的我们，就等候后面的车子。这时坐在车内，吃了一些果饼、干肉，味香气美，妙不可言，真所谓饥者易为食了。食罢继续前进，到达贺兰山脚。这山势崔巍异常，假如没有路迹可寻，站在距离稍远的地方看来，好似一架园〔圆〕屏，决想不到此山中别有天地。

车缓缓由山口而进，两旁奇石峥嵘，枯树夹道，一溪寒流，冻冰莹然，大有一幅瘦石冰溪的画意。这时南寺的喇嘛代表，约四十人，跪道恭迎，献毕哈达，上马先驰，欢声震动山谷。极目眺望，则见两岸悬岩壁立，峰峦叠翠。危岩夷石面上，镌有各种佛像，五彩斑烂〔斓〕，巧夺天工。佛像类多“释迦”“宗喀巴”“观音”“无量寿佛”及“护法金刚”等，并刊刻六字真言、时轮心咒等。沿涧而行，约六里，即抵寺麓。全寺喇嘛，排列两行，恭迎佛驾，欢迎之热烈，无以复加。

来此欢迎的，第一批系马队，喇嘛多戴桃形黄冬帽，外套海龙黑狐大褂，内服绣袍，足履绒靴，跪地以迎。第二批音乐队，各持笙、箫、鼓钵、法螺、号筒，按节齐奏，音调锵锵。第三批系香班，择青年喇嘛，各执金银钻〔錾〕花大香炉，并五彩幡幢、金黄伞罩，随风飘扬，并有化装为四大天王、八仙、麒麟、凤凰、八舞童、十二佛母等，取其十方来迎之意（此为旅行蒙古三年中仅见者）。第四批系全寺大小喇嘛，约五百余人，各持香花、供品、法器、衣钵、锡杖等物，随驾排行。大殿楼上，有吹蟒筒者，有吹哨〔唢〕呐者，鼓钵齐鸣，响彻云霄，开空前未有之盛举。我连忙走到前面石级上，匆匆忙忙的拍了几张照片。这时中央宣传部电影服〔股〕陈干事嘉谟，早在人丛里摄制电影，忙得不亦乐乎。至于求经的蒙古老幼，遍山满谷如潮水般的汹涌而来。

大师在万头攒动中下车，由该寺郎多喇嘛跪迎，入大礼堂。旋大师升座，全寺大喇嘛，及旗下蒙官“咱格日奇”等叩拜，献“墨哲”，致欢迎词。大师赐座，并馈藏茶糖饭。余等送大师入法宫后，由招待人领导至指定住所休息。住所系一僧舍，几窗无尘，幽洁可爱。主人名四郎，亦本寺之执事喇嘛，略知藏语，请余升炕膝坐后，进以牛奶，并行换烟壶礼。蒙俗初次见面，必行掉换鼻烟壶，各道数声“生伯拉”——即问安意。时当下午一句钟，计程六十三里。在这时候，我的随从和行李尚未来到，喝了两杯茶，就约志明到校〔较〕高的庙上，参观全景。

南寺系依山就谷而建，三面高峰峥嵘，东曰“达紫克宿茗”，北曰“乌丽紫哈他”，独南方低凹，溪水竞流。正殿鹤立中央，金顶辉煌。殿右有别墅一院，房瓦都用黄土粉饰，大师即宿于此间。外有丛青、缺然、足巴、墨巴、兑轲等五“札仓”，房高院大，全仿藏式。由大师别墅更上六十余级，有新建之楼，叫做“达赖金塔”。其余僧舍，多在正殿右面，依山造庐，重叠如梯，松柏丛杂，稷稷作响。其他东、南两面，亦有僧舍数十，门临清溪，淙淙如鼓瑟琴。古柏参天，掩覆禅房，逍遥老衲，挂杖树荫；而且青山当户，野鸟漫歌，山寺钟鸣，谷壑响应，置身斯土，几觉羽化登仙，不想再入尘世了。我们照了一张全景，就沿循环道转回，寺麓之南，见有汉商四五家，及小工人居所数处。

回抵寓处，闻主人云：“今天是阴历正月十五日，因要饯别旧腊，庆贺新春，将举行跳神大会。”当此，我便携着照像机出去，见男女千余蜂涌而来，里边夹杂着今晨化装迎佛的八仙、天王、佛母、舞童，还有许多新的旌旗、彩幡、香班、鼓钵前导。最后有一乘黄轿，内有“详巴弥勒佛”金像。游寺一周，即在正庙侧厢供奉。院中支一高大布幕，上面绣满西藏的图案画。乐队分坐两排，先由八舞童跳月斧，头戴青布箍，下垂青丝假发，穿白素缎袍，腰缀五彩绸带，手执小斧，按节而舞，装束与西康相同。惟我乡专择十余岁小喇嘛跳之，尤觉活泼可爱。此间舞者，多三十岁以上之喇嘛。继有十二佛母，衣五彩佛装，头戴金冠，拖长发，手执铃杵，随唱随跳。但节目既少，舞姿不变，且观众拥挤，虽有蒙兵，也很难维持秩序。况飞沙太大，眯目不便观览。余即回寓休息。

晚上八句钟，殿上有数百喇嘛，喃喃诵经。白昼跳神的院里，所有大幕，也拆卸了。院南搭有桅竿五架，高各三丈，上有黄布幢作顶，下置大条桌一张，由桌面至幢下，高约二丈。靠竿置三角形之木板，上糊麦面，面上加饰五彩黄油所做之楼、台、亭、阁、人物、佛像、禽兽、花草，栩栩如生，类多《西游记》和宗教故事，人物生动，配色适宜，很可表现蒙僧之艺术，惜在黑夜，无法拍照，虽桌上燃有黄油灯数百盏，但光力有限，未能窥及全豹，殊为憾事。旋用电筒射视，顶上之花，隐约可辨。比时观众麇集，拥挤争看，虽有喇嘛、蒙兵看守，秩序很难维持。

九句钟，忽闻人丛中鼓锣齐响，突出两条龙灯，各有九节，一红一黄。龙灯前，均有红珠一个，龙在珠后，作抢夺戏弄之势，伸屈翻蜷，俨若长蛇。玩者皆喇嘛，背穿红号褂，头戴书生巾，耍珠之人，化装尤堪喷饭，此皆满清遗制，昔由北平皇宫中派人来此指导，旧俗至今，尚未更改，边疆各地，尤甚于内地，可叹。此外还有一对青狮，狂舞戏珠，俨如京狗；未几，一狮在场产子，余等当时，乃升至大殿楼上参观，见小狮爬行，有若青蛙，欢笑之声，撼山震谷。舞场四面，炬火时暗时明，置身斯土，几忘在朔漠中了。

十九日早晨，该寺请大师在正殿廊下参观跳神。廊下设有高座，以黄纱帘帏障之。余等坐于右廊下。院之四周，均系蒙古男女观众，参加者约三千余人。第一场：四老翁，执棒对舞，名曰阿咱然。第二场：金刚十二，依次而出，各戴假面具，如牛，如狮，青面红发，怒目张口；着大袖龙袍，外套骨串，其首领曰阙结，男其性，女性则曰纳母，外有当珍、曲笙等，均为其附属者。彼等各持心肺、骨髅、脑壳，及刀、叉、绳索等法器，环场而舞，步法整齐。第三场：财神，黄面短须，左手抱猫，右手持幢，只身独舞，颇有兴趣。第四场：夺吉濯乃，卷发黑面，狰狞可怖，耳坠大金环，披黄缎袈裟，跳法与众不同。第五场：杜答，共有四人，面具如脑骨，身穿白衣紧身，上画脊柱骨节，如生理学家所用之骨骼然。其他尚有大头和尚，哈香带四小孩，坐小幕中，作种种滑稽态度，并不跳舞。散场前，全体合舞数周。

晚间，同数喇嘛闲谭。闻悉该寺约计六百喇嘛，并有一位

“地所呼图克图”，相传系达赖化身，民国十七年，因干涉旗政，谋为不轨，于二十一年，被王爷削职，现在五台修禅。此地四面均有高山圜护，险隘天成，从前冯玉祥军队经临一次，喇嘛三十余人，据险死守，冯军只得告退。气候则冬温夏凉，溪泉四出。山中产梅花鹿、青羊、麝鹿等，并有各色野鸟、山花、药材。寺西六里，有十六罗汉洞，为修真养性之宝刹。

二十日，星期三。早七句钟外出，见青山含笑，小鸟歌春，不禁引起我入山探幽的兴趣，于是便向寺后的高山里走去，蒙名为“塔日崩奇克”。沿溪谷而进，约二里，有数丈孤松，青翠欲滴，下面结着晶莹的厚冰，冻满山麓，因而晓得山腰或有泉源。我便攀藤援葛，走了二十几步，因为穿的是蒙古式的绒靴，底厚有钉，滑跌难行，况且高山环抱，不见日光，两耳双手，冻得失了知觉，只好败兴而下。顺山谷前进，愈趋窄狭，再前大石挡路，仰见天空，形如河曲，转身处，一泉冷然，水由岩隙喷出，旁多冰块，沐手再进，仰望危峰，高插颂祷幡旗，赤岩重重，作苍赭色。山腰小松杂生，风声掣耳，碎石由岩头下垂，幽僻异常。比时深恐遇有不测，未敢深入，遂折回。然为好奇心所鼓励，仍欲一穷其源。复约志明，被大氅，携小枪，仍寻旧路入山，前歌后答，兴致勃勃。转侧处，山峰如犬牙相错，红日当空，而谷中气候凛冽如冬，石路坎坷，颇难于步，稍憩再进，两峰距离，渐趋窄狭，最宽处约三丈，而近者仅可通人。时已十一句钟，峰回路转，山岚如一，乃立于路边岩前，刊一名字于坚石上，即转回。总计此次行程，已不下十五里路，两脚酸楚，疲劳不堪。

早餐后，出僧舍，登土坡，即到正殿（丛青多康）。殿高二层，屋脊有金顶、黄幢、法轮、仙兽等，金色灿烂，与日争辉。檐墙高耸，壁用细木扎成，涂以红土。寺墙以砖土砌成，高三丈，大门尤觉伟大。左右墙壁，画有四大天王及六道轮回“香拔拉”

等图。殿内约容千五六百人，柱皆红漆，并绘五彩龙纹，上套五色栽绒毯，一切布置，全仿藏式。各柱上面，悬挂十锦大幡，宽可二尺，长约二丈余，两柱之间，又悬有十锦宝幢，微风徐拂，飘摇生姿。中一门额，题曰“广宗寺”，左右各译蒙、藏文，四面镶有雕龙，中加乾隆印章，所供佛像虽多，但无高逾一丈者。余等继往其他“札仓”参观，建设布置，大同小异，惟较正殿窄小，无可纪述。

由大师院后，依石级而上，抵古东寺正殿。僧房虽系新建，但因经费关系，尚未施以彩漆。四周环以经筒，约二百余，蒙古男女，循路转轮，口中诵念佛经，喃喃不绝。入二门，则一厂殿，中置短榻四行，系喇嘛诵经之所，再上一小梯，约五级，入门，则黑暗不可辨。中有长桌，燃油灯数十，大小不一，香花、供品，铺满桌面，中供一金塔，高约丈六，此即第六世达赖肉身宝塔，龛旁有一喇嘛，击鼓诵经。余操蒙语询以可否上登一看，渠乃引我至塔前，先脱帽行最敬礼，然后登台。由塔心玻璃上，用电筒照射，隐约可见肉身一具，像上涂以金色。因玻窗被多年香烟薰黑，故未能仔细窥察。

归遇某高僧于途。彼年近六旬，精神矍铄。余乃向其叩询达赖肉身，何以供寄此处。据云：“第六世达赖（享年廿五岁）名甲瓦仓央嘉错（又译仁青策养嘉穆错），因为藏王帝斯拟立其子为达赖，故奏报清廷说，达赖淫乱败教，清廷即令某中堂入藏，召达赖入京，并密令在途杀害。中堂同达赖行至青海，因见佛法无边，奇迹时见，故不忍加害，即设计放走，但行文呈报‘中途圆寂’，因此达赖微服逃至阿拉善，曾在‘八绒咱哈’人家牧羊，又转赴印度，复回藏土。斯时帝斯已将其子立为达赖，同时又传第七世达赖噶桑甲错已在西康理塘转世，当时彼仍微服在藏，未几仓央未死之耗，传诸人口。帝斯闻之，查询尤紧，彼乃再逃至外蒙，觉宿缘未熟，仍来阿拉善。闻在沙窝某小寺内修法，未几圆寂，临终时，方称彼为六世达赖，肉身应送至南寺保存。彼时南寺，只有僧舍数间，住持二三而已。达佛圆寂后十年，始由阿拉善霍硕亲王及民众，捐资修建金塔，满嵌珠宝，殿宇巍然。前六十余年，又经回纥之乱，火其殿阁，然佛塔无恙，因此声震蒙疆。每年由青海、外蒙来此朝塔的，络绎不绝。年来以外蒙赤化影响，香火之盛，不及从前。”以上所述，余曾询及数人，所谈约略相同，特志之，以供研究。

廿一号，星期四，七点半起床，室内炉火熊熊，炕下的热度，也觉增加了。出门一看，柳絮般的白雪，在空中片片乱舞，四围的山头，和一带高矮的墙垣，都变作粉装玉琢也似地银世界。群峰都被云雾罩着，迷漫苍茫，和天空变成了一色。除非几点归鸦，和三两寒犬，点缀在银海里，其他别无一物了。比时我乐而不疲地赏观这朔漠的雪色，竟把我的海龙皮帽被雪落满，也变成白羊羔的毛皮。两肩和背上的积雪，都能够用手掬起。这时，我心地光明澄澈，如同白雪一样地华洁无垢，并希望中国的政治，也要澄明到这个样子。回到寓所，不敢遽进暖室，只好在外间客室间坐一会，又与我别来三日的珍妹写了一封信，略述不能依照预约的日期回府。比时思虑起伏万端，因口占一绝，封寄珍妹：“初雪客欣赏，再雪客心伤。伤心复伤心，遥忆闺中人。”到了十二句钟，雪犹未霁，班禅大师即按约定时间，到大殿诵经。佛乘金顶黄舆，有戴蓝顶之四蒙官肩之。森且、缺奔两大堪布左右维卫，余则前导，有宝伞、彩幡、香班、音乐、鼓钵，排队来迎，直至殿前。大师登狮座（高约五六尺），佛衣喇嘛装，此时殿内坐着千余喇嘛（有外寺来者），和蒙官、蒙绅约三百人，殿下、廊下及露天场中，均是各旗男女，携老扶幼，席地而坐，专诚听经，毫不畏风雪侵入，信仰之诚，令人钦敬。

时听众约一千二百余人，大师讲《长寿经》开示录（即无量寿佛灌顶），先述此经之由来，继讲密宗做相虔受灌顶之心法，末述此经可增福延寿，靖国利生之旨。随讲佛门纪律，及应存人我双修、咸沾福利之宏愿。至于在家俗人，亦当本“忠、孝、仁、爱、信、义、和、平”，达到往生极乐之愿。讲毕，殿内外人士，齐向大师叩头，起伏纷纷，形如怒潮，约数分钟，方告停止。然后排队，鱼贯至大师座前，各献哈达供品，求赐佛力加被。大师一一为之摩顶，并赐给护身符结及“泽壬”（长寿丸）、“泽匡”（长寿酒），直至下午六句钟方毕。此时余之双足酸楚，早已不支，而大师毫无倦容。出殿则雪深已能没踝，听众星散，红男绿女，黄僧黑俗，点缀在洁白的银世界里，恐怕有色电影，还不及这样美丽吧。

廿二号早起，雪霁，日升，因雪色刺目太甚，不敢久视，只好带上有色的眼镜。雪地上，因人们往来的践踏，各处的大道小路，黑油油的一条一条，曲折蜿蜒的像地图上的河流。勤谨的喇嘛，就在楼上扫雪。那时大师又到各“札仓”及达赖塔里，诵经开光，并布施各寺僧众，欢声载道。并有许多男女，远远在道旁向大师叩头，好像不知地下还有盈尺的积雪。到了十二点钟，我等仍侍佛座，各乘车辆，沿旧途而回。下午二点半，返抵阿拉善王府，计为时已五日了。

二十四年三月卅日西康刘家驹于定远营

《西陲宣化使公署月刊》
西陲宣化使公署宣传处
1936 年 1 卷 3、6、7 期
（张楠楠　整理）

平包路旅行日记

禹心　撰

弁言

假如旅行者，以某种眼光，考察某种问题，必定要有较详细的观察和调查，凭照某种地方的公报，加以整理，加以推论，这种旅行，可称之为研究的旅行。假如旅行者，游山玩景，稽古纪俗，用生动的文字，作一般的纪载，此种旅行，可称为游览的旅行，所写的东西，可称之为游记而不可谓之为研究也。我之此次旅行，既没有工夫去详细考查，又没有文学的手腕，把耳闻目见者写出，所以这篇记述，称为考察，既不可能，称为游记，亦不敢当，故名曰日记，借以作此次旅行之纪念也。

四月十五日

早八时余，由西直门上车北行，东西远眺，皆为石山，侵蚀程度已深，岩石坚硬，故山峰险峻而直立，中间为冲积平原，上覆黄土，车行其上，一片平野，阡陌纵横，田陇间粪堆累累，点缀其中，多柳树，绿芽微放，树身均向南弯曲，似向游者表示欢迎，盖受北风南吹所致。将近南口，两山渐狭，山坡多柿树，平原上黄土不见，大石、小石遍地分布，为冲积沉淀所成，有轻便铁路，接平绥线，系运石块至北平作修铺马路之用。北行至居庸关站，至此地势已高，停车时必需后退至他一线。路西隔谷为下居庸关，有长城遗址。再北行，至青龙桥，入狭谷，由南口至此，车头在后，由此车复倒出，向西行，车头调向前矣。此路以本段最为险峻，不易修筑，粤人詹公天佑，计划兴建，宣统元年八月，京张成，凡历四载，外人莫不惊奇。站旁有詹公铜像，并有大总统之赐牌。南口一带，多为花岗岩。由青龙桥，向西北行，过八达岭洞，洞长三里余，再行，即已登入黄土高原矣。高原上，柳树绿芽未吐，气温较低。过康庄，至怀来，县城在东站西南里许，城之东北部为小丘，城即沿其上，西南为平地，据本地人谈，此山形似卧牛，稍东南，有一庙，为卧牛之头，无北门，城内三百余户，一千余人。由此远望山巅，有积雪。西行十五里有奇，至土木堡，明英宗被虏之地也。再西行，至下花园站，北有鸡鸣山，孑然孤立，路南有真中铁线，通黄羊山以运煤，长约七里。下午三时余，抵张家口下车，稍憩，即出发北行。出大境门外，已成非武装区域，高山屏列。向东北，有一谷，系通多伦大道；西北，又有一谷，为通库伦大道。沿此沟前行，两旁均为客栈店房，但皆真〔空〕立门户，几无交易。据云，通蒙时，沟中货物，堆积如山，驼队亦千百成群，今则大异矣。沿此沟行四五十里，即成平原，余等行数里，因天晚即返，行经上堡，堡内凋零不堪，只有住户百数十人，无商业可言。本市规模宏大，为他市所不及，马路甚广，旁有水道，由清水河，或泉水引来，用以洒泼马路，殊为便利也。沿街每见有蘑菇店，每斤价由九元以至一元多，以库伦者为最好。又有蒙古靴帽铺，较老之铺，招牌上多蒙汉字并用，有福音堂一处，亦题有蒙文。此外有日本领事馆在焉，全市太阳旗甚多，据所见者，即有七面之多。又有日本饭馆一处，日人在此处之势力可想见矣。

十六日

上午，沿铁路，蒙古营、菜田等处一游，观察其都市分布之大概。至下堡，万全县县政府在焉。旧万全县治，现正拟改县为镇，公安局在焉。下午三时余开车，沿途平原广阔，黄土层亦厚，每成阶级状地形，远望高山，亦覆盖黄土，至柴沟堡，山已相近，至西湾堡，山势更狭，西行二十余里，至永嘉堡，已入山西境矣。沿平绥线，树木多为柳树，树枝均短小，高者丈余，为其特征，盖风力大、雨量甚少之所致也。天镇、阳高一带，平原广约数十里，南北两山，东西沿走。天镇县城，在车站南约十数里，阳高城，约里余，长城沿北山脚面走，此为归途中所见者，因此时，天色已晚矣。九时余至大同。

十七日

是日早晨，出发赴云岗，入北门，门凡数层，街衢宽大整齐，商业虽不发达，然而昔日之繁盛市况，仍得以瞻其规模也。出西门，约行三十余里，至云岗镇，居民数十家，沿石壁佛像林立，大者六七丈，小者不盈尺，石壁长约里许，为沙岩。云岗寺沿山壁攀腾而上。大同，即元魏平城地，孝文帝迁洛以前都于此。魏初，崇奉佛法，太武尊敬考〔老〕氏，焚毁寺塔，阅七年，文成嗣位，佛法复兴。《魏书·释老志》：沙门昙曜，于京城西武周塞，凿石壁，开窟五所，镌建佛各一，高者七十尺，雕刻奇伟，冠于一时。此为创石窟之始，稽其时代，盖在文成兴安二年，其后累年渐增，遂益崇广，迄今以风雨剥蚀，又未加保护，毁者颇多。现当局已注意保护矣。晚九时，开车北行，夜经丰镇、集宁，此带地势较高，气温亦低，夜间车中窗户，已结薄冰，温度在4℃以下。

十八日

早七时许到绥，市况尚佳，各机关多设在新城，[为] 旧城在其西南，为商贾辐辏之处，名胜古迹有大小召、啥〔舍〕利图召、五塔寺召，均为啦嘛寺。食品，以糖饼及烧卖著名。

十九日

上午十一时许，由绥达磴口，下车东南行，约七八里，至民生渠闸口。此渠开凿费共一百四十余万，仅用过一次，水中含泥沙量特多，渠身沉积已高，水不能引入，殊觉可惜。午后，四时余，到包头。县城在站北二里许，北城依山，有东北、西北门，而无北门。包头名称之由来，或谓为是城包于大青山之头，或谓为包姓者开发，因即以姓名名之。原属萨拉齐，后改为设治局，十五年始设为县，商业发达，人口八万余，全县人口十八万余，可见其村落之稀疏矣。

二十日

是日，适值各界在西脑包村植树，此地气候较寒，故植树期较内地犹晚也，全年皆风，四月至八月风小，城内有《包头日报》一小张，“知行”、“边闻”通讯社二处。地近黄河，鱼店特多，每斤约一角几。主要货物，为皮毛、干草，由天津出口。特别果类，有白葡萄、哈密瓜及杏、枸杞子等。栈房，多为转运栈，客店亦甚多。商人、农人，多由山西移来，以忻县、定襄、河曲、保德人为多；次为河北人。城西南，有西北剧影社一处，系新建。旧戏院，则在东城。包头市公园，在西门内，并附设图书馆，均甚简陋。器械体育场，在西南城角，夏季午后，游人甚多焉。大烟尚未禁止，据云分硬皮货与软皮货二种，前者旱地产之，后者水地产之（即上等地），每亩产烟二百二十余两；下等地，产四十余两。秋季价廉，每两仅值洋三角上下，冬春则值一元上下。此地村庄每称某某窑子、脑包或营子，多含有历史意味也。

二十日

上午，赴南海子，由车站东南行。包头土质，多含沙质，以东则黄土为多。途中经飞机场，适有日机一架，正腾空而起，向东飞去。据闻日人在此常住者，亦不少，并有无线电台，日人之注意西北，由此可知也。约行十数里，至南海子，船只满布河滩，约数百余，钉船之声，不绝于耳，盖正值开航之期也。本地及保德船，上行仅至吴忠堡，西船（宁夏船），则至忠卫。下行载羊毛最多，皮货较少，此外多为水烟。需时半月余（包至吴忠堡），载重三万余斤。四人拨水，一人掌尾棹，以定方向。上行载洋货（布匹及日用品），需时五十余日，载重二万余。四人上岸拉船，一人拨水。船夫，往返一次，得洋十数元。乘客包、吴间一次，需洋十余元不等。船价每只约在二百元以内。普通清明时开船，冬至停船。南海子为码头地方，与平包路相衔接，甘、宁货物至此，由平包路运出，至平、津各地，一部则顺流而下，运抵潼关。本日下午三时余上车返平，此行告终。

《长城季刊》

归绥绥远长城出版社

1936年1卷4期

（李红权　整理）

绥行小记

王达仁　撰

十八日

下午六点钟到朱自清先生家。朱先生正在整理行装。朱先生的孩子喊着“爸爸我也去”。后来答应给他买糖带回来，就不再言语了。不过他的眼还是怀疑着，出来买糖为什么要穿那样多的衣服。

到清华园车站，燕大代表朱焘谱、新闻系女同学王若兰、梅贻宝先生、梅太太，先后都到齐了。最末，冯友兰先生赶来送他们的书记（朱自清先生是清华教职员公会的书记）。临上车的时候，冯先生说：在欧战，前线将士不怕飞机大炮，就怕一般 Prince 与 Princess 去慰问。弄得他们军情紧迫的时候还要结队欢迎，设宴洗尘，实在麻烦。我们这次去，恰像冯先生所讲，惊动了不少当地人士。叫作慰劳，倒不如说是劳而未慰。上了车之后，梅太太不见了，我才晓得梅太太也是来送人的。

车上很挤，空气十分污浊，又热得很。窗外是黑的，更看不见什么。同住在一个车厢里又是一位陌生人，一夜晕晕沉沉，车子一停，就醒了，不过也不晓得到的是什么地方。想瞻仰的张家口，早打算看看的大同，都从黑暗里溜走了。

十九日

听远远的军号声，天渐渐的亮了，车慢慢的进平地泉站。

我们都下车，在站上呼吸一点新鲜冷气。初升的太阳，照在我的脸上。我不知道从哪里来的感触，突然觉得战争是伟大的。我幻想在火线上，血红的眼睛，兽样的吼声。每一个细胞，每一个血球，每一丝神经，还会比在这时候更紧张的吗？把整个生命的力量，在某瞬间拼上去，除了战争，只有战争。何况为了民族存亡，为了家乡，为了自己，我从一个平素爱好和平的人生观，转变到一个战争的崇拜者了。

在火车上碰到一位受伤的，用绷架抬上火车（后来知道是三十五军二一八旅席参谋，在红格尔图被炸），我当时更有点忿怒，报仇是人类的天性，为什么我们受了这些年的气总不肯用血洗净一切血债呢？

十二点到绥远省城，住绥新旅社。

当地最高学府归绥中学校长霍世休先生是清华研究院国文系毕业的。我们出去吃饭的时候，朱自清先生叫人送给他一封信，后来他赶到饭馆把账替我们算了。梅先生随又请他代发请当地新闻界、教育界的帖子，下车即“劳人”，这是个实据。

饭后到省政府报到。傅先生在平地泉没回来，见曾秘书长。曾先生跟我们说：“值得慰劳的不是我们坐在屋子里的，最可敬佩的是在火线上每月拿六块半钱拼命的兄弟。”谈话十分爽直。

出了省政府，同省府交际王先生到常备队训练处（即民团）参观。到的时候天已黑了，大家却正在露天底下坐着上功课，同训练主任袁先生谈了一会，约我们明天再来，就回旅社了。

晚上在旅社招待新闻记者、教育界名流，到了二十九位，屋子太小了。

廿日

到底比北平冷，耳朵、手指、脚跟，早晨起来立刻有了新的感觉。在剿匪最前线，听说要冷到零下四十度，真有点难以想像了。

八点钟两位朱先生到归绥中学讲演。九点回来，一同到常备队。到那里，小教场上队伍已经排列好了，包围一个土台，台子中间有个旗杆，挂着国旗。我们在台上各别讲了几句话。人心是容易受感的，我看了这三千六百精壮的青年，当时觉得一切都充满了血，充满了力量。

下午傅先生回来，我们又到省政府去见他。跟傅先生谈说虽然很简短，因为正在开军事会议，可是我们回去似乎都有了一种新的信念和胜利的欢喜，并且因为他的年青跟有精神，开始觉得绥远政府里下上职员都没有官僚气，也看不见有胡子的。

晚上在绥远旅馆赴各厅长宴后，坐五点钟车去平地泉。

廿一日

夜里两点到平地泉。梅先生拿出寒暑表来，不久下降到零下十度。前线战士需要耳套、手套、毛鞋，实在很急迫，我穿老羊皮、手套、棉鞋还有点单薄之感，那在零下四十度气候在壕里的人们应当怎样呢？

下车没有脚行。在省城曾打电报到当地旅部，也未见有人来接。后来自己把行李拉出站，恰巧有一辆空大车，就都放在上面。不知道大车原来是军用的，不久一位士兵态度很坚决叫我把行李拉下去。幸而省政府派交际王斌先生跟我们同行，经王君再三说明省政府跟他们旅长，跟我们到绥远的关系，把车子暂借下了。有了车子，到何处去又生了问题。别无妙计，燕大朱先生以前到过平地泉，离站一里多地有个泰安店，他说可以试试。现在回想起来，当夜我们跟着车夫，一步一步在黑暗里摸索前进，真是一点鬼气。

到了泰安店，店里再也容不下一个人，原来早住满兵士，何况我们六个人，跟店主人讲了许久，房子还是那样多，添造不来。当时真有“今夜不知何处宿”的滋味，我们都有点想笑了，不知谁说了一句：“现在已经三点了，再有三个钟头天就亮了。”可是谁也知这是一种自己安慰自己的话而已。

最后省政府王先生决定到县政府请县长作主。经过一番努力，结果梅先生同朱先生跟县长同床住了一夜，我们三人住了一间小屋，王若兰女士住在对面屋子里。躺下之后，连梦都没作，睡的深沉，可以说“无以复加”。

早饭当地第二师郭校长作东道。席间有旅部陈参谋、樊军法官、《大公报》记者长江先生。

饭后到二师参加学生救国会成立大会。会后到野战病院慰问伤兵，知道医药、看护等人才与设备，还需要大量的补充。出病院到城外见赵承绶司令。司令卧室墙上贴满地图，一面谈话，一面用手杖给我们指点某城在哪里，某地怎样重要。赵先生说话非常坦白爽快。白灵庙现在是我们的，但是在未出司令部的时候，这个必然的事实，我们早已在心里跳动着了。

最后到老虎山参观，下山的时候，守御工事的一位拥〔排〕长对我们说：“诸位请回吧，我们绝不会给中国人丢脸。”

下午五点，坐车回清华园。

二十二号六点半，到了清华学校

（追记）

《学生与国家》（半月刊）
北平清华园学生与国家社
1936 年 1 卷 4 期
（丁冉　整理）

百灵庙月夜

何东辉　撰

十一月二十四日午夜，我正在大同车站候车西去，同伴中忽得克复百灵庙的消息。当时还不敢轻信，急忙去问大同站站长，始知其实，高兴万状。其时大同站上正满挤着南来的军队，人叫马嘶，三军杂沓，一得捷报，更争相传告，欢愉之声哄腾，情景不可言状。我们坐的是普通列车，所以二十五号夜间三时才到归绥。二十六一早，我站到街上去看看，一出门便是迎面来了几辆汽车，上面满载伤兵，于是益增对这次战争的怀想。二十七号便得去百灵庙的机会，当日夜间到庙，其时战争方过，战迹保留最多，而我们又是第一批到庙观察的，所以所得较多。

一　过阴山北去

昔时一出长城便是塞外，现在则到归绥一带已经很汉化了，直到阴山附近，才是道地的蒙古风味。在阴山附近，大地的出产物更少了，土泛着灰黯的颜色，一年只出一季油麦。平原宽广地展开去，见不到点树只屋，直到消失在辽远处雪光雾里。

我们汽车在奇冷的早晨七点离开归绥，行了四十里左右，便见迎面山头崔嵬，雪饰的峰峦一重重展开到车前面来，车便行到山坡路上来了，这便是到了阴山麓。

阴山在土人叫作大青山，自古就是防胡的屏障，岑嘉州诗句有云：

四边伐鼓雪海涌，三军大呼阴山动。

活现当时戍军情景。在今日则阴山更是汉蒙的界山了。这一次我军防匪，便是依阴山布的第二道防线。

山路真艰难呵！满道都是鹅卵石，诚有“满川乱石大如斗”之感。汽车啃着泥石前进，几次的停了下来，不能开行，这十里路过山的蜈蚣坝，便足足走了半个多钟头。

蒙古人用乱石把最高顶堆成个尖头子，上面还树了一棵木头，不知是什么意思。在这儿回首归绥城已经模糊在初日的寒照里了。往北去则阴风飒飒，眼前一片雪的无边无际的雾海，这是“翰〔瀚〕海”啊！据说王昭君便是死在这山脚，怪不得弱女柔躯至此要委地了。

这时候还是不到八点的时候，只见满坑满谷都是大车，是从阴山外起黑早赶道来的，大部都用牛拉，上面鼓着油麦的袋，土人爬在上面策着车子。我想不到才不过三天前这儿还演着大战，这些人好像完全不闻不问似的，他们不放松安居乐业，中华人民的朴质真可爱啊！

在出山处的石壁上，凿有“化险为夷”四个大字，署曰吉鸿昌题，原来这蜈蚣坝的马路便是吉鸿昌部修筑的。

过阴山约五十里，到武川县城，这是阴山北唯一大城市，但是全城只有一条半里长的街道。

在武川我们得到武川县长畅维兴的招待，并且得和攻克百灵庙的勋将孙兰峰旅长畅谈，因为孙旅旅部便设在那儿。

武川主要的产物是油麦、羊毛、牛、羊，在阴山北还要算丰富的地方，但是在绥北的军事上则武川更重要了。敌人曾力攻武川多时，在进攻百灵庙战役中，武川尤是后方的立足点。

为了补助正式军队防敌力量的不足，武川现在正积极的训练民团，而畅县长尤是训练民团的好手。因为最近晋、绥规定县长得首先经过射击试验，所以大部县长都出身自军队，畅县长也是如此。

在这儿也不见惊扰的现象。虽然店铺很是陋小，但都忙着在买卖，却见每家门口插了一面庆祝胜利的旗子，以及贴了不少祝捷的标语。那是武川县县立可镇小学校制的，新红新绿的纸张在灰黯疏阔的街道上，增加了不少热闹。

二 抵庙

自武川北去的一段路真是艰难极了。大漠宽广得叫人方向都不易辨出来，十几里十几里的见不到一家人家，旷野上要找个标志都没有，原来蒙古地方，人民是傍水井居住的，哪儿有一口井，哪儿就成村庄人家，而自武川北去水井是更少了。

虽然是晴朗朗的天，但是漠风把积雪和泥沙一起刮了起来，漫天飞舞，无异下着大雪，所以道路也辨察不出了——所谓路本来只是这两天军用车所压出的一条车痕而已——沙雪掩埋了一切。

在武川的时候，孙旅长怕我们迷路，曾派他的参谋主任陪我们来，但这时他也没了主意，车就在平原上乱冲，几次的陷进了雪坑里去，我们就只有大家下车来推着走。据说关于百灵庙的详细军用地图我军都没有，进攻的那一天，队伍就多跑了不少路，指挥官握着指南针不敢一刻离手。

天已经快昏黑了，我们还把握不出最正确的路，汽车夫焦急得满嘴胡骂人，时时见成群的黄羊——蒙古平原上一种野羊，皮毛特别丰厚——奔驰在雪上觅草吃。人人都焦急起来，而眼看月亮已经升起来了，真是：

今夜不知何处宿，
平沙万里绝人烟。

但是到七点多钟的时候，透过风沙来的月光忽然照得远处有马和人的影子了，还轻微地听得马在打喷嚏的声音，我们急忙赶了过去，只见不少黑压压的士兵在踏雪步月放马呢！下车一问才知道已经乱撞到二份子骑二师师部门前来了。

二份子这地方我们在普通地图上是找不到的，这几天许多报上都写作二峰子，但是那一天我为那个曾打听过不少人，他们都说是二份子，或“二分子”。并且还有三份子呢！二份子距离百灵有一百四五十里左右（关于归绥和百灵庙间的距离，以及归绥、武川、二份子、百灵庙相互间的距离，谁都没有确切的说法），但是他已经是距离百灵庙的最近的可能的军事根据地了，所以他在绥北军事上有非常重要意义的，骑二师便驻扎在那儿。

这时风倒已经息了，月光转澈起来，放马士兵的刺刀闪着千万只光亮的眼睛。雪却凝坚实了，听得马蹄铁铿铿有声的打在地上，杂着蒙古马的异样凄楚的嘶声，这真是大好山河，大好民族的伟观。

我们下车涌进骑二师师部里去，那是一个土墙围着的几间屋，满院子都是草料，脚踏下去，一直没到膝上。推进一间小屋子去，只见孙长胜师长和师部的许多人都拥在那儿，在一枝昏黄的烛光下他们在讨论什么呢。于是又扰乱了他们。

孙长胜师长已经是六十上下的人，但是精神矍铄得很，穿着一件灰布棉袄，指手划脚的告诉我们许多战争的话。他有一匹好马，说在上海曾有人出价四千元也不曾卖，一天可以行五六百里，我们曾经去看它，只见它一刻不安的在雪地上绕着桩子走，于是又忆岑嘉州“马毛带雪汗气蒸，五花连钱旋作冰”的诗句来了。

自二份子出发，幸得觅到一个好的向导，十点多的时候，见有小山的影子了，知道已经到了百灵庙。

三　洼子地百灵庙

在蒙古的大平原上，山是不易多得的，而百灵庙周围却平空来了许多小山，在这蒙古人说来简直是奇迹似的东西。朔风被山挡住了，草滋长得特别丰茂，这儿又有水井，所以简直成了大荒漠上的胜地。

这些小山，据说在军事上特别好，因为过高的山反不便利，所以这又增加了百灵庙的意义，他们使百灵庙成为天险。这些山一共留有大小九个出口，在春夏水涨的时候往往九个口子都流水，所以土人又有“九龙夺水”之说。

百灵庙和各方的交通是如此：东南口通绥远；西北口、东北口通察北；正北口通云王府；西南口通西公旗。

所谓庙是在洼子地中间，庙屋本身并不十分大，约有房子数十间；但是庙的周围有数百间的喇嘛住宅，俨然列成街巷。这在蒙古地方更是不可多得的洋洋大观，因此百灵庙还成为政治上和军事上的重心。

除了庙屋和喇嘛的住宅外，就没有其他老百姓的住宅了，只是在南面山麓外，有百灵庙饭店和百灵庙医院，他们都是伪蒙古地方自治委员会办的，供公务员、军官和××人之用。

所以百灵庙一共有四种人：公务员、军队、喇嘛、××人。

四　战役经过

我们用电棒和守卫兵士打通了警号，才通过警卫线，于是一直被领进四二一团团部去了。

别的部队只能住土屋，而百灵庙的弟兄则住着很好的房子。在团部里许多指挥作战的军官都遇着了，他们又很热烈的告诉我们作战的情形，这一次我们所得的更是详细。

这儿依刘景新团长的报告并综合一路所得记述如下。

我方进攻百灵庙全部兵力：孙蓝峰旅，四一九步兵团，四二一步兵团（刘景新），七十师补充团，炮兵营，孙长胜骑二师第八团。敌方兵力：骑七师木克登保部第十二团全团，第二十一团、警卫团一部。

在三天前敌人就得到我们进攻的消息了，但是他们对这消息把握得不很紧，以为中国兵进攻是少有的事，所以他们只筑了一些很简单的工事，但是都脆弱的很。

二十三号下午五时，我军自一百多里地的二份子一带出发，直到晚间十时左右才到。当时敌军等了我们一天，到这时已松懈，满以为不来了。

骑八团担任抄袭百灵庙后面的飞机场任务，因为是骑兵的原故，那天到得较早，所以首先开了火。步兵由四一九团、四二一团作前锋同时进攻。

骑八团与飞机场敌兵相持不久，敌军即不能抵抗了，于是就纵火焚飞机场而去。这时前面的蒙兵，见后面火起，更其慌张了，到夜里三点钟的时候，日蒙军中×籍官说："你们好好打，不要退出，我们去东山上和本师长商量一会儿再来。"从此就不见××人了。到二十四号早晨八点，我军遂入占百灵庙。

在冲锋的过程中，我方最勇敢的是张振基连和杨天柱钢甲车队，张连全连士兵坐着装甲汽车前进，中途司机二人殉国，全连士兵都受伤亡，只剩张连长和左右弟兄二三人完好。结果则张连和杨队终于首先冲进庙地。报上曾云"七入七出"，这并不是七退七进，却是接连冲破敌人七道防线。

据说，曾有不少喇嘛帮同伪军作战。在一个小山头上，我军曾围住了三个喇嘛弟兄，叫他们降伏，他们却嚷道：

“我们是蒙古人，我们不能投降中国人，我们不能当亡国奴。”

这当然是受××人的蛊毒，但一方也具有很凄惨的真实的情感。

五 俘虏与伪军

刘团长曾把三个俘虏叫了来和我们谈话，他们现在都是归正我军的了，从他们的穿着，我们知道伪军服装是一身绿色，皮帽子、棉上衣、皮裤子、皮靴子。

他们三个都是伪骑七师木克登保部第二十团①的，现在且记述一下他们所说的木师情形，以见伪军一般。

师长木克登保，原是蒙古旗的一个总管，所以又称木总管。骑七师共辖三团，一团四连，一连三排，一排四班，一班十名，此外一连号兵二，传达长一，传令兵一。连长以下的阶级是：少校连长一，上尉连附一，中尉连附一，中尉排长一，少尉排长二，准尉司务长一。

伪骑七师×总指导为野崎，另×籍总教练一。指导操军政大权，教练司教育事宜。自师至团均有×籍指导一，×籍教练一，团以下无。

所有伪军长官，除指导、教练外，自师长至班长均为蒙古人，士兵中十分之七是蒙古人，十分之三是汉人，汉人以内蒙者多，内地者亦有。

① 由前文看，应是第十二团或第二十一团。——整理者注

他们的步枪是“瑞连珠”，子弹“三八”式，都是奉天兵工厂出。

骑兵月饷规定十二元，扣去喂马的草料钱四元，伙食三元，该每月实发五元。但是他们的一个说，他自今年五月从军起迄今六个月，只领饷两次，一次六元，一次八元。另二人也当了六个月的兵，却总共只领到五块钱。

他们是怎样参加伪蒙军的呢？其中一个是：

王德，年十九岁，张家口下花园汉人，原在台下寺为蒙古人种地，后来地主做了伪军长官了，才于今年五月二十八号给拨来当兵。

王德说，他什么都不知道，但是在开火的那一天，他却不愿打我们弟兄，为了不瞄准，他曾经挨指导好几大腿。

现在他不想回去了，因为路远，没有钱，有钱也没有法子回去。

据说，当时还逮住一百多个蒙古兵，在当天就放走了，在宣布放他们时，他们都跪了下来，齐叫着“老佛爷”。

六　午夜的摸索

我们同车来的人年龄都比较长一点，半途有好几个被车颠得吐呕，在谈过一些话后忙着爬上炕睡了。

×人留下的讲究的洋炉子里“必必剥剥”的在响着掳获的煤。

我进房去时只见炕上已横七竖八，再也没有自己容身之地了，好在自己还年少一点，精神也很兴奋，所以就握了一根电筒出外去摸索去，这一夜不打算再睡觉了。

这时候月亮正行在深碧的天中，蒙古的夜是犬声都听不到的，只有在远处，布岗在屋顶上的弟兄，不时用电筒打过一道光来，划破黑暗。

想来××特务机关人员和伪蒙军长官是逃得非常慌张的，满地狼藉着他们的衣服、书籍、用品。兵燹的凄惨的情调也来攻击胜利的愉快了。

我跨进一个蒙古包去，因为那儿，好多××人为了爱好蒙古风味的缘故都住在那儿。但是刚跨进去却听得里面哗啦哗啦的在响，抬头看只见两颗碧绿的眼睛，瞪在黑暗里，吓得我回身就想走，但是“呼”的一声一只动物从我身边跳过去了，是一只野猫。

我翻着乱纸，好多东西是被泥雪污损了，只见东是一条马腿，西是一颗马头，血淋淋的惊人，想来是被炸弹炸死的。但是这一夜我真长了不少知识呢。这儿将特务机关中见到的较要的东西说说罢。

王英致×方阿巴嘎特务机关长“盛岛大人”信，内报告绥省各地驻军、民团、警察的人数、枪数和负责者姓名（刘团长保留）。

各特务机关对满及对蒙谍报担任区域要员，对满、对蒙特务机关共有五个：满洲里机关、海拉尔机关、西乌珠穆沁特务机关、阿巴嘎特务机关（即百灵庙）、多伦特务机关，用五色彩绘，示各特务机关担任之区域及地点。

兵要地志特别调查队行动经略图并附说明书。

阿巴嘎特务机关人员日记多册，×文，记着他们日常的生活和工作情形。

军事机密信多封，自××军部发。

各地特务机关人员报告信，多是中国人写的，中文，上称“××大人”，下具密码代名。

详细蒙藏一带军用地图多幅，×文，一部分刘团长保存，一部分则我从乱纸中找出来。

《华北之财政》、《绥远一般情状》、《黄河水灾情况》、《天津之工业》、《河北省之棉花》、《山东省一般情状》等书二十余册，××铁道株式会社出版，非卖品。每册都厚在二百页以上，内载详细调查及统计，精审详细绝非国人著作可比。

石坦因（Sir Stein，发现敦煌石室者）所绘精详甘肃及Turkistan地图一，××外务省藏。

这一些东西都盖着“机密”字样的图章。

我乱翻着，又见到许多蒙×文的读本和文法，他们做的读蒙文的笔记也多得很。想起来，蒙古怪不得要受人侵略，在我们国内要找一本蒙文书还不知到哪儿去找呢！

想来，××特务机关人员的文化水准也高得很，这包里边还有不少文学书籍，中国文学和日本文学的。

在一本夏目漱石的《草枕》上题着一首诗道：

飞信频传阳春声，
察省东边未见红。
横洋杖矢于日下，
辜丸为缩蒙古风。

这仿制的中国诗虽然不成腔得很，但它使我想到一个满腔侵略野心的××青年人，他徐步在蒙古的日光下，倚着枪，不觉为吹来的蒙古风而有冷冽之感了。

我抱了一大堆东西回团部去，院子外的马群在为天明悲嘶了。我想着我们的侵略者，其意虽恶，其志实壮，不觉又痛恨，又钦佩。百灵庙的胜利，给予人的安心真是有限得很呢！

七　大盖久喀啦，百都喀啦苏木

我们要赶早回去，所以天一亮便大家起来了。

据团部人说，敌方的飞机早晨飞到这儿来总要在九点左右，因为蒙古的早晨严寒，他们烧汽油便得烧一个多钟头，下午则因为路远，四点以前就得赶回去了。所以我们的弟兄为避免受敌机下蛋，总是八点钟吃过第一顿饭后就上山去，四点以后再回来。

因此我们也可以趁熹光多玩一会了。我们坐马上山看去，一路见不少敌人的弹药和炸弹。在山上见到敌人驾机关枪处，每处总散着弹壳百余颗，可以想见战事之猛烈。在山谷的雪窝里，见到不少高大的蒙古死尸，他们把雪压成一个又阔又深的坑，有的则又被雪掩得只剩一手一脚露在外面了！

这是中华人民的劫难！

七点多登车离庙。

“大盖久喀啦，百都喀啦苏木！”

（再会，百灵庙）

《学生与国家》（半月刊）
北平清华园学生与国家社
1936 年 1 卷 5 期
（朱宪　整理）

包头纪行

绥曾　撰

这次我们一行二十六位同学及带领我们的李先生，打着参观团的旗号，前往包头参观，兼实地考察农业。农业情况、农民生活以及其他有关我们所学的一切，皆在实地探讨之内，可是实在呢？惭愧得很！去了一趟，所得到的，仅只微乎其微的一点点，无大价值可言，所幸，我们多少总有点收益，也可于学识上略为增广些，不能说是毫无俾〔裨〕益吧！

现在我把这次出发的起尾经过情形以及所得，为一个概括的叙述，也算是些许留记——实在也不敢说是——以备后日参用！

离绥之前

五月十八日晨四点四十分，全班同学都匆匆起床，洗脸、整理行囊及一切应带的零碎物作〔件〕，忙忙碌碌了二三十分钟，到了五点多钟，同学们把整理好的行囊一齐堆在由学校雇来的二套马大车上，带着一肚子的欢喜，在校长的送行中，别了学校，尾随着大车，踏上清晨的大路，一径往车站去。

时间虽然很早，可是村子里的人家炊早饭的浓烟，已由烟囱内突出——太阳也早出来了，天气可觉得分外冷，除开几位穿大氅皮袍的同学而外，其余同学差不多都有点不耐冷气袭击的样子，因而同学们就三三两两且跑且谈的借以抵御寒冷。

在多数人一块儿走路，虽然路远，也是不显得怎样远，不觉什么，已经到了车站。这时候平绥一次通车尚未来到，同学们乘着这车未到站的时候，就便在站上卖小吃喝的食摊上，随意吃了些东西，约莫在站上待有亦〔六〕七分的光景，火车拖着长啸爬进了站。

磴口之民生渠闸口及水文站巡礼

车开了，一直向西进行着。

同学们，坐着、站着，谈谈笑笑，观看着沿途的风景，快乐使平常旅行坐火车的烦赋〔恼〕都给忘了。就在这样谈笑看风景之间，火车一站一站的开过去，来到距包头仅一小站地的磴口。

到磴口我们是为看绥远巨大之水利建设民生渠的闸口，及参观黄河水利委员会在该车站东南附近王八窑村设立之水文站，下车后我们相随着李先生步伐很快的向王八窑进发，因为我们还打算坐午后二点多到磴口的慢车去包头的。

往观民生渠闸口，是须先经王八窑村，所以就先参观水文站，并且该站有本校前农三班毕业同学吴炳、杨续灵二居〔君〕，本拟邀同引导前往民生渠闸口，讵料到了水文站，适值二居〔君〕皆外出不在，只有一位广东籍的李站长，由李〈先〉生投递名片之下见到了这位站长，说明了来意，请他带往先参观该站设备，却好该站设备亦在民生渠闸口附近——民生渠闸口距王八窑村约有二里许之遥——所以就一同参观民生渠闸口及水文站。

水文站之仪器有四：一为计算蒸发量之发蒸计，此计就在该站住院中，其他三仪器均为测量黄河水位及坡度之标尺，此三标尺皆插入黄河近岸水中，一在民生渠口北，二在渠口南。据这位站长谈，尚测计流速及含沙量，含沙量差不多每年平均为百分之八，流速及水位以五月最缓最低，不过历史仅有二年，恐尚不能为正常之标准，此外尚有一流速计，放于办公室内，测量〈时〉移出使用之。

民生渠闸口在我们看的时候，闸板已被水冲坏，脱离挂钩，渠床亦满覆沙土，以眼力侧〔测〕之，渠底距岸只三尺余，高出黄河水位约有五六尺，甚或过之，因此河水不能从容流入，渠成废渠了。这就是费有百万距〔巨〕款的代价。

参观后，时间尚早，即回王八窑村稍为休息，再到磴口车站待午后的慢车。在车站上休息的时候，我又听到一位居住磴口的人说：民生渠如在水位高涨时尚可流水入渠中，理由就是按照“水流百步上墙头”的说法，是否真能如此，那尚待实地试试。

到达包头，即借住于省立包头中学，当时因身子疲乏，只有休息了。

往留宝窑

第二天（五月十九日）八点钟，同学们整装排队向留宝窑进发。留宝窑位于包头城东北，因而出包头东门，顺路到负有盛名的转龙藏一观。其实这盛名也不见得怎样风景绝佳，只不过设有几道细小清洁的水，从山坡流经石龙头，而下注于用大青石围成小池，山坡下行，长着茂繁枝叶的几颗〔棵〕高大的杨柳树，和一所依山建筑的僧庙，其他维〔惟〕有与绥远所见无异的童山和山脚下的一片沙漠，或者是由于这片沙漠来显得出它的美好呢？

到留宝窑是依着山弯走的，在这山弯之间倒很有些平整肥美可灌溉的土地，种着各种蔬菜，这大概是由于靠近城市易于销售的缘故，在这许多蔬菜之中，最能引我注目的要算所种的瓜——大概是西瓜——种瓜的方法与其他各处无大不同，所不同的就是在种瓜的地面平整的铺有不及一寸——至多也不过一寸——的石砂，砂大约如豌豆：瓜秧北向，叠以母〔拇〕指大的石块，高及秧顶，此意许是用以当风，这大概是所谓“铺沙瓜”吧！

同学们因为走路很多，天气又热，弄得个个出了一头大汗，浑身发懒，但为出外实地参观，也是无可如何，所以到留宝窑后，即先到该村一所办义务小学的庙内休息片刻，再往他处参观。

休息后又往前进，顺便见到王亚平烈士的住宅。它门上悬有马福祥所题之“青霞奇志”的红扁〔匾〕一块，扁〔匾〕首叙有生平事迹，大意谓民三倒袁世凯遇害。到村后，又瞻仰了王烈士陵墓，墓周绕以砖砌成之花墙，南向开门，门两列砖上刻有“烈哉男儿成仁尽义，巍乎志士虽死犹生”字句，墓前立有塔形石碑，因砖门以石柱相隔，不能进入观出字迹。继而前进，见有一处经管花卉，因花种与绥远留园无大特别，故不甚注意，只在该处拍一小照，仍返包中。

风阻未出参观

五月二十日就是我们到包头的第三天，原本打算在这天前往久已闻名之河北新村观光，可是天不顺人意，竟在那天给刮起大黄风来，心眼再一不痛快，得还给你来几点子浊泪，这么一来，别提老天爷灰脸可厌，就是我们这二十六位哥们心里真够腻味，尤其是我们的李先生。没法子，大风阻得出不去，何况到新村不是一下就可以来去的呢！补救之法，只好在家休息，以期恢复前两日由跋涉所得之疲劳，突在〔出〕我们这群青年太无勇气了，竟为着这末点子风就弄得不能出去，岂不可耻可笑！这还担当什么杀敌救亡之重任呢！

闷在屋子内半天，真也够味啦！所幸还好，下午风势大减，太阳也有时露出他那付惨灰的脸庞，乘这个机会应友联球队之约，打了一场篮球，打完后日将没山。就这样把一天宝贵光阴做为无价之牺牲，也真可惜！

河北新村之观光

第四天，就是二十一日了，上午八点多钟，太阳已出得很高，气候不知为何竟觉得十分冷，并略有微风，天倒十分清洁，连丝云都没挂着，故而决定去河北新村一看。到新村之路线，原拟由二里半搭划子顺黄河下游到南海子登陆，随带看看南海子，再往新村，然因河上风大，划子不易行驶，恐生危险，故另改路线，徒步前往。

新村在包头城东十余里，位于平绥铁路北方近旁，可沿平绥路东行而达，我们这次因为路途不清，就是顺平绥路去的，约莫有一小时光景，同学们都聚齐村门，列队而入，稍在村长室内休息，即由该村的一位李先生领导参观，休息及参观、行路的时候，并给我们讲述一切，今就耳闻目见略记于下。

新村之四周以土围筑堡圈，南向开村门，村南平绥铁路横卧于前，村背则亘绵着大青山，新村适处中间平原上，堡之四角筑有炮台，以资防卫，而保安全。堡内面积为一百亩，现在因为房屋没有完全建齐，所余空地很多，所以一眼还看不出整齐的街道，不过将来总可市井俨然。据云现在已筑成之房为二百多间，欲于今岁秋获后动工起建新房，现在空地满种蔬菜、杂粮，未让废弃，我们去的时候，正有十数男女在地里工作呢！

在村之正中，现有两列房屋，颇为整齐，约有二三十间，后列为村长室、学校讲堂、纺织室、民屋所占。村长室内书籍很多，大半为研究农村及农业改进诸书。学校讲堂当我们去的时候，没有一人，只有空桌木凳，这是因为农家正值耕种紧忙之际，学生完全帮家长工作去了。纺织室内置织布机及纺织机若干架，在参观的时候正有一男一女“踏——踏”织布，年纪也就是十四五岁的样子，在旁还有妇人在拉动纺车纺线。前列房屋为合作社、碾磨、仓房库等，合作社内贩卖日常生活应用品，在前为由东而西所开之小渠，内流清水，可供浇园、洗衣及饮牲畜之用。村之正中通南门有马路一条，两旁栽植杨柳，将来绿荫葱郁，新村劳苦勤俭的农民们，我祝福你们在那下面休息安眠吧！

现在该村居民有九十三户，因为眼下新房未能完全盖起，每二户只可平均二三间，又困〔因〕经济困难之故，每四户可由移民协会供给大车一辆，每户牲畜一头，此项大车于冬季农暇时尚可出外供人雇用，去冬即多为包头电灯面粉公司雇用，总计一冬收入，可达五六百元之谱，与农家补益，也算不少了。除此而外，所用农具、土地、食粮，亦完全由移民协会暂时按户购买分配，将购买费作为贷款分期偿还。偿还办法，很为详细，分为取息与不取息两种：A. 不取利息之还款办法如左：在移民初到，人地均生，一切设置，又不周到，所以第一年之收量自然很少，只望他们能自食自给即可，由第二年起分四年还清，第一年偿还一成，第二年偿职〔还〕二成，第三年偿还三成，第四年偿还四成。B. 收取利息之还款延期办法：1. 息额在四厘以下者，得将还款期限延长一年（就是分为五年偿清）。2. 息额在六厘以下者，得将还款期限延为二年（分为六年还清）。3. 息金得随本金于年秋收后同时交付之，移民中之特别勤俭守本，若能在此偿还期限内提早还清者，土地所有权亦早付与之，并另行嘉奖。然若实因自己怠惰，同时屡诫不改，以致不能按期清完贷款者，得按其情节处分。其次该村注重教育，凡村中幼年童子，不论男女，皆得入学读书，然因农家有时紧忙，用人困难，为半耕半读性质。其他副业之提倡，合作社之创办，也很努力。上述纺织及贩买〔卖〕日用品之合作社，就是这些计划中之试办。

新村村长为段绳武先生（我们这次去时，正当先生到平，办理北平妇女救济院十位女士与新村十男子配偶一事，故未得见），从前服务军界，后感生活之无味，遂决脱离军界，改变意志，从事开发西北、办理实业。这新村之设立，即为其初步事业之一。原来新村居民大都为冀南长垣、东明、濮阳，及河南滑县等地之灾民，因为这几县在民国二十三年惨遭大水，几十万百姓一变而为无家可归之"流浪儿"，段氏见此情况甚悯，遂与河北耆绅张清廉等三十余人组织移民协会，将一部无法生活之灾民，由河北费尽气力移居在荒凉偏僻的西北，从事垦殖的工作，又使他们生活可定，不致饥饿向死。这真是一位大实业家，又是一位大慈善家，这真是灾民之幸，绥远之幸，也是国家之幸，我们祝祷段先生努力！

乘暇往观测候所

五月二十二日，我们今天就要返校了，但因火车下午始往东开，所以就乘上午暇时到二里半之黄河渡口坐船，坐船后在返城中途上路过欧亚航空公司飞机场，中央气象台在该处设有测候所，顺便一观。该所内设备之气象仪器，计有水银气压计、最高最低气温计、自记气温计、自记毛发湿度记〔计〕、干湿球温度计、自记气压记〔计〕等，分别可置于屋内及院中百叶箱内，此外尚有雨量筒、风向计，种种设备，均敷应用。据云，中央尚拟在西北多设几处测候所，以明西北气象，无奈经费拮拒〔据〕，一下不易实行。该所每日所观测之记载，皆以无线电告知中央气象台，供为预测材料，我们去的时候正当报告之际，故未多得领略，即归包中。

午后三点三十五分火车开，我们这二十六位同学，又在隆隆声中返回绥远，下车时已经八点多钟了。

一九三六，七，一，记于农职

《绥农》（半月刊）
绥远省立归绥农科职业学校
1936 年 6—8 期
（王芳　整理）

从萨县到五当召

农村一样地衰败　小学生和土娼住在一起

国璋　撰

旅行过绥远的人都知道从萨县至五当召，这一路村乡的富庶，我们用不着带食用的东西，打尖住店什么都很舒服，尤其是饮酒，比之于包头至伊金霍洛途中真有霄壤之别了。

这里的蒙古人，满〔汉〕化颇深，都能说国语，我们讲一两句初学的蒙语，引得他们发笑。蒙古行政上组织的严密真值得注意，各旗蒙民不论跑到什么地方，本旗是没有不知道的。这几天一个在五当召当兵的杭锦旗人家里，来了两个杭锦旗的官。因为杭锦旗要办保甲，传这个五当召我〔士〕兵回去，我们到山［农］下的蒙古人家参观时，蒙古兵正招待应付这两位从杭锦旗来的蒙古官呢。

老喇嘛今年六十多岁了，是在绥垣彭顺召出的家，在五当召已有四十年的历史，从他口中知道五当召的沿革和组织，他只要说到从前的事，便说"这是有账记着"，他心目中的历史都成了账簿了。现在五当召有些拉柴草的车，式样很粗笨，据说这都是准格尔旗原初在修五当召〈时〉拉银子来的车，因为修五当召时准旗出资最多。

四日游过大殿，移时晋谒对音库尔呼图克图，这是班第达第六世了，相传五当召的活佛是鹿的象征，也许是历代的活佛特别喜欢鹿，所以五当召山内有许多野兽，绝对禁止行猎，尤其是不能伤害鹿，到了冬天召上并且还要喂鹿，所以平常是见不到的。班第达六世现年十八岁，人很聪明，一个十八岁的孩子受许多人的崇拜和顶礼，和我们谈话时，笑容可掬，极为和悦。后来听喇嘛说活佛今天特别欢喜，可见我们的缘法不小。

五当召不但不许行猎，就是山上许多药材也不准开采。满子舒的叔父当大喇嘛时，在召上盖了一所普通的院子，有客厅等设备，他死了之后，这一所新院子也拆毁了，喇嘛们认为这是于风水有关的。固然，在纯拉萨式的佛堂僧舍当中建筑一个平房，有些不相称是真的，可是建筑好之后再又拆毁了，也实在是喇嘛特有的见地和精神才能干到。

下午四时离办公处原路而返，夜仍住石拐村。晚上吃饭之前我和我们的向导秘密地到一个土娼地方看了一次，那是专门为应付煤黑子和其他下流社会的人的。我们两个人进到院子里，知道有两个土娼是从萨县来“赶烟市”的，一个年老的三十多岁，一个年青的二十岁的样子。年轻的是被包租的，不知道包主化了多少本钱，在一定的期限以内，这个被包的女子便须零碎出卖她的肉体为包主挣钱，所有的利益都是包主的，春风一度是五角钱。年老的女人正和一个工人模样人刚才办完交易，因为我们在院里，工人模样的人低头走出去了。我生平第一次遇见的怪事。

院内还有一个学生装的小学生，我很奇怪，打听之下，知道学生是和土娼在一起的。我盘问了学生几句话之后，一时万感交集。这时候天空中阴云突起，马上就要有雨，我们便在这样阴暗惨淡的空气中跑了出来。因为农村不景气，在这里机关的小职员，如稽查之类，都是民间所欢迎的。轧姘头在这里是平常而又平常的事。

五日，今日从石拐起程，仍在东园打尖。从石拐至东园一段路，我们往返走的不同，去的时候出石门，是在山坡上，回来走的是川沟，因为昨夜大雨，所以山沟中有水，骑马在水中盘绕，出沟口始毕。

六日，因为时间的关系，水涧沟门不去了，只到新农试验场的新村看一下，下午便返绥。新村围堡内有养鸡、马和牛、羊的设备，有四匹洋种马，是美国种，本地牝马来交配的甚多，产下的新种，非常矫捷。村中织下的毛毯质料甚好，现在因销路问题停止织毛布了，毛毯还在织着。现在新村正建筑一座大礼堂，作丁字形，分之为三处，合之则居中讲话，三处俱可听到，一堂可作三用，极经济，具见匠心。绥远新村所有的财产，现在估价已在卅万元以上，再过五年，当必更有可观。

七日离萨县，一上车便看见火车上有许多女孩子，后来知道是天主教堂的女婴，都是学道的小女子，将来大概都要献身于宗教的。萨县本来是绥省耶稣教的大本营，瑞典人鄂牧师夫妇在萨办了许多社会事业，可是鄂夫妇死了之后，别的人竟没有办法，所以现在耶稣教会事业，不如以前发达。天主教的势力在绥远却比耶稣教大，就是在萨县城内，这本来是耶稣教的势力范围，去年起也有天主教堂了。

因了今天在车上看见天主教的女孩子们，想到最近小桥畔教民拒抗“共匪”的事，〈以〉少数教民抗拒宁［以］条梁全部四千余众的“共匪”，并且还得到胜利，无怪乎要博得傅主席的称赞了。民犹吾民，地犹吾地，有天主教的碧眼儿指挥训练，便发生了不同的力量，我们的牧民者，真值得反省了。

《特写》

上海特写出版社

1936 年 1 卷 7 期

（李红权　整理）

察北旅行日记

汉鸣　撰

一　出发之前夕

鲁归之行装未理，而察北旅行的微服又束，人生忙碌究竟是为何？弹指顷之岁时，岂能受此忙促之摧迫乎！萍蓬的远离，蕴结着人生许多愁苦，为恐途中有什么窘苦似的，在那里整理提箱，一面收拾着，一面发呆的苦想。这次总比以前强得多了：所用的东西等到旅馆即可随意的拿来，省得再跑那生疏街巷临时去买。南房的穷街坊，也为我这次无定期的远行，开了一宿夜车，这虽说是以劳力换来的每双袜底值二十枚铜板的报酬，但是她们为三四十枚而出卖一夜劳力，也够瞧的了！人们全是为吃饭而奋斗，这种苦工昨〔作〕，正如我自东复西奔波一样，不过方式与手段不同而已。甫周岁的隔壁的小孩，也似乎感到远别痛苦的刺激，在她那木笼似的小床里，不似往日那样的酣睡，呱呱的哭声，使我越发忙乱。脸上浮起的阴沉，随小孩的哭声而节奏，安静的屋里，顿然成了一间丧室，其他一切动作，都被这哭声侵吞了！这种荒噪的表征，正好形容我进〔的〕凄杂与暗淡！

愧我惯于这种无情的生活，终把这不静的局面度过，虽然还有点行装上〔尚〕未收拾就绪，但不愿牺牲这北平的最后的一夕，遂入睡。

二 沿途一瞥

东方刚刚发白，天上还泛着疲劳红白相间的云彩，拥集在车站上的行人，被一阵笛声而冲散！我同几个送行的朋友，就这样的分手，车即西上。逆旅孤独的生活，使人极度厌倦！我每一遇见火车，像上催眠术一样，嗣车抵西直门车站时，我早已屈膝仰卧在铁硬的坐位上，而鼾声如雷了！等被车外叫卖声吵醒，睁眼一看，车已到南口。过青龙桥，有许多美国人在那里下车游览，红男绿女，高鼻怪样，骑在驴背上，相映成趣。过土木，即怀来、沙城，此地为我旧游之地，产青梅煮酒。记得二十二年时候，集合许多青年同志，组织一个战地服务团，在这里驻扎二十余日，每日到小饭铺里去吃青梅煮酒。三国时代的曹操，曾咏“青梅煮酒论英雄”句，所以我们这群抗敌的将士，也学古来英雄，在沙城吃人家做成的青梅煮酒，也论起英雄来了。到张垣，径往东鲁汽车长途公司，但车已开，遄返交通旅馆，时已下午四时，略事休息，作街巷行。张垣为塞外埠，有火车通包头、北平，汽车通库伦，现以时局关系，仅通多伦，所以现下张垣只有张多汽车公司，每星期开行三次，行期预告。此地商业较为繁盛，多皮货庄，鸦片发庄也不少，但门牌不书烟土发庄，而书“国货发庄”。噫！认外人毒害国人之物为国货，亦悲惨滑稽之甚矣！其他市面安静，人民虽知祸发旦夕，习之既常，亦不为然。所以有许多无职业的人，借点本钱，跑到德化去开旅馆、妓馆、理发馆一类的买卖，张垣一般下层阶级的人，以为到张北，就认为是出国，可见那里的人，已经承认有伪蒙组织了！

通张北汽车每天早晨八点钟开，等到八点钟去汽车公司，车已开走多时，自张垣到张北各县汽车，惟有东鲁、文林两公司最为便利，文林是×××股东，雇用中国人伙计，东鲁是中国人股东，请□□□人当经理，坐此两行汽车，可以免中国当局检查，所以这两公司买卖最好，行客也多。因为误点，没有办法，只有等上〔下〕午一点钟那趟车，但时间尚长，自己苦坐在公司里，极为烦燥，信步走出公司，沿武成大街北行，走出不远，路西即察省民众教育馆，门首挂着“欢迎参观”的匾额，遂进内去消磨时间。民教馆乃沿民房改建的，房屋简单，关于社教陈设亦陋，虽然是省立，较山东县立之亦不及。进门西房为阅报室，南房为书库。但此书库亦仅有其名而已。

再进北房为卫生陈列室，东房为化学陈列室，西房为土产陈列室，屋各〔各屋〕之间，陈列寥寥。出民教馆门往北走，即是二十九军司令部，大门的两旁书巨大的“实行孝弟忠信礼义廉耻”八德的标语，东转为察哈尔公园，不买门票，任人游览，里面的建设也很简单，除八德的标语与节孝图示外，别的没有什么东西，三二游戏器械，也被风雨淋漓的发白了！此公园除供人民游览，内中设有二十九军所办的妇女学校一所，省立师范附小幼稚园一所，树阴下每有军士在此露天上课，三五成群，教官与兵士席地而坐，各持红皮《步兵操典》一本，高声讲授，煞尽韵事。

出公园时已上午十一点半了，恐再误点，乃觅一小饭馆用餐，吃饭是花卷、包子，化洋一角五分，饭毕返汽车行，即乘汽车出发。出张垣就是万全县，山势险峻，一望荒凉，此处气候较张垣又冷，五六月的天气，田地里还露着红地，听说往北去更冷，虽然在此暑天，行旅皆穿夹衣，赶大车的苦力早晚还得穿皮衣。过万全岭是狼窝沟，是中国与伪蒙分界的地方，中国的方面，倒未见有什么防御，伪方设有便衣保安队与税卡，检查行人及进境货品颇严，即拿纸烟一项来说，每箱收税八十元，若是前门、红锡包较好的烟，听说更贵。到此就看出来不同的气象，军队的服装皆黄色×式，说话都带点“漫漫的，你的，我的”××式的口音，一切行政的告示、铺商的账簿全写“成吉思汗纪元七百三十一年”。这个地方距张北县二十五里，过此就可很顺当的到张北，所以在这个地方的时候是有许多人是提心吊胆的，说不定弄出什么事故或被拒入境。张北是伪内蒙古军第一军李守信防地，军戍很整齐，颇近代化。进张北县城南门略受检查，到城内均须赴宪兵队受检验，验完才准许你在城内住宿。我是住在东街仁义马店，到这里来住，全是在外面跑的人，因为掌柜的是要人出身，外面有很多的朋友，所以可以免掉许多麻烦。凡是到这里来的人，事前都得打听好线索，若是冒冒失失去，你一定能撞出种种毛病。

我来到这里，是自己拟定的一种游程，其他事情就算没有了！所以在店里洗完脸就去街上吃饭，回店因很疲乏，不能出外走走，就倒在柜房的炕上睡去。下午三时，王君亦由北平来，他也打算住在这里，略谈途中情形，又同去饭馆吃饭。此铺较前饭馆干净，价钱也较贵，二人共费洋六角。饭后刘君又来访，因为半年没有见面，谈些察东近来情形，等他走时已下午五点，王君亦到伪内蒙第一军军部访朋友，六时王君回店，又同我到某部会见某友，因为我到察东一切行动，借助他的地方很多，可惜因为他那里人多，不得详谈即辞出，约改日再会。

张北为察哈尔第一等县，距张垣九十里，位于广大荒原中，山势虽较万全为少，但土地瘠薄，多畜群，农村寥寥。县城商户百余家，马店最多，城里有县立小学二处，南门外有新建畜牧学校一所，未竣工，因事变即停办，城东南角为公园，中仅一四角亭，余尽树草。张北现在改为察哈尔盟省会，设有察哈尔盟公署，卓士海任盟长，总理一切行政，另外聘×籍顾问数人，居指导地位。盟公署分总务、财务、教育、保安四科，科设科长，科下再设股长、科员，听说教育科有取消的消息，其他行政如旧。含义最深而使吾胆怯的是蒙古青年干部学校，此校设在南门外之畜牧学校院内，共学生三百余人，全是未受教育之蒙古青年，有小至七八岁者，所授之课目，除军事训练之外，特别引述蒙汉在历史上民族斗争之仇隙，并特别注重蒙族现在应如何的向友邦表示亲善来建新的国家，在此读书的皆蒙古内聪颖的青年，因为他们对于中国整个的民族性不了解，对于国际及所谓愿为帮助建国的友邦用意也不明白，认〔为〕虎作伥，容易造成敌视中国的阵线。此种组织甚为可虑。交通、卫生均较前进步，这的确是由人家赞助的地方，比我们好的多，我们的执政者，应当照着人家学。关于交通，有通各县的汽车，每日均按时开行，车价也很便宜，所以商情方面显着格外的活跃。公共卫生，各县设有县立医院，卫生警每星期按户调察。关于娱乐，每县镇设有俱乐部，为让中国人安然享受，而禁止××各界人进内，这正是消灭中国人之财产、堕落中国人之志气、败坏中国人之体格好机关。俱乐部的里面，设有三种娱乐：一，各种赌博——如推牌九、宝局、麻将等；二，妓女——在俱乐部里可以到外面去叫条子，里面也设有朝鲜窑子，各妓女打扮的花枝招展，一般未到过巨埠的人，一见准得堕入五里雾中；三，烟灯——察东各县是出大烟的地方，实行公卖，设有烟土独销处，禁止人民私自开灯，凡有烟灯，得到公卖处报到，按灯上税，若隐匿不报者，以漏税论，罚以巨款，但在俱乐部内可以自由开灯。这种引诱中国人自觅灭亡的手段，是非常的有效。据熟悉当地情形者谈，在俱乐部吸烟者以张北论，〈以前〉每月仅数千人，在现下每月去吸者将及万人，但全县不过十余万人口，若照这样比例推进，不到一年，全县人民都可普遍的染上烟隐〔瘾〕。在察东一般无知识的人，以为到俱乐部去赌钱，或吸烟是高尚的娱乐，即每天卖血汗的工人，他也凑几天的工钱，到俱乐部赌上一注，或吸上一口。

次日早上，伪某处长请到某处吃饭，倍〔陪〕客有其某部的某师长、参谋、处长数人，席间群向探询中国近来情形，看他们那样殷殷探询祖国的情形，大有思汉之意。饭后独自回店，苦极无聊，又到某秘书、某同学处闲谈，回来已经三点。不忆店役外出，屋门上锁，不得入内，在厨房盘桓半小时，听二三兵士谈攻固〔沽〕源、宝昌诸役战史。一兵士起立大声说："咱们的参谋长死的才不值呢。若是在通辽、开鲁抗日阵亡，对于国家还有点功劳，这算是什么?"其他的追问说："参谋长倒是怎么死的?""听说参谋长要到城根前说城内守兵要早退，不要轻易牺牲，才被守兵一枪打死。"厨房里面升有炉灶，烟气缭绕，燥热闷人，遂信步走出，到饭馆吃饭，回寓即睡。等待醒来，王、齐诸先生已在屋闲谈，齐君走，又同王君作城内游，在公园走一圈，至城墙上遥望，时已牧归，风沙作响，不像六月天气。城内二十九军所掘之战壕犹存，城外即皇军之飞机场，青苗稀少，行旅无几，婉〔宛〕然一古战场也。下城拟从南门回店，道经操场，见有蒙古青年干部学校学生与蒙古特设队下操，皆作游戏，精神似甚愉快。归途到文林、东鲁汽车行，探询何日有开德化——加贝〔嘉卜〕寺——车辆。

次日晨起微雨，九时下注倾盆，苦坐在店房里，着急万分！当时怀想，若这阵雨能下两个钟头，汽车两天不能行驶。少顷，因苦闷的缠绕，倒在炕上昏昏睡去，醒来已十二点钟了！雨尚淅沥未霁，腹中已觉空虚，乃唤店役到街上买鸡子二十枚，煮而食之。顷间，同店韩君由某某机关回来，闲聊数小时。韩君，湖南人，北平某国立大学毕业生也，因失业，投效"蒙古国"，来兹已数月，尚未获枝栖，由某戚介绍，在某某机关当私人教授。因彼来斯较久，一切情形较熟，谈后觉国事堪悲，个人失路，慨叹久之。

在张北因各方友好婉〔挽〕留，住的日子较长，这也是我的初志，打算在这里多住几天，亦可增加游兴，饱余征怀，所以除每日二顿饭必须消去两点钟时间，其余的时间，都消磨在街巷里与到伪内蒙古××××部里闲谈。因为有这样好的机会，一切有关系的人也都熟了，顺便可以谈谈往事，述说各人的心怀。伪内蒙古军共两军，第一军长李守信，兼伪蒙古国军政部长，“蒙古国”政府所在地德化市市长，第一师师长是刘润斋，第二师师长尹宝山，第三师长王振华，刘、尹、王皆李守信之旧人，所以所属各级官佐皆李守信之旧部，蒙汉相杂。第二军是宝紫辰，是新由热河各蒙旗征调来德化者，其第一师师长是宝紫辰自兼，第二师师长是热河哈拉泌旗活佛，第三师是李明远，这一军人完全是蒙古，现正由某方派来军官加紧训练。此两军共有兵士一万名。其余尚有“边防自治防共军”一军，由石友三旧部王道一（前因犯绥失利，被枪毙）带领，边防自治军一军，由绥远人于某带领。“边防自治防共军”现有千余。

前些日子，那些犯绥的军队，有不少的是服装破烂，枪枝仅有十分之一，现已开往平地泉，作攻绥远之导火线，该军由三二×人指导，沿途绑抢，乡民受害，状不认〔忍〕睹。边防自治军现正招募，军部办公处设在张北，人数多少，无从统计。因为于某是绥远人，其用意不问，亦自可知矣。

因昨日跑路过多，所以早晨起来很晚，八时齐君佑卿来，约我同王君同到南街中兴山西饭馆吃饭，归途王君他去，独自回店，适刘君来晤，对卧炕上，闲谈半日，又同出游公园，在新建亭中，回忆往事，不禁明日黄花之感！归店已下午四时，刘君少坐即辞去，遂又一个人到街上吃饭，回来已经黄昏灯上。这天王君颇颓丧，虽加劝慰，终不能解其愁。王君为人忠直，富于勇敢，惟以家累，投效伪方，但以良心歉责，不尽其忧，噫！！可见所谓汉奸也者，全是在国内无有吃饭余地而尽屈子满腹牢骚人也。

旅途久滞，除吃饭睡觉外，别无他事，尤其在吾沦为夷手之曾游旧地，不仅不能享受前度刘郎今又来之慰快，且处处小心，免受凌辱。所以照旧的一天二顿同几个朋友到饭馆来吃饭，餐后即回店闲谈睡觉。正在我好梦方酣之中，王君急急来，谓同某君去德化，你可再少等一二日，至此吾始恍然大悟，社会间多是如此耳，闷甚，遂趋贾君寓，少谈又到齐君寓，齐君乃大谈其宦途经验，并详述其主〔从〕大庾县到大庾岭赏梅之逸事，二时进饭馆吃饭，二人饮酒四两。饭后我又到伪蒙古第×军军部×处长处，正谈叙间，王君来，王君者，乃数年前曾在某处晤面之上尉参谋也，但现在气度大变，有往昔东北武官丰度，因不能入谈。

此最近数日，每餐必约齐君，喝酒谈诗，倒也是旅途韵事。每回店即觉无聊，又不能立去德化，乃想到刘君处一访，因其兄现任参谋长，借畅旅怀。甫叩门，差人出，我当即说明来访三大人之意，少顷，三大人出，说家里有客，你可以回店等我，就去。噫！人情何如此其薄也。三大人者，即从前之学友也，因而愤懑万分，回店想睡觉，俄而刘君来，心中虽愤懑，亦不能不应付。正在无聊间，军部某处长差人送信至，语某某汽车回德化，叫快去，乃收拾赴车站，少顷，车装完军用品驶去。出张北县刚刚才十几里路即下雨，越下越大，在汽车内遥望野外，如入雾中，满山白色，不能窥睹。汽车在此暴风雨中行，颠波〔簸〕万分，在途中曾数度陷入泥沟内，实在是不能前进，始避雨于白店子城里，城甚阔大而无人烟，行伴皆苦惧，恐此夜要绝粮此地。所幸雨少止，又开车前进，虽大雨淋漓，终达到临时的目的地——公会——此距张北五十里，市较繁华，城内有天主教公会一所，状甚巍严，公会名即此。同行有××指挥官三，在中途下车二，仅一人随到公会，在第二军办公处卸货毕，即到第一连连部休息。该连之连长，即同行宝团长少爷，颇蒙招待，少息即到饭馆吃饭，铺内食客颇多，皆蒙古兵官，一面大嚼，一面歌蒙古曲，大有身入成吉思汉〔汗〕之军帐也。饭毕，回连部，同伴皆吸鸦片烟，我独自一人在温暖的炕上打战，浑身发烧，恐生病，乃开箱将所携单衣尽数穿上，出点汗，始觉清快些，嗣同行过完烟瘾，某副官携妓去，我乃下地就办公桌写此一日暴风雨之日记，随睡。

次晨由公会至德化——别家五六年，总未睡塞外火炕，从张北到公会，沿途暴雨如注，衣服尽湿，得睡此火炕，颇舒服，所以一睡到天明。在昨晚间，尚有可记的事，即电筒问题是也，此虽不足道事，亦可想见该地荆棘之一斑。当我离家之前日，在鹤轩处拿已破永备牌手电筒一枝，费洋七角，整旧如新，概因除电泡外，别的东西都未破，所以与新的无异。此电筒我亟〔极〕爱惜，手不忍释，在公会晚间，因路途泥泞，取出备用，后又因某副官宿娼拿去，须臾由差人携回，与另一破烂者置案上。这时某连长看见，告诉当差人说，外面那新电筒是从教官处借来的，不要弄错了，此时我虽知其意，但不好意思辩白，仅言那枝新的是我带来的，语尚未了，其连长厉声曰："去！那枝新电筒是我从教官处借来的。"并解释似的说："教官处那些副官真好，昨天在那里，喝了十几瓶酒，我与某教官共搂一个人——妓女，亦许良家妇女——后来我看看，哪能对得起教官，起来就走了，所以把教官的手电筒教我拿来。这枝电筒，是他新从东京买来，价值五六元，恐中国没有。"又接着说下去："去！拿着给教官送去。他晚上再用呢?"这时差兵就往桌子这边走，我也忍不住了，我遂伸手把电筒拿过来，又向某连长说："连长：您记错了，这枝永备牌电筒是我带来的，电石也是永备牌，能用二十四小时。"说着我就把电石取出，叫他看，这样才把他的嘴堵住，一个小小的破财也幸运的免过。嗣后我揣度他这样作的意思是，想拿我这枝电筒向教官送礼的，咳！我在他们这里是有朋友、有面子的，老百姓还不知如何呢?！起后即洗刷，用饭，十一点半车即开行，满车拥集，妓女居其半，各副官拥一，嬉笑为衮，遂〔随〕风飘扬。道路泥泞，车亟〔极〕颠波〔簸〕，行距公会六十里，车即陷泥中，嗣后数度陷人，二时至四台材，赶来许多农人拉车，费两点多钟的工夫，各农人俱成泥人。三时到察汉〔汗〕图赤，此地住兵二千人，属第二军，车中物品虽卸下，但添人，又共坐三十余人，有教官五六人。车过察汗图赤，遇一兵士，因公来向长官报告，被责打，由此即见新成立内蒙古军之严肃矣！四时抵德化，各同伴均下车，仅我与三四教官抵军部。下车后，教官入内，差人令我在外等等，声甚严厉，状甚敖〔傲〕漫，此一生未遇不幸之夜，即开始矣！

三　嘉卜寺之夜

矮矮的三间西向的平屋，太阳从破碎的窗孔中射旋〔进〕几枝强度的阳光，低黑的屋内，破烂顶棚与红白的阳光，分析的非常清楚，这虽然是被军部挤至厨房内的福星铭三间楼房，但是噪杂而语调不同、衣履不同、说话之材料不同的情意满屋内，时计随暄，极度进行，光明的屋内，渐渐被黑暗吞食，我仍归依在黑的靠枕上，等里院召见的消息，烟灰在身旁被〔的〕报纸上堆集一大片了，前门牌的烟尾，满堂屋地，消息仍然是寂沉，军部宿舍的门虽然是关开声音传到我的耳朵里几次，但留声机的唱片声又重起了！事情是那样，有悲哀，对方就有快乐，我在屋内如蚂蚁旅行铁锅里般的不安，同屋里军长食客的卑笑眼光又射到我身上。

“先生你贵姓？也是来找军长的吗？”

“啊！好……说……，我姓胡。”

“请问你晓得军长这时候在家吗?”

“大概是睡觉了吗〔吧〕!”

我谦恭许多时候得到这样一个回答,正如俗人所说如凉水浇顶一般,心中越现得不安,从炕沿上跳在地下,又从红漆方形凳子上把腿屈回,仍归〔旧〕不知所以然的回想,莫不是军长还有客?可是刚才听到有许多的皮马靴声音,也听到他们欣杂说许多“再见”与“撤么那拉”客气话,恐怕此时已经是没有客了!过时一定是要召见,正在这回想的期间,而幽浪的“奉天乐子”留声机声音,又传到耳里。

在柜房里宿的几位军长的客人,很自得的现出卑视眼光,已把西装领结卸下了,又把那极不合体的西装叠了又叠,对着柜房先生说:“妈拉把子的!这种玩艺真贵,在奉天做,化三十多元。”说完之后,又现出他是随上潮流的人物,移时这几名贵客已经嘴里含着“哽!哽!”的微声而很舒服的假〔就〕寝了!柜房里的先生,通时呈现着极困窘的颜色,典型的山西买卖人,带烟灰的脸上,皱纹一丛一丛的紧皱着,把归结完了的账簿往方桌右角一推,长杆烟袋从嘴里拉出,拿着十足山西腔调,进攻似的说:“先生,你今晚打算到哪里住呢?军部恐怕睡觉了吧!依我看,你叫叫门去,让军长当差的给你回禀一声,我们也要休息啦。”这种霹雳的驱逐,使我们越发的没有主张,还是到军部叩门呢,还是向柜房先生要求借宿呢?长条炕上倒有点空位,不然的话,也能住下一两个人,但是我不敢遽然的说,只好十分客气的央求:“先生,请方便些,不凑巧,若军长有客人,也不致打扰。”

《人人周报》

北平人人周报社

1936年1卷11、13、14期

(李红权 整理)

从大同到绥远

小方　撰

塞北风光，高朗伟大

六月十六日晨，离大同向正北行，一路沿御河上游而进。铁路线出入于崇山深壑间，这一带风景宜人，依我看来，也许是平绥路上最美丽的一段。它充满了塞北的风光：高朗而伟大。你若是在这样的环境里住上两三天，大概就不会再看得起那山清水秀的南国了。确乎是这样，时到如今，我们的民族，再也不需要那温柔幽雅的陶醉，而该有魁伟豪迈的姿态了！江南的朋友们，你们都到这里来吧，不只是这里的风景好，而且是因为这里的疆土需要我们的保卫啊！

离大同六十里，是堡子湾，从堡子湾再过去三十里，即是丰镇县，这三十里路中间，只有一道边墙，是晋、绥交界的标识。不要轻视这一条又薄又矮的土墙；在墙南边种鸦片就要犯法，而在墙北则算"奉官"了！

丰镇是绥东一个大县，从前并没有县城，现在这座土城是前年才建起的。最近县政府又命令由商民出钱，募用民工绕着城墙挖一道壕沟。有人说，这是战时防御的建筑，但未曾明言是和谁作战。我想这不是为抗敌，而是为敌人所谓"防共"吧！

“清水烟膏，货真价实”

丰镇，给了我一个非常特异的印象，就是街头上已出现了专以零卖鸦片为业的烟膏店，并且这类铺子很多。每家门口都悬了一个淋烟水的竹子网，网上贴着红纸，纸上写着“清水烟膏”四个字；有的更在玻璃窗上贴着“货真价实”等等的字样。这些铺子都预备好了烟灯，兼营烟馆的生意。在绥远境内，烟灯是要上捐的，捐款的多少，贫富不等，每月交纳约一元至五元之谱。普通的劳苦人家，往往是上不起灯捐的“无产阶级”，烟馆的产生，就可补救这种缺陷，并可借此普及大众，而收大量的产销之效！

丰镇车站位于南门外，一条依着山谷的小河在东门外，沿着这一条水的流域，土地也就特别肥沃，当然应该种植一点“好东西”了。然而这些良田里却尽是鸦片烟苗。烟苗在丰镇现在才长出一寸多高，听说在省垣以西的，已快要开花了，因为这里的气候比那方面寒冷。俗语说：“冷丰镇，热包头，不冷不热绥远城。”农民们见着我这陌生人，很觉奇怪。我也就借着这个机会来和他们交谈。

“这是什么呀！”我指着地里的烟苗故意问他们。

“大烟！”农民直爽的立即回答。

“大烟都卖给谁呢？”

“烟贩子。”

“官家买你们的烟不买？”我还以为这烟土得卖给官方呢！

“官家？他可不要这个！”

“要钱就得啦！”农民接着又加上了一句。这才点破了一个政治学上的真理。不错，生为中国人，谁又忍心鼓励同胞去种植毒品来害自己呢？我假想我们的政治当局绝没有这种意思，不过只是为了“要钱就得啦”!

“要钱就得啦”

只就绥远的“烟亩罚款”来说,上年度的收入约七十三万元,至于其他许多大大小小有关鸦片的收入,至少三倍于此数之上。若加在一起,这当是一个多么可观的数目啊!关于烟亩收入的标准,普通一亩地约须缴纳十元至十六元之谱;也有按其土地的肥瘠程度为准的。此外,为了保障农民种植的勇气起见,还可有特别的伸缩性。举个例吧,如果因为雨水不佳而歉收的时候,其所应缴各款,可按比例减少;若收成特别丰富时,亦须按照比例增加。这倒是个公平的办法!

因为有这种比例纳税制,所以专管烟亩丈量的差使,就可算是一个“好缺”。因为某家的烟地究竟歉收抑或丰收,全凭着这被派来的丈量官之一“报”了。这里面不是可做“文章”了吗?

种烟既有这许多利益与方便,无怪农民们就都把好地种了鸦片。一亩地收成好的时候,可得烟浆一百五十两,晒干后,可收五十两的干土。市价每两一元左右,无论种什么粮食,也不能有这样多的收入。况且鸦片烟地,由种至割只须一百天的时期,对于资金的活动也比较灵易。

绥远近年来还算注意建设,各县的财政预算下,都有一笔独立的建设专款,尤其使我们欣慰的,即特别注重于乡村的建设。这比起察哈尔的修庙、建公园、开大饭店之举,总算有着本质上的差别。省府派往各县的乡村建设指导员,也都肯努力负责。听说丰镇县最近正打算由建设专款下支出五百元,在各村镇设立民众识字班及阅报处等。

到集宁县

十七日晨离丰镇。塞北的劲风，吹得人难以行路。虽然已是夏季气候，但单衣服的抵御力实在有点勉强。上行三十里至新安庄，接着又搭上由大同开来的火车，到了集宁县。在徒步的旅途中，看到这北方特别的载重大车，用牛拉着，每秒钟只能在山沟里走上半步，我不时替它们使劲，替它们着急。

集宁县西南二十里路，有个地方叫平地泉。当年平绥路建筑的时候，本预备通过平地泉的，但那里是一个宗教区，恐怕铁路通后，对于这地方的圣洁与风水有了妨害，于是才不得已改道集宁县。但铁路建筑计划上平地泉车站的名称，并未变更。相沿至今，路局才正式将站名改为集宁县，现在正由工匠重刻车站上的字匾，但在集宁县三字之下，仍注以“平地泉”三个小字。

集宁县在已往并不怎样热闹，不过最近一二年来，市面已有迅速的发展。只就房子来说，这一年中，新建起的有一千多间，原因是这里的农产物，受到外国工业家的收买，于是农产物市场立刻飞快的发达起来，专营买卖农产物的大粮栈，就有六十多家。这类商业，大都有一所广大的庭院，大门前悬着一块细长的匾额，标明“某某粟店”。外来的客商都先到这里的运输公司接洽，由运输公司再转代介绍粟店办货。这种运输公司，从前只有三个，现在则增至八家之多。其中有一家“万国公司”，系日商所经营的，但是买卖很少，因为各粟店都不愿意与他往来。万国公司的主顾要买货，粟店总是借口“现在缺货”以抵制。商人也不是没有爱国心的。

绥远省产胡麻最盛，胡麻主要的功用是榨油，西北民间食料，以胡麻及油麦、土豆为大宗。一位运输公司的朋友语记者，只集宁一处输往天津转运国外去的胡麻，上年度就有一千余吨，下年或当更盛。据说胡麻油对于工业上的用途，也是很大的。至于其他各种杂粮出口，为数亦颇可观。

记者不嫌重复的再提一件事，即这里的“清水膏店”至少是可以与油盐店的数目相等，只有多，不会少的。

妇女卖淫遍及村镇

平绥沿线的旅行，已经过了二十五天，在各地方所遇到的一件最刺激人的事，即是妇女卖淫的普遍！只要是一个有人烟的地方，不管那是大镇小村，更无分商埠或贫民窟，都可以找到这种妇女。想来全世界上的“文明国家”里，也都是这样的。这种淫恶堕落的社会制度，永远是把贫苦妇女锁在一个性的牺牲之下。卖淫制度，也正是现社会的主要特征之一，绝非只是狭义的都市的罪恶而已！

平绥路从集宁即折向西进，因为前年曾经过一次水灾，冲毁了路基，在去年即将路线往山里改建了一段，现在还继续进行着改道工程。

一堆一块的牧群，点缀着青山绿水，牧童的生活虽然是苦，但很消〔逍〕遥自由。从天明就出来，也许这一次的放牧远到三四十里，带着干粮，中午即在外面“野餐”，口渴的时候，就燃些牛粪，煮水畅饮。夕阳西下时，带着牛回家，结束了他们辛勤的一天工作。当记者驱向牧群去照相时，他们都很快乐，总叫我替他自己与牲畜合拍一影。对于照相的观念，绥远农民总比河北省的来得开通；不信的话，你要是在河北省的乡间，去冒失的摄取农民生活，他一定会骂跑你，并且怪你会把他的“运气”照去呢！

卓资山上的枪声

为了今晚上须赶到卓资山，所以在中途搭上了火车。到卓资山，已经下午四点了。

这是一个小小的山镇，东半属集宁管，西半部属凉城县，这倒也是件有趣的事。当记者在街头上闲溜时，忽闻几声枪响，照着声源去找，在一个县立小学中遇到这位发枪的军官。军官姓郭，名跻堂，系本地驻防军连长，从集宁到绥远省垣中间这二百七十五里的长途，只有他这一连军队驻防。绥远地界现在还算安靖。民国二十二年的全省清乡，凡曾为匪的贫民，即使本人逃走了，还得逮捕其家族处刑。这样严厉的情形，想来真是可怕的。

郭连长拿着枪在演说，他周围圈着一群老少的农民，在倾听着使用枪法的知识。后来记者同郭君接谈，并赴其营盘参观。营盘外面建了一所营盘公园，都是他们弟兄们亲手造成的，现在快告完工。园子布置得非常幽雅，有泉，有亭，有山石，有小溪，并且民众可以随便游览，军民相处颇为融洽。连长虽是位武官，但他也长于文墨，园中所有各处题字，均出其手笔。大多数的军队，驻在一个小乡镇里，向来是占用民房的，就以集宁县的驻军而言，他们都是散漫的驻在各粟店中，这样对于百姓自然是不很方便，即对于军队管理上，也非常不合宜。

卓资山的这所营盘，是郭连长带领着弟兄们所兴建的。以一个生活极不稳定的军队，居然走到一个地方，还能想到建设营房，也实在难得了。最后，又到他的连长室休息，见他的书籍杂志很多，我们谈了些政治问题。记者问他："假使对外发生了战争，你取什么态度？"这位文雅而雄壮的军官毅然回答："往南没有路，西去走不通，当军人的有什么？只有一条命！"不错，当军人的只有一条命，不要小看这条命，它确是我们全民族的护卫！

记者还感谢郭君请我吃的晚餐，黑馒头、盐菜，和一碗面汤，弟兄们终年累月的吃食也就是这些。次日清晨，望见他们一群群的练习爬山和冲锋，使记者对于绥远的军队获得一个实际的印象。

一个大炕，四盏烟灯

在卓资山的小店里，也是记者此次旅行中最有趣的一段。这里不妨将经过详细地述来，给读者一个关于绥远下层民众的生活之剪影。

这店里并没有单间房，只有一间唯一的大炕，进了房门仅有一小方的地盘，占全屋六分之一的面积，其余均属大炕的领域。在这小小地盘内，还包括了两座风灶，旁边堆积着马粪，那是风灶的燃料。

我们一炕上有十八个人，烟灯倒有四盏。除去几位不抽烟的外，都三两成群地围着这“星星之火”在大过其瘾。记者问他们：“你们都是干什么的？”

“咳！我们都是受苦的。”原来这地方把卖力气为生的人都名为“受苦的”。确乎，世界上有两种人，一种是享福的，一种是受苦的。

“你们都受什么苦啊？”记者问。

“我是给烟地里挑水的。”为了面子关系，今年沿铁路前地方不准种烟，所以烟地都在铁路线三四里之外。烟地需要丰足的水量，但天旱不雨，更因为它的收成宝贵，所以不惜重资来雇人从卓资山往地里挑水灌溉。他们这些“受苦者”之中，还有几位是从别处徒步往绥远城去的过路者，有几位是作泥水匠的，总之，都是离开了家乡的流浪农民。

“你们一天挣多少钱？”

“一毛多钱！”他们这一毛多钱，只是工资，由雇主管饭。

“一天抽多少大烟？”

“一毛来钱！”他们所有的收入，除去几个铜子的店钱之外，就全部消耗在鸦片上。鸦片公开，本来是寓禁于征的意思，然而这东西比不了别的消耗品，因为它有特殊的诱惑性，寓禁于征的策略，非但不能生效，反足以纵其堕落。可惜我们的统治者正依着这个来维持其军政的开支。假设有这一天，我们全国的瘾士都举行了“罢抽”，大概这也是一种有力量的反抗与示威吧！记者希望我们不要忽略了民众的戒烟运动，这也是民族解放运动中一个不可轻视的工作。因为这毒害已深入我们广大的西北劳苦大众之中。

同店的一位客人，他是从乡里到卓资山来卖闺女的，据说快成交了，大约七十块钱。这孩子才十四岁，晋、绥一带女人比男人值钱，这也是一件特别的风俗。

他们问记者是干什么的，记者答以是照相的。又问多少钱照一张，记者答说不要钱。他们很高兴，于是就借着黑暗的油灯，替他们拍了两张“吸烟图”。过后，我们就越发亲热而畅谈起来了。

铁路招工，无人应募

次日，一觉醒来，已经是“满屋烟火”了。风灶烧出的马粪浓烟与鸦片的云雾混合着，想想吧，“其味”真是“无穷”的。这时，从外面来了一个人，到这里来招工，说是在铁路上干苦力，每天一毛五，干一天，算一天。有两个人就彼此商量着想要去干。在他们沉默的片刻，又另一个声音从大炕的另一角落发出：“干完了，不给钱，你跑啦，我们可找谁去！吓，这个事情我可遇见多啦!”接着就有别的声音响应，这位抱着满腹希望来找人的工头，还剖白了一场，结果仍是无用，就怒冲冲地走了。过后才知道铁路上的临时苦工，都是由包工头自己去招募，工头只对铁路方面负工作成绩上的责任。工资交给包工头，至于下层工人的保障问题，路上完全不管，工头亦无保结，工程交上之后，他可以随便拿了工款逃跑，工人虽然是给铁路上工作，然而与铁路并不发生关系。这种制度据说对于铁路方面很方便，又颇经济；但是，做工的人却是苦了。

十九日十九时二十分，到达了绥远车站。

绥远有两个城垣，一为新城，一为旧城。新城城垣完整，在车站附近，为清康熙西征时所建，当年本为驻军之地。旧城距车站五里，即归化城，城垣已毁。前者为现在绥远省会，系政治中心；后者乃商业中心，繁华热闹。

绥远与山西有着密切的关系，在人情风俗上以至经济、政治上，绥远无异于一个山西的殖民地，军政当局自然不用说都是山西人。就以归化城一条最繁盛的大街而言，所有两旁的商店，除了山西人开的以外，就都是河北人办的，本地人简直一个也找不出来。不知为什么，绥远人好像是弱小民族的典型代表!

忘记了野心的邻人

赤色的势力，由山西移转到绥远边界，于是我们在绥远处处可以感到紧张的“防共”氛围。全省的中等学校学生，现在都集中到省垣，举行“暑期防共军事训练”；人民也都要轮流受三个月的强制军训。省府里，每天忙着各王公的“防共”会议；而黄河又宣布“清河”，停止商船的交通。民众们似乎被这些“防共”的空气所昏迷，而忘却了这日迫一日的野心邻人之侵略，视线全被转移过来了！车站西北有一座抗日烈士墓，现在已将“抗日”二字挖去。九一八纪念堂亦已取消，所幸国旗还照常的飘扬，也许头脑简单的新闻记者会将这消息报告给内地大众：“国旗尚在，绥远无恙!”呜呼，这可并不能埋藏了绥远在边境上的潜伏的危机呢！

“特货”的繁荣

绥远是一个商运汇集之地，近年来因为百业凋零，这西北大埠也呈显着非常的冷落，如今只还剩下鸦片一项尚能勉强维持着昔日的繁荣，并且它也成了省库收入的主要来源。不只是本省有大量的烟产，即甘宁一带的“特货”也都要经此转口。“净水清膏”的零卖商，其数姑且不论，即专门经营烟业的大土店，就有十五家。货物一来就是百八十驼，每驼为一石，每石三百二十斤，合成五千一百二十两，这样一批一批的源源而来，是多么惊人啊！“货庄”的买卖，在绥远是处在商业领袖的地位，这里的商会会长，就是某家“货庄”的经理呢。

这样大量的毒品，据说有半数都销在张家口，其他半数才“行销全国”。张家口那里，有某国方面在大宗的收买，谣传全世界最大的“白面”制造机关，就在张家口附近的察北六县之内，因其地处适中，西有甘、凉、宁、绥四大原料产地的供给，东有热河烟区之垦殖。“白面”的原料本系鸦片，就以这事来说，我们中国还摆脱不开殖民地经济之本色，把原料供给人家，制出了成品——“白面”，再来销售！

所谓甘、凉、宁、绥者，即甘肃、凉州、宁夏、绥远四地，为西北著名之产土区。分别货的优劣，即以各地所产的为标准。绥远现在的市价，计每两甘土八毛，凉土九毛五，宁土一元一，绥土最好，为一元三毛上下。不久，就快到了烟忙时节，因此绥远也就又快到临一年一度的丰收期了，官商人等将要大庆升平！此外，烟土的运输，需要军队之押送保镖，当然是理所必然的，我们人民拿出来的军饷，原为保卫疆土，哪知他们还“兼营副业”呢！

“走大路”与“走小路”

烟土的运输有两种方法，内行话名为“走大路”与“走小路”。“走大路”即火车装运，把各省市的“联合统税”（并没有这个税名，记者姑以其性质妄自定之）缴纳完毕，即可联运无阻。以运往平津一带计算，平均每一两的税运总花费为六毛左右。至于“走小路”，即所谓私运，全以载重大车起旱运输，然而虽说是私运，实际上也等于奉官。这种运法比较费事，经过一个县城，都要留下点“买路钱”。但总计起来的花消，比较“走大路”要省一点，只要四毛左右即可。记者眼见着一箱一箱的烟土，由绥远省稽查处的门口装车，一字长蛇阵就是七八辆，据说这是往山西运的，箱上贴着“稽查处”、“绥靖公署”及“绥远垦业商行”三种封条。“垦业”两字实在有些刺目，这是一个多么美丽的名词，竟被这样的糟蹋了！

绥远有四个名召（蒙人称庙曰召），即舍利图召（译音）、大召（汉名无量寺）、小召（汉名崇福寺）及五塔召。各召现都在重修油饰中，中央政府现在极力拉拢蒙古人，除了修庙之外，又拨巨款放赈，意思无非是希望他们不要受人利用。但是这种工作，我们觉得“不是法子”。记得当年蒙古民众还未引起我们重视的时候，这里的垦务局，曾以半强迫的方式，将蒙人的土地弄到手，声言给他们地价，作为国家垦荒之用；但是如今积欠蒙民的地价总数，已经超过若干万，直等于硬给没收，蒙民怎不怨声载道，被人利用呢！

绥远，的确有许多的严重问题，值得国人的特别注意！

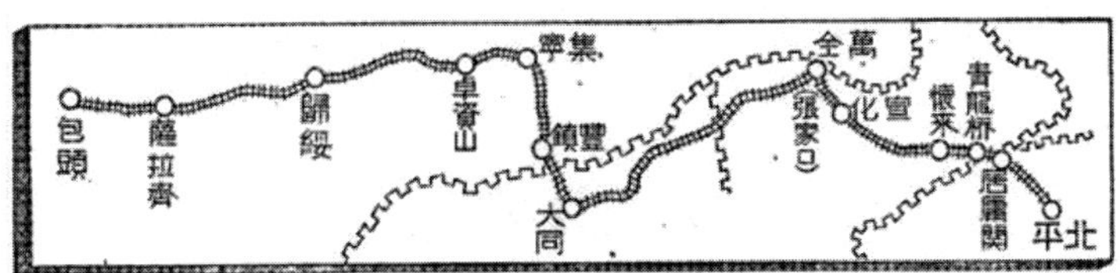

《生活星期刊》
上海生活书店
1936 年 1 卷 13 期
（李红权　整理）

绥东视察记

——绥远通信

戈我　撰

集宁（即平地泉）本属察哈尔省，十八年一月，与丰镇、凉城、兴和、陶林等县一并划归绥远，合谓绥东五县。县的位置在省治东部，蒙古高原灰腾梁的南麓。县城旧名老鸦嘴，居平绥路平地泉东站左侧，距省会约二百八十余里；东至喇嘛扎督山，与兴和县接界；西至东卓资山，与凉城县的西卓资山分界；南至三号村，与丰镇接界；北以小卓资山，与察哈尔的商都县分界。全县面积约二万七千二百方里（东西宽约二百一十里，南北长约一百八十里），全县人口统计二万八千余户，八万六千余口，平均每方里占人口四名。

提起了平地泉，大家总该记得去冬一度失守的谣传吧；这谣传的由来，是因为察北的商都被伪军李守信部占据了，伪军借口绥东五县本为察属，应该让与察省。伪军这样无厌的贪欲，终于惹起晋绥当局准备抵抗的决心，绥省主席傅作义氏为保全领土计，立刻调劲旅六团，开赴绥东前方布防；同时严令各县，限期修筑碉堡，并训练民团。伪方鉴于绥东戒备甚严，为缓和局势计，也就按兵不动，以待时机，去冬平地泉被伪军占领的谣传，就是因此而来的。

平地泉鸟瞰

伪军所以急图绥东的原因，依笔者实地考察所得，约有下列各点：（一）平地泉为平绥路中心，晋绥咽喉，据此可以断平绥路的连系，给予归绥的商业经济以莫大打击。同时足以使晋、绥两省军事上的联络中断，绥军即由西蒙伊克昭盟退晋，亦将因伪军之进占杀虎口而不可能。（二）平地泉为粮食集中的商埠，每年由附近乡村运往的食粮，不下七十万石，其他如牛马大车的供给，农村壮丁抽调，在在足以便利军事。而常年各粮栈（统计大小粮店约四十余家）积蓄，亦可供万人的给养。（三）交通便利，平地泉交通，除平绥铁路贯通东西以外，北至商都有汽车路，现已通车，西北至陶林有大车路，稍加修筑，即可通行汽车。其间小径僻道，脉脉相接，只要熟识路径，便能驰骋无阻。昔年赵有禄、杨猴小等著匪，所以猖狂一时，糜烂察、绥者即是得其地利。伪军既有图占绥东的野心，那么目前平地泉的现状及今后的形势，自有注意的必要。

就平地泉驻军而言，实力本有六团以上，本年三月间，晋西“剿共”吃紧，曾调李服膺部的一旅赴援，现在只驻有步兵一旅，骑兵一团，以之维持治安，足称有余；以之抵抗外侮，则殊不敷。迩来绥省当局为谋绥东防务巩固起见，迭令绥东各县，加紧训练民众，组织自卫队，各县县长接到这个命令之后，即亲自下乡，劝导民众加入团防，三个月以来，成绩尚有可观。现在集宁一县，已有民众武力五千余人，陶林有三千余人（现正赶办第三期），其他各县亦在办理中。其训练方法，大致以闾为单位，每闾抽调壮丁一人至五人不等，训练期间，规定一月，训练期内，给养由被抽农户自备，贫寒者由该闾各户共同负担。老弱、残废、长工、行商或该户专赖此一壮丁生活者，暂时免予抽调。初步施以教练及射击等。各县民众经劝导后都能从命，这点尚可乐观，惟民众缺乏国家观念，却是最堪忧虑。盖绥东各县文化素称落后，民众十九不识字，笔者抵绥后，曾询及该地农民关于伪军侵略绥东的感想，大都答称："谁来做官给谁拿粮！"证诸绥远民间歌谣"不怕贼偷土匪闹，只怕衙门兵役上门要"的话，真使人不寒而栗！如果政府当局不急切整饬吏治，实事求是，挽救民心的话，那么自卫的训练，恐怕会有事与愿违的结果。要做到民众竭诚护拥政府，自动武装御侮，第一必须减轻民众的负担，切戒驻军就地征取粮草，不要让老百姓们时刻感到"年收三十石，养不活两口子的肚皮"的痛苦。第二必须揭穿敌人的阴谋，将敌方毒害地方的情形，明白指示给当地民众。

绥东自卫队训练情形

至于商都的情形，那是十分可惨的。盖商都自被伪军占了以后，伪军在那里第一着是搜刮捐税；第二着是开赌场，设局抽捐，拿纸牌换洋钱，先扣下赌捐，再让你上场。妇女儿童参加赌博，另外给予三分之一的奖金（即输出三元，只收二元，赢入二元可收三元）；第三着是设妓院，赌与嫖是有连系性的，将赌赢的人们引诱到妓院里去消费，将赌输了的人们的产业拍卖了，并且还准许将妻女抵押赌本，使有正业有志气的人们，堕落做没有廉耻的无赖，任伪方自由支配驱使；第四着是放货（这货仅指毒品而言），失业的民众，或是由嫖赌而破产者，均可接受土药局的毒货代销，而且不要现金批发，也不要铺保，佣金却在三成以上，越能多销，利益也愈优厚。于是一般无知老百姓，不管好歹，不知后果，一个个跳到火坑里去了。这样便造成了商都的毒化世界。

故伪方的毒化政策，是非常可怕的。希望绥省当局，能够将这种情形招〔昭〕示民众，共同起来防卫伪军的毒辣政策，毋使平地泉为商都之续，否则，绥省前途，恐将不堪设想了呢！

《申报周刊》
上海申报馆
1936 年 1 卷 17 期
（李红菊　整理）

绥远前线归来

若兰　撰

这次我们到归绥、平地泉两地去看看，自十八日至廿一日见到守土的傅主席、赵司令和我国英勇的将士，得到的印象非常良好。现在，把实地情形分述于下。

民众的情绪

中国民众对于战争惨祸，是怕透了的，然而这次到了归绥、平地泉所看到的与以往的情形大大不同。民众对于士兵有着非常热诚，当军队中发下面粉请民众帮助作军食的时候，民众非常高兴效劳。有一位老百姓在作饼的时候说："多加些火，给弟兄们作熟熟的饼，打起来可以有劲。"这种话的意味是多么深长！在以前内战的时候，后方民众能跑的全跑了，然而这次归绥、平地泉的人民如平常非战争时期一样，镇静安定，市面上一切如旧。同他们谈起来，全是说："打吧，可不能再受了。"尤其难得是当地——平地泉的学生们，受了战争的刺激，成立了学生救国会。记者曾参加他们第一次全体大会，他们当日正是在绝食一天，并且要停炉火一星期，以助军饷。民众们也组织了各界联合救国会，每个地方都可看出民众对于守土的抗战是多么热心！多么兴奋！

长官的态度

在前线看到军政长官们很不少，每一个全有同一的态度就是兴奋而沉着。省政府的长官全在努力后方工作，对于各方面全用有正常的非战争时期的方法处理。教育以及其他方面的经费，全是照常分发，没有一点混乱。同时精神方面都很兴奋，最高兴谈论抗战问题。本来绥远省政府因为傅主席的努力，工作人员全是有作为与有血气的人，守时间，尽责任，到了这时候，往日精神更明显的表露出来。到平地泉看到军事长官们谈起战事，那种自信心，有计划的作战能力，由话中全可以领略到。同时他们自己知道爱护军士，身先士卒的领导着作战，傅主席咬牙切齿的说："我们与敌人的抗战在四五年以后才是决战时期，我们一直到弹竭粮尽的时候还不罢手！"我们觉绥远的土地是再不会变色的了。我们要与傅主席共赴国难，一直到死。

士兵的英勇

这次士兵的态度也与以前不同。在红格尔图地方，我们以三百兵士战三千兵士而得胜。初听时使人不信，然能知道实情的就以为并不奇怪了。绥远有常备军的训练，是由民间招来的。招来后有六个月训练，注重军事与政治。训练后对于军事上已有相当作战能力，对于政治上又有相当国家观念。训练完毕回乡照常务农，同时努力组织本乡民众，以待参加守土战争。这种常备军，生长于本村，所以对于地理非常熟，又因为是为自己的一乡生命财产作战，格外英勇，所以红格尔图一战，只二百余骑兵、一百余常备军，就把三千敌人打退。同时民众们听到自察北逃来的人民说到民众受到外人无理的侮辱压迫，大家全俱有决心。当黄昏时节，骑兵胯〔跨〕上战马，带着长尾皮帽子向战地出发，这是何等英勇的事！战伤的兵士，不肯到后方去休息，要继续作战，零度下十度的高寒的夜晚，傅主席慰问兵士是否寒冷，兵士答以不冷，傅主席说："谁要你骗我，我要听实话。"兵士说："心里热了，周身怎么会冷！"是的，我们全民众的心中全热了，只要是真正抗敌守土的战事，物质上的些须欠缺是感觉不到的！

前方的需要

现在各地在努力捐款，或购买物品送到前方去。然而他们究竟需要些什么呢？询问与调查的结果可以分四点来说。第一是药品，军队中对于伤兵是有军医的，然而落后的医药、设备实在不满意。平地泉的伤兵医院规模很小，大抗战来到的时候完全没有法子应付，并且医术很不精，较重的伤是要送到绥远省城与大同去。这两个地方收容量也不大，药品方面又没有充足的储存。并且伤重时上下火车与火车所占的时间，使重伤的往往因延误而不治。我们到归绥去时，同车有三十七师二百十八旅参谋席卓君，他是给飞机掷弹所伤的，伤势很重，火车上抬运使之非常苦痛。他的年纪不过三十二，其妻与一三岁幼子在平地泉尚不知真象，常向席参谋的友好问及他的近况，所以我们后方的民众，应该努力为伤兵设法。第二是军用车，绥远一省多为平坦的大广原，在作战时期内须要多量的军用汽车，一面可以收调动迅速之效，一面可以使弟兄们节省精力，以全力作战，所以军用车是前方所需要的。第三是防毒防燃烧弹之知识供给。前方在作战能力方面是决不怕敌人的，然而对于毒气与燃烧弹之防止方面，则无良好之应付方法，希望对于科学有研究的国人，读书实验所得，记录清楚，寄与绥省军事当局。第四是防寒用品，兵士在行军期中，最容易破坏的是袜子与手套，平地泉到深冬，温度在零下四十度，没有袜子、手套自然是不能作战的。

上面所写的是见闻的一部，有许多是写不出来的东西。军士们面上坚决的态度，长官们坦直勇敢的情形，给记者一个非常深刻的印象，希望在后方的同胞，也努力作后援的工作。

《星华》（周刊）
上海大晶每周汇刊社
1936 年 1 卷 28 期
（朱宪　整理）

蒙边的一重镇——海拉尔印象记

斯尔　撰

我完全没有想到这样大的一个变迁，这是在四月美好的一天，当我由火车在海拉尔站下来的时候。在月台上日兵和日宪兵耀武扬威地装腔作势，在城市内，每一步都遇到穿制服的军人，这时忽然起了暴风雪，使我进城很困难，我几乎没有被日本巡兵的马压死。一分钟后，又有几队炮队隆隆而响地经过了我的身边。在炮队后面尾随着一轮笨重的救护车——这车是六轮的，是为了容易经过泥泞的道路、沙，和蒙古的荒原而前进。三年来，在有神秘的信号的地方，已满建起了日本兵营，和储藏所。兵营全都用有刺的铁丝保护着。铁丝的圆将城市包围了。

简单地说：海拉尔变成了一个有力的军事根据地了。这里，驻防着一师团多的日军，这些军队是完全摩托化的，用以准备应第一个命令，而开到边境上去。

海拉尔上面，悬着可疑的空气。所有的外人都受这奇疑威胁着。非与日本有关系的外人，都担心着将来，并不敢讲说过去，和批评现在。我是在陵王被捕的几天后到海拉尔的，我看见了蒙古的“衙门”，从前本是海拉尔最热闹的地方，而现在，已是凄凉满目了。在这上面飘扬着蒙古宗教的旗子，可是，在这里我没有见到一个蒙古兵，或是［的］满洲兵！到处都是日兵。在街道的角上，站着穿满洲服装的蒙古警察。其中的一个被日人托着在街上曳走。蒙古人很悲惨地痛哭，并对他的护送者絮语些什么。当时还是没有停止逮捕陵王同党的时候。

我和日本的领事见面了，他是安静的，而且是笑容可掬的人。他用一种骄傲的乐谱般的喉音和我谈话，他告诉我，在海拉尔的日侨，三年前，几乎是一个也没有，而现在已有几千了。

出海拉尔比进海拉尔要困难得多。当我到火车站时，我立刻被日本兵包围了。他们非常细心的搜查，我这是我四年前在辽东旅行第一次遇到，虽然我是常常与日本侦探及警察等有事交涉的。日本宪兵搜查了我的所有的行李、衣袋，甚至于日记。当火车离开海拉尔站时，侍役将窗帘全遮了起来。其中的一个侍役很恭敬地给我解释道："日本人不愿意你看得过多了。"当火车离开海拉尔车站二十五哩后，我们又被允许看看蒙古的平原了。

在长春，我和退伍的日本某将军，现任的蒙古副行政院长(总之，这是管理"满洲国"的一百五十万蒙古人民的最高执权者）谈了话。

将军并没有否认，蒙古人对日本所实行的改革，并不热心。同时，他也不否认，一些满洲的蒙古人的中间，也有着思想的进步，他们对他们的邻人外蒙非常热烈地期望着。

在满洲内蒙和中国内蒙的〈中〉间，没有什么分界的明显的标记。在蒙古没有中国军队驻扎，她的良好的牧畜业完全是没有保护的。可是军事上的意义在和外蒙交界的地方，很明显地可以看得出来。中国内蒙——是一片荒空的地方。日本的势力像洪流般地渐渐地流入了。仅仅在蒙古的西部得存余着中国政府的势力。

看一看地图就可以明白，为什么关东军自认为统治中国内蒙之有双重的使命：保护"满洲国"的边境，和保护中国，以防共产主义势力的伸入。

现在，中国内蒙——是国际争斗的中心。华人和日人在那里演着狡猾的把戏，以作东方外交的灵魂。其目的不外是使执政的蒙王受他们的指挥。同时，蒙古完全被近十年前痉挛的严冬的寒冷所蹂躏了，严冷冻死了许许多多羊，和一些有角的牲畜。近来，蒙古也参与了外交［这］的把戏里去，这是从前没有过的。

所有的日本的在中国内蒙的行动，到处遇到了阻碍，在西部，傅作义将军已起来努力于破坏他们的狡猾的行动，最低限度，是防守日本势力的伸人。傅作义将军是绥远的省政府的主席，他很清楚地知道，假如内蒙西部的蒙王们，将蒙古卖给日人，那更糟了。

日人毫无顾及〔忌〕地在内蒙的土地上任意行动，日本的军用汽车向着没有森林的、居民显少的高原上的各方巡行，向着广大的沙漠（大戈壁）出发，甚至向外蒙侵犯。

许多大的蒙古喇嘛庙，现已变成日军前哨的驻防地了，所以假使日人的势力侵入北部，他们用威胁的、利诱的各种方法打算把经营牧业的中国内蒙的人民拉到他们的统治下来。

内蒙和外蒙之间几乎没有任何的结连。

这里唯一的有来往的小地带为乌带——张家口和库伦公路上边境上的一个小站，这里用骆驼输运由中国运来的茶和丝绸等，而同时在蒙古兵监视下，将自己的货品由骆驼运到车站，用以运往外蒙，但这里没有通过边境的护照是不允许任何人通过边境的。

《星华》（周刊）
上海大晶每周汇刊社
1936年1卷28期
（李红权　整理）

绥远省会归化城速写

绥远通信

樱子 撰

经过了民国十八年水、旱、兵燹，接连着的灾荒之后，随着横梗塞外的大动脉——平绥铁路的整理、进展，欧亚航空机的飞航包头，时局的重心逐渐移于西北，再加以绥省当局数年来的励精图治，归化城——这绥远的省会，是以迅速的步伐迈上近代都市化的阶段了。

然而，随着“九一八”的东北被占，随着冀察政治的“明朗化”，更随着察北六县的失陷，绥东五县——不，整个的绥远，甚至于是整个的西北，要在“友邦”的另一种企图之下，实际上是在独占中国的过程中，陷在一个更大的危机中了！

从苍老的故都，坐上了平绥火车，向西进发，沿途起伏着的是蜿蜒的阴山，火车就在阴山的脚下向西爬去。虽然，中途也有广阔的平原，可是一走进绥远的境界，便见那座作为塞北天然屏障的阴山——被塞外人叫做的大青山，归化城便是在这座嶒嶙的大青山下唯一繁华的大城市了。

火车从横卧在大青山下的铁道上像蛇一样似地爬出来，最先露出脸来的是铁道南“新城”高大的石头城墙，再过去，便到达绥远车站，这里和距离西南的“旧城”、东南的“新城”，恰凑成了一个三角形。

从车站走下去，第一个会使你满意的，是那宽大的马路，两边是不十分高大的杨树。作为天主教势力侵入这个塞外草原中的公医院，便占据在车站到“旧城”、“新城”的焦点中，一片广大的草地上，这告诉了你，天主教的势力是以怎样的方式像水银泻地一般的侵入绥远各县城、各村庄，在宣传着“弗抗恶”。

从新城到旧城，东西距离只有四里的光景，中间也有一条宽大的马路，两边是高大的杨树，在杨树下面一排工厂建筑起来，显示着这沙漠中的大城市，也要渐渐走上工业化的路子。然而不景气的浪潮依然是侵袭着这塞外，作为绥远最大工厂的毛织厂，“买卖”据说便很“那个”的。

新城是省政府所在地，那里除过几个重要的机关和在机关里办事的公务人员家属外，街道是远比不上旧城热闹的，在逐渐兴筑起来的各机关建筑和新式住房中，还残留着不少的破败房屋和不少的被“破落”留下来的满洲人。穷困和几百年的皇家供养，使他们的子孙都成了游手好闲、不事生产、逐渐零落而破灭的式微阶层的人了。

从新城西门走出来，向旧城去，除过一排排正在兴建的工厂外，马路两旁是体育场，体育场南便是每年双十节举行的塞外一大盛会的赛马场和运动场。体育场过去，接连着的是代表塞外文化、政治趋向的绥境蒙政会办公处、省立图书馆。迨至快走进旧城的时候，北面却有一座高大的建筑，那原来是什么××纪念堂，而现在却在“友邦”人士的“亲善”下，改成了公共集会的场所了。

车站北烈士公园中石碑之一

尽管市面上刷新的使人民不留一点

纪念“九一八”的痕迹，也尽管把车站北“抗日阵亡将士公墓”改成名目好听的烈士公园，旧城北门内繁华的大街——大南街——晚上虽然也有着霓虹灯在闪烁，广播收音机哗啦哗啦和着人力车、汽车声奏出了塞外的交响曲，在各个街的尽头有着不少的“大召”、“小召”、“舍利图召”……宏大的建筑，穿着袈裟的喇嘛，点缀着这塞外特有的风光。那随着繁华城市成长起来的小市民过着怎样糜烂的生活！“酒食征逐”、“抽大烟”、“逛破鞋”（注：破鞋者，暗娼也），享受着这破败制度下造成的人肉市场扩大的享乐——表示着在这层人们中的“天下太平”。然而现实的铁锤会将每一个人的幻想打得粉碎。新近发生的“绥东事件”不必说，就在这城市的另一角，红球的白色旗子在随风飘扬，下面是广大的院落，住着不少要和我们讲着“亲善”、“提携”的人，可是葫芦里卖得什么药，也恐怕只有在它西边树林下缓缓流过的小溪知道吧。

“松田公馆”、“××公馆”，一些陌生的牌子，竟会在大街小巷中多起来，占得院落却尽是那么大。在青青天空里盘桓的，耳中所听得是那每日拖着红球尾巴的飞机的嗡嗡声。人们从旧城北门城门楼上的四面钟指出来的时数，也该会想到，有一天这些公馆里的主人和那青青天空上飞舞的红球机在塞外草原中，奏出一阕另一种交响曲的吧？

《申报每周增刊》
上海申报馆
1936 年 1 卷 39 期
（朱宪　整理）

美丽的蒙古女郎

杨令德　撰

从包头渡河，行六十里，到伊克治〔昭〕盟的达拉特旗，便达到蒙古人的区域。这虽然是蒙古人的地方，可是汉化的程度已很深了。这里的蒙古人都会讲国语，住的也都是房屋而不是蒙古“包”，不过生活的方式，蒙古气味仍很重。

我们在这里住了一宿，天傍晚的时候，便出去巡视一周。

几乎是每一个人家都走遍了。进了门你先打个“赛伯纳”（蒙古问安问好的话）的问讯，他们也是“好好”的回答。这些蒙古人听你说了一句半句似通不通的蒙古话，他们便会和你用国语应答，并且很有礼貌〈地〉招待你，请你和他们围着吃茶。他们用的茶壶很别致，是和桶一般的，而茶味却涩得要命。

达拉特旗的蒙古妇女

有的屋里，没有男子在，青年的妇女坐在油灯下做女红，她们也很殷勤的招待你，你要是问长问短，他们操极流利的汉话来答覆。她们是那么天真而诚挚，大方而有趣！

在这样的巡视中，无目的的访问，竟发现了这里蒙古女郎的美丽。

后来才知道伊盟的达拉特旗是有名的出美人的地方，乌盟西公旗石王的夫人，便是达拉特旗人，她因为美丽竟成祸水，几乎把石王的“王位”给断送了。这蒙古美人，终于服毒自杀了，而那次西公旗事变中，她竟成了唯一的牺牲者！

蒙古人的茶壶

我们在达拉特旗发现了几位美丽的蒙古女郎后，同行的画家便向她们写生。蒙古女郎喜欢得什么似的，以为要给她们画像了。经过很长的时间，画作成了，画家自己收起。可是蒙古女郎，却不答应，抢闹了许久，结果由画家允许在归途中再过此地时把所画的送她们，她们才罢休。

这些蒙古女郎，挑水、做饭、牧羊、挤乳，工作很繁重，同时还有为王公服役的义务，倘被王府捉了差，便须在王府服役。王府不下令放还，她们便永远不能离开。这样葬送了的红颜不知有多少！最近达拉特旗的王府曾有逃亡的蒙古女郎。这在从前，是大逆不道的事。按照过去的办法，捕了以后，是可以格杀勿论的。现在，时代变迁，王府也只好装聋作哑，不加追究了。

（写于绥远）

《申报每周增刊》
上海申报馆
1936年1卷45期
（李红权　整理）

绥远劳军一瞥

黄炎培　撰

民国廿五年十一月廿五日上午十一时十五分飞机抵绥远。我们从上海受慰劳使命的凡七人——我以外，王晓籁、林康侯、陆京士、颜福庆、庞京周、罗又玄，还有王守法，是晓籁的公子。当飞下广场的时候，从欢迎群众中间，走出躯干魁梧、容颜红润之军官模样者一人，向我们一个个握手，我从没有和他见面，就为是屡次报纸的绍介，毫不迟疑地断定此人即是傅作义将军。

绥远省会有新旧两城，相去不远。飞机场在新城北门外，傅将军用车迎我们到旧城内招待所。坐定，我们说明来意，是从上海受了市商会、地方协会、红十字会合组的绥远剿匪慰劳救护会的推举，带了一些款项，来慰劳前方为国奋斗的忠勇将士，并祝贺昨日攻下百灵庙的胜利。傅将军肃然起立，用恳切而又沉着的语调答覆道：

"诸位代表！我们军人，受国家豢养，为保卫国土而打仗，虽牺牲生命，也是分内的事。想不到劳动诸位代表'不远万里而来'，给我们精神上的鼓励和物质上的补充，而且物质的数量，又这般丰厚，这是何等可喜可感的事！我就代表我全体将士，全体民众深深道谢。——有一层该慎重声明的，任何方面送来的捐款，我们是一律存储起来，从没有敢动用过分文，必得请示于蒋委员长、阎副委员长，完全听候他们斟酌支配的。"

我们便问昨日攻下百灵庙的经过情形，傅将军答道：

“敌人在长城以北，从察哈尔东边多伦起，经过张北、商都、百灵庙迤西，经过阿拉善而达青海直北之额济纳为止，划成一条联络线。每一交通站，设有特务机关、无线电台、飞机场、防御工程，彼此节节联络，企图截断我对苏联的交通。而百灵庙位置在全线的中部，给我打下以后，东西两方便没法联络起来。这一仗关系很大。廿三夜一时半在大冷天里开始攻打，打到明天上午九时顷，完全占领。到了十时，敌方飞机来了，见百灵庙为我占领，即折回。到了下午四时又来掷下许多炸弹，可是百灵庙已在我掌握中了。这一仗夺获军用品甚多，除枪械外，还有面粉两万余包，储藏着的汽油更是不少。”

我们便问伤兵多少？傅将军答：

“这一仗，兵士们受伤了三百余人。连从前受伤的共五百余人。”

我们立刻声明，请从带来现金十万圆中间划出五千圆，分赠受伤的兵士。

我们就立即写起宣言来。

（上略）我们常念国家是整个的。譬如人身一部分流血受创，全身血轮是要来救护的，国家也是如此。我中华民国受敌人欺侮，一部分国土，已被人侵占，现在还在一步一步扩大。吾中国同胞，再不一致奋起，从万死之中，杀出一条生路，更待何时？这是我中华全国国民公共的责任。绥远诸位将领、长官、全部士兵，单独负此责任，在冰天雪地之中，浴血奋斗，教吾们全国民众何等感激！何等兴奋！所带来的区区款项，仅仅表示我们感激兴奋的情绪万分之一罢了！（中略）同人还有一层感想，人之爱国，谁不如我。诸君为守御国土，不惜捐弃身家，即匪方岂无天良发现之人，想到受人愚弄，害了国家，还害了自己，一念及此，必有人翻然悔悟，自拔来归。同人还望傅主席原谅他们，哀怜他们，给他们一条自新之路，依然为中华民国良民，这也是我们所十分希望的。(下略)

一部分同人到伤兵医院去慰问，归来，傅将军在新绥城省政府招待。席间，傅将军还有一段话：

"这番打仗，受伤的兵士，毫不感觉痛苦，这是什么缘故呢？绥远各校女学生，他们轮流不断地替伤兵看护。兵士们都是庄稼人，苦是吃惯的，当了兵受伤也是常有的，哪里当的起者，这回许多大家闺秀，日夜轮流着，喂药的喂药，送饭的送饭，叫他们内心多么感动！多么兴奋！他们从此觉悟到替国家出力，是这样荣誉的呀。怕他们死也甘心，哪样还感觉痛苦！"

绥远也在办壮丁训练了。受过三个月训练的，有一万人，受过一个月的，有十万人。现时还在继续办理，要从短时期内使得壮丁普遍受到训练，从此敌方浪人以及所收买的汉奸，他们想来绥远活动，一到村落里，立被报告军队前去拿获，简直是无法下手。这就为是多数人懂得国家的意义和国民义务的缘故。

傅将军还说："蒙军中的德王，他的盟地，在察哈尔锡林郭勒盟，所谓东四盟之一，而并不在绥远西二盟。德王自己并没有背叛国家的意思，最近还派人来诉苦，完全给人家愚弄，简直是可怜。"

绥远新旧两城有各种新建设，有毛织工厂，有国货陈列馆，有农场，有规模宏大的九一八纪念堂，都是我十年前来绥所没有见到的。

下午三时零五分，我们便飞离绥远了。

《申报每周增刊》
上海申报馆
1936年1卷47期
(朱宪 整理)

河北移民新村巡礼记

王锡周　撰

但凡留心开发西北的人们，谁都知道绥西包头县新近开辟了一个河北新村，可是这个新村的实际情形如何？目前的进度怎样？恐怕一般人知道的太少吧！甚至于连住在“近西北”的人们也是莫明其“土地堂”！因此，记者到包之后，就和河北村村长段承泽氏约定要到新村观光观光，遂于本月（六月）廿二日（即端阳前一日）下午乘人力车离包至新村，承段氏之款待，与天公的挽留（二十三、二十四下雨两天），在村住了两日，过了个端阳佳节，二十四日午后始与段君同乘他的二套桥车，转返包垣了。现在把该村的情况和记者在村所见所闻的一切，分段写在下面，以供内地关心开发西北人士之一粲。

一　段氏之略历

河北新村的村民，大都是由河北移民协会从长垣、东明、濮阳以及河南的滑县等灾区移来的，可是该村实际负责的人，是协会干事长兼河北村村长段承泽氏。段氏本来是个军人，并且曾经炫赫一时，迭次身居要职，后来感觉到军伍的生涯无味，毅然放下屠刀，解甲归田，从事开发西北的工作，像这样大彻大悟的军人，在今日实在不可多得，这里记者尽先把他的略历，介绍一下，以为现代军人之矜式。段氏名承泽，字绳武，现年不惑。河北定县人，其先是耕读传家，幼时在小学读书，十六岁投笔从戎，入北洋第二镇王占元部下当兵，此民元事也。民八以排长资格入湖北军官教育团肄业，以资深造，毕业后仍归原任，嗣由连、营长洊升至团长、旅长，十六年升苏浙闽赣皖五省联军第九师师长，并先后兼摄宁波警备司令及浙东清乡司令等要职。民十七，所部移驻宣化，段氏因目击国势之险〔阽〕危，国力之衰弱，逐立志化兵为农，屯垦西北。同时又感受种种刺激，益觉治军之乏味，十八年所部改编隶属于中央第四十七师，段氏因兵农之志未遂，乃自动离开军队，于二十年夏只身到包。其初在电灯公司入股，以为提倡实业之肇端，同年冬，由平接眷来包，旋赴绥西各县作实地调查，复由临河乘船回包，沿途视察河运，并延聘专家，测量黄河河道，测量后，段氏知由包至宁黄河，决可驶行汽船，太原绥靖主任阎锡山氏闻讯，特向段氏索取测量报告，阎氏根据此项报告，继续策进开发黄河商运事。

二十二年段氏复在包头附近黄草洼试种稻米成功，是年秋参加绥省农产比赛，建厅长冯曦，特与嘉奖，同年冀南长、濮、东三县惨遭陆沉，段氏与河北耆绅谷钟秀、张清廉、齐晓山、刘润琴等三十余人组织河北移民协会，移民救灾。段氏对行乞倡学之山东武训先生，备极钦佩，特在包办一武训小学，以示敬崇，现该校已由包移河北新村。

二 移民与安民

《河北移民协会章程》第一条云：本会为河北省人民提倡移民之团体，故定名为河北移民协会，会址设在保定，并在北平、包头设办事处。第二条云：本会根据教、养、卫兼施之精神，耕地农有之原则，以垦发边荒，救济贫民，建设新村为宗旨。第四条云：本会为纯粹提倡民垦团体，其应需经费，由董事会设法筹集之。第十六条云：如有志愿自备资本经营农垦者，本会一律协助之。从上边这些条文看来，就可知该会办理移民的本旨了。据段氏谈称：过去办移民的，往往只能救灾于一时，没有根本救济办法，本会办理移民，不但救济了他们临时的灾情，而且要永久救济他们，因此，最重要的是安民。本会移民，在二十三年春先由定县移来三十户，但这三十户，大都没认清移民的真实意义，皆以为来到西北，就可以不劳而获的丰衣足食过着优裕的生活，因为他们都不肯吃苦耐劳，所以后来渐次开革了许多，言之殊觉痛心。同年十一月本会正式由长、濮、东三县运来一批移民一百户，共三百一十二人，那时正值隆冬，河北新村，尚未筑成，临时在南海子住着，二十四年四月十五日开始建筑新村的围堡、房舍，同年六月一日，工程完竣，全体灾民才移入新村居住。本村共有地六十顷，每户授田五十亩，去岁开拓了四十顷，今年可以开完。二十四年春复由长、濮、东、滑黄河灾区运来第二批移〈民〉一百户，共四百五十七人，其中三分之二，商得绥省当局同意，移于萨县新农试验场，其余三分之一，移来河北村。第三批于本年五月二十五日仍由长垣等县移来三百三十一人，亦为一百户，这批移民，完全送至五原新公中南曹柜地方去了，该地亦有地六十顷，亦拟开辟新村，一切办法与河北新村同。本会办理移民，先后费款约九万元，除河北省黄灾救济会拨款五万余元外，其余暂时由本人垫支。

三　新村之一瞥

河北新村在包头城东南十五里地方，位于平绥铁道之北，大青山耸立于后，黄河映带于前，形势极佳。由包头至新村，已修有雏形略具之汽〈车〉路，新村建有围堡，堡内面积一百亩，堡之四面，辟东西南北门各一，四角各筑炮楼一座，以资防卫。村基正中为公共场所，并拟修砌花园，园东为运动场，西为体育场，刻因出于安民工作，一切设施尚未完备，场之正中设警钟台，上悬警钟，以为集合村民之信号。台北有房一列，约二十余间，自右而左，为学校、厨房、村民礼堂、合作社、仓库、碾磨房、村公所、牛马房等。村内四处，分筑村民房舍，房皆南向，排列非〔井〕然，俨若营房，此项房舍，筑成者已二百余间，空地尚多，由村民自种菜蔬。村内自西而东，开小渠一道，引山水横流其间，以为村民浇园、浣衣以及牲畜之饮用，南门内外大马道，两旁分植树株，风景宜人。

四　贷款之偿还

按河北移民实施办法之规定，移民初到，所有土地、牲畜、食粮、农具以及一切器物，均由该会代为购置，并将其价作为贷款。此项贷款之偿还办法，分取息与不取息两种。（甲）不取利息之还款办法如左：一，移民初到，人地两生，一切设备，均不完全，故第一年之收获量自少，仅望其能自给自足。由第二年起分四年偿清，分配办法如左。二，第一年偿还一成。三，第二年偿还二成。四，第三年偿还三成。五，第四年偿还四成。（乙）收取利息之还款期限延长办法：一，息额在四厘以下者，得将还款期延长一年（即分五年偿清）。二，息款在六厘以下者，得将还款期限延长二年（即分六年还清）。三，息金得随本金于每年秋收后同时交付之，移民中之特别勤俭，而能在此偿还期限内提前还清者，除土地所有权，应即提前付与外，并另奖励之。如有实因自己懒惰，屡教不改，而致不能按规定办法偿还贷款者，得按其情节惩处之。据闻该村移民每户由协会代购牲畜一头，农具、器物随之。

五　新村之组织

据河北移民新村组织规章之规定：（一）本村以村民大会为最高机关，有选任罢免保甲长及创制复决村公约之权；（二）本村以村公所，为村政执行机关，公举保长一人，负执行全责；（三）本村公举甲长十人，受保长之指导，办理各甲事务，但〈为〉该会与绥省各乡村之组织名称相符合起见，实际仍沿用村长、闾长、邻长等名称，当移民初到时，皆因不明新村之组织章则，除邻长由民选外，村长副、闾长则由协会指派，当记者离村之时，闻该村定于是日傍晚召开村民大会，选举各闾闾长，并成立自治会，选举会长及各职员。段氏语记者“将来到相当时期，村长亦由民选，以完成自治之组织”云云。

六　合作与副业

该村组织规章第七条规定：为谋养成农民高尚人格，良好习惯，并运用合作方式，发展全村经济起见，得遵照政府法令，应事实之需要，次第成立左列各会社：（子）信用合作社；（丑）供给合作社；（寅）运销合作社；（卯）利用合作社；（辰）自卫团；（巳）教育委员会；（午）监察委员会；（未）调解委员会；（申）自治会；（酉）良心省察会。实际现时该村已成立者：有（一）家庭工业合作社，内分纺毛、棉织、缝工、刺绣等部，各部雇用技师，挑选民户之妇女，到社学习工艺，以为副业，记者见该社所组〔织〕各种出品，为栽绒毯、棉布，以及缝工刺绣，均皆工精物美，成绩颇有可观。（二）运输合作社，村民于农暇时，搅〔揽〕运面粉公司以及各货栈上下车船货物，以资补助家庭之日常费用。（三）牛乳合作社，将村民喂养之牛取制牛乳出售，补助家用。（四）消费合作社。（五）信用合作社。（六）自治会。（七）良心省察会。其余各种社，将应事实之需要，依次成立。

七 十对新夫妇

村民中之无妻室者，段氏特向北平妇女救济院院长安寿轩（即安锡嘏，为段之契友，曾任李服膺部师长），由该院征求愿来西北农村吃苦之妇女十名，与各该村民撮合婚配。段氏就各该村民之年岁、性格、容貌相若者，提取像片，带至北平，向各妇女，征得同意，段之夫人曾赴平在救济院居住旬日，考查各妇女之性情，俟一切手续办理妥置后，于五月末，偕同第三批移民专车由平来包。到包后，男女双方分别“面相”一次，俟无问题，此十对新夫妇，于六月七日在新村举行集团结婚典礼，当日包头各界人士，群往观礼，仪式颇为隆重，情况异常热烈，记者到村时，犹见该村南门两边粘贴结婚之对联云“一门十喜，庆幸深情动遐迩；阖村尽欢，观感远虑遍稚”①，门首横联为“妙合阴阳”四大字。兹探志此十对新夫妇姓名、年龄、籍贯于次（按各新妇之名，系段氏按“淑”字排行。配以孝悌忠信礼义廉贞勤俭十字命名）：（一）男贾凤山，十七岁，河北省定县大洼里村人，女魏淑俭，十七岁，山东省东安县西保村人。（二）男卢明科，二十岁，河南省滑县万家集村人，女袁淑勤，十八岁，河南省郑州人。（三）男王

---

① 原文如此，疑有缺字。——整理者注

春海，十八岁，河北省定县南关人，女马淑贞，十九岁，甘肃省人。(四) 男王二旺，二十一岁，河南省滑县万家集村人，女李淑义，二十岁，北平海甸人。(五) 男张文禄，二十五岁，河北省定县东亭镇人，女沈淑廉，二十岁，河北省天津县人。(六) 男尚清信，二十一岁，河北省长垣县三娘村人，女梁淑信，二十一岁，河北省柏乡县城内人。(七) 男史树堂，三十一岁，河南省滑县万家集村人，女刘淑礼，二十一岁，广东省人。(八) 男傅存修，二十一岁，河南省滑县新寨村人，女夏淑悌，二十二岁，热河兴隆县城内人。(九) 男庞桂林，二十五岁，河北省定县岳方头村人，女潘淑忠，二十二岁，江苏省吴县人。(十) 男陈永贵，三十二岁，河北长垣县饶头村人，女王淑孝，二十五岁，河北省冀县桥北店村人。以上十对新夫妇由安寿轩、王森然介绍于二十五年五月八日订婚，同年六月七日十二时在绥远省包头县河北新村〈村〉民大会堂举行集团结婚典礼，证婚人王潮珊（包头县长），主婚人段绳武（河北村长）。段氏唯恐各新妇，初来西北农村，生活不惯，对于她们日常生活异常注意。每日各新妇入家庭工业合作社缝纫部学习缝工，记者在村时曾由一村民导行，分访四新妇，询以生活之情形，伊们皆称，甘愿来西北过此乡村生活，不但不觉其苦，反而异常快活。

八　端阳节种种

记者是端阳的前一日到该村的，由入村长室之外间，即见此十位新妇在段夫人指导之下，分工合作，忙于抱〔包〕粽，其间莺声燕语，和气一团，俨然大家庭气象。次日端阳节，晨间，段氏命武训小学教员集合起全体学生，每人发给粽子四个，各学生喜之不尽。是日阴雨，村民均未作工，在家过节。午间，段氏在大礼堂召集全体村民训话，指示灌伏水、开渠、栽树，以及是晚成立自治会等应注意之事项，并每人发给粽子三个，村民皆大欢，即席吞下去了，殊觉有趣。段氏训话毕，坚请记者登台讲演，记者辞不获已，只好上去瞎扯几句。那天自早到午，各村民这一家给村长送碗油炸饺子，那一家给村长送盘油炸麻叶，或麻糖头，真可谓礼尚往来了。下午段氏吩咐厨子做饺子，厨子把饺子作好端来村长室外间，段夫人马上召集那十位新妇来抱〔包〕饺子，不过一点来钟光景，就抱〔包〕了几千个，俗话说“人多好做活”，诚然不错，后来开饭的时候，段氏复令召各新妇来吃饺子，除一二新妇陪同她的“黑漆板凳”过节不愿离开，段氏着人送去若干饺子以外，其余都应召而至，这样一个饶有意义的端阳节，真使我永远不能忘掉的。

九 青年到西北

此外有一件值得注意的事情，可以附带写出来。据段氏谈称，内地各省青年听说河北移民协会在包成立河北新村，自动投函请求来村，实地练习作工者，为数甚夥，只以村中原来未作此种准备，颇觉难以安置，嗣经各当事者一再研究，以为各地青年志愿前来参加开发西北实地工作，殊属可嘉，未便严词以拒，不得已且想一临时办法，凡愿自动来村者，即以现实环境为学校，以实地工作作教材，以期养成一部吃苦耐劳、实干硬干之青年，现时在村工作者已有数人，闻段等刻正在研究安插此辈青年之根本办法。

《长城季刊》
归绥绥远长城出版社
1936年2卷1期
（朱宪 整理）

绥蒙纪游

璋如　撰

近年来因为国家受着空前的威胁，素来为人们所忽视的边疆形势也就慢慢地引人注意了。但是地处边陲，交通阻塞，要想实地知道一点什么，那是很不容易的，因而对于边地的情形也很隔膜模糊。今年夏天，我有机会能跑到塞北来，可以亲眼看看边地，个人觉得是件兴奋的事，但也不能不写一些来报告读者。

我被平绥车拖出了居庸关，情形就觉得两样，那宏壮的山岗，稀疏而又高耸的树木，广漠的平原上放牧着的马匹、牛、羊，都似乎告诉我已经到了塞外。从此，我可贪婪地尝味着塞外的一切了。

我想先说说绥蒙政治、经济和文化中心的绥远省会。绥远虽因交通阻隔的关系，什么都比内地各省要差一点，可是进展的迅速，我们却不能不加以称许。绥远省会分新旧两城，新城就是绥远，省府及各厅署都汇集在这儿，所以是一个政治区。旧城就是归化县，是商业的中心地。两城间隔四五里地，有条在塞外不可多见的马路贯通着，两旁高耸着浓荫的洋槐，宽敞而又平坦，像是上海的霞飞路和故都的东、西长安街。旧城的商店和北平差不多，排列在横贯南北门的一条长街上，旁的就都是矮小的土房子，灰土可以没脚的街巷。可是在贯通新旧两城的马路旁边还有几座值得注目的新建筑：那教堂似的“九一八纪念堂”，据说还不曾举行

“命名礼”，就被××势力威胁着，现在大家只说“纪念堂”了，最近且租给旅绥的俄商改为归化电影院。这真使人感到无限的悲怅！再往东走便是绥远唯一大规模的绥远毛织厂，房子完全是现代建筑，那是国人自办的实业，在荒芜而又危厄的环境下总算不可多得的事业呵！还有省立图书馆，虽然里面藏书不多，但几间屋子倒也收拾得很整洁，只是每天没有几个人进去。我有次进去看看，那管理员就谦恭地和我攀谈起来，还倒茶给我喝。这样的招待，使我惊奇着不像是在一个图书馆里。

绥远毛织厂的大门

绥远的气候真是太舒服了，这时候虽然中午带着大陆性的那种热闷，可是早晚凉爽得要你穿着夹衣，晚上睡觉还要盖被。平日不大有风沙，在傍晚时，天空的美丽的云彩，照在质朴的人们的身上，显着一种温和及纯朴的美丽，实在使人留恋。我为贪爱那晚霞照映着的稳健的骆驼，驰骋的马队和驯善的羊群，于是每当夕阳西下，便溜往城郊去。旧城东隅有个龙泉公园，地面是很阔宽的，但那简陋也出人意料，除了新栽的几株树木、一两座茅亭之外，什么都没有了。可是，傍晚的田埂上，蠕动着许多男女，我真不明白那样简陋的公园，有什么可引人留恋的处所，后来朋友告诉我，那穿得红红绿绿的女人，都是些不大正经的破鞋（暗娼的俗语），于是我就想到他们在闲逛之外，还带着浓浓的社会和经济的悲剧意味。

这里的住民都是很杂的，除土著的汉、满、蒙、回各族以外，还有白俄漂流在这里经商，街头巷尾都可看见他们潦倒的踪影；一部分西欧和美国的教徒，穿着也都简朴，想来在这里的生活也很清苦。最近，因了“环境的需要”，来了一批担任特务的××人，他们满怀着贼眼地侦察着，彷佛我们这一群都是该死的羔羊！虽说这里杂居着四五族，但除了因宗教上不同而改变一些生活形态之外，其他也无特殊的区别。你到街头巷尾去溜溜，没有一个走路匆忙的人；傍晚，女人们和孩子们都沿地坐着，抽烟聊天，很少表现着生动的样子。真的，那大烟和白干，普遍地几乎把每个人的寿命往前拉，瘦弱的佝偻着的身子到处可以看到。你若会见一个熟人，谦恭得使人奇怪，假使你的身份稍许比他高一点，那他就“你老，你老”的嚷着（“你老”大概是“你老爷”的缩语）。于此也可见到这里阶级身份的尊严，依然还存在着封建的潜力。

一天，我们为最近设立的国立绥远蒙旗师范勘察新校址，在绥远近郊找适当的地点，正在察看的时候，绥远毛织厂驶过一辆卡车，厂长贺先生邀我们逛大青山麓的乌素图，同游者有天津海京毛织厂经理杨先生等五六人，我们都是生疏的旅者，但都有共同的游兴，谁都是很高兴的。乌素图是蒙语水的意思，那儿临近一条大黑河，离城约二十多里地，山路本来就很难走，再加司机外行，于是几次把我们抛在山野里，惹得许多蒙古人凑着瞧热闹。我们在车窗里就看见满山野的烟田，有的还开着鲜艳的花朵，有的已经结成果实，这果实他们叫做“洋烟疙疸”。我们趁司机修车的时候，就去看他们开刀取浆的操作，他们都两个人一队，一个在前面用小圆形的刀子割裂果实的表皮，一个便提着一把小铅筒，把那流出来的白浆用手指捋在铅筒里，白浆见着太阳，就变成普通吞云吐雾的黑的生土料。我们看着那些颜脸瘦黄的劳动者，一面可怜他们的苦役，一面又可怜他们那种伤害民族元气的无知。可是他们也未尝不晓得田地里还可种旁的庄稼，只是庄稼的利息不大，偿还不起那样苛重的租税，也就只能贪图眼前的活计来种大烟。因此，塞外的居民就少有壮健的汉子，间接地也就侵害了全国人民的健康，我们都感到无限的喟叹。

大青山就是横贯热、察、绥三省的阴山山脉，西边便接连着宁夏的贺兰山脉，也就是绥境西蒙乌兰察布盟和伊克昭盟的分界线，那是一个高亢的荒山，上面没有多少出产，我们只看那乌素图的简陋的生活情形：低矮的土茅屋，每一个蒙人污垢的身脸，带着迟笨的举动做他们的活计。而且使我们好奇的是连女人们都是裸露着上身，只穿着一件“腰子”（塞北的特别服装，和普通的背心一样，只是做法不同），颜色是红的多。那村落里看上去每天的生活是没有什么变化的，只有凶猛的犬声惊动了他们质朴的心，击破了沉静的乡村。

乌素图台〔召〕就在乌素图村子西南的山麓，在许多破败的庙宇里矗立着几座新建的堂皇的经殿，很像印度、西藏的式样。蒙人都宁可自己穷苦得衣食发生问题，房屋不像样子，但他们却一定要有壮丽的喇嘛庙，乌素图台〔召〕虽不算顶大，可是经殿里布置得那样严肃精致，是会使人起敬的。那里住着五六十个喇嘛，每天都要诵经，而且他们能读蒙、藏、满三种文字。当喇嘛好像是每个蒙人的天职似的，假使一家有弟兄两个，就要有一个去当喇嘛，因此蒙人的繁殖和生产事业多少是受影响的。乌素图台〔召〕的许多小喇嘛，都穿着白的上衣，白的腰裙，普通在夏天不穿裤子的。

旧城的舍利图召

那台〔召〕里的老活佛已经去世了，现在正在找新活佛。照他们的规矩，活佛不是随便请的，一定要在老活佛死的那天那时降生的孩子才能当，这也许是他们对于佛的长生不老的意义吧！

同游的毛织厂长贺先生，他就是留日的蒙人，虽生活完全不像蒙古人，但一谈起他们的风俗习惯，那是如数家珍的，他亲昵地问着那些喇嘛，到经殿里去也拱手拜佛。他小时照例也该当喇嘛的，大概因为环境好一点的缘故。这样看来，喇嘛生活也还含有经济条件的性质呢。

我们回来又经过城北郊外的长城烈士公园，那园子布置得很悲壮，原名叫抗×烈士公园的，后来因某种关系乃改今名。公园里有座高高的碑塔，上面原有一篇胡适博士的白话纪念文字，据说那篇东西是很警惕而紧凑的，但是现在也因这某种关系——使我们痛心的某种关系——而毁去了。碑塔后面是一座堂皇的宫殿式的烈士遗容纪念堂，我们去瞻仰了那豪壮的遗像，不禁就想起当日长城之战英勇的抗争悲史！呵，我们该怎样纪念那些为国捐躯的烈士呢？

烈士公园的遗容纪念堂

那天我们虽只逛了不多时候，但塞外的村野生活的情调，和那样广漠的牧场、耕地，时时受着生命的威胁，就使人发生无限的好奇和感叹！我想这种生命的威胁决不是局部的，因此我现在虽置身边地，但反觉得更能使我兴奋地认识清楚我们的路向！

《新少年》（半月刊）
上海开明书店
1936年2卷4期
（李红权　整理）

商都通讯

霱士　撰

自从我们的军队攻克百灵庙以后，在全国人心里已显然造成一个新的观念，他扫除了过去畏葸的态度，我们深切的明白了自己的力量，深切的知道了民族战争的最后胜利将归谁属，这真是画时代的战争啊！近日报纸消息说绥北匪军虽数度反攻，但我军终于扫荡了他们的残余势力，不久也许就会出兵绥东，进而收复察北，甚至打进热河省以及长春伪都，痛饮黄龙，也不是什么幻想的事吧？

当绥北战争发动以先，敌兵的目标原系绥东，绥东的要镇，足可控制四方的要算集宁，所以他们打算分两路向西进迫，一路自商都迫陶林，由王英匪部担任，一路由张北迫兴和，由李守信部担任，而最终的目的全在集宁。攻陶林的一路，目标在先取红格尔图，红格尔图在土木耳台东南五十里，土木耳台是内蒙古汉蒙交易的最大市场，北至滂江，南通集宁，为平滂路线中枢，往外蒙必经的要道，位于陶林东北，红格尔图附近是肥沃平原，乏险可守，人民多以种植为生，有天主教堂，故多信奉天主教。今年夏天匪军王道一部首先向此地攻击，结果被打败，王匪个人也在商都被他的主子枪决。十一月中旬的战事在绥东那已是第二次了。红格尔图的驻军是傅作义部董其武旅的四连人，势力很是单薄，王英匪部的大本营在商都城西二十余里的达拉村，有日方的飞机约十架，并由商都用骆驼输去子弹共百余驮，载重汽车尤多，有某籍军官在里边指挥一切。十一月十三日，当地大雪蔽天，某方飞机结队向红格尔图前线侦察，匪部亦全部出动，向红格尔图进袭，但因风大雪厚，飞机在上方迷失道路，未能飞至红格尔图上空，便将炸弹掷下，计每机带炸弹六个，全都抛在匪部自己的阵线中，死人甚多，这也可以说是天不亡我了。次日匪军约一团人携带犀利火器，进攻红格尔图，因为在夏季受了王道一匪部进攻的教训，故红格尔图附近掘有宽约丈余的壕堑，据当地来人云，匪部进攻时，战沟上全铺着木板，故他们得顺利的通过，及至进到里面，只见到几个衣服褴褛的老头子，被他们抓来蹓马，所有村中住民，大部逃避一空；有的人家中还摆着尚未用完的饭，好像是一听到匪军攻入的消息，就仓促逃走的一般；故而匪军非常欣幸，以为兵不血刃而占有了这块土地，就全部开入。正在大事搜括和找房休息时间，忽从村堡四周跑出埋伏的晋军，一齐包围上来，用机枪和手掷弹向他们猛射，匪军措手不及，什么也顾不得地向外拼命逃走！但当他们走近战沟时，才知木板早已撤了，于是又狼狈地奔回，自相践踏，这一次一团人中据说只跑回去十三个人！我军完全占了胜利。王英和日本顾问正在红格尔图附近一小山头上观战，一看形势不佳，才急急乘汽车跑回达拉村本部，也险些送了性命。

十一月十四的报纸上曾登载着我军攻克达拉村破坏匪巢的消息，这事情原委是如此：匪自败退后，锐气大挫，在不补充以前，已是没有反攻的力量，据说忽然这一天，傅主席给他们打来电报，意思是愿意和平退出红格尔图，但须匪军停止攻击。在大胜之后，忽有这种举动，自然是很可疑的，但那些匪军却全然不理会，王英尤其喜欢得屁滚尿流，就在当晚下令全部休息，自已也和某籍军官置酒高会起来。约在半夜时，我军的敢死队以每十人为一队向匪军进迫，全用手掷弹袭击，匪兵们猝从睡梦中惊醒，东西莫辨，只有胡里胡涂的逃命，这一次死的人的确太多了，王英和某籍军官赖苏美龙匪部的保护，得以向东狼狈逃去，当时大约只有苏美龙部约数百人守住附近的达拉沟，还能稍稍抵抗一下，其余的人恐连全尸而死的都少！匪军的军火一百驮，汽车和大炮四门，全部被我军获得。

王英退入商都城，城里的日本参事官也慌了，把重要文件和财物都装上铁甲汽车，预备向东边的加卜寺逃亡；商都的城门都紧紧闭住，不许出入，把一个塞外孤城造成一片恐惶世界，后来听说我军又自达拉村退出，才只将文件送到加卜寺，人却没有走。

在红格尔图四周的雪地中到现在还满满地陈列着没人掩埋的匪尸，作为野狗的饲料！

红格尔图本是一个小村，只因在军事策略上不取得此处，便不能进窥土木耳台和陶林，所以才有这两次的战争。村里人既多天主教徒（在口外，天主教要算最有势力的宗教了），大家都有着“殉身”的勇气，这两次战争，颇得教民们的臂助，就是外国籍的神父，也在里边指挥，毫无退缩之意，可见公理和正义的力量，有时会让人们自动泯除图〔国〕家的界限的！在另一方面给国军以重大助力的又有绥东五县剿匪司令正黄旗总管达密凌苏龙，这一位能征善战的蒙古老骑士，简直是内蒙人民的偶像，他的年龄已有六十岁左右，很长的胡子在下巴上结成一条细辫，看去真是好玩，他手下全是蒙古骑兵，蒙古人骑马的技术本不是内地人所可比拟的，又加以特别强大的力气和准确的射击，那真是无敌的劲旅。所有口外土匪“柳子”（匪群也），没有不知道“七疙瘩”的。“七疙瘩”就是达密凌苏龙的别号，说他的本名，倒不见得有人晓得呢。他剿匪时不作兴派几十几百兵前去的，往往只派几个人，不怕土匪是几十或几百的一群，他们只把枪斜背在背上，抓上一匹无鞍无辔的野马，用袍袖子抱了头，飞也似的向匪人驰去，转瞬间我们只能看到一股烟尘而已。当他们走到匪人切近时，总是从旁边一抱，就将一个匪人拖下马来放在他的马背上，一个人不愁可以抱下三四个的，等他们把人带回时，也不用枪来打死他，只是用手抱紧了腰在背后用生硬的牛皮靴子一踹，这个人便一命呜呼了！我们听了这种战争，真觉得富有原始人的意味，但就这样，他完全征服了绥东的土匪，无论哪一个村堡，只要插上一杆“七疙瘩”的旗帜，土匪是要望风而去的，不管是否真有七疙瘩的兵在里边！

王英部的匪众，本都是临时招募的，除去一部分积年为匪的以外，好些人根本就没受过训练，也没有过放枪的经验，故而一到正式战线上，有好些人只是瞪直了眼睛呆看，因为他已竟〔经〕吓得傻了，战死的人，大部都是此辈。还有一部分由民间征发而来的大车夫，真是冤枉得很！至于那些积匪，却早已散到各处劫掠去了。刻下察北已成土匪世界，行旅断绝，居民迁避一空，加卜寺到张家口的汽车已数十日不通，只有商都的汽车还往来，但也时时有受洗劫的危险！而且日本人在张北县检查得非常严厉，凡言语不对，服装不入眼的人，都是立刻拖下去就地枪决，人心惴惴，达于极点，带钱在一百元以上的，也要无条件没收！

商都县城内本有相当的繁荣，察北粮食，大半以此为集散地，山东、山西各省商人在此作交易的很多，大街上栉比的店铺全是粮行，据说从先盛时每年也有三十万元以上的钱汇出。自匪军占此后，几于变成死城，近自战事连次失利，城里更入恐怖状态，王英部匪兵白昼随意向商店勒讹财物，不给则继之以抢，米面食粮一律停止外运，非由驻军收买不可，近来听说每家面铺每日要供应一百斤白面，官价只给七元五角（市价在十元以上），商人叫苦连天，但也莫可奈何。尤可怕者，自战事发动后，法币一张不见，只有满洲银行的票子在市面流行，商人知道这东西是靠不住的，于是纷纷抬高物价，往往涨上一倍有余。有一个名叫协利生的货店，一天去了一个人拿满洲票子买东西，问他们使不使，他们起初说不使，后来允许打八折，哪知那人正是某国侦探，掏出枪来，就强迫老板上县公署，说他扰乱金融，非枪毙不可，幸而一个科长也是这商店的股东，跪倒地下给那个某国人叩头如捣蒜，总算饶了他。但是虽是如此，却使老百姓更降低了他们的信仰心，无时无刻不盼望中国军队快快到来，好解除他们的痛苦！某国人在那儿宣传得是很利害的，他们甚至敢说飞机已竟〔经〕炸死了傅主席，可是言之谆谆，听者藐藐，无非更显露他们的虎头蛇尾罢了。况且许多人都偷偷把粮食运到绥东售卖，只要一到那里，他们一点困难也［不］碰不见，有高的价钱，有热烈的同情，即使一个愚昧者，不是也会比较一下到底是谁待他好吗？

察北各地防备的都很疏忽，并没有多少工事，除了热边和多伦一带以外，大都是听其自然。我们可知匪军心理一定以为只要战事发动，我军是要不攻自退的，哪知我们已不是五年前的样子了呢。还有察北的粮食和燃料都非常恐慌，尤其是燃料，当地既不出煤，全是由张家口和绥东一带输送，刻下来源告绝，而且年成又歉收，禾秆也没有多少，在零下三十多度的气温里，想来他们是没法支持的，有人说若再过一个月，饿也把他们饿跑了！我们觉得最好冀察当局乘这个机会收复察北，想来胜利是可操左券的！

加卜寺本是内蒙政府的政治中心，但近来因战事发动，德王已回到滂江德王府，军事重心又在商都，于是骤然沉寂下来，只作为军事的后防而已。刻下在那儿汉奸活动得很利害，最著名的一个名王继周的，原系察省涿鹿县人，曾在中学毕业，为人极圆滑而善交际，察北事变后，来加卜寺大肆活动，不久就得了日籍顾问上田的信宠，任他为德化市公署的密探，专门调查各种职员的活动以及当地士绅的状况和知识分子的动向。每举发一事，他都可以得“提成”若干，以故数月以来，被他害死的人不知要有多少！当地人士既怕他，又不敢惹他，只好躲避，他却自以写字画为名，向各士绅家中请教，于是加卜寺满街都成了王继周的字画，绅士们既搪不开他，也只有和他结纳之一道，在军事紧张声中，这类的浑蛋命运当更亨通了罢！

十二月八日晨

《文化建设》（月刊）
上海文化建设月刊社
1936年3卷3期
（朱宪　整理）

旅绥日记

刘宝华　符　撰

刘君宝华，服务绥省王师长治安部下，擅长文墨。此稿乃去岁冬间由绥寄下，嗣因本社例假停刊，未能即时刊载，迟延到今，始克付印，特此声明。

编者附识

十一月十二日　星期二

今天为总理圣诞纪念，上午八点钟，举行纪念大会，出席者有参谋长及驻包全体官佐，首由参谋长报告纪念意义，次由落秘书等相继讲演，九点半钟散会后，余稍事休息，即到饭厅就食。

十一点钟，张处长面嘱，另〔令〕余赴绥公干，余随收拾行箧，预备出发。

下午二点三十分，趋车赴车站，三点三十五分由包出发，八点三十分抵绥，小宿于绥远旧城北门外南顺城街天源客栈。

绥远有新旧二城，旧城无墙，到处可以出入。本年（二十四年）十一月间傅主席宜生因鉴于"防共"必要，始绕城筑环城马路一堵。此环城马道，只绕旧城，是实行民役修筑，高约丈，宽五六尺，上或可行车，现各通行衢处，皆站警士以维治安。余抵该天源客栈时，询之该栈茶役，据云本栈房共出工十五六个，此地人民，对此修筑环城马路，并不厌忌，每日皆早去迟归，看见咸觉欣悦。

十三日　星期三

早六点起床洗漱毕，八钟即到华北印刷局接洽印刷事宜，当余去该局时，随身带有稿纸一束，余先将第六十四期印刷费六十二元五角交付该柜饬割收据后，即拿出稿纸，令其从速印刷。下午三点半点该局韩经理来旅舍，请余赴柜休息，余以因公不宜私扰，宛谢而去。

十四日　星期四　省立图书馆及国货陈列馆

早起梳洗后，步出西郊，循傅主席新修之环城马路，自北而东，抵绥远省立图书馆，与该馆营〔管〕理员王振庭君谈该馆一切事物。王君云，此馆建筑自本年四月间，经费由省府支给，当初成立此馆时，地址是在旧城一庙宇，去年教育当局有鉴于文化事业之重要，始筹备经费，兴工建筑，今年四月间方移到此地。最近曾买二千元价值之书籍，职员共九人，每月经费四百余元，地址虽不宽广，但亦略其粗形〔略具雏形〕，最后赠于〔予〕该馆简况一册，以赐〔睹〕该馆之一般。该馆现有报章杂志共三千余份，日常观瞻者，以学商界为多，大抵皆阅读振〔报〕章杂志，书籍亦间有阅觉〔览〕者，为数则不多。平均每日到馆阅读人数，在二十左右。旋予即到该馆古物宝〔室〕参观，见该室老〔甚〕是狭小，古物亦不很多，室中有古鼎、铜钱之属，总计多不过二三百件，日常其门关锁，非经先事说明，不轻启封，余至该馆时，王管理员即令启锁，故予得一瞻该宝〔室〕实况也。

该馆地址，当新旧城之间，全〔余〕谓地址不适中，当必减少阅觉〔览〕人之数目，王君云，傅主席意欲繁荣此条马路，故特择此地址，现在此馆址东走里许为新城，西走里许为旧城，在此二里间，并无住户、机关、兵营等。惟东走为绥城西毛织工厂一，厂西有门市部一而已。

新城内数十武，有国货陈列馆一，馆长为高瑞新，系高瑞岚之兄，馆址新颖，颇洁净，惟狭小，不足以瞻观。门首有传达室一，院中置木横牌一，上书“由此往东”四字，余即从此东行，不料至该室东门时，竟锁门不纳，旋余下阶探寻后，始得自北门入，室内陈列之国货，以平、津货为多，绥省土货次之。屋顶甚低，余伸手即可着屋顶，路甚狭，仅足通一人。该馆刘君云，此馆是前二年开办，属绥省建设厅管辖，馆长亦在厅内服务，每月经费二百二十元，余每月得六七元报酬，仅足以维持生活。陈列室之西，为消费合作社，该社销售之货物，多为平、津货，余谓该社高君云：“因为什么不专售你们绥远货？”高君云：“本地没有什么货物，且亦不易销售，赚不了钱，故不销售。”余至院心时，回顾陈列室正门，则见刷新着，格外雅致。

陈列馆往东，有一所中式房屋，屋前有两木牌，一题天主教堂数字，一题宣讲所数字，余路经此门外时，听着书声盈耳，临近又听着有讲书声。

绥远日报社，在陈列馆之东，为一粉红色新刷门面，屋顶高悬着青天白日旗，似有振兴气象，余觎〔睹〕此新显〔鲜〕门面及飏〔飘〕扬国旗后，心中不禁生无限感想，想西北异日之繁荣，或须类此报之鼓吹！

城中有一鼓楼，楼上西面高悬木牌一，上书“震鼓惊钟”四字，旁有小字一行为“绥远省政府主席李培基题”。城内马路甚宽，路旁有水渠二，甚洁净，在关内久住之人，实想不到塞外有此良善之马路。

傅主席十数日前，在此修筑之环城马路，已经竣工，丈许高〔宽〕，五尺厚，环绕旧城，周围长度，余虽未精切统计，但知为数已在不少。傅主席以守逐世〔涿州〕驰名，此处人民，甚是爱戴，亦有相当声誉。修环城马路时，亦曾荷锹自镢，为民表率。华北局伙友告余云，傅主席及机关人员，尚且工作，那些老百姓，且敢怠慢！

十五日　星期五

天晴，气候格外寒冷。

十六日　星期六　乃木齐召

上午往高等法院访姚荫庭先生未遇，下午赴乃木齐召游览，该召内西面有石碑一块，上刻蒙文，东有石碑一块，上镌汉文，为清时竣工纠刻。碑文上记载，该召在乾隆时，由圣上名隆寿寺等字样。西殿□神像，不若东殿清净，一望而知东殿现有人供奉，询之召中樵夫，果不如〔其〕然。正殿门紧闭，锁铁铁〔锁〕两把，据该召内之樵夫云，老道启门进香时，始可进内，平时非有特别情形，不让人进内。

十七日　星期日　大召庙

上午未出门，十一点钟荫庭先生来舍，谈一小时，余面交仁卿先生的捎〔肖〕像片一张，姚先生走后，余写信两封，一寄张军需处长，一寄张军法处长，此外又与阎云溪寄一信。下午到大召庙游逛，该召在旧城之东南，召南有一商场，名曰绥远商场。商场有东西南北四门，东西门顶各有“绥远商场”四字，旁有小字一行，为“傅作义题”等字样。商场南有水泉，名曰卸〔御〕泉，相传为清圣祖仁皇帝西征时为马蹄踏出者，故因此得名。大召正门顶，有一横牌，为榆次常国祥题，牌上有“九边第一泉”五大字。从东南门入为一杂乱场，说大鼓书者，卖膏药者，及卜卦、谈相者［具］等。杂乱场之北有一门，门内有喇嘛住室一。抵召时由该召喇嘛关志福引导参观。关君云，此大召名无量寺，未知建于何时，现在召内有喇嘛数十人，每日诵经。正殿有佛座三尊，佛前有一小铜殿，约二尺见方，中供一小佛，桌上有铜盘二，此盘名为地盘，为念经时盛米之用。殿门外有高七八尺之椅坐一个，为活佛讲经时之座所。座前就地陈设着高五寸许木板数行，为念经时喇嘛之住所。该喇嘛并云班禅到此时，曾在活佛座为喇嘛讲经数次，院中有香炉一，为铁铸，上有蒙字数行，余一不识。

晚七点钟，就食于大北街之“北京羊肉馆”，馆址虽小，但味美适口。饭后即赴大西街之玉华舞台观剧，该舞台旧名同和园，相传为旧日商人宴宾之所，台下设宴，台上舞唱，商人一面吃，一面听，生活极其舒适。现在已无此种风习矣。该园地址甚狭，四涂〔处〕皆尘垢，虽置有满园凳子，然多不整洁，园东木柱上有一纸条，上写奉谕不准怪声叫好等字样。

十八日　星期一　第一监狱

早晨沐浴于裕华澡堂。该堂颇洁净，招待亦周到，惟当余等初至时，有蒙政会送来洗澡之蒙人三名，该三蒙人身染疥疮，显血〔鲜〕淋淋，澡堂主人翁，因有碍公共卫生，复电蒙政会，请其将三蒙人饬回，因之三蒙人之洗澡欲不得以赏〔偿〕矣。洗澡毕，稍事休息后，余即趋车往第一监狱参观。该监狱在牛桥街之西，东西临河，为旧日之仓库改筑而成，门西向，门外有卫士一名，扛一枪，门首有归绥第一监狱等字样。入门不数武，有一南向门，门内有传达室及卫士室，投刺后，得晤该监第二科科长任焕英君于招待室。任君，字子华，凉城人，毕业于察省优级师范学校，供职监狱者，已八年于兹矣。同座有李之祯君一名，李君为山西崞县人，过去曾任陆军七十师司令部军医等事务。去年归绥公安局考取医士时张〔李〕君名录第二，因之辞去军医事，在归绥市行医，现任第一监狱医药职务，该君擅长中医，西术颇精。核〔该〕监有典狱长一名，为韩子敬，毕业于山西法政简习所，即山西法政专门之前生。供职监狱日期，与任科长同，亦八年矣。典狱长下有三科二所，一科掌庶务、会计事，二科掌教诲、教育等事，三科掌不属他科事务。该监每月经费为一千二百四十四元，此项经费由财政厅按月发给，与吾未到归绥以前闻归绥无监狱经费之路传消息，绝不符合。至若道传谓归绥无监狱经费，由囚犯入狱后，以金赎罪，令〔充〕各监的经费者，更属无稽之该〔谈〕也。狱中共有囚犯二百五十余名，以强劫犯为多，杀人犯次之，窃盗犯更次之。现在计有强劫犯七十余名，杀人犯六十改〔余〕名，窃盗犯三十余名，政治犯十五名，此外则为伪造印章文书、重婚等罪犯。该监除执行普通犯人以外，受军事机关寄托，又执行军事犯，现在计有五十二名军事犯。狱中工厂有八，为缝纫厂、毛织厂、木工厂、铁工厂等，出品物，以毛毡最佳。孙科长谓本年度南京举行全国监狱出品比赛会时，该种毛毡，曾得到很好评价及奖章。次为军用毡，质料坚固，结实耐用。又有刷印厂一，孙科长领余参观时，曾取出印刷中字帖，令余详看，余见其笔墨清秀，□中生风，询之始知为该典狱长韩君所作。

囚犯屋内，采分房与杂居二制，至其杂居住何种房屋情形，则因罪质之不同，而有差异。监房有改、过、迁、善四监，建筑形式，是采新监式，每监各有小监房若干所，余参观改字监时，见有一房住六人，一房住一人。改、过两监，有满监囚人，未出作工。

囚犯每日工作时间，普通为六小时，按其勤惰，每月月底给予劝善金，惟囚性质与常人工作不同，故所得数目，亦不甚多，工作勤奋者，每月可得三四角。

囚人衣服，有的为监狱供给，有的为囚犯自备，凡穿灰色衣脉〔服〕者，即为监狱供给之衣。从前虽曾向上峰领过囚服，但多污秽不堪，不合适用。囚人饮食，由公家供给，不论政治犯与否，视同一律。

狱中有女囚十数人，此种女囚，皆是犯杀人罪，每日亦工作，其时间为六小时，大部担任纺织及缝纫。女监在狱中另占小部，地址并不甚大，据任科长云，自彼到此监狱任事以来，女囚从未上至二十人，此女囚衣服，并不一致，有的着红，有的着绿，皆随其性之所好。

教诲室在绒厂之南，门北向，室中置有《劝世篇》等书，墙壁贴着有改过迁善、礼义廉耻等标语，有黑板一，教桌一，小凳子数十，房屋高大，空气十足，室中可容一二百人，狱中聘有□富有经验之人担任教诲，月薪二十元。余抵该狱参观时，在下午二点钟，任君谓彼方下教诲堂，方才谓〔为〕囚犯讲《劝世篇》等书，余见其桌上很清洁，陈设亦觉有可观，惟小凳子上，尚有不少尘垢。

狱中有一运动场，地甚狭，东西仅五六步，南北相差不多，盖该监狱地当两河之间，又限于经费关系，不能找广宽之场，为囚人运动耳。余见其运动场中以土筑为圆形，高约五寸许，未知其作何运动之用。

狱中有沐浴室一，地址虽狭，尚有可观，每次沐浴，能容十人，每月可供囚人沐浴□次，在边陲省份，能有如斯建筑，颇堪欣善〔赏〕。狱中虽有八厂，惟因原料缺乏，不免少数工厂常陷于停工，余抵该狱时，该狱内之水工、铁工等厂，正在停工中。及到织绒厂时，工作甚是紧张，数人共织一地毡，上嵌有鹿鹤花样。

成绩室中储有各种出品，有一二人负管理出售之责。该项物品，皆在柜中储藏，出品之中，以地毡最负盛名，其次则为军用毡等。

十九日　星期二　绥省一斑

归绥地当我国北陲，过去商业很是发达，现在因与大库伦交通断绝，货物不能出境，关系已不若前之发达矣，一切商业皆形凋敝。兹就绥省一班〔斑〕简述于下。

一、钱行

此处钱行，已不若旧日之发达，现在可供吾人之见到者有：

中国银行	交通银行	保商银行	丰业银行
山西银行	垦业银行	平市官钱局	仁发公银号
和成钱庄	法中庸	太和常	聚义银号
裕胜银号	双兴厚	天享银号	

二、学校

绥省教育，近年颇有相当进步，学校林立，为数甚多，兹就城内之学校、地址，简列述如下：

正风中校［西］	省立一中
职业学校	省立女子师范
省立师范	中山学院
土默特旗一中校	东顺城街
省立第一小学校	乃木齐召
省立第二小学校	新城落风街
省立第三小学校	车站
省立第四小学校	梁山街
省立第五小学校	旧柴火巷
省立第六小学校	新城南街
男师附小校	旧城剪子巷
女师附小校	新城北街
县立第一小学	牛桥街
县立第二小学校	新城北街
县立第三小学校	新南街
县立第四小学校	财神庙
县立第五小学校	南柴火市
乡村人员训练所	新城西门内
省立民众教育馆	马路
县立民众教育馆	杨家巷

三、饭铺

此处气候严寒，最重食肉，凡饭铺、家户，无不以吃肉为要，省会内之大饭店有如下列：

麦香村	现有百十余人
会丰轩	小召前，现有四五十人
绥远饭店	内设有电影部，为中外要人旅行所常居之地
聚丰轩	
□丰轩	
古丰轩	

四、书业

此处文化低落，书业甚不发达，各书店现有书籍，除《三侠五义》、“七侠八义”、《绿牡丹》、《聊斋》、《三国》等类外，绝少政治、经济等书籍，现在规模稍有可观者有二：中华书局、明善书店。

五、富户

曹德厚堂	水渠巷，养驼
胡老五	现胡老五宅住有日本专员，门上□有羽山公馆字样，及日本国旗

六、大商号

德□泉	大召前街	经理蓝□余
□和祥	茶庄北街	

七、社

此处之社与内地之行相若，为历史遗留之产物，兹就吾人所知者述次：

青龙社	即碾行，卖米	伏虎社	即面行
宝丰社	即钱行	聚金社	即粮行
兴隆社	即毛行	聚义社	即布行

八、机关

省府	新城西街	教育厅	新城东街
财政厅	旧城	民政厅	旧城
地方法院	新城南街	高等法院	新城南街
盐务局	新城东街		

廿日　星期三　第一民众图书馆及省立民众教育馆

阵亡将士公墓落成典礼今日在京举行，绥市下半旗志哀。

绥远省第一民众图书馆，在牛槁街，旧日属省党部，自省党部结束后，已改隶民众教育馆矣。然该馆经费，仍直接向省财政厅支领，并不由民众教育馆转发。闻民教馆现已呈请财产〔厅〕由该馆发给矣，将来究竟如何办理，尚〔现〕在尚不得知。

馆中经费，每月二百元，此项经费，用于职员薪金者，占〈十〉之七八，杂费、购置图书费，占〈十〉之二三。职员有四人，主任一，管理一，录事一，事务员一。夫役三人。

馆中有图书贰千余本，社会科学书籍，占十之四，自然科学书籍，占十之三，国学及其他书籍，占十之三。

馆址甚狡〔狭〕，规模欠佳，有阅书室一，阅报室一，藏书室一，寄宿舍四。阅书人数甚少，每日平均有一二人，所阅书籍，多属名人轶事等本，阅社会科学书籍者次之，阅自然科学者更次之。阅报人数较多，每日平均，约有三十人。

馆中书籍，以在馆阅览为原则，如欲借出在外阅览时，须缴纳相当之保证金，倘有遗失，须照价赔偿。

余参观时，由章启勋君引导。张君此地人，毕业于此地之中山学院，性情和霭〔蔼〕，学识丰富。张君云，彼因环境关系，不能升学，然升学之心，终未稍缀。

绥远省立民众教育馆，在绥省新旧城之间，直属教育厅。每月经费为八百四十六元，此项经费，用于职员薪金者，占五百数十元，用于夫役及其他杂费者，占剩余部分。该馆所造之支出计算书，共作四本，一为教厅，一为财厅，一为省府，一为晋绥财政整理处。

馆中共分七部：一、总务部；二、教学部；三、出版部；四、讲演部；五、游艺部；六、健康部；七、阅览部。每部有主任一人，有干事一人，然因别种情形，现在只有主任五人。教学部办有两个民众学校，一个在新城，一个在旧城。出版部办有一种日报，名称为《绥远社会日报》，负日报编辑事务之责者，为凌□华及杨震卿二君。日报社经费，为二百六十元。该报因限于经费，不能自行印刷，现在担任印刷该报者，为旧城北街之华北印刷局。

馆长为陈志仁，自陈君长该馆后，较前似有进步；然一切计划，多未能见诸事实，馆址虽大，然因经费关系，尚未建筑。现在可供民众利用者，仅有一阅览室，一储书室。然储书室中，只有大陈〔众〕杂志数百本，并无其社会科学、自然科学、国学等书籍一本。阅览室中，亦竟〔只〕有寥寥数桌凳而已。

馆中既无书籍，故阅览室亦等虚设，数月之间，恐难得一人入阅览室阅览。

余至该馆参观时，由李映宏先生引导。李君是托县人，毕业于北平民国大学校，虽是学习法律者，然对社会经济，颇谈得津津有味，对于馆中事务，看着甚热心，惜因经费关系，不能发展李君之宏愿也。

廿一日　星期四　县立民众教育馆、土默特旗中校

归绥县民众教育馆，在归绥县杨家巷文庙内，地址虽狭，然甚适中，故阅报人数，颇觉不少，每日平均，约二十余人。该馆虽有书籍二千余册，惟因地方文化程度关系，到馆阅读者，殊属寥寥无几。该馆为便于输入人民智识起见，故常将该馆所有书籍，如《万有文库》、《学生文库》及《丛书集成》、《四库全书》等借出，以便阅览。

馆中经费，每月一百五十元，此项经费，由县教育经费项下开支，馆长月薪三十元，主任月薪二十元，馆员月薪十五元，夫役二名各得六元，书记一名，月薪十元。

馆中有馆长一，名为赵允仁；主任一，名为郝大中；馆员一，名为□□云。

入馆中大门后，东西各有房屋三间，东房为职员宿舍，西房为图书报章阅览室。该馆因经费关系，图书阅览、报章共占一室。正北有一门，启门再入，则又为一院。院北为孔圣人大殿，东西为先贤、名哲二室。馆大门西去，有该馆附设之诊疗所、医药室等。

总之，该馆用一百五十元之经费，能作有如斯之成绩，至堪欣慰。

土默特旗中学，在东顺城街，为土默特旗人办理。校长亦为该旗总管荣祥兼任。教务主任为继天禄，是旗人。训育主任为刘匡，刘君，字正齐，系山西赵城人，昔年在山西临汾中校，任八年数理教员，到绥后，初任正风中校数理教员，旋受该旗校之聘，始担任该校训育主任。

旗校创始于本年三月间，每月经费为三百元，现有学生共七十八人，班次为一。学生皆着制服，颇整洁。

该校采用之课本，以《复兴》为大部分，其他则为教育部核准之课本。余参观该校时，该校正当上植物〈课〉之际，学生桌一，各置植物课本一，笔记本一，墨水瓶一，钢笔一。笔记本上，各记有笔记十余页，笔迹清秀，至为显明。每日上六点钟，每周有英文两点钟，蒙古文两点钟。

校中有教室一，学生斋室五，饭厅二，办公室一，校长室一，教育室三。体育场，距校颇远，余因时间关系，未免〔克〕去参观。

学生人校时，须纳缴每季学费八元，体育费一元，此外则不再向学校方面缴纳其他费用。书籍、制服，概由自备。

管理方面是采严格主义，余在传达室时，见有学生两名，余即询以一切，该生等谓非得学校允准，不能随便上街。

该校创办伊始，诸多简单，乃为必然之事实，惟既有富有教育经验之刘君担任训育主任，此后定当日上一日。

二十二日　星期五　正风中校

正风中学校，在西顺城街，校址宽广，屋舍整洁，颇有振兴气象。左右共五院，每院有教室一所或二所。大礼堂，在校门之南，为孙殿英损资建筑，堂中置有坐登若干，可容四五百人。左右墙壁，贴有欧西伟人像片八张，讲台上悬有总理遗像及该校校训。

图书馆与成绩室、阅报室室点院，阅报室在图书馆之西，成绩室在图书馆之北。图书馆中有书籍约三千余册，阅书桌八坐，四壁悬有中外地图。馆中设管理员一人，专司管理之责。启闭时间，以学生上下课为准。馆中书籍，以在馆阅览为原则，但有参酌之必要时，亦准学生出借。

成绩室中以毛织品为大宗，如手套、闱帕、毛衣等，不可胜数，织法精致，颇合实用。室中陈有十字布枕头套二对，上织花草，颇甚美丽。其次则为用木条编之木筐，亦为得体。该校教务主任王君，谓该校每星期有二点钟作文，文言、白话皆任学生自由，成绩室中，则不见一本作文簿，是美中尤有不足。该校对于书法，据云甚是注重，而成绩室中亦不见有一张字纸，想是该校因室址太小，尚未陈列耳。

该校创始于民国二十年，由私人捐资创设，现任校长为苗英君，王鸿、庆量佛等分任教务主任、训育主任。现有学生共二百六十人，分五班教授，现有班次为三班至七班。去年毕业两班，毕业学生，以服务社会者占大多数，因升学不便，故升学人数，亦占小部分。

现有教员共二十二人，以北平师范大校〔学〕毕业者为多数。每学期每一学生须交学费五元，体育费一元，一切书［心］籍制服，概由学生自备。

学生寝室，是按总理遗教忠、孝、仁、爱等编斋，每斋所有住室，因就该校院之大小编制，至不一致，有住室二三者，亦有住室五六者。每室大概住学生七名。室中除学生被褥外，有衣架等具，空气十足，亦甚洁净。

教室分□占用，绝无互通声音等情形。大抵皆高昂广阔，颇合通〔适〕用。学生桌上，皆置书一堆，凡学生应用书籍，皆在其桌中保藏。教室兼作二用，在白天为教授学生之用，在夜晚则为学生自习之用。该校当自习时，每教室有一员担任指导，此项指导员，由现有教员中，轮流负担。记者参观该校第四教室时，正在教授手工之际，学生有站者，有坐者，有左右回顾者，谈笑自若，态度活泼，天真阑〔烂〕漫，甚觉可爱。教室内之东角，横置长桌两条，桌上陈有乱被褥一榻，马褂、长袍数件，揆其情形，似有令该生等练习缝补被褥者然。

管理方面，甚是合法。学生所有银钱皆在会计处存储，每遇用项，须经过训育主任考核，确是正当用项，始准其提取使用，否则学生纵欲提取，必受［受］学校干涉，故该校学生衣服朴素，绝无浪费浮华等情。卫生方面，该校尤为注重，虽无沐浴、剃头室之设备，然对于沐浴，有特定之管理方法。学生每月至低程度，须全身沐浴一次，沐浴费用，由校方直接支付。盖在边远省份，素不注重沐浴，学校之所以如此规定者，为督促学生沐浴耳。

每周分班举行辩论会一次，题目或由校方规定，或由学生自定，但取其有研究之价值，适合学生之心理而已。辩论时学生分为两排〔组〕，一正一反，各出所见，成绩斐然，颇觉可观，是亦观摩探讨，增进学生智识之一法。

学期举行学期试验，学年举行学年试验，各〔名〕列前茅者，给以相当奖品，以励增进。

二十三日　星期六　省立第一小学校

今天上午，到绥远省立第一小学参观，该校址在城西角乃木齐台之前，门东向，门上悬有校名木横牌一。大门内置有整容镜一面。门北为教员休息室，门后体育场在面〔焉〕。该校校长为卢继业，托县人。余到校时由籍占权君引导。籍君，丰镇人，毕业于此地之师范学校，对于教育，颇谈得津津有味。惜年龄当〔尚〕壮，未能留心该校之详情耳。该校经费每年五千二百七十八元。学生分八班教授，共有学生二百五十人。该校所采之课本，以《复兴》现〔为〕大宗。教员共十二位，皆毕业于此地之师范学校。有图书馆一，体育场一，成绩室二，音乐会一。校址甚广，办理亦甚得宜。该校成绩可向外道者，厥为乐群市。该市为练习儿童入社会技能之机关，内部组织，亦仿现在［会］之市府，计有五部，一为总务部，一为教育部，一为实业部，一为卫生部，一为稽查部，此部职务，仿社会之公安局或警察厅等组织。记者参观该校时，适当被〔该〕校放课之际，所有一切好的现象，未能尽得其详，割爱之处，惟有待犹〔诸〕异日。

二十四日　星期日　纯一善社

今天余拟到新城游逛，路往〔经〕马路时，见旁有施粥厂一，余即扣门而入。该厂为纯一善社办理，地址亦在纯一善社内。该社每年在十月之后，三月之前，即开厂蒸粥，施救穷人。所有一切蒸粥费用，除该社内人负责量力捐资外，向社外人捐助，每年赖之复生者，数不可胜计。现在每日吃粥人数，约五百余，每人每次食一大磁碗，每次须米五六斗。该社之北，为一吕祖香坛，坛上灯光闪闪，终日不熄。上有楼房数间，梯级而登，见上仍设有香坛。室虽不大，然清香雅洁，颇觉可喜，一入觉有无限感觉，几忘吾置身斯楼也。

二十五日　星期一

早五点钟离床，七点十分出发，十二点钟复抵包头，返部后即向张处长报告此次赴绥情形。计余此次赴绥共十四日，大部分光阴，已废在浏览社会一切情形。

《新建设》（半月刊）
太原新建设杂志社
1936年3卷7—10、12—17期
（李红权　整理）

蒙古王公启印礼

北风　撰

正月十七日

蒙古各旗王府，每年在废历年终的时候，都要举行一次封印礼；赶到明年正月十九日，又举行一次启印礼的仪式。在这启印礼的日子，王公以下的各士官都得要来到王府参加开印礼。若是在幅员阔大的蒙旗，离王府较远的地方人士，在行开印礼的前几天就得由家动身，向王府聚拢来。即便在中途遇见了大风雪，或者是天灾人祸的时候，他也宁愿牺牲所骑的骆驼或者是马匹，是必定要在那天赶到王府。如果耽误了，王爷一定要加以严重的惩罚。所以这天各蒙旗的王府是最热闹的。我为着要看一看他们那热闹的情形，所以便在开印礼的那一天跑到乌拉特前旗（俗名西公旗）去了一趟。

上午七时，我乘着包五汽车由包头出发，十二时到了夹格其召下车。汽车路的北边有一所要快塌了的破庙，这个庙的名子〔字〕便叫夹格其召。汽车站附近连一个人也没有。离这二三十里地以外的地方，有几个三五家人家很小的村庄，南边白茫茫雪地上有一伙羊群，所以我只好向羊群跑去，好找一个引路的人领我到旗府去看看。我跑到离羊群很近的地方，忽然听得牧人正唱着那韵调悠扬的歌声，声音是非常的淫靡，虽然我也懂得几句蒙古话，但是也辨不出来他们唱的是什么。那牧人看见我来了，立时的就不唱了，我向他打了招呼，接着便说到求他引路的话。这时候，旁边站着的那两位二十左右岁的牧女，看了我一眼，笑了一笑，带着含羞的样子就调回头去，两个肩并肩手拉手的大笑起来了，一面笑，一面便像飞也似地跑到羊群里，忙把那光身的两匹马抓住了，只用手握住了马鬃向马身上一窜，便各自骑上了马，一直的望南边的漫野里跑去了。牧男见她们走了，就招呼起来，意思是叫她们不要把马骑去，可是她们只回转头来看了那位牧男，便急忙掉回头去假装着未听见招呼也似地，将马一打飞快的跑了。这时候她们在那雪地里的羊群内骑着马跑，那些羊儿向两边内躲时的情形，就如同大海里的轮船压出来的浪花似的那样好看。她两个伏在马身上任凭马儿怎样狂奔，态度始终是很自然的，臀部动也不动，像黏在马身上一样，跑的那种飘洒威武姿态，真像战场上的两位骑士英勇的向前冲锋。当时我还想到，假如是我骑这马，一定的早就唱了落马湖。羊群里只有两匹马，但是都被牧女骑走了，牧男因为没有马骑，走着怪费劲的，便百般推脱不愿给我引路，我独自的站在那草原里，四外里又没有一个人，只好和他又说了些好听的话，又添上一元钱的代价，结果他才允许引路了，于是我们便离开羊群，向目的地进行。

迎面的西北风，乌乌吹起了地上的雪花，一阵大一阵地刮起来了，我的脸被风吹得像刀子刮也似地那么疼痛，眼睛被雪打得都难张开，大风的阻力，使我用到十二分的力量才能向前迈步。走了一程，我们寻了一个避风的地方歇了一歇，牧人汉话说得很好，我就和他谈起蒙人的生活、风俗习惯，和一切的情形，问他的话虽然很多，可是他仅告诉说："蒙人的女子，不论长的怎样的丑，生活境遇如何困难，她不愿嫁给汉人为妻，因为蒙人信仰喇嘛，凡事皆为喇嘛作主，假如和汉人结了婚，那喇嘛就要把女子的家庭赶出蒙地了。”他又说：“乌拉山山前的蒙人因与汉人接近的关系，生活习惯还较好些，可是山后的蒙人简直就不大同了，有了病，都请喇嘛诵经医治，妇女和喇嘛倘若发生性交事，则认为是一种荣耀的事，并且能够免生疾病。”还听说有一个王爷的女儿患了小便闭结的病，也是请喇嘛诵经医治的。王爷尚且如此，一般蒙民更可想而知了。这时我又想起那两个牧女来，因此便问道：“方才那两个牧女为什么跑呢？大半疑惑我是个会说蒙语的汉人，因为怕我和他〔她〕交谈才跑的呢？对不对？”

牧男说：“不对的，她若是知道你是个会说蒙语的汉人，决不会跑的。他们很怕日本人，见你穿这样的衣服很像日本人，所以才跑的。日本人也穿像你穿的这样衣服，时常坐汽车来到蒙地，看见好看的女人，拉到汽车上去就那个……她因怕日本人干那个……所以才跑了。”

牧人看时候不早了，不断的催我走，于是我们又立起身来向前迈进，晚五点钟到了东山沟口的乌拉特前旗衙门。到了屋里一看，一个人没有，这时我周身累的发痛，眼皮也有些睁不开了，便躺到了火炕上歇息一会儿，衙门的负责人才回来了，和负责人谈了一会，差役便送来了一碗奶茶（茶和牛奶配合成的），并告诉我赶快喝了吧，解解冷气。茶未喝完，又端来用牛奶制的各样点心，以及黄油、奶皮子等等一大盘的吃食。饭后，在院外散步，向西望去，只见一群人马直向衙门飞奔了来，有的头上戴着红缨帽，有的把这帽子背脖子后，还有穿着马褂和绿底靴子的，倒很也能够显出一种整齐肃穆的精神来。这服制在旁人看来，都觉得难看，但是在他们的眼中看来，却认为是极尊贵的。这些人中，我认识一位焦先生，经他介绍，我和各苏木（地方官）都大略地谈了一谈，所谈的话，他们都是述说各人途中的困难情形，并在困难环境中幸蒙佛爷的保佑，未误了日期。说到这里面上，立刻现出一种惊喜的态度来。这时差役提着奶茶壶进来了，那些苏木们，都从马褡子里拿出装炒米和盛点心的小布袋来，又从身旁摘下碗、筷子和刀子那些吃饭的器具来，差人两手捧着茶壶跪下了一条腿，恭恭敬敬的按次地倒茶，如果大意了，或者是招待不周，对方就拳打脚踢地打骂一顿，差役挨着打，连动也不敢动，口中还得说“是！是！”的话。

后来我问差人月间能赚薪金几块？他说：“没有钱的！系奉王爷命令派到听差的。”

我又问：“那么既然没有钱给你的，你的家庭老小依赖什么生活？你侍奉到什么时候才可回家去呢？”他说：“派到谁来，谁就得来，家中生活没有办法，认可老幼饿着也得来的，侍奉老爷们的期限是没有一定的，他们看我侍奉得好，就叫多侍奉些日子，也许是一年半年不一定的。”我这天疲劳有点过度，又因精神颇受刺激，夜里两点钟才睡着了。

正月十八日

早七时，参观守东山口的西公旗军队。从西公旗事件发生，此地才有警备部队驻守，是为防止大喇嘛等进攻王府的。这些兵不仅是不懂得防御工事，就是军人的普通常识一点也不明白，不论昼夜就在那两间土房里住着。墙上挂着一大块羊肉，看那颜色和肉上的积尘，最少也是两月前杀的羊了。墙根上还有盛炒米的几个坏盆在杂乱的排列着。我到了屋里，他们正在吃饭，有一个麻脸兵沉着脸，鼓这〔着〕嘴，气昂昂的正在怨恨他们的王爷说不给他们吃肉，给王爷打了好些日子的仗，每人只给了二元钱。

参观完了，便随着到王府搬运材料的那些人们上王府去。这些人男男女女荷着木材或背着草捆的，都咬牙切齿地用力快走，还有骆驼载着很多种类的器具，那些人们走着道，互相谈着话，有一个人说："唉！这些年来日子没法过了，今天不是王爷派人来要买枪的钱，就是又来要买车的钱，现在羊要饿死了，王爷还叫来运送东西。"我们走一走，歇一歇，在那曲曲折折、两旁削峰壁立的山沟里走着，那成千成万古松老柏被风吹得杀杀的乱叫。又走了两点钟的工夫才到了王府。王府四周都是高山，峻削壁立的山峰围绕着王府，真是天然的一座城墙，东山沟是乌拉山（即郎山）山脉东部的险要之地，北通〇〇〇，南达包五大道。乌拉山东起包头，南临黄河，北达外蒙，西至宁夏边界，矿、植物产颇富，为绥省蒙族境内他山所不能比的。此山若从山外视之，形似秃山，其实满山涧里都长着古松古柏。山中还产药材多种，包头商人张得之在廿三年由西公旗租了那山内的药材，不到数月获利万余元。惜此山为东公旗、中公旗、西公旗三旗所共有，后来因被中公旗阻止歇业了。山中所藏松柏虽多，但是无人开发，诚为可惜。山前为绥宁大道，山后是新绥大道必经之地。凡去新、宁贸易的商人，往返必经此山，故税收一项亦颇可观。山内居民天性强悍，当冯玉祥、孙殿英由西〔东〕败回，经过此地的部队曾被当地的居民缴了械。乌拉山地势险要，且为西北各省咽喉重地，在军事上颇有价值。

到了王府，蒙王府人员让进一个蒙古包内。包内围挂的裁〔栽〕绒毡子全是绣着大龙的花纹的，并且陈列着古玩器具多种。十二点钟，拜年的事官到齐了，于是便开始拜年。先由红顶阶级的事官进入包里，按次坐在两旁静候王爷来临。王爷身着龙袍，从寝内迈着四方步走到蒙古包里，坐在正位上。事官们，一个人一个人的走到王爷面前拜年叩头。这些人都给王爷拜完了年，便散了出来，好让给其余的人进来给王爷拜年，如此一伙一伙的继续给王爷拜完了年，又照样再给王爷的太太拜年。但是蒙人与蒙人普通拜年就不这样了。普通拜年行的礼节，蒙名叫"递哈打"。

递哈打的时候，拜年的人将右腿跪下，只〔双〕手拿哈打递给要〔受〕礼者三次，同时眼睛注视着受礼者，嘴里还得念着新年吉利的话。

年拜完了，则按事官阶级大小分班去吃王爷赏给的全羊酒席，惟蓝顶以上阶级人们才能吃着，戴白顶阶级的人们在旁侍立，呈递饭菜必要双腿跪下，有时还以头顶顶着菜盘进菜。饭后，全族〔旗〕事官按次的向王爷呈献新年礼品。礼品价值不同，也按官职的大小为标准的。有的人拿整个元宝，或者拿几块银元、织得最细的椅子垫等物品呈献给王爷。

晚间我和几位朋友谈话。他们都问我，从前见未见过蒙古人行礼，知不知道蒙人的生活习惯；并说些他们蒙古人过去因受王公压迫的影响，到了现在弄得什么事都比不上别的民族那些痛心的话。有一个孟先生更厉声说道："我们蒙古人处在现在的社会，算是没有发展了！若是国家太平无事，蒙人尚有一线署〔曙〕光，可是现在的中国国难严重如此，中央政府哪有力量治理蒙古呢！并且蒙古地方大权向来握在王公手里，王公为保全他的地位起见，绝对不愿有人材出现的！现在某方又专利用这些王公为侵蒙工具，蒙人以后定有更深的压迫，或者由此灭种也未可知。"我听孟先生所说的话出乎我的意料之外，不想蒙地也有这样的明白人，但是我没法回答他的话，因此只好笑了笑。但是孟先生认为我是笑他说的不对，接着又说："你不信方才我说的话吗？我再给你讲讲蒙地的几个故事吧！在几年前有个××旗王爷，大便完了时叫当差的给他擦屁股。当差的既未带手纸，又不敢抗命，无可奈何就抓起一把沙子给这王爷擦了一擦，王爷因此大怒，几乎把差人枪毙了。在去年还有×××旗王爷在草地里碰见了一个十五六岁的姑娘，看那姑娘长的好看，便拉到汽车里就强奸了。这事在蒙地说起来不算出奇的，本来在王公眼中看旗民的生命、的妻子财产同自有一样，没有了甚么，就向百姓要甚么！他叫谁给他作妻，谁就得给他作妻，那管愿意不愿意呢？”

正月十九日

上午八时，管旗章京把印匣从王爷寝室里捧到办公用的蒙古包里，王爷领着他的太太拜完了印，命事官按等级分班举行拜印。他们拜印的时候，不许外人参观，所以也不知是用如何的礼节。大家都拜完了之后，王爷发下令来，许可事官们随便看看印，这些人们都伸着长脖子互相拥挤着争着看印，嘴里还都说：“只要印在这个王爷手里，无论谁怎样想法子也当不上王爷的。”这时许多百姓便在院外空地上架起摔跤的布棚来。

十二时，王爷同太太率领事官出王府中门，赴摔跤场去看摔跤去了。王爷坐在中间的座位上，坐在他左边的是他的太太。太太身后站有三个了〔丫〕环，若是由远处看看他〔她〕们头上戴着的一串一串的珊瑚子和嫩白的脸皮，也很是好看。他右边座〔坐〕着十二个喇嘛，都戴着黄色的帽子，披着黄色的外衣，呆呆地坐着，好像泥像。前边东西两行的座位上，坐着的是红顶阶级的事官，事官们各个都到王爷和太太面前叩三个头，倒三杯酒。这时候喇嘛并大念庆祝的佛经，接着奏乐人便在王爷面前两腿跪下奏起乐来。这时摔跤的青年人们也按着顺序，一对一对的不要命地摔起跤来了。那摔跤的人们都互相运用直〔真〕伪、虚实、引诱攻防的摔跤术，有的甚至摔到半点钟的工夫还不分胜败，惹的旁观人们都长起精神来，真有形容不出来的一种热闹气象。可是王爷和红顶事官坐在看棚里边，一面看摔跤，一面喝着酒。他听见乐声若是紊乱，或者误酌了酒，就把奏乐的人和差人们痛骂一顿。

他哪里知道奏乐的人跪在地上工作已经有六小时了。由此可见，王爷是只顾自己痛快，不管下人的苦处。有一个高个的奏乐人拉的胡琴和唱的歌声都有些不好了，王爷当时便命左右推出场外打了一阵，只打得那人躺在地下不能动了。

《边事研究》(月刊)
南京边事研究会
1936年4卷2期
(刘悦飞　整理)

第二次蒙新考察记

黄文弼　撰

余于二十二年九月奉教育部令，随铁部新绥公路察勘队赴新，考查教育及古代文化，于九月杪发自南京，十月中旬由北平西行，经内蒙草地，到达新疆。二十三年十月中旬，离迪东返，同年十一月十五日返抵南京，计费时一年零一月。谨将经过情形略述于次。

一　绥哈段

按由内地至新疆有三路。一为北道，即由绥远往北，经行内蒙草地至新疆哈密；现绥新商人均由此道，谓之“商道”。一为中道，由绥远西至包头，经宁夏至甘肃，与大道会；此道亦为商行道，因途中未安宁，行之者稀。一为南道，即由陕西西安西北行至兰州，循甘、凉、肃至哈密者，为官员往来大道；旧为左宗棠所辟，亦可称为“左宗棠大道”。余等取其捷径，决由北道西发，返时由大道东归。

余等在平筹备就绪后，即同乘车至绥远。时因汽车被火车碰损，另行购备，约有十余日之耽搁，余即乘时偕同西北科学考察团助理员白万玉君，往托县、清水、和林考察古迹古物。十月二十四日出发，十一月三日返绥远，又住数日。十一月十日全队发自归化，经武川，十一日至乌兰淖尔北，已入草地，皆蒙人牧畜之所，毡帐为室，酪浆为饮料，汉人甚稀。

十五日全队发至贝勒庙，此地为乌兰察布盟达尔汗旗，有庙，为达尔汉贝勒之庙，故称贝勒庙。庙基甚为宏阔，驻喇嘛千余，在乌兰察布盟中以此庙为大。河东旁有汉商十余家，均以米面、布匹为业。此地为东西往来冲要，绥新汽车及来往驼商均经行过此。绥远亦有汽车数辆，来往于归化、白灵庙（贝勒庙之音讹）之间，故白灵庙为中国北部重镇。当弼等抵贝勒庙时，值内蒙自治会议开幕，黄部长莅止之时。余等驻于贝勒庙之北阿布浑河边。在十六日之清晨，自治会中要人闻余等至，前来谒访。包悦卿、亢仁两君并至余等帐棚，谈叙申述自治会成立之原因及经过，并述及国文教科书中引用八月十五日杀韃子故事，认为与五族共和主义有妨碍。经余等加以解释，彼亦涣然冰释。

在此休息四日。二十五日发至黑柳图，过浑阔尔鄂博。二十七日至黑沙图，此地有道可通五原、临河、包头，地属于乌盟东贡旗，亦为中国北境要地。现有汉商数家，大率皆山西人，出售米面、布匹，收买皮毛。东贡旗设卡兵数十名于此，借以警卫行旅。

二十八日即至乌利乌苏，此处为北道之首站，盖由黑沙图往西南行，经善丹庙，过拐子湖，至额济纳河上之黑城，为草地南道；由黑沙图向西北行，经乌利乌苏，过银庚，至瓦窑陶来，为草地北道。南道多沙碛，汽车不可行，故走北道。此地有汉商一家，包头人。余等抵此后，约有数日之停留，余遂乘机作古物之探查。先是闻在此之北约三十里，有古长城遗址，东自张家口，西抵额济纳河上，堑山堙谷，蜿蜒千余里，每四十里有一土城，以为守望之所。余以为此必古代国防遗址，乃雇驼担粮，前往踏查两次。由阔尔登至察罕鄂博，沿边墙行，约百余里。墙宽约四尺，高三尺许，多为石板所砌，亦渐倾圮。每四十里有土城一座，四方形，面约九十步，中间间布黑磁陶片等，亦无他物。在阔尔登之西，阿尔巴图山中，有土城一座，此城基尚存，想亦为长城之守望者所居也。商家在此拾得“乾祐元宝”铁钱一枚以赠余，盖西夏时故物，当宋乾〈道〉、〈庆〉元间，今以此钱合磁片证此边墙，则此边墙为辽金所筑，已无可疑也。

十二月十四日复全队出发，往西南行，至黑山头松道里，又转西北行，过公胡图克、千曾莫多，至银庚，寻觅石器。此地为内外蒙交界之地，有井二口：一属外蒙，一属内蒙。中国商队每在此处为外蒙所掠夺。往西即为般金托罗盖，有汉商三十余家，均与外蒙贸易，收买皮毛，情形良好。再西过迭纳生胡图格、可可托罗盖，二十四日至瓦窑陶来，即抵额济纳河边。明日为耶稣圣诞日，遂在此停留。一月二十六日至王爷府之东二十里衙门察罕住焉。

按额济纳有二海，东为索果淖尔，西为喀巽淖尔。中国地图统称为居延海。有二大河，均自甘肃境内北流：东为额济纳河，中国地图称为弱水，或黑水，河流入索果淖尔；西为乌兰木伦河，在西庙与额济纳河分支，西北流入喀巽淖尔。河身宽约二百余步，夏秋水大时，深约三尺，沙滩湍回，不便行舟，河床颇高，沙山迤逦。余等为绕过此沙丘及过河之困难计，遂由瓦窑陶来北行，绕索果淖尔之北面，转南行，过王爷府，仍住于额济纳河之西岸。王爷府在两河之中间，水草甚优，蒙人毡帐大率麇布在此一带也。

余等在此度阳历年关，后因察勘队预计在此休息二星期，修理汽车，余乃乘时作考古之探查。在二十三年之元旦，雇驼五匹，携帐幕担粮向西出发。一月十四日返衙门察罕，共二星期。此行成绩尚优。先是额济纳河自甘州北流入戈壁后，沿河两旁均有土墩，直抵湖边，皆为汉代防御匈奴之遗址。余在民国十六年时，在天仓附近发现汉简后，瑞典人贝格满继续在此一带工作，发现汉简甚多，有地节、神爵等年号。则此土墩为汉代遗址，与居延塞有关，毫无可疑。然居延故址、居延障，及霍去病、李陵等所出入之地，今在何所，迄莫能明。余乃乘此作第二次之踏查，冀其复现。时天寒地冻，北风凛冽，余在摄氏零下二十六度半之清晨，发现西夏国之庙塔焉，惜多被焚毁；其余烬中犹包藏不少西夏文经典。复前行，进入沙窝，出没于沙窝中者十日，骆驼不饮者七日。每日奔驰，必得古房址十数处，屋宇虽已倾圮而墙基则岿然独存，石碾、石磨、稻场沟渠尚宛然如旧；尤其在每村之旁，必有一庙或塔。并在沙碛滩中觅得石器及铜件之类，若预置于此而供余等之探取者也。在探检之最后一日，觅得土垒八十余座，散布如星棋，其布置区域直径约十五里，周约五十里，包含古城两座，古坟数百座，同时有五铢钱及绳纹陶片散布地表，确为汉址无疑。又在其附近发现古道一条，车轮遗迹犹存。道旁有汉绳纹陶片甚多，上为浮土所掩，高约三尺。私自庆幸，以为此即居延故城，觅之数次不获者，今竟无意中得之也。略加工作，即返河上，并踏查古塞城遗迹。城为双墙，布织如罗网，知古人真不可及也。

抵河上时，彼等亦移地而西。返队后，休息一日，料理一切。一月十六日，仍随同出发，向南西行，过乌兰木伦河。时河已冻冰甚坚，吾人安然渡过。至乌兰参纪，因再西行，经大戈壁，沿途不见一人。二十日至野马泉，在四山中间显露平原。有一泉，泉水甚旺而甘。驻三日，过石壁井，至公跑泉，蒙名端布半省，有土房遗址，虽无人居住，而房屋建筑甚为精巧。在民国初年，有自外蒙逃来之端布喇嘛驻此，并随带蒙民千余户，凿山筑房，自为守卫。此房亦即端布喇嘛所筑，故名端布半省。半省，土房之义。后被外蒙兵所逐，遂空无居人矣。汉名公跑泉，泉水甚旺，草亦丰美，可养驼马数万头，惜中国人不顾也。二十九日至明水，有汉代古堡一座。仍西行，穿行天山。四日至鸭子泉。五日过庙尔沟，民国十六年杨增新派兵阻余等于此；今已荒寂无人，只空留几段围墙，几株柏树而已。六日过黄芦冈，有马部缠兵在此守卡，即西行。是日抵哈密。至是吾人方脱出内蒙游牧生活，入于新疆农居境地矣。

按凡一地文化，必与一地人民之生活有相互之关系。生活如火，而文化乃其光焰。草地蒙民生活之苦，凡旅行斯土者皆有同样之感觉。盖吾人生活之要素不外于衣、食、住，蒙民对于此三者皆不讲求。蒙民衣服不洁；所住之处为蒙古包，数人麇聚一室，且形势散漫，迁徙无常；所饮食者惟酪浆、奶皮，最上面粉而已，食料以羊肉为大宗，菜蔬极缺少。蒙民天资本俊良，惟以生活之简陋，致使其本质无由发展，殊为可惜。故现欲推广蒙民教育，当先自改良蒙民生活入手。不然，居住星散，迁徙无定，欲求施以学校教育，将使人无下手处也。

二　哈库段

按新疆分南北两路，中以天山为断。在天山北路，其居民以汉人、可萨克、蒙古、通干为最多。汉人多经营贸易，通干则力于耕种，可萨克、蒙古则为游牧民族。北路最东之起点为镇西，即巴里坤；循山北，过迪化，西极伊犁，北至塔城、阿尔泰，谓之北道。左宗棠平新疆，即由安西，先至巴里坤、古城子是也。在天山之南者，谓之南路，以缠族为最多，筑室而居，习于耕种。其最东之起点为哈密，循山南过吐鲁番、库车，西极喀什，南至和阗，谓之南道。哈密与镇西南北对峙，而中隔一山，山北多雨雪，气候甚冷，冬春不宜旅行；山南气候中和，四季咸宜。

时马仲英盘据南疆，与省军对峙，迪化路隔，故余等决先旅行南路。余等在哈密停留数日，于二月十二日复西发，曾有马部军官四人，随车护送。经瞭墩、七角井、西盐池而至七克腾木，原有村舍，近成丘墟。在瞭墩西边有一战壕，衣巾遍地，骨骼半露，而七克腾木之断墙颓垣，悬危欲堕，栋椽木具，久为军士薪材之资矣。人去楼空，狗犹依依，蹲坐自伤，半夜悲鸣，回思当日景象，不胜潸然。十五日过辟展，至连木沁，为鄯善西之一大村庄。缠民聚居，泉水淙淙，犹不减当年景致，而人怀恐惧，面现饥色，则所处皆同。余尝问一缠民："你今如何？"彼以半缠半汉语答曰："我们没有巴巴（父亲）。我们每天作'乃玛子'（祷告），愿'胡打'（上天）给我们一个巴巴。"又一缠妇见余诉苦，余给洋一元，乱离之末，乃见真诚。

十六日过胜金口，至吐鲁番。时马派黎参谋长、尧司令招待一切，因住于吐鲁番焉。吐鲁番为南疆东部之一大县，地肥美，民殷富，马据此作根据。时马正与省军战，传闻不利，余等乃急谋离吐西去。二十二日开始向焉耆进发，而省军飞机犹时滃滃〔嗡嗡〕于头上。经托克逊，至阿胡布拉山沟，死人死马犹横藉沟中。二十五日过曲惠，为焉耆西一大镇市。往时汉人、蒙人在此种地，及通干军至，汉人被害，蒙人逃入山中，完全易以通干。但此地逼近蒙古，蒙兵亦时乘机劫掠；通干不得安，亦迁徙他处。余等过此，方在被劫之后，火犹熊熊未熄，筩篋满布地表，附近不见来往人踪。二十六〈日〉抵焉耆，即驻于焉耆河之北岸。焉耆在南疆中部，即居于塔里木盆地之东北。首有海都河，发源于焉耆山中之珠尔都斯，曲回南流，经焉耆之野，东入博斯腾淖尔，溢出西流而为孔气克河，绕库尔勒、尉犁之西，折而东流，入罗布淖尔，故焉耆古有鱼盐之利。马耆山中为旧土尔扈特及和硕特游牧之地。焉耆河南为西宁降回耕种之所，名曰抚回庄，因水草肥沃，已臻富庶。在焉耆西哈拉木登，则为汉人垦植之区，故焉耆旧以汉人、蒙古、通干为最多，缠民较少。自新疆变乱，于二十二年二月一日，通干军至，汉人悉遭杀戮，财产抢劫一空。原有汉人二千余户，现只剩七十二户，亦穷困无依，蒙人则逃入山中，焉耆遂全为通干民族所统一矣。当时焉耆置警备司令一员，管理焉、库四县。

余等抵此后，即商定汽车西行至喀什，余南行过尉犁至罗布淖尔。二十三年三月三日，汽车队先发西驶。余另购驼马，于三月七日离开焉耆，甫渡河而河东枪声大作，流弹经落幕前，飞机绕转天空。知省方联合军至。停一日，复南行，烟火弥漫，路绝行人。过四十里城市，人民恐怖，群逃入芦苇中以避乱；闻余至，稍安。十日即到库尔勒，知焉耆已被省军收复矣。时败兵乱民麇聚库市，察勘队亦被迫折回，余亦移匿一缠民家中，而人心骚动，秩序垂破，及省军至乃稍安。而余在此荒乱骚动之中，损失骆驼两头矣。

三　库迪段

库尔勒在塔里木盆地之东端，与巴楚东西对峙，而中隔一大沙漠，塔克拉马堪沙漠。由库尔勒西行，经轮台、库车、阿克苏、巴楚至喀什，在大沙漠之北，在汉时为北道。由库尔勒西南，经尉犁、婼羌转西行，经车尔成、于阗、和阗、皮山、叶城、莎车、英吉沙至喀什，皆在大沙漠之南；汉时由敦煌西至婼羌转西行，谓之南道。现南道久不通，至和于阗者亦由库尔勒绕道喀什，转东行，故须时二月。库尔勒旧属焉耆，设一县佐统治之，气候中和，饶水草，出产甚丰，棉花、瓜果超越全疆，完全为缠族耕种地。略有汉人，因变乱多已死亡；其未死者已入礼拜寺，变而为缠头矣。所有南疆皆如此，非仅库尔勒为然也。

余等抵此后，虽因省军至，秩序稍恢复，而四周伏莽未尽，乃议北返。三月二十四日离库北上，四月一日至乌沙他那。先过此地时，完全为通干民族，人口众多；及今过此，人民已逃徙一空，户门半塞矣。故新疆战争，聚族而战，胜则男女争先，败则老幼同逃，盖犹有封建游牧时代之遗风也。时方遣送焉耆乱民回籍，沿途啸聚抢劫，余等亦戒备终夜。

四月二日，北行入山中，经行和硕特蒙古游牧地。三日至博尔图，见郡王。后女王闻余至，并为中央派来视察教育者，甚喜，给余哈达，为蒙族极尊贵之礼节；见余询问内地情形甚详，并云“蒙古人是忠心于南京政府的。倘有不依从南京政府的命令，我们必不愿意”。又谈及教育问题，余云“将来余返京后，一定请政府在焉耆为蒙古办一所学校”。女王云：“我们很愿意教子弟读书。因此地距迪化太远，交通不便。如能在焉耆设学校，我们是很感谢的。”女王名托克斯太诺允，极能干，思想甚清晰，频频以郡王托余照顾，亦可感念。

复行山中，三日过英宗布拉克、共巴子，至大板沟中，岩石壁立，冰雪犹未消融。在沟中住一日，出沟口，大风弥天，不辨东西，同人多被吹散。七日至亦拉湖，人马多有二日不进饮食者矣。八日至托克逊休息，遇省来邓民政厅长、杨宣慰使，借悉迪化安谧如恒。四月十四日离托向罗布淖尔道中进发。十六日抵哈拉和卓之一缠民家中。先是哈拉和卓有一旧城，名达克雅洛斯赛里，即古高昌国之都城也，周回十余里，房址犹存。先后经东西人士在此发掘，地下古物已采夺净尽。余于民十九年首来此游历，无所采获；今则无暇工作。但此地有一缠民颇知发掘事项，带之行。二十日至得格尔，又带猎户一名。

二十三日之清晨，携带驼马人夫向罗布淖尔进发。盖罗布淖尔在新疆之东南隅，北界库鲁克山，即吐鲁番南部之低脊山脉；东接敦煌之南山，西接焉耆之天山，蜿蜒二千余里；南界昆仑北支之阿尔金山，西界铁里木河，东至敦煌西之白龙堆，周回数百里，均称为罗布淖尔。无一居民，亦鲜有旅客来往。自东西探险学者穿行其间，著书立说，而罗布淖尔遂显称于世。盖罗布淖尔旧有一国，名楼兰，一千八百年后，即被淹没。同时楼兰国有一海，名牢兰海，亦称盐泽，又名蒲昌海，位于楼兰之东北，而当时海都河及塔里木河亦皆灌入其间。及楼兰南迁，河水干涸，海水已变其位置，而此地遂为一片沙漠不毛之地带矣。在一九〇二年以前，东西人士之探险斯地，犹复如此。至一九二七年，西北科学考察团莅止新疆，余时担任考古职务，在吐鲁番工作完后，即穿过库鲁克达格至罗布淖尔，知河水又复旧道，海水亦北移，同时发现西汉时烽火台一座，掘出木简数十，由是知此地为汉通西域要道，中国极西端之国防线所在地也。然时间迫促，未及详细考查。及此次二次至新，重往探查，冀有所发明。余等一行在得格尔筹备完竣后，即直南行向库鲁克山中进发。

二十八日至图胡拉克布拉克，因驼马多有死亡，因另雇驼马，展转延滞。至五月六日方抵孔雀河岸，缠名库鲁克达里雅，即“干河”之义，在二千年前后，焉耆之海都河，汇叶尔羌河，而为孔雀河，直东流入罗布淖尔。后孔雀河南流至婼羌，汇车尔成河东入海，故此河变为干河，而海水亦南徙。余等一次来此河水方至，但尚未归故道，溢水四出，两岸犹属枯寂；今春来此，则水流甚大，绿草馥郁于两岸矣。在河岸附近，每有高阜风化成渠状。余检视上下，每得先民遗物，如石器、陶片之类，盖当初有水时居民之所遗也。

沿河行，九日至土垠，即余等一次所发现处，在其南北端发现当时驻兵营房，堑地筑室，借避石矢。又得汉简数根，有简一写《论语》数字，颇为珍贵。一简为指示大路旁之古仓库，余即本此前往寻觅，在其北约五里许，发现古路一条，沿道两岸，拾五铢钱、铜矢镞、铜件等约八百余枚。尤其在循沿海湾，穿过沙碛，显露古时地理形势，而指示吾人以前进之途径也。盖汉时开西域有三道：一为南道，即由敦煌达阳关至鄯善至于阗；一为北道，即由敦煌出玉门过五船，经车师、龟兹而至莎车，此为《汉书》所载；一为中道，即由敦煌出玉门关，经三陇沙西北行，过故楼兰，直诣龟兹，此即《魏略》所载。此道即与烽火台甚近，则烽敦为大道之保护者，已无可疑。且与龟兹故国正东西对直〔峙〕，彼此参证，则此古道为汉之中道，无可疑也。复沿道西行，略过高仰层之土阜后，遂沿河行，古道亦没入河岸，风水之剥蚀已毁灭其痕迹，但随地均觅得铜钱及矢镞之类，表示其为行人所遗。而河旁枯胡桐树，或立或倒者，犹复散布于河岸。在西行之第三日，见河曲之北岸，沙积成丘，枯树丛植，但在沙积层中露出古人之居室，编苇为褡，枯树为椽，以木承之，若是约五六处；陶片、瓦缶遍布地表；并拾铅质一块，知当时居民除使用陶器外，已进而用铅矿矣。村旁有干渠一，东西行，盖当时引河中水以灌地者，则当时居民非仅渔猎，亦渐务耕种矣。再西行，时行戈壁，时入河岔，犹其在戈壁上之古代冢墓栽木桩作椭圆形，每一墓以木桩表示之，联合数墓为一营，有墓道以为联络；亦有上盖苇褡，下支木柱作住室，而中陈死尸者。其草褡多织苇为瓣，编排成褡，可以蔽风寒而不能蔽雨雪。

在西行之途中，遇余仆人米及提毛拉，自雅尔当返，告余以前面不远有一古城，名喀达喀沁，苇墙犹存。余带队往察，则知非故城，乃一阻水之长堤耳。上覆以红柳及苇草，蜿蜒约五里许，盖阻河水东北流，障之使南流以灌地者。土人误以为城，实误。但由此而汉人在楼兰地有大规模之垦植，可以明也。

时余所带之食料已告罄尽，天气又炎热，考古时期已成过去，乃谋返行。五月二十二日，率队北上，仍经行库鲁克达格之西段。返吐时，吐鲁番粮料极缺乏，石米麦万两，而库尔勒、库车之米麦甚低廉，商人前往转运，经行小道，至吐鲁番南一百二十里之戈壁上，即邀售于途。故荒漠不毛之戈壁滩上，今乃为往来交易之场所矣。在吐鲁番休息数日，即到迪化，已六月初旬矣。

《禹贡》(半月刊)
北平禹贡学会
1936 年 4 卷 5 期
(李红权　整理)

西北纪游

颜奚　撰

一

我去年因为应宁夏第一女师之聘，走马看花的到西北跑了一趟，虽说到过不少的地方，都如烟云过眼般地一瞥过去。事过境迁，当时毫未加以纪述。现在提起笔来，只能写出我脑筋中所留下的一些印象，和当时所发生的零星感想，并且，前后的时间，又牵长到了一年多，就是有些许印象，也早已模糊，不甚清楚了。

四五年前，国人常大吹大擂地提倡开发东北与西北。此种政策如果真能实现，关系于国计民生，实非同小可。现在东北已落在敌人手中，而“开发西北”的呼声，亦早已归于沉寂。如果国人还要勉图生存，西北的富源，真有非吾人所能梦想到的丰厚伟大。开发的旗鼓，自应重行整顿起来。

可是，西北之能否开发，完全不是纸上谈兵的问题，需要实地考察和调查。一般壮志有为的青年，憧憬了一个未来的极乐世界，谁也不在跃跃欲试地想跑去看看？因此，只要听得有人谈到塞外风尘，就不觉欣然色喜。我这篇零碎不堪的纪载，对于有这种嗜痂之癖的同调，或许有一盼之价值吧。

二

我曾经也作过不少的西北漫游梦，可恨全无机会来实现。去夏，承师大易秘书之介绍，应宁夏省立第一女子师范学校之聘。当然，既有这种机会降临，不觉欣喜逾常。便摒挡一切，预备首途。

我素来出门，总是愿意单刀匹马的行走。此次路途遥远，本可稍稽时日以待同伴。因开学期迩，恐荒教务，便于八月十八日下午由东车站搭平包快车离开北平。

三

我坐的是三等卧车，车上很整洁，乘客也不十分拥挤。计自下午三时二十分开行，五时即抵南口，此地为平北重镇，八达岭，巍然立于面前。车渐渐自下而上，宛转峰峦间，如一道长蛇。两岸石壁陡峻，路旁为深涧，涧底溪流滴沥，隐隐可辨。初脱尘嚣的我，到此倍觉清幽舒适。

大约火车是这样慢慢地爬上山巅，约莫有三四十里，到青龙桥，已暮色苍茫了。此时地势突然增高，气候也忽转寒冷，最奇特的，就是山势之错杂横陈，参差互列，分辨不出来龙出脉来。八达岭之所以名，也许是因为这个原故。长城跨山逾岭，依着地势之高低上下，蜿蜒起伏，煞是美观。回想古代这种防胡工作，不知糜费多少金钱，徭役多少民众，目下除供人凭吊外，算是一点用处也没有了。

四

火车开到青龙桥，又换上普通车头。镗鞳镗鞳地赶快继续西开。翌早七时抵大同，约经平包全路之半。下午三时抵绥远。此地原为内蒙古游牧区，现为绥远省会。两地市肆，自车上凭眺，尚十分繁盛，而且沿途土地平旷，阡陌相望。惟自绥远以西，都是一片平芜，辽敻荒漠，罕见人烟。真有“天苍苍，野茫茫，风吹草低见牛羊”之现象。此间人说：“地价每亩不过□二元。”南方有许多人烟稠密之区，隙地都被开发无遗，若能移民到此垦殖，岂不人尽其力、地尽其财吗？

下午七时抵包头，平包铁路至此终止。计自北平至此，约一千五百里。

五

由车站下车进城，尚有五六里之遥，这样一个傍着阴山山麓的城郭，因交通关系，市面上的建筑，虽在力求整洁华美，可是入夜，各商店大半已经闭门，街上只有少数行人来往，灯光暗淡，尘沙没胫，一派荒凉景况，使人难受。

此间有汽车通五原，约程五百里，一日可到。此晚，购好车票，决定明早启程。

第二天早起，连忙收拾行李，送到车行。谁知所开汽车破败不堪，搭客又多，车上装载货物，非常笨重，普通车价每人六元，我已花去七元，还没有正式的坐位，因为司机与茶房渔利，听说还有花不过上二三元的，也是一样坐车，因此不免常有重量超过，发生危险的事。

果然，开行不到二三里，又须停止修理，至五原时，已是第三日下午了。

六

出城不远，汽车如入无人之境，路虽广阔且直，两房〔旁〕惟见野草茫茫，高与人齐，假使没有一道不甚起伏之阴山山脉纵断西面，我们只知道终日在一个荒草迷离的球面上行走。

有时不独半日不曾遇着一个行人，连食物也无处购买，幸喜在包头，店里的掌柜看出我不似一个常来西北的旅客，先晚就替我办了些茶点，然而我们终日在这个荒莽穹窿中跄跄踉踉，除饮食外，各人还须怀抱着一桩很重大的心事，就是忧虑和恐惧。

七

第一日至哈哈布隆，路旁有蒙妇携牛酪饼一篮，形极污秽，味也很腥，我们争相售食，每饼给与一毛之票币一张，我与以绥远二毛之票币一纸购二枚，伊竟不允。我们都不通言语，又另换一毛之票二纸购两饼。这件小事，当时令我颇费踌躕，后来才知道这位蒙妇不识数字，只能辨别票币之纸张大小和颜色，以定价格。二毛票币，也许是伊未曾使用过的，连累我们大家都笑得她不好意思起来。

前面一处又有四五个十二三岁的小孩，远远地跑来看我们修整汽车。我便开始和他们谈话，问他们的姓氏和年龄，都能对答。问到什么叫做“学堂”、“念书”、“老师”之类，就瞠目无言。我又拿出“蹦字表”给他们看，他们围着传观，有一种说不出的喜悦，他们始终不明白表内为什么要响，而且表针也自在不断的在移动。后来有位年青的孩子，又问我表上的符号，我指着“1、0、2”之类告诉他们，说这是“棍子、鸡子儿、鸭子”，他们都非常高兴的笑了。

八

第二日，行不到三四十里，远远地见一所破旧的土屋，已不似尚有人住的样子。正疾驰间，突来一粗汉，阻止前进，同时，土屋内连翩出来荷枪的赳赳者七八位，衣服褴褛，状极凶恶。我们都骇得目瞪口呆，惟有听其摆布。我想：只须使我生命无危，其他任何一切是可以牺牲的，我便毫不迟疑地跃下车来。

原来我们的同伴里面有位蒙古商人，事先并没有人注意到，粗汉一和他见面，恶劣的词色，突转和缓，我们也各自如卸下了千斤的重担，放下心来。

一个这么大的凶浪，竟很快的平复下去，我们对于蒙人，自然要发生了一种不可思议的友谊。

他们是蒙人和汉人的混合队伍，有一个由口袋里摸出一块乌拉特旗保安游击队的符号给我们看，证明他们是保安队，可是符号已经破败，名字也认识不很清楚了。天呀！请你保佑我！我很愿意他们是保安队，不会对我们有什么不利的举动的。后来一到宁夏，常有人问我“到西山嘴遇着土匪没有？由包头至五原，只有西山嘴是一个土匪窝”，我心中才恍然大悟。

九

天下的事是变化无穷的，“祸不单行”这句俗话，也许是要我们来证实一回吧！果然，转瞬之间，我们又闯出了一桩大祸。

我们好好地照旧坐定开车，行不半里，遇着一道小河，河上跨着粗大的木桥，高出水面约有八九尺，我因坐在车的外缘，便独自下来步行，让其过去，不料车行桥上，突然撞断桥边一木，翻坠河中，同车十五人均遭没顶。

立时骇得我浑身只是打颤。幸而河水仅及腰际，不久便一一的自行脱险爬出水面，都已变成了污泥满身的落水鸡。我呆立桥畔，只是望着他们很急又很为好笑。

因为汽车的前部尚未完全搁落河心，所以受着重伤的人并不多，只有车夫撞破了鼻子和额头，当时爬上岸来，虽一度昏蹶过去，不久也就全无妨碍了。车上的行李、货物，尽在水中，我们无法，只得回头向刚才所遇着的保安队去求援。费了半日的工夫，才把一切货物、行李和汽车，慢慢拖来岸上，幸车机尚未受重大损失，延至下午五时又勉强开驶前进。

十

我这次没有和他们一同到桥下去洗澡，要算是不幸中之幸事了，然而事有偶然，何足希奇？谁料同车的满是“蠢如鹿豕”，硬说他们此次不致于全然变成水鬼，定有一位幸运圆满者来庇佑，于是我这临阵退缩的残卒，倒变成了他们崇拜的中心，表示无限的欣羡和感谢。

那些保安队也发了疯，相信我能医治百病，我想横竖到了一个这样化外之区，什么也不会知道，只要他们相信，于彼此的交谊也可以因而增进，就是福禄特尔所谓：“要是并没有上帝，我们还得创造他一个。”何况我还有刚从水泥里面所淘索出来的万金油、如意膏、双妹嚜、花露水之类，可以作为这种玩艺儿的资料，我便大胆的实行了临时诊疗。

起初，我用万金油治了一个患头痛的蒙古老，后来有位患着腹疾，我要他回庄取来一杯开水，想泡点避瘟散之类给他喝喝，不多一会，那人竟跑来连忙跪地叩头如捣蒜，骇我一大跳。我问同伴中的那位蒙古老乡——我们在途中，任何人都叫老乡，以示亲昵——他说：病已经好了，还要不要再喝开水？

你想，这是到了一个什么世界？我们分明是人，而竟都变成了妖怪。当时我也逢场作戏的，只觉得很是好笑，现在想来，真是笑骂皆非。

比晚宿扒子布隆，闻扎有第七十师王靖国的军队，我们不安定的心灵，并不因而减退，然而也只得听天由命吧。

十一

记得离开包头的第三日下午一时始抵五原，我们都困顿不堪。因为车行就是客店，大家一同住下。开始第一件事，便是把昨日所打湿的行李，一一搬出洗晒。

车行里的人，看见遍地行李都是零乱，随即派人向我们道歉，并允酌量赔偿损失。我们因为都是行客，未便久留，结果也就没有怎么十分的去追究，算是自认倒霉吧。

是晚有几位山西商客要赴宁夏，我便和他们商订，四人共雇轿车两辆——一车二马，每辆价洋四十八元——又购备半月的粮食，如面粉、白子（烧饼之一种）、酱菜一类，定明早继续前进。

这里的市面，远不如包头，市上只有些不三不四的茶馆和粮食店，往来除了些穷苦的老百姓以外，尽是兵士，衣服也是破烂不堪的。晚上灯光如豆，咫尺不易辨识，而尘秽播扬，刺鼻欲嚏。我们从这样一个城市，就可以推测到其余的乡村，西北民众的生活如何，也就不难想像得之。

十二

记得二十三日上午，吾们又很早的离开那景象荒凉的五原。

轿车在路上一倾一仄的颠簸不堪，我们完全不觉到苦，可是行不数里，又发生了一个难题。

听说临河一带的路，全被大水淹没，不能通过，而且，水面宽广达数百里，也不是一二日的时间所可减退的。我们觉得进既不能，退亦不可，异常焦急，幸而相隔还有百余里，因此不顾一切的仍旧慢慢催车前进。

不久，我们就把这个消息完全证实。我们也并不消极，走上一程便算一程，万一真的前面发生了阻碍，我们也只有打算在该地住着等待，若就此半途而返，不特前功尽弃，这样的交通一来一去，究竟要何时才能达到我们的目的地呢？是晚抵五家地，计程七十里。

十三　五家地的旅店

西北一带的地名，如果是在乡下，你就不会容易明白，因为他们只能随口呼唤，如果问是几个什么字和有无什么典故，他们就茫然无所对答了。

五家地不过有一二所土屋，而且并不高大，这里的情形，是可以十足的代表西北乡村的普通况味的。

屋为平顶，高低不一，四面筑上几板土墙，上面架些粗枝杂草，糊以黄泥，自远地看来，好比是草丛中放着一个粗大的木箱，而且这个木箱是毫不中绳墨的。

土炕占去了全室之半，高约尺许，上面糊着芦席，炕前有灶口，有时或与火灶相连，凉秋九月，便烧上些柴草、马粪之类，全家坐卧其上以取暖。

什物也非常单简，不过一锅一缸和几具碗筷，桌凳之类都没有的，饮食起居，均在炕上，因此，常引人容易回想到原始时代那种巢居穴处的生活。

普通所吃的东西，不过是小米、高粱、包谷之属，旅客须各自备粮，我们进否〔后〕，照例是要店里的主人替我们作好食品，大家就蹲在炕上聚餐，那样粗而且黑的面条，吃来都觉得津津有味似的。

饭碗是十分粗笨的土货，筷子是外面随手折到的柴枝，有时人数太多，碗筷不够，便彼此轮流使用，全不洗刷，也没有〈人认为〉什么不洁净、不卫生、不适合的。

餐毕，大家治理卧具，预备就寝。可是到此地来的人多半是有芙蓉癖的，于是他们就继之以吞云吐雾，弄得满室生香，有时到了天明，还见青灯荧荧不灭，也从没有见过什么人来加以禁止的。

炕上蚤、虱、臭虫之属，我们无法避免，蚊子因备有烟火，可以略为减少些，然而小小的土屋里，人数又是这么多，终夜还加上烟火薰蒸的臭味，呼吸窒塞，真有一种说不出的使人难过。

十四　水上旅行

今天上午走了四十余里，已算是达到了马车的最高速度，下午出发不远，前面便是一片汪洋，不辨行径。车在后面跟着车夫一步步的移动，缓慢之至，遇有阻挡，马即不前，又须助以人力，有时还须先将车上货物，搬徙一空，等车走过后，又复搬回，你想烦苦累赘到了什么田地？而且，炎威似火，水面阳光闪耀，暑气倍觉蒸人，人在车中，真是坐在蒸笼里面度生活。

此间的蚊子特别多，一近黄昏，蚊似黑云般的阵阵飞来，声如雷动，两手扑摸不及，便整个的由布包裹头颈各部。土人日间常以麦杆或草苞一束，戴头上而行，夜则置火炕前，覆以灰屑，因此烟云满室，蚊祸可以稍为减少些。

我们在这水国里面挣扎了一下午，仅行八九里，晚宿天台桥。

十五　临河的上下

已经弄得人马俱困的我们，今日上午又在水国中跑了十多里，下午路途较为平稳，约四十余里至临河。

这么一个商业萧条的城市，比之五原和包头，真有一蟹不如一蟹之感，我们一到市上，似乎没有什么可以购办的，就是面包、蔬菜之类，街头也并不多，只有穿着灰衣的兵士，沿途各站，倒是没有缺少过。这算是要令我不免时常记挂的一件事。

晚上我们的店子里挤满了二十多人，非常热闹，他们大半是山西、山东、河北一带的商客，且十之八九专事贩运毒品，就是我在五原所认识的几位同伴，也是绥远某大商号所派来贩运烟土的专员。

第二日我们又做过半天的水上客，而且遇着有三处水沟，必须经过船渡，车上货物、行李，屡卸屡装，费时不少，船夫不知行旅艰难，反而把我们居为奇货，苛索渡资。我们无形中又加上了一层苦痛。晚抵花也莫图，计程四十里。

十六　花也莫图的天主堂

花也莫图本来也是荒漠中的一个小村落，约有民屋二三十所，因为各处有些杨柳，气象便已焕然改观，不比以前那样“满眼蓬蒿共一丘”的样子了，而且附近田亩中，还有几道小小河渠，画出了一个乡村的图样，也是数日以来所未曾见过的。这种环境的改变，大致与天主堂有连带关系。

天主堂真能努力到民间去。在西北一带，稍大的市集，我们都可以看到有一所顶着十字架的房子，这就是天主堂。天主堂的建筑大致也和该地普通的土屋一样。神父多英、法人与荷兰人，他们不常驻在一块，有好几处我想去参观，或可顺便还访问点关于他们传教上的消息，然而都没有遇着。他们的工作，似乎非常忙碌，而行动又不专在一处，似乎与各处的教堂都有联络的关系的。他们服务社会，努力在民众方面去谋实现他们的教义。一般不识不知的“蚩蚩者氓”，也就只得听其为所欲为，或许他们不知道现在是住在哪一个国家，什么叫天主教？

教堂在社会上握有很大的威权，人民对于教堂也非常信仰崇奉。他们所耕种的田地多租自教堂，教堂对于他们的租税，也并不见轻，可是他们从不违抗，就是平时所有各种命令，也绝对服从。我不知道他们对于本国政府是取怎么样的一种态度，也不知道政府已经知不知道这种情形。

在此还有一个疑问，为什么我国的土地都归了教堂呢？这也许是很奇怪的吧。然而过细一想，内地的租界、租借地，以及外人所购置的私产，实在多着呢，大约西北各地的膏腴，以前政府也并不重视，人民也不敢单独投荒去开发，富有牺牲性和冒险精神的白种人，一到此地，看见有这种价廉而物美的好宝贝，哪有不尽力来购买的道理！因此我国西北大部分的江山，主权就都慢慢归了教堂所有吧。

十七 蒙古包

使我们最感觉苦闷的，要算是这两日（二十七和二十八日）所经过的路程。本来，自五原以西尽是荒漠一片，东西南北，可以任意奔驰，于是道路就充其量的广阔起来。可是一经大水淹没，往来车马，不特把原行坦道破坏无余，而且辟出了许多新路。我们真个大道亡羊，整天就在这些歧路上兜圈子。每每达到一个地点，不知要绕过多少牛角弯儿。第二天我们虽然不得已又雇了一个土人来当指导，但仍不免时时引入迷途，所以我们这一次所走的路程，也就太不合算了。计自花也莫图至布拉垧，不过四十里途程，转来转去，我们整整的走上两天。精力与时间之浪费，也就可想而知。

途中使我感觉最痛快的，就是最亲切地认识了所谓蒙古包。蒙古包也可命名为“蒙古住宅”吧，圆圆的形式，约比普通的警岗大一二倍或三四倍，外面遮盖着牛皮，里面附着些毡毯，顶上有个小小的窗孔，可以透光通气。包内四周陈列卧具，毡裘重重堆籍〔藉〕。一到晚上，全家就在上面横七竖八的躺下来。因为是常吃牛羊肉的原故，所以被褥上面的油渍，约莫有一寸多厚。釜灶是设在包的中央，夏日天气过热，多在外面临时设灶备餐，冬日煨木炭或马粪之属，只见黑烟缕缕自囱出，家人环坐其中以取暖。

他们的主要食品是牛羊肉，每人身上佩着小刀，会食时，便把〔用〕小刀一块块的割下来。食毕，不洗手也不漱口，仅用两袖抹去嘴上的油污，因此他们的袖口也是和被褥一样的沾染着很厚的油渍。

衣服多半是黄色和紫色的，腰上围着宽厚的条带，长袍还是在地上沾泥带水的拖着走。帽子是一种形似瓜皮之类的呢制物，足着长靴，靴头翘起，上面绣着花纹和图案，行路时常橐橐作响。

女子衣服也和男子一样，长袍外面套上一个坎肩，颈间悬着一串垂及胸际的红色珠络；牧羊善骑如男子，体魄也和男子一样壮健，平常我们在北平所看见的蒙古人是多么高大，可是女子还要强梁泼悍些。蒙古女子在外面所做的工作比男子多，男子常受女子的欺压，普通女子做事以及往来交际，男子只能取着旁观态度，而男子的一切言动，反受女子的指挥和支配。

还有一件蒙古顶摩登的事，就是女子在夏季不穿裤子，因为他们穿的是长袍和长靴，所以不穿裤也是看不见他们的肌肉的。

十八　沙漠以后的谈话

今日晨起，忽然刮着大风，黄沙蔽天。晚抵梁台，仅六十里。

三十日，经过一段五十余里的沙漠山，车由山下绕道进行，非常缓慢，我便个自下车跑上山巅，借以饱览风景。只见西北方尽是细小而匀净的黄沙堆，冈峦起伏，茫无际涯，沙上草木全无，惟见低洼处有水潴，大小不一，想系天雨时汇积山潦而成。旅行沙漠的人，不独物质的生活比我们还困苦，精神上也是要常感到怪凄怆的呀！晚宿傅家湾，计程八十里。

我们这次感觉到店子比较各处都洁净，招待也十分周到，大家都非常快意。晚飧时，我们照例只有几碗粗黑的面条，店主又另外送来几样食品，使我们领略些异地的风味。这种盛意，当表无限之感谢。

"你们南方有甘草吗?"吃了晚饭以后，店里的少主人和我们来谈话。

"有的，甘草本来就出在我们南方。"我这样回答。

"是个什么样子?"

“也是一种树，小的做柴烧，大的比茶杯差不多，还有脸盆那么大的，恐怕你没有见过吧？”

他只笑了，连忙跑去取了一枝约莫有酒杯大小的来，说再没有比这还大的了。我才告诉他我刚才的话，是故意和他取笑的。

西北真苦，我们沿途所见的无处不是荒凉的景象，所听的无处不是民众的苦痛，他们住在矮矮的土〈屋〉里，真个只有“家徒四壁”，不知是怎样可以过活的，有些土炕上还铺着一片破旧的土〔草〕席，有许多连草席都没有，因此苛捐杂税一来，他们就毫无办法。卖妻鬻女的，横被打死的，或宁愿牺牲一切而偷着逃跑的，种种消息，不一而足。假使我这次是坐着飞机来游历，一定不会见识到的吧，如此我又有了感想：

“听说你们这里的女子是可以拿钱买的吗？”

“——”他只点了点头。

“如果可以买，究竟要多少钱才能买一个来？”

“也不一定，看——”他见我的同伴都放下了烟管，也就没有往下说了。

我也不好意思再提起这些事，他疑迟了一回，要我告诉他一些南方的情形，我便和他讲南方。

他很赞美南方，他认为南方是一个天堂，可是我究竟不知道他的想像中是个怎么样的南方。

以后我总疑心这么一个境况似乎还很富裕的人家，为什么要把女儿出卖？那些土炕上连席子都没有的人家的女儿，又当怎么办？恐怕一个大子也不需要的赠人吧？这些我当时总不忍去过细访问。

我讲了许多南京、上海等处的热闹故事给他听，不觉到了十二点钟。

十九　达到我们的目的地了

记得我们三十一日上午所走的路程还很好，下午又是沿着一带沙漠踯躅了半天，晚抵贝子地。

在一个衰草漫漫的旷野里露出一所小店，歪斜数椽，蚊子成群结队的由破壁中飞射进来，已是不能再往下住的一个窝巢了。我很担心墙壁的倒塌，万一在这“人迹罕到”的荒漠中演出一幕悲剧，真个不是好玩的事，然而又再没有旁的可以栖止的地方，而且如果夜深突来一二凶汉，我们也就都变成了瓮中的鱼鳖，只有让他们顺手捉了去吧，于是我们就非常苦了。

九月一日，又由沙漠而进到了一道漫漫的荒野，下午还好，凉风习习的吹个不停，我们感觉骚扰不堪的蚊祸，竟完全没有了。晚宿儿子店。

这几日所走的路程，多半是和前几日相差不远，因为站的距离大致是有一定的。由儿子店到石嘴子四十里，由石嘴子到黄渠桥六十里，由黄渠桥到平罗二十里，由平罗到宁夏恰一百里。

自石嘴子以西，市面就渐渐较以前略有起色，四郊也常见有些村落。平罗县为宁夏省最富庶之区，人烟稠密，然而充其量不过与五原相伯仲，沙子、黄土一样多，所不同者，平罗市肆较齐整，而五原则破落不堪。

宁夏是我们的目的地，算是在九月四日上午十一时达到了。

二十　初到宁夏城

我们一进宁夏城，好比是放下了千斤重担，心中快活的了不得。

记得离城还有四五里的远近，我们赶着马车飞也似的向前跑，忽然前面来了两辆崭新的马车，说是欢迎我们，要我换车。我想宁夏人的礼节，未免过于讲究。我们既有车可坐，又何必在半路上弄些麻烦？后来他们都下了，我也只好跟着下来。谁知我完全弄错了。他们本来是欢迎我那三位同件〔伴〕的，我的同伴都是绥远来的大老板，不久就要变做他们的新主顾，欢迎主顾而必至于国〔城〕门之外四五十里的地点，我算是破天荒的第一次看见。

一进城门，我很惭愧和他们坐在一处，仍旧回上原车，一直到我们的学校里去。这时，算是完全达到我们的目的地了。

校长是一位五十多岁的本地人，态度非常和靄〔蔼〕，我们见面谈了不久，便把房子、行李都安置好，因为正当午飧，他定要和我一块上馆子。

他并不以为我们初次相见而客气些，把学校里的情形一一的都告知我。我很佩服他胸襟的坦白、待人的勤恳、处事的精明。可是我一想及学校的前途，似乎有人在我背上浇了一杯冷水，然而我又回头一想，凡事都在人为，我既然不远数千里而来此绝塞之外，又遇上了这样一位志同道合的上司，为什么不能打破种种障碍而别开一新生面？

现在我想起真是惭愧，在校不到两月，又依旧的回归北平。

我匆匆而回的原因，为免后来从事西北教育的人因而沮丧起见，不欲多所陈述。可引《新中华杂志》（中华书局出版）第一卷第二十二期查大同君所作《宁夏之闻见》中一段大致说明如下：

> 本省因交通不便，一切文化由外输入者鲜，民性复守旧，致教育落后，且经费不充。主政者不知教育为何事，外省教员以薪水太低，难以聘致，中学每小时一元，半薪八扣仅四角耳。全省仅有中学二、师范一、女子师范一。第一中学、第一师范设宁夏城中，因经费困难，合并一校，校门则书“宁夏

省立第一中师范学校”，殊为别致。年前因党部操纵，时起风潮。中学程度等于江南高小……总之，因教育经费之不充，教员多滥竽充数——中学教员有初纪〔级〕中学毕业者，尚有初中未毕业者。教员多存敷衍之心，学生只有混资格之念，实学毫无，良可浩叹。且历届主政者多贪官污吏，只知迫民种烟。苛捐杂税，不知教育为何物……

经费少，主持政教的人又不知教育为何物，我想教育前途的荆榛，是永远无法芟除的啊。

二十一　宁夏概况

宁夏原为甘肃府治，民国十八年改为省，辖县九，省会西屏贺兰，东带黄河，人口约二万。省府各机关都设在城内，城分东西南北四大街，街道高低不平，偶一下雨，泥泞深五六寸，此时的交通是很有问题的。学校每当风雨欲来，便临时放假，倘明早天雨，你就可不必到校上课，因学生照例是不会来的。

市民所居，仍多平顶土屋，平时可在屋上晒谷纳凉，鸡犬上屋，毫不为怪。

市上京、广各货都有，惟因交通不便，卡税太多，普通约比原地价格高出五六倍。

土产以羊毛、羊皮为大宗。洪广营的滩羊皮，尤为名贵。药材有甘草、枸杞之属。吉兰泰和块〔盐〕池县的天然块〔盐〕，结晶纯净，出产颇丰。贺兰山的无烟石煤，比山西红煤尤佳。碱则到处都有，此外发菜、煤油，也是宁夏特产，但煤油至今尚无法提炼。

民俗貌似忠诚，其实异常刁顽诈伪，往往因小故而互相构陷。住在宁夏的人，不特政府对于他们的言动自由，加以极端之干涉，就是各方面的往来交际，也须瞻前顾后，倍加谨慎。

城内墙壁，无处不涂满着标语和格言，省府及各机关的屋宇，几乎都像字纸糊成的，其标语格言之多，可以想见。

吸大烟是宁夏人的家常便饭，不论男女，都能领略此中妙味。宾客上门，寒暄数语，就有人送烟具一盘上炕，大有非此不足以表示招待之敬意。

现在的主席是马鸿逵，上任不久。听说以前历届主政的人，只知道迫民种烟，苛捐杂税，层出不穷，而催款委员，又复上下其手，因此一元之税，有时增至八九元之多，无款则严加拷打，人民横被牺牲，而弃家逃亡者，比比皆是。河套一带，素称肥沃之区，目今则十室九空，依旧成了一片荒区。

钱币单双铜元都有，制钱也不少。银币因省银行所出票币不兑现，普通交易就完全用票币，市面上很少看见银元，惟邮局汇兑仍旧使用现洋，如有汇寄，必须向各方设法兑换，补水很多，而且前主席与新主席所发票币，不过颜色上之差异，前者此时每元仅能作五角用，后者十足通用。商民受此打击，市面金融，因而奇窘。

气候纯属大陆性，夏季日夜冷热不常，冬季则非常寒冷，〈有时〉大风突起，昏天暗地，飞沙走石，常二三日不停。

回教徒在城中和汉人同住，并无显著之差异，大致回人勤苦洁净，不沾烟酒，体格又十分壮健，与鸠形鹄面之烟鬼比，就相差远了。

淫风之甚，也是各处所没有的，其原因我认为多半是由于穷苦，据公安局的调查，城内居民不过二万，有私娼一千八百余家。记得我们住在黄渠桥的一家店子里，有位年青的姑娘，我起初不过认识她是一位小朋友，后来又来一位什么公安局长，临走的时候，她双手板留着要他住宿，她父亲也在旁边附和，我才明白了她们这种勾当，我在宁夏，就是碰见了七八九岁的女子，都要使我发生无限的怜念的。

名胜只有北门外之海宝塔（俗名北塔），共十一层，高约十四五丈，相传为六朝时赫连勃勃重修。西城内承天寺前有西塔，高十三级，据《朔方志》（即《宁夏志》）上说，塔下埋有佛骨，金棺银椁。此外省府门左旁有岳武穆碑，高五六尺，有字五行，首行为“送紫岩先生北伐”，末行为“绍兴五年秋日岳飞”。兹录其诗如下：

号令风霆迅，天声动北陬。
长驱渡河洛，直捣向燕幽。
马喋阏氏血，旗袅可汗头。
归来报明主，恢复归〔旧〕神州。

二十二　个人的起居

在宁夏足足住满了五十天，个人的生活究竟如何？我过的多半是粉笔生活，而且素性对于任何事体都是淡然忘怀的，起居住〔注〕也就写不出多少了。

现在先述宁夏省立第一女子师范的内容。

女师是几时成立的，我记不甚清楚，大约宁夏自民国十八年改为省，省立女师之成立，当然是在改省以后，全校共有学生百余人，师范部仅十四人，其余都是高小、初小的学生。师范部的教员，多半是中学那边的兼任，约八九人，小学部有女教员四五人，也有兼任的男教员。校长、教员均不住校，因此下午放学后，全校只留下一位女体育主任和我及工友二三人，到处鸦雀无声，恍惚是住在深山中的一座古寺里。

因为宁夏文化低落，所以名为师范，实际只有初级生两班：一年级一班共九人，三年级一班共五人，其他为高小二班，初小四班。

我每天课毕就在校长室休息，有时校长不在，我便一人出门，差不多天天如此。晚上因为太寂寞，常个人跑去街上找着看热闹。早晨七点起床，赴鼓楼街一家回教的馆子里喝糖茶和〈吃〉油饼(胡麻油煎的)，回来不久又恰好上课。

大约不到一周吧，我便搬到城西的教育局里住下，生活虽苦，行动却比以前自由多了。

我担任的是算术、历史、地理、教育、美术五科，在教室里只须注释字义，讲解语句，清楚而缓慢些，老师的担子就可以安然放下，所以我每天毫不迟疑的跑上讲台，讲了不久，又毫不性急的只听见打铃下课，居然也能使她们心悦诚服，不生反动。

路上有人对我说，你到宁夏去才知道那里的文化，有人会问你：“‘中国’是什么？‘日本’又是个什么东西？为什么‘日本’要打‘中国’呢？‘中国’不会打‘日本’的吗？”我到宁夏才知道这话完全是一种故意的嘲弄。

学生年龄不齐，程度也不一致。这是可用常理推测得到的现象。我有时觉得上课的兴趣，也不十分浓厚，课后又到各处参观他们的小学。学生年龄与班次，各处也不整齐，设置、教学和管理、卫生，种种方面，尤多不如人意，我的心弦又被振动，竟和一般小天使们表示同情，在该地《民国日报》办了一个《小友园地》的副刊，意在提高小孩子的读书兴味。于是我的兴趣又由校内搬出校外，记得在《小友园地》第一期《告小朋友》里面有段话说：

在这个“天下黄河富宁夏”的地方，的确不知怎的，交通是那么不方便。外面来的报纸，都要半个月才能到手。小朋友所要看的书报，自然不用说，一点也没有。大人们是这样的不注意我们，又谁能管得着呢？大姐这次历尽千山万水跑到这座贺兰山下面来，天天总是替小朋友们担忧，恐怕你们在家庭和学校不很好玩，想讲些故事、笑话、诗歌和谜语给你们听，也愿你们在家里或学校里所听到的写些来发表，给没有听过的人看看。这不是一件很好玩而且很快乐的事体吗？

这也许是一件在宁夏所空前未有的玩艺儿。出版以后，各地小学生看的和投稿的便一天多似一天。可是发刊不过四期我又离开宁夏，现在想来，心里还非常难过。因为我素来喜爱小朋友，而竟又无条件的把他们所爱好的东西不给他们了，好比是从他们的母亲身上割去了乳房。也许有些小朋友在家想起这位不知下落的大姐，要在他们的父母面前很伤心的哭诉吧！

下面有两封小朋友的来信，写的多有意思，具有童心的人们见了，不用笑话。

（一）

我亲爱的大姐：

星期六这天，我在《民国日报》上忽然发现了“小友园地”，心里说不出来的一种喜欢和快乐。

我赶快的看了下去，看到《告小朋友》的题目下，有一个大姐的名字，我喜欢的更跳了起来。我想这大姐一定很漂亮，很温柔的，不，怎么想讲些故事、笑话、诗歌、谜语给我们听呢？大姐，我看见你的名字，就想起《晨报》上的老太婆来了。她也是喜欢和我们玩的。说笑话，说故事，有时她说的，我还不能明白，我不知道你都是要说些什么？顶好给我们说浅一点的，我又不明白，大姐！你是不是老太婆的女儿呢？

我写这封信的意思就是问这些，不知道大姐答我不？这封信写的很不好，你看了千万不要笑啊！

我还想做篇文给你，心里又害怕人家见了笑话，祝你
快乐！

宁夏县党部附属民众学校三年级饶毓英

（二）

大姐：

这是我们第一次的和你谈话！照人情说：每逢生人见面，必定先要问好，再要问问姓名的，现在我们也离不了这个俗套。

大姐！你好啊！你究竟贵姓？台甫怎样称？现居何处？能不能告诉我们？如能的话，就请告知，我们得闲也可到□府上领教的！对啦！别的话不说啦！现在有几件小事情要领教，请你一一回答！

1. 我们这班有书信文十余篇，想在《小友园地》上一登，但我们不敢送来。这类文字究竟登不登？倘登，请示知，我们马上可将稿子送到。

2. 前本班学生徐天祥送歌谣一稿共四段，二期登了二段，下二段登否？

3. 二期内《桃儿的妈妈太迷信》一稿，中间"……连忙跑来一人"一句下面，是大姐你改了呢？还是排字的人弄错了呢？若弄错了的话，请在下期上面改正一下，可以吗？

大姐！我们料想你是很爱我们的！望你马上给我们答覆，没要叫我们心中着急！说的话太多了，下次再谈吧！祝
你的文安！

二校初四年级全体学生谨上，十·一七

这类的信，我收到很多，因为小孩子不是大人们，无论什么事须得使他们满意，不能使他们灰心的。于是每期就须一件件来作答。上面的信的答覆是：

毓英及二校初四诸小友：

你们来信都写得很好，我非常欢喜！现在我分条答覆如下吧：

1. 毓英小友的文章，请你赶快寄来！

2. 大姐是亚圣的后裔，并不是北平《晨报》上什么老太婆的女儿，决不是的呀！名字这个劳什子非常讨厌，告诉你们又有什么好处呢？横竖大姐也不过是一个大姐，你们知道世上确实有个大姐就是。前次有好几位朋友也这样写信来问我，以后我就不用一一作答了。

3. 我住在朋友家里已经很感觉不便，现在又要劳各位小朋友来打扰他们，想必小朋友也会替大姐感觉不安的吧！以后我们有事最好就用函件往来，恕我连住址也不会告诉你们的！

4. 书信文请寄来，当择优发表。我们这个园地，只要是小朋友的作品，无论什么都可以的，并不限定哪一种。

5. 徐天祥的歌谣是要继续登的。

6. 田守业的文章很好，排字匠恐怕弄错了点，幸喜还读得下去，下次要他们细心就是。

我开始是粉笔生活，后来又加上这种墨笔生活，我的生活算是很调协的了，不料社会环境和教育界中情形，一天一天只是令人看着心灰，校长时长〔常〕疾首蹙额的坐在房中纳闷，关于所守职司内应作之事，处处掣肘，以致一筹莫展。宁夏城中还有这么一句话：“以前当教育厅长的是文官，现在当教育厅长的变成了武官。”宁夏教育目前的生命如何，吾人由这两句话里面可以得些言外之意。

我本想要到年假才摆脱我的职务，后来听说黄河快结冰了，解冻须在明春三月底，而路上骑驼坐马又过于寒冷。这样，我的粉笔生涯非继续到明年暑假不可。我是再也不愿意牵连到那个时候的，在这种情状之下。

而且，沿途匪劫非常，回想来时的苦困，真令我却步不前。独行踽踽是再无此勇气的，于是我又须向各方询求同伴，好容易在一位同乡处找得杨君知人等三数人，便于十月二十四日由黄河搭船顺流东返。

二十三　别矣宁夏

我在动身的前日，还没有把行李完全摒挡就绪，临走的当儿自然忙碌非常，一则学校方面必作一番明知其不可留也的挽劝，二则船户的行期也很难确定。我依照同伴的嘱托，急忙的把在五原那种临行备粮的故事重演一套，等到十一时才备好车辆，一同首途，是晚宿离城相距四十里之李冈堡。

第二天早起又在荒郊里左弯右曲的走了半天，才到一个不知名的河岸，找着了我们所预定的一只板船。

黄河里的船舶种类很多，拿整个羊皮灌满空气，把它联合起来做个圆圆形式的船，叫做羊皮划子，上面可坐七八人。还有牛皮做的，叫做牛皮划子，和板船那么大小，可坐二三十人。我们坐的板船完全是木制的，比江南的民船约大四五倍，形似我国旧时市上所通用之银锭，粗大不堪，外面不糊油漆，里面也不加修洗，满船装着羊皮、发菜和苎麻。我们一共六人，占住一舱，被褥、行李都搁在货物上面，顶上再张盖一层布幕，遮避〔蔽〕风雨。

我们的船在当天下午就开行，计在途中因大风停泊过两天，在十一月六日上午就很平安的到了包头。

船上的生活也和路上一般苦，每天躺在布幕下面，吃的是粗黑的面条，喝的是黄河里面的污泥浊水，每杯开水足有三分之一的黄泥，幸而味道还不如宁夏城中的那样苦涩，不多几天也就安之若素了。

河里的气候与陆上也不一样，我们未离宁夏之先，城外贺兰山顶上早已白皑皑地戴满着雪。沿河一带的人民都是披着白羊皮——便是没有布面的皮桶。我穿了皮衣，又加上外套，有时还缩葸着不敢弹动。日间的温度普通在E表四十度左右，一到晚上，就慢慢的降低，记得未抵包头以前有好几晚，天明时竟冷到了零度以下。

水面多风，河岸两旁满是昏雾凄迷，很少悦目的景色，晚来也是泊在一片漫无人烟的草岸，有时或者可以遇到几所土屋，但里面住的都是褴褛不堪的穷汉，连烧饼、蔬菜之类都无处可以购办。总之，西北一带，不论水陆，都可以“荒凉”二字形容尽之。

我们启程时准备了十天的粮食，以为一定尽够了，谁料一到包头竟短少三天，苦得我们有几日只是吃点水粥——黄泥巴很多的水粥。

但是，路上无论如何苦，我的身体总是健康的，精神上也是快乐的。日间躺得不耐烦了，可以坐起来看看小说。旁边有位姓范的慈祥老太太，也欢喜和我谈些家乡的故事，我们的日子就是这样一天天的消磨过去。最后几天，我们觉得水上的生涯也没有什么不好，只要大家仍旧是在一块，再住上十天半月，我也是很愿意的。

在船上我们总是提心吊胆的害怕着土匪，我所带的行李，仍旧是来时坠落河中的那些破败衣服和书籍。如果他们一来，我也打算全盘奉送，毫不计较。

石嘴子一带都已过去，全然没有什么动静，只有一处我们的船正在行驶，突然岸上来了三四个武装很整齐的大兵，叫喊湾〔泊〕船。船夫知道他们大约是要走上水的，只说了几句后面还有好几只来，又用手远远地指点着，竟把他们骗过去了。

“拍!”，晚上在昭君峰附近，我们已经熄灯就寝，忽然听见对河放了一枪，不好了，无疑的是来了匪，我虽没有什么可怕的，可是天气太冷，实不愿再从被窝里爬出来，并且，旁边那位老太太，行走也不很方便，我们丢下她一个人就跑吗？反覆地寻思着，总想不出适当的办法。好，不管他，来时再去临机应变吧！一分，二分，三分……大约过了一二十分钟，而竟动静毫无，我们又安心的睡下。

到了包头，行李是属于我们的，身体也是归我们所有了，以外的一切也都有了办法。赶快，赶快！我们赶急收检行李上岸，在平包车〈站〉附近的一个旅馆里住下。

第二天我们五点钟起来赶火车，第三日上午十时我又依旧的回归了北平。我这篇东西写的太拉杂，也就在此搁笔吧。

《西北论衡》(月刊)
西安西北论衡社
1936年4卷7期
(丁冉　整理)

绥远游记

宝实　撰

廿四年秋，余以故，有西北之行，在绥小住兼旬，暇时乃漫游归化、绥远二城，赖“柯达”之助，因得载美景以俱归，愿以公诸本志读者。

归绥为西北重镇，亦为西北物产吐纳之所，且以平绥铁路所经，故交通、商业均极兴盛，颇为国人所注目。查绥省人口仅二百余万，地广人稀，物产丰饶。谚云：“黄河百害，惟富一套。”盖拥有黄河上游之利者。全省税收年约百余万，而用之于教育者占其泰半，盖近代化之建设尚未见端倪也。

绥市分新旧二城：新城曰绥远，建于康熙时代，省府及公署在焉；旧城曰归化，城已废除，为商业之中心，商店林立，贸易繁盛。

昭君墓在旧城之南可二十里，传为汉明妃王昭君之墓，“青冢拥黛”为归绥八景之一，据谓该地之草惟冢上者四季常青，故名青冢。冢高二十余丈，广可数十亩，有径可以攀登。墓前有碑凡八，惟皆非古物。闻包头亦有昭君墓，不知何者为真。墓顶俯瞰一照，摄时因阳光射及镜头，乃以一手遮日光，一手持镜箱兼司拍照，用 f. 22 及$\frac{1}{25}$秒，固未计其成功也，照片中部极左有二分许之小人凡四，乃此行之同游者。

绥远名胜，以寺召著。“召”乃蒙语之寺也。较大之召凡五：

大召、小召、舍利图召、巧尔其召、五塔召是也。大召殿内光线极暗，用 f. 4. 5 拍摄约在五分钟以上，三脚架位置不牢，因极虑其震动也。小召前坊，上部极广，形式绝奇，建筑尤佳，亟以 f. 8 $\frac{1}{25}$秒加黄滤色镜照之，以天际有微云也。五塔召五塔之正面为殿宇所围，不克得全景，幸由寺后街道拍得之，墙上犹有广告也。摄时向日，乃以路旁电杆之影遮蔽镜头上之直接光线拍之，亦利用环境之一法。

魁星楼之后为文昌阁，居旧城中部，时油饰方竣，守者为一兵士，衣甚蔽，导余登楼。乃以 f. 8 $\frac{1}{25}$秒摄此跳一足之魁星，因楼中地位所限，不克用三足架，又为景深所限，不敢用较大之光圈。当时固以为曝光必致不足也，结果仍可观，当是万利之功。临行予该兵以小费，固辞不受，纪律之佳，因可概见。

绥境产马极良，故省府每举行赛马以为倡，马场西门新建水门汀牌坊一座，因远处光强，故不甚清晰。街市一瞥，系由城楼上摄得，山顶浮云，为此照增光不少。

二道河山洞，距城八十里，为平绥铁路西段唯一之山洞，长可百余尺，乃自十八年大水后，路轨被冲数里，河流改道，路线乃改建于山脚之上，始有此山洞之建。当年改线时，所有桥梁均以钢轨暂代，现改筑洋灰钢筋桥梁，每梁重可二十余吨，工人用二丈余之钢轨四根撬之，使滑行于钢轨之上，运行甚难，故工作极缓。适天空云气郁蔚，亟以 f. 8 $\frac{1}{25}$秒加黄滤色镜拍之。

来绥时，携万利四卷，其他三卷，未几即罄，而绥市所售者奇昂，寄语读者，旅途固宜多带底片也。以所得之成绩观之，万利底片独优于其他，信然。

小召一塔　f. 8 秒$\frac{1}{25}$加黄虑色镜

舍利图召　f. 8 秒$\frac{1}{25}$加黄滤色镜

五塔召　f. 11 秒$\frac{1}{25}$万利片加黄镜

大召内景　f. 4. 5 五分钟殿内极暗，万利片摄

小召前坊

f. 8 秒$\frac{1}{25}$加黄镜

青冢府瞰　f. 16 秒$\frac{1}{25}$万利软片

汉明妃王昭君之墓

魁星提斗　f. 8 秒$\frac{1}{25}$

绥市赛马场正门　f. 11 秒$\frac{1}{25}$

绥远市街一瞥　f. 11 秒$\frac{1}{50}$万利软片

桥梁换好机车压道

换梁之前先以道板支撑旧梁

东亚最大机车

平绥铁路西段唯一山洞 f. 22 $\frac{1}{25}$秒

《柯达杂志》（月刊）
上海柯达杂志公司
1936 年 7 卷 4 期
（朱宪　整理）

到百灵庙去

黄𦘦霦　撰

I

时候是早晨八点钟，我们环站成一个军队训话式的三边形，德王便从他所住的蒙古包中走出来，后面还跟随着他的几个从员——军官、秘书、翻译。……彼此行礼之后，便开始向我们演讲：

“诸位同学，你们能在这春光明媚中，假春假的机会，不到苏杭一带名胜的地方去游历，却要跑到这远远的沙漠地带，忍受着冰天雪地的痛苦，这实在使我们钦佩而且热烈欢迎的。”虽然已经是四月了，但是塞外的气候还是那样寒冷，我那厚厚的皮袍大衣仍敌不过这蒙古风轻轻的一吹，我打了几下寒噤。

“青年的同胞们：你们经过长途的跋涉，现在已经到达百灵庙！在你们来到这远远的蒙地以前，你们对于蒙地的一切情形是传闻的，是推想的，现在你们已经实踏在这蒙古沙漠之上，居住在蒙古包内，对于你们从前的幻想和传闻上的错误，总可以有点转变和更亲切的认识。”

“蒙古远处在这西北地带，由于交通之不便利，消息之不灵通，故内中实在情况，外地人很难明了。而一般不负责任的人，往往在外面乱放谣言，至使外地的同胞们对于蒙古发生很坏的印像，这实在使我们蒙地的同胞痛心！”德王更重复一句说：“这实在使我们蒙地的同胞痛心！”

“蒙古现在所处的危机，诸君都清楚的知道；东有日本，北有苏俄，同时又处在中央不谅解之下，其困难之情况，在诸君想像中！我们既然都是中华的国民，我们就应当彼此努力，精诚团结。

“蒙古现在一切都在落后，一切正在谋建设，诸君皆为富有学识的青年，诸君既然抱着这样大的勇气来到西北调察，深望诸位回去的时候，能带回一点正确的消息，向中国各地的同胞作一真实的报告，使他们能知道蒙古同胞的热诚与苦衷，对我们表示同情的援助……

“蒙古地带并没有别的可以为诸君消遣，诸君可以骑一骑马。还有让他们表演一点骑术、套马、掼跤……晚上再让他们做一点蒙古音乐，诸位听听……”

德王演说时之姿态

全体团员

Ⅱ

假使我要告诉你从绥远到百灵庙的地仅五角钱一亩，你一定会感觉到便宜的惊奇——其实西北一带的土地都是这样贱，还有及不到这许多的。如果你曾经或将来到这里来旅行一次，你一定会看到这广大人稀的平原，你会感觉到中国的伟大，而叹息一般眼光狭小和富有保守思想的人们逐鹿于中原城市中求食状况的可怜。

我们是三十号到的绥远。在我们未出发之前，曾经有一批首次移民的车开到西北来，准备分散于此中，听说此次募集的人们大半是从北平一带来的，还有山东的一批，正在继续准备出发。这不但是救济人烟稠密、贫不聊生的一部人们的好出路，同时也是在高唱开发西北声浪中最急的先务。

在我们这次旅行中，德王因为卡税的问题正在酝酿着，没有解决，我们很怕临时发生影响而不能到蒙地去游览。结果一切都是出乎我们意料之外的圆满，这不能不使我们认为幸运。其实中央对于蒙地的问题并不是不关切，在过去汉、蒙发生误会的时候，中央曾派内政部长黄绍雄来过百灵庙一次，并且为解决汉、蒙间利害冲突的便利计，曾设蒙政委员会于此，现仍存在。诚然事情经过委员会的调解，有许多误会已经很容易的解除了，可是蒙人因为风俗、生活习惯上的不同，宗教迷信太深的缘故，汉、蒙终久难于调洽。假使你要我告诉你一譬如的话，移民开垦就是一个最好的例。蒙人所过的是游牧生活，汉人却是耕种。游牧的生活是随地而安的，但是汉人于耕种时，往往将土地划分占据为私有。显而易见，这对于蒙人的牧畜范围加以侵占。蒙人对于这种行为终不免发生一种反感。同时，我前面已经说过，蒙人的迷信太深，对于土地的开掘，认为系一种有伤风水、大不吉利的事情。

从这里我又想起一个蒙政委员会中的汉人告诉我〈的〉一件事：蒙古不但沿水一带草源〔原〕的土地肥沃，在蒙古的山中，并且蕴藏着许多矿产，虽然伏露在地面，蒙人依然不肯开掘。你只要看蒙人一直到现在还在燃着牛粪过活取暖，总可以知道蒙人几百年以来的生活毫未有进展。我现在所要告诉你的事情是这样：在蒙政委员会中的汉人初到百灵庙的时候，因为看见附近煤矿的丰富，于是派人去发掘一点来自用，但是坑尚未掘到几尺深的时候，适会蒙古某一王子病死，蒙人大哗，认此事为大不祥，于是群起禁止，所以一直到现在百灵庙所用的煤，还是由绥远用骆驼驮去的。

百灵庙一瞥

庙中喇嘛诵经

Ⅲ

交通的不便，实在是蒙人文化思想进步迟慢的一大原因。这次我们到百灵庙去，承绥远省政府与绥新汽车公司的热烈赞助，共拨给敞蓬汽车四辆，德王那边是预先已经有电报通知，于是我们便于四月一日的绝早动身。那时我们心中是充满了高兴与热望，但我现在是要来报告一点经过的实事给大家，所以我不用描写，这些在诸位的想像中也可以知道的。

我们一行是五十八人，就中有女同学十七人。在私人团体方面，像这样大规模的到蒙古参观还是第一次——因为据我知道的私人团体方面，从前仅有燕大的冰心女士等十余人到过这里一次。车于出城二十里，便走上阴山山脉的大青山中，山势非常奇突。

在我们离开北平的时候，关内的桃花已经盛开，柳树的叶子已经长的很长。可是在这山中，河道和山涧依然完全集满了冰雪。车是沿着河道前进，崎岖难行，所以走得很慢。山中所见的人家很少，只有几队万里长征的骆驼队，还有几辆旧式的牛车，这全是由蒙地或向蒙地去作买卖去的。时而有三五蒙兵，穿着蒙衣，骑马荷枪的驰骋在万山中，使我们对于这伟大豪迈的人生，发生一种深深的钦佩。

车过武川以后，距百灵庙尚有三百余里，从这里去百灵庙的路程，可以说完全是一大荒原，所以汽车在上面走起来也比较快一点。武川县是一个几千户人家的县城，由绥到蒙古去必经的重镇。土城土房的建筑，人民的风俗生活尚与汉人相差不远。在这里承县政府、党部和驻城的团长们殷勤的招待，稍为的休息以后，又上车出发。

车在大荒原中前行着，四望无际，百十里地以外没有一家人家。有时可以看见成群的野马、羊群在山野中驰骋；有时也会望见一两个蒙古包的人家在冒烟。野地里狼群和土匪很多，我们是这样的幸运，未曾遇见一次，不过大多数的同学都在提心吊胆的念佛，或者这里面也有点关系。提起念佛来，也是一个很有趣味的事情。同学中除去几个是南洋华侨以外，全是中国的同胞——其实南洋华侨也是中国人，不过中国话说不好吧〔罢〕了——可是念的佛音全是外国调，这里面有女高音、女低音、男高音、男低音，随时随地几个人添在一块都可以合成一种谐和的歌声。是的，这是在唱洋歌，并不是念佛。还有一二个同学带着 Uklala 配合。假使我〔你〕曾经听过燕大的米塞亚曲，你就可以想像到这五六十人合唱的歌声是如何？实在，这歌声并不下于唱米塞亚曲时的庄严美丽啊！

也许是因为歌声过于雄壮，引动的山中黄羊紧随着汽车追赶。黄羊的确是一种奇异的动物，这或者是它们的生性，总以为自己是世界上奔驰最快的。我们曾经在途中遇着百十成群的黄羊，虽然当时汽车开着三十哩一小时的速度，黄羊却拼命的追，直到赶过在车的前面横过后，始洋洋得意的慢慢跑去。这在它们的心理中大概认为是一种胜利吧。其实黄羊要不能保持这样速度，恐怕早已经灭种——黄羊是一种较家羊大的野羊，身黄色，随草色变化，奔驰一切与野鹿同。

车行迅速，我们总希望着车在中途不要发生什么大障碍——车的轮皮轮胎毁坏是一种很平常的事，在崎岖的山石中行走是不可避免，我们也曾经补换在十次以上——如果一旦有大障碍的话，我们就必须露宿在荒野中，百十里地不见人家，不但是很危险，即饮食方面就是最难解决的一个大问题！你可知道在我们动身时的情形；在我们未动身之前，曾经预备了一百余份面包在路上用，可是在火车上分发给诸团员一部食粮的时候，没有一个人喜欢啃这夹着一点鱼肉的干面包，为携带便利计，中途抛弃了一部分。但是天知道，这余留的一小部分在这里却会变成最珍贵的东西。

车行迅速，但有时也曾因为道路的不良而停留。譬如有时必须过河，而河水是那样的深，河岸是那样的高，这样必须接〔借〕着木板的帮助和铁锹来填平。车轮有时会落在沙漠中，虽然开足了马力，车轮努力的旋转，却不走，这样必须我们下来推动。一车损坏，其他三车上的人都下来援助，这种精诚团结、共生死的精神，在平日真不可多见，假使中国人都能这样毫无妒疑的共患难，我想早已经是强胜了。

车行迅速，次日晚七时到达百灵庙。

Ⅳ

百灵庙的建筑伟大极了，车在距三四十里地以外，便远远的望见一行山，据说山的下面，便是百灵庙。我们每人的心中都感到一种快慰，因为今天总不至于露宿在山野、沙漠中了。车行渐近，距百灵庙十里地的样子，有二三个蒙古包，包中住的是德王放哨的军队，荷枪站立在路中。因为事先已有通知，故表示欢迎的意思。

车行更近，河道与百灵庙的建筑已经清清楚楚的看见。河道弯曲成一大圆弧形，百灵庙的建筑便在中间，四面为山势环围着。从远处看去，层楼、高塔、围墙……百灵庙完全是一个纯白的建筑。德王的住所及蒙政委员会的办公室等全建在庙的附近的蒙古包中。车从冰冻的河上驶过，我们便停留在这里。汽车夫便将车开到河东，住在汉人在蒙地作生意居住的十几个包中。

百灵庙在蒙古人的心目中视为最神圣的地方。庙内喇嘛有五百多人，都是从附近千百里地的蒙古人家中选出来的。蒙人一经入庙作喇嘛，就好像从前我们科举时代的中举人、进士一样的尊重。喇嘛们的饮食完全是由蒙人供给，所以每天除了念经以外没有别的事可作，都养成一种懒惰的废人。

蒙人最重视百灵庙，所以一切规矩都很严厉。庙内的一举一动，法规的严厉，因为我们知道的不怎样清楚，所以不必说。据说就在庙外的地上随便掘一个一二尺深的土坑，都干犯着很重的戒律，是禁止的。

至于女人们，除了在庙会的期间，几百里地以内的蒙人都跟随着来朝拜，在平时廿里地以内是绝对禁止她们穿行的。从前的冰心女士等莅临，可以说是头一回给她们破例，今年又有这十几位女同学到百灵庙来，可说是开一大记录，即便将来也恐怕很不容易看到。据我的观察，西北——包头、绥远……的庙，差不多门外都贴着一个禁止女人登临的条子。他们的意义虽不能确切的知道，但总不外以为女人有点笃犯着神，于庙不利。至于百灵庙的不许女人靠近，更有一段特别的神话蕴藏在里面。

去百灵庙不远的地方，有康熙营的遗址。据说这点残败的痕迹，是康熙从前亲身征回时到这里遗留下的。当他在这里的一个晚上，听见附近的山中有女乐的声音，可是调查的结果，并没有看见人。于是风水家便来推测说，这里灵气太盛，将有天子出现。百灵庙的建筑便是为镇压未来的天子设的。百灵庙的下面有二泉，即所谓龙眼；附近有女人山，就是乐声发出来的地方；山上建有一塔，内贮秽物，意思是使女人腹内污秽、不能生真龙天子；二十里内不准来女人，免得将来有小儿生在这里。康熙年间，交通是那样的不便利，皇帝尚能亲身远征到这里，费这许多苦心，现在我们抚慰的力量都没有，使我蒙地的同胞日处在怨恨惊惧中，这我们思想起来，不能不惭愧！

蒙古妇女头部之妆饰

山颠的脑包，摄于日出的时候

百灵庙清晨远眺

V

在百灵庙附近的蒙古包中住了一夜，第二天的清早太阳尚未出来前，我们一部分人便起身爬上附近的山巅，去看蒙地美丽日出的情境。这也是蒙古特殊的风俗，差不多每个山巅，都堆着一堆石头，蒙话叫作“脑包”。他们的意思是表示曾经登临朝拜过，也有人以为是在庙中念经的，念完了以后将经送到这里作为停止的记号。

日出后，光耀着百灵庙和附近蒙古包的风景，特别的好看。

下山后已经是六点多钟，稍为整理后我们就由人导领出发到百灵庙中去观光。入庙后适会喇嘛们在院子里讲经，十余人环坐一处，一共有十几堆。彼此在讨论，好像要打架时争吵一样。中间站着一个大喇嘛，手里拿着鞭子监督。

大殿一共有十几处。殿的后面分建好几百个小院，院中有蒙古包，就是喇嘛们住宿的地方。

当我们从庙里回来的时候，已经是八点钟的样子。队长通知我们德王要出来给我们演讲，我们因为人数太多，便在包外的空地上，环站成一个军队训话式的三边形。

德王是一个三十多岁的中年人。从表面上看起来，红红的面皮，高高的鼻子，中等健胖的身材，穿着一身宝蓝色的绸蒙装，显得非常忠厚而切〔且〕庄严。从德王的谈吐中，我们领略到德王是一个热诚和善，而且是一个富有学识、精明强悍的人物。你要知道，在一个以货易货的社会组织之下，人们的生活和思想都正如原始人一样，是谈不到教育，德王却是一个汉、藏、英、日、俄、蒙精通六种文字的人，这不能使我们不佩服，德王的演说——在前面我已经写过——是那样的沉痛，这使我们对于边疆同胞们的热诚与失望感觉十二分的难过。

喇嘛在庭院中计论经书

Ⅵ

假使你要不以为麻烦的话，我还可以告诉你一些关于蒙古包的事情和我们在那里住了这短短的两夜所见所闻的一切。简单一点来说，蒙古包是一个尖顶圆形的房屋。包的上面有一个圆形的天窗可以开关，是用作透光出气的。四面上下完全是用很厚的毡子铺成、木架撑起来的，所以装拆很方便，只有几分钟便够了。不过这建筑是非常的坚固暖和，抵得住飙风的狂吹。室内所燃的是牛粪。在普通一般人看来，牛粪是一种很污秽的东西；假使你要知道蒙人的日常生活，所穿所用的来比较一下，便不以为奇怪了。蒙人的所以用牛粪作燃料，大部分是由于环境驱使，木材、草源的缺乏，不能不这样。

提起他们的衣服，是多少年不更换一次。在外表来看，诚然是很污秽，这在他们并不十分在意。最讨厌的是衣服里面的虱子，你可知道，他们的皮袍穿在身上并不在里面另套衣服。日子久了终不免要生出许多虱子来。让我来告诉你们关于他们治虱子的办法，这办法的确太有趣味了。当着骆驼从外面旅行回来的时候，身体非常的温暖，蒙人便将皮袍从身上脱下来覆在骆驼的身上。虱子感觉骆驼的绒毛较比皮袍更热，便都迁移到骆驼的身上，如是皮袍取下来以后一个虱子都没有了。可是虱子在骆驼的身上，因为皮太厚咬不透的缘故，几天便会饿死。

我们在这里吃的当然完全是牛羊肉——因为蒙古地带是不种五谷菜蔬的。德王为我们来特别宰了四只羊。肉是用清水大块煮的，放了很少的一点盐，可是吃起来味道很不坏，也或者是因为初到的缘故吧！

德王是这样殷勤和善，引导我们到各处去游看。蒙古地带并没有别的消遣，除去决力、骑马。一个十二三岁的幼童，骑着一匹无鞍的黑马，表演各种姿式给我们看，这样年小而有这样的好本领，这只能让我们叹息是环境和遗传性造成的。

套马是这样：在山后面有德王养的几百匹野马。套马人所骑的马都是曾经受过相当训练的。当着套马人要捉哪只马的时候，只要将手中的套马杆一指，这马便会顺杆子追去。追到相当地点，当人已经套着所要套的马时，那坐下的马便会自动的停止。不过野马被套以后，并不是那样容易的会住下，必定要碰〔拼〕命的想逃脱，一直到套马绳挣断了以后，或是将套马的人挣到地下去拖出很远的方向。

德王的骑术也很好，并且很会打枪，他曾经拿出很多的长枪、手提式来让我们玩。客客气气的告诉我们这个那个，毫没有骄气。德王的字写得很好，我们每一个人都请求他赠我们几句话写在我们的日记本上，留作将来的记念。

总算是幸运，下午当我们两三个人到庙里去游逛，适会喇嘛在打鬼。在富有神秘性的宗教音乐中，他们都穿着锦绣的袍子在跳舞。打鬼的仪式是非常的烦重，我将当时的照片给大家看看，也可以知道其大概。

德王骑马之雄姿

作者摄于驼背

套马

喇嘛打鬼

Ⅶ

两个女同学是哭了，哭的原因是这样：

一个星夜的晚上，月亮刚刚出来，我们几十个人填满在一个大的蒙古包中，静听着蒙人作乐。乐器是这样：二个胡琴一类的东西和一个笛。虽然只是这样单简的乐器，可是流露出来的声音却是这样的悲壮凄凉。最怕的是蒙人的歌声，一声声的都刺入在我们的心头。当我听他们歌唱时，我的鼻子在阵阵的发酸！是的，你们大概在笑我太懦弱吧。懦弱，我自己也承认，但是我相信假使一个人不是完全被恶劣的社会所麻木了，稍为保留点天真的热情和懂得一点音乐的伟大，总不会不被感动的。你要知道，音乐是没有国际性的。你可知道一个燕大的女同学听完了之后痛哭失声了吗？

假使你曾经读过李陵的《答苏武书》，你总会记忆到胡笳牧马塞外的悲鸣。的确，晚上坐在包中，听见邻包中蒙人彼此唱和的声音，总会感觉到深深的不快。为了好奇心的驱使，我，还有几个别的男女同学到他们的包中去观光。忠厚诚实的蒙人，差不多是他们先天所遗留的，都是这样性善和气。当我们走进他们的包的时候，他们是那〈样〉热烈欢迎，让我们坐在最暖和的地方，还尽量的让我们吃他〈们〉的食物——牛奶饼。虽然是完全牛奶作成的饼，但是有那一种特殊的气味，我们实在不能下咽。还有他们饮的茶，大概是因为里面加了羊油和碱、盐的缘故，蒙古气味太足，我们喝不下去。

言语不通是我们中间最大的隔核〔阂〕，可是用我们初学的几句蒙古话和手式〔势〕也可以表示一点彼此间的意思。我们彼此交替着歌唱，相望着傻笑，这恐怕要在我的记忆中永远不会泯灭。最可爱的是一个十五六岁的蒙古小孩，他曾忍心将他最喜爱的一只小蒙古狗送给我们。当我们牵出来的时候，他还是随跟着去抚摩它。后来我们离开百灵庙了，直到我们的汽车已经开出很远，还看见他在追随着车跑。啊啊！这种依依的深情，使我们每人的眼泪悬挂在眼角，但是都因为年龄和虚伪迷漫了这少年的心，强自容忍着，终于第二个女同学又在放声大哭了，这使我们每一个人都急忙的将头低下去！

Ⅷ

春假的时期将终了，我们不能再留恋在这福地，梦睡在这真诚和善的人生中。在一个美丽的早晨，太阳刚刚的出来，我们又集合站在沙场上，等候着听德王临别的赠言：

“诸君经过这许多天的劳顿，对于蒙地的情形已经流览了一个大概。此地因为一切都粗陋得很，招待非常的滞慢。诸君明了我们中间的情况，一定能原谅我们。

"诸君能亲身到这里来，总较一般远地的同胞仅靠着一点传闻对于蒙地同胞的情形知道的真切得多；希望诸位回去的时候，替我们作一点忠实宣传，这不但是对于蒙古的同胞们有无限的福利，就是对全中华民国将来的团结发展上都有莫大的希望。

"我所要说的便是这些，我所能说的也就是这样，最后，我敬祝诸位同学的健康。"

车是已经离开了百灵庙，但是德王的话却时时萦回在我的脑海中。在汽车离开百灵庙不远的时候，一个女同学告诉我说，她这次的旅行百灵庙，学会了三不怕，一不怕秽，二不怕累，三不怕狗咬。

记念这一路给我不少快乐的，特别是国焕英、王若兰、刘维德、沈恩钤和我的哥哥。

《旅行杂志》（月刊）
上海中国旅行社
1935 年 9 卷 6 号
（张楠楠　整理）

内蒙旅行记[①]

国立中央研究院动植物研究所　耿以礼　撰

本年夏，余承北平静生生物调查所胡步曾先生之介绍，得加入美国农部所遣派之罗列氏（Roerich）内蒙采集团，从事采集植物。乃于七月十一日夜，与中大农学院同学杨衔晋君由京北上，以事在北平及张家口各停留两三日，至十八日午始抵归绥城，即下榻于该处之绥远饭店。因天雨，迟至廿日下午三时左右，始与住于该城之瑞典籍生瑞恒君（Mr. Soederbom）及鄂伯毅君（Mr. Oberg）等，分乘汽车二辆，离绥赴百灵庙。途中因得生、鄂二君之协助，旅行均极舒适顺利，良深感谢。

车离归绥城后，约行半小时，即逾一岭而驶入于一干涸之河床中。此河床皆沙，且多乱石，故车行较绥〔缓〕而巅〔颠〕簸。两岸皆山，连绵不断，山势多直立如壁，高距平地约四五百呎，是即大青山，阴山之主脉也。山中虽乏树木，惟绿草如茵，亦颇可爱。山麓下设有简陋之"留人小店"，沿岸而立，盖便旅客之休息或投宿焉。蜿蜒曲折北行约九十里，至武川县，乃出河床而行于大草原之上。在该县稍停，俟外籍人验照后，复北行六七十里，经保商团而至招和（蒙地名）。该处有宫殿式之喇嘛庙，色赭红，

① 南京本社生物研究所廿四年十月份学术演讲。——原注

颇壮美。计由此至百灵庙约仍有一百五十里之路程，惟时已薄暮，乃投宿于鄂君之蒙古包内（此包系鄂伯毅君为其代看牲畜之蒙人所购置者）。包径约十五尺，一侧有门，弯腰可出入，中置燃牛马粪之炉灶。进包后，蒙人即享以奶茶及奶饼等，其味虽欠佳，而颇多滋养料。同时生瑞恒君，乃架设临时天线，以为其汽车收音机之用。故是晚余等在包内大听其音乐。邻包之男女数名，亦来共享耳福，并有蒙人某君谓此物（指汽车）非特善跑，并且能唱！亦足见科学之惊人矣。夜间余等即沿包内之四周而睡，垫盖均以毡毯，仍有寒意。

次晨晴朗，气候亦温和。约八时左右，车离招和，继续前行于大草原之上。纵目四顾，一望无垠，只见蔚蓝色之天空。与青翠之草地连成一片，宛如身置海洋中，只见其极处，水天相接也，时见牲畜成群（牛、羊、马或者骆驼），散布于天然牧草场之各处，且间有百灵鸟飞鸣于上，更令人心旷神怡，留连不忍去。嗣询诸鄂伯毅君："此大草原之面积究达若干方里？"据鄂君云，该草原南北约达七百里，东西约两千里，是名曰恒岗。并谓地皮无主，可以任人放牧，是不啻一自由牧场，甚望国人注意及之！计由招和出发，经此大草原约三四小时，至是日午，乃达百灵庙。

考百灵庙于北纬约41度30分，东经110度许，南距归绥城约三百华里。所谓百灵庙者，实系一喇嘛庙耳。其殿宇巍峨，围以白色之粉墙，远望之，颇壮观美丽，宛如一小市镇焉。该处并设有邮政局、无线电报局，每周内均有蒙政会之汽车，来往于归绥城及百灵庙间。再由此东北行，可达察哈尔，西行达宁夏，故百灵庙在交通上之位置，颇占重要。余等抵此后，即于一简陋之饭铺中，略进面饼等，以作午餐。即驱车西北行，约十五华里经蒙王将建都会之处，乃抵罗列氏内蒙采集团之驻扎地。生、鄂二君等旋即折回百灵庙，拟于次日驱车东北行，赴察哈尔云。

第一图　百灵庙之喇嘛寺（八月五日摄）

第二图　百灵庙喇嘛〈寺〉之又一部（八月五日摄）

罗列氏采集团之驻扎地，蒙名帖木耳岩（Temur Khada），高距海拔约4500呎，四周群山起伏，怪石嵯峨，最高之一峰约距海拔5000。巅有蒙人所筑之石堆，名纳伦罗堡（Noran Obo），意即日照堆也，为蒙人关于宗教上之一种建筑物。其色白，十数里外肉眼可见，足为指示路程之标帜。岩石多为花岗岩所成，惟有日照堆之山，则成于黏板岩。驻扎地之附近，并有干涸之河床，蜿蜒于东西，计长约二三十里，河身宽一二丈至数丈不等。沿岸生有榆树（Ulmus）之一种，大者高约三四丈，径约二尺，其茂密之处，蒙名“Madonii Ama”，意即森林区也。另有一河，蒙名拔都哈金河（Batu-Rhalkhingol），距帖木耳岩，仅二里许，系自百灵庙曲折经此而流向东北。据云，距此约百里许，乃归于一湖。该河平时水深处，可及一二尺许，清莹澈底，为良好之饮料。采集团之所用者，咸仰给于此云。

第三图　帖木耳岩距百灵庙约十五华里（八月四日摄）

第四图　Madonii Ama（森林区）位帖木耳岩之东约十五华里（七月廿七日摄）

罗列氏采集团以 Prof. Nicholas Roerich 及 Dr. George Roerich［及］父子为首领。另由哈尔滨雇得俄人四名，及当地蒙人数名，以为该团之助手。其父为著名之油画家，亦为世界知名之和平倡导者。美洲各国于本年四月间，成立《罗列公约》（Roerich Pact），该约当时签字于美京华盛顿城之白宫，以保护学术文化机关为目的，即其多年倡导之功。现纽约之罗列氏博物馆（Roerich Museum）及印度之喜马拉亚研究院（Himalaya Reasearch Insititute），亦皆罗列氏教授经营之力也。其子为语言学家，精通蒙、藏语，兼研究药用植物，著有《藏英字典》（Thibetan-English Dictionary）一书，正在排印中，不久当可行世。考罗列氏此次来内蒙重大之使命，在于收集耐旱植物之牧草种子，输入美国，以期改善美国西南部之大平原（Great Western Plain），成良好之牧场。去岁该采集团即受美国农部之托，采集于满洲之海伦。本年五六月间，曾在察哈尔一带采集，及至六月底，始迁往百灵庙之附近。

余于七月廿一日抵达该团后，除一部分之时间为该团整理已采得之标本外，每日复四出采集。近处则步行，远则骑马或乘车。最远者：（1）北至达罕王（Darkhan Wang），距帖木耳岩约八十华里。途经一废城，蒙名俄伦苏木（Olun-Sumu），面积约一方公里，未知其建于何代，毁于何时，现仅留有土城砖堆及残碑等之遗迹。碑有文可辨，上镌《王傅德风堂碑记》，系儒学教授臣三山林子良所撰。另有一碑末镌“丁亥年十一月……管府判官贾智”等字样，其文亦系称颂德风堂之故事。余就其可辨者，特全录之，以待考证。某次（八月九日）乘采集之便，自废城东北行，经贝云罗堡（Peiyin Obo），再跨拔都哈金河，随罗列氏父子一访永王之协理（Tusala Kchi Beise）某君于蒙古包内。某君蓄平顶头，能解华语，享余等以奶茶及粉条等。包内布置颇洁净，自与常包不同，当其呼唤侍役时，则手持一鼓而摇之，其声束束然，亦颇有趣。在贝云罗堡及达罕王两处，曾采得野麦属（Agro pyson）之一种，耐旱性强，且可为良好之牧草，故颇为罗列氏所珍视。（2）西北至吉密司脱山（Chimiste Ula，蒙名，多果山之意），距帖木耳岩八十至九十华里，计乘马历三小时许始达。所经之处，半为山岭，半为草原。该处亦有喇嘛寺，背山而立，虽规模较小，亦颇可观。嗣乘马转至吉密司脱河（Chimisteulein gol），水东向流，清洁可饮，乃于河畔岩石上进餐，并从事采集。复乘马东北行，越数岭而至一榆林区，蒙名哈里司达（Halesta）。该处之榆树，系生于干涸之河床中，亦颇茂密高大。河床之两侧多山，两山间多丛林。余曾见有数属之丛林，如Rosa，Prunns，Ribes，Berberis，Rhamnus，Lonicera等，群生于一狭窄之山谷间，果实累累，红绿相映，蒙人所谓多果山（Chimiste Ula），想即指此等果实而言。在此区采集后，乃乘马返。偶于归途中，经一有蒙古包之处，俄人某君嘱余催马速行，盖恐有恶犬追来也。讵语未竟，而数头凶恶之巨犬，已疾驰而来。余等乃连加数鞭，马速如风，相持约一分钟之久，犬已退去，而马犹狂奔不已也。移时，余等五人均安然出险，亦一幸事。（3）西至雪芮多堡（Shiretu Obo），距帖木耳岩约五十华里，为由百灵庙西行至宁夏所必经之路。登雪堡之巅，高距海拔约五千三百呎，纵目西眺，广漠无垠，盖即赴宁夏所经之大草原也。雪堡一带之植物种类稀少，共计仅可得十余种，内有十字花科之一种，殊属罕有，而为他处所无云。（4）东北至沙拉穆林（Shara Muren），约距帖木耳岩二百一十华里。余等于八月十四日晨六时许，即乘一货车离驻扎地而开往百灵庙，再由此东北行而驶入于赴察哈尔省之公路。所经之处，都为大草原，约行百里左右，乃达哈同王庙（亦一喇嘛庙）；复前行约五十里，而至一中国村（蒙名海巴），即国人之在该处开垦者，聚而为约二十余家之一村落也。彼等所种植者有小麦（Triticum aestivum L.）、燕麦（Avena unda L.）、粟（Setaria italica（L.）Beanv.）、稷（Panicum miliaceum L.）、荞麦（Fagopyrum esculentum Moench）、大豆（Glycine max（L.）Merr）、芸薹（Brassica campestris L.）、胡萝葡（Daucus carota L.）、马铃薯（Solanum tuberosum L.）等。每人约种百余亩，行列整齐，收获丰盛。牲畜除牛、羊外，兼饲猪及鸡，为蒙古人所无。余等向其购绵羊一头（值国币四元）、鸡蛋若干个，及白菜少许后，复驱车东北行，约六十华里，至十二时许，乃抵沙拉穆林。该处亦有一喇嘛庙，与百灵庙有者不相上下。庙前有一河，即 Shara Muren，意即黄河也。河水清而浅，与拔都哈金河相似，惟流向西北。余等即于河之左侧（南岸）搭设蓬帐，以便憩宿。因该处之地势约较百灵庙低一千呎，故气温亦较高。次日（十五日）晨，乃沿河之左岸，及其左侧之山崖间，以从事采集。下午赴沙拉穆林河之北岸，一观该处之喇嘛庙。惟其各部之殿宇，门多锁闭，其中有一殿，额有匾曰“敕赐广顺寺”，旁附满、蒙、藏文。至其门两侧之墙壁上多绘有类似四大金刚之神像，惜未能进殿内一窥其究竟，亦一憾事。偶于寺之西北院内，采得属于无患子科之文冠树（Xanthoceras sorbifolium Bunge），为该科植物分布于最北之一种。十六日晨，复越河采集，并欲一晤方丈，终以语言不通，未能如愿。午餐后，乃驱车返，途经中国村时，稍事采集各项栽培之植物。嗣遇风暴由南方袭来，顿觉凉爽，及抵帖木耳岩时，已六时有半矣。

第五图　罗列氏［分］内蒙采集团之全体团员（八月廿二日摄于帖木耳岩）

第六图 Olun-Sumu（即废城）南距帖木耳岩约七十华里（七月卅一日摄）

第七图 废城附近之［之］石像（八月九日摄）

第八图 蒙王协理（Tusala Kchi Beise）某君之包内情形（八月九日摄）

第九图 蒙王协理某君蒙包之外观（八月九日摄）

综计以下所至之各处，仅属于（或近于）戈壁之边境。据罗列氏博士云，自帖木耳岩北行约六十英哩，即达外蒙之区域，乘马一日可达。惜以种种关系，未能一入外蒙戈壁之中心，亦一憾事。兹将在所经之区域内，观察所得之植物群落，略述于下：(1)生于高燥之草原上最为显著者，为禾本科中之 Stipa splendens Trin，丛生有强根，高可达二米。国人往百灵庙为蒙王建都者，掘之为燃料，以供烧瓦砖之用，其数量之多，盖可想见。(2)生于较低洼之草原上者，以一种 Iris 及 Elymns 为最普遍。两者之根茎（Rhizome）常互相交错，而颇不易于析离。后者在该处，共约有五种，以 E. chinensis（Trin.）为最有牧草之价值，且可为固沙护堤之用。其茎叶常作海绿色，为构成内蒙大草原之重要成分。(3)沿拔都哈金河之两岸，为润湿之滩地，其最显著之植物为二种大麦属（Hordeum）所构成，亦良好牧草之种类也。(4)帖木耳岩附近之山坡上，以艾属（Artemisia）之一种及 Stipa breviflora 为最占优势。前者为高仅尺许之草本植物，惟基部则多变为坚韧粗厚之木质，而萦回于石罅裂缝间。据罗列氏博士（Dr. Roerich）之观察，蒙古马亦常嚼食该种物植云。(5)在俄伦苏木（即废城）附近之平坡上，有一种特殊植物之群落，属豆科之 Caragana，丛生作圆形，每丛高仅数吋至一呎，径一呎至五呎左右，远望之，形如半球，色深绿，有锐刺。惜花期已过，仅于一丛上采得其数荚而已。

就气候方面言之，则自抵帖木耳岩后（七月廿一日）之第一周内，常有阵雨及雷声。曾记某日（七月廿六日）晨，阴霾无风，颇幽闲寂静之致。除东方近地平线处作鱼肚色外，余均乌云密布，色暗而有长虹现于西，时闻雷声隐隐，颇有热地之景象。其后之一月内，除约有一周之阴雨外，余多天气晴爽，最高温度有一二日内，达华氏八十三度，惟早晚均凉爽宜人，可为良好之消夏地。最低温为华氏五十四度左右，故夜间每觉重衾不暖，晨间之阳光，一如冬日之可爱也。及至八月廿六日晨，余与杨君及鄂夫人（Mrs. Oberg）乃离百灵庙，而返归绥城。是日晨，天适阴雨，直至十时许，车已驶出数十里外，雨始渐止。途中遇数群黄羊于大草原之上，每群数以千百计，蔚为奇观。见车来辄狂奔，而欲横越于车前，亦一异事。

第十图　雪芮多堡其圆锥形之巅即乱石堆成之 Obo（八月六日摄）

第十一图　沙拉穆林之喇嘛寺（八月十五日摄）

第十二图　沙拉穆林喇嘛寺之又一部（八月十六日摄）

此行之结果，计自七月廿一日起，至八月廿六日止，在所经之区域内，共采得植物标本达六百号，约二百余种，隶属于四十余科。内裸子植物仅有麻黄（Ephedra）一属二种。被子植物中之双子叶植物，约占四十科，其中以菊科、豆科、蔷薇科为最大，各占有十余种之谱。其次如毛茛科、十字花科、石竹科与唇形科，亦各含有六种至十种之多。再次如蒺藜科（有三种：Peganum nigellastrum Bunge，Nitraria schoberi L.，Tribulus terrestris L.，即蒺藜）、蓼科（约五种，内有一种为木本，经裴鉴博士定名为 Calligonum mongolicum Turcz）、藜科、伞形科、碳松科（一属 Statice，约三种）、旋花科（内有兔〔菟〕丝子 Cuscuta 之一种）、紫草科、茄科（有三种：Hyoscyamus niger L.，Solanum nigrum

L. ?，Lycium Chinense Mill，即枸杞）与玄参科，亦各有三种至五种。至小蘗科之 Berberis，罂粟科之 Eschscholtzia，柽柳科之 Tamarix，大戟科之 Euphorbia，拢牛儿科之 Geranium，亚麻科之 Linum，芸香科之 Ruta（?），无息子科之 Xanthoceras，远志科之 Polygala，鼠李科之 Rhamnus（二种或三种），景天科之 Sedum（约两种），虎耳草科之 Ribes，柳叶菜科之 Epelopbium，榆科之 Ulmus（约两种），荨麻科之 Urtica，樱草科之 Glaux（G. maritima L.），龙胆科之 Gentiana，萝摩科之 Cynanchum（两种），马鞭草科之 Caryopteris（C. mongholica Bunge），蛇菰科之 Orobauche，车前草科之 Plantago（两种），茜草科之 Galium（二种），与桔梗科之 Adenophora，则各有一种或两种。至单子叶植物，则仅有五科，内禾本植物为最大之一科，共约廿六属、四十余种，其中之 Timouria saposhinkovia Roshev 为在内蒙第一次发现之种属。其次为百合科约八种，鸢尾科有三种。莎草科亦有三种，惟数量甚微。灯心草科则有一种，且甚罕见云。

《科学》（月刊）
上海中国科学社
1936 年 20 卷 1 号
（丁冉　整理）

绥垣鸿爪

张小柳　撰

一

归绥，塞外货物集散地的归绥，蒙人与汉人揖让在阛阓之间，而春色平分的归绥，总会与内地各大埠的情形异样吧！斜倚在平绥路西行列车的饭厅一角里，当车再驶一两个多钟头就要安抵归绥城的时候，我正这样的盘算着。

用手拉开了绿色的窗幕，一片黯黄色，黯淡得近于黑色了的原野，闯进了我的眼帘。这广漠无边的原野，没有屋，没有草，没有鸟语花香，也没有青山绿水；有的只是堆积在淤沙的河床里的嶙峋的冰块，有的只是盖在铁青色的荦确不平的石山上的皑皑的白雪，也有人，但极少，正呵叱着牛或马在那原野中寂寞的工作着，也有树，塞外的近于唯一的一种小叶杨，稀稀疏疏、笔一样直的点缀在河的两岸，或在远处的山边。

大青山（阴山）像一条疲乏了的蛇，由西向东直挺挺的卧在这原野的北边，距铁路并不远，背上覆着那样厚的白雪，太阳直晒在雪上，反射出淡黄色的光来，是那末眩目。我默念：那雪的里面，应埋着有古代勇士的白骨，我那伟大的开辟疆宇的祖先的幽灵哟，该会在悲泣着他那不肖的儿孙，拱手弃掉了他们辛苦以血腥作代价换来的锦绣河山吧！

呜！呜！归绥是一分钟一分钟的挨近，车也好像人一样的兴奋，走得越加快。是下午两点钟的时候，车到了绥远站，我在喧嚷里跳下了火车，又跳上了黄包车，游目骋怀的在寻那由车站到旧城——归化——的马路两旁的塞外都市的景色。

马路是整齐而宽大，两旁所植杨树队伍式的保持着一定的距离排列着，这里所有的是近代都市的一切，塞外特异的情调却完全没有发现。新城——绥远——政治的中心，是靠着左手，不算远，城外有柳树，也有水。我想，若在溪水初涨、柳叶才舒的时候，从绿荫中遥望着隐隐的雉堞，这与绿杨城郭的扬州会有什么不同呢！可惜我来得不是时候，一切有生之伦都还没有昭苏萌动的意思。“百草千花寒食路”，寒食虽然是过去了一个礼拜，这里却绝不能发现装点寒食景物的百草千花，像江南一样。

“这就是旧城了”，车夫用响〔向〕导式口吻在指导我这异乡的异客。

“没有城，只是一座崭新的矗立得高高的钟楼？”我怀疑的问。

“城是有的，在明朝嘉靖爷的时候，一个蒙古的叫什么三娘子的女王修下这座城，大约为了年代久远的关系，早已坍塌了，不过在东门还留下了城的一段和一个城楼。”车夫是在向前跑，一面吁喘喘的说着。不错，这城是明朝忠顺夫人谙达三娘子筑的，万历中才名之曰归化，同时又叫三娘子城，蒙古语叫库库和屯，而其称为旧城，是对着新城言的。新城，清乾隆时筑，就是现在省政府的所在地，绥远省的一切政令都由此出来，但商务却比归化城大有逊色，风景、名胜与古迹，什么都没有。

车很快的拖过了钟楼前面，到了北门里正街，马路是像先前所见的一样宽，两旁是高耸的商店鳞次栉比的排列着，一直到大南街，都是熙来攘往异常的闹热。像忠义恒这一类的绸缎洋货业，就排列在内地的大都市里面，也是不会稍有愧色的，我想，这大约已是归绥的商业的中心地带，规模的大小，我就拿它比前八九年时候的武昌，不，也许可以比并长沙的闹街红牌楼，这里充溢着近代资本主义制造出来的都市的气息，仍然寻不出我要寻的塞外情调，如说有，那就是几家较矮的店里的蒙古文与汉文合璧的招牌，然而这却又不及张家口来得普遍。

车向右手拐了一个湾〔弯〕儿，是北马道巷，绥远唯一近代化的绥远大饭店就在这巷里，一般达官贵人都常常在从公之余来此寻乐。打从这前面过去，便是中西旅社，一座北平式的平房，似乎太不堂皇，我颇觉冒失的竟会接到这旅馆的票，然而终于住下来了。

二

到青冢去！骑着马到青冢去。

要是你到过绥垣而不曾逛过王昭君的青冢，别人会要笑话你不知风雅，就不然，你自己也要引为遗恨的吧！

“一去紫台连朔漠，独留青冢向黄昏”，单只这两句杜诗已够使文人对于这古风悲剧中的薄命美人埋香处所引起的憧憬，而要“共恨丹青人，坟上哭明月”了，何况她那颜色，她那遭际，她那慷慨出塞的壮迹，的确能打动人们的同情心与尊敬心呢？不过，我虽为这和戎政策的牺牲者抱屈，但我恨的不是“丹青人”，而是当时和戎政策的主持者啊！和戎政策！这大可咀〔诅〕咒的和戎政策！

马是在黄色的莽原中奔驰，我加上了几鞭，越发跑得快，一口气跑了十多里，才过小黑河不远，它忽然失足跪在地上，把正在纵目四眺的我掀下地来，大衣和裤上都沾满了污泥，好险！我想，刚才是头部先着地的，倘若不是这样轻松的沙土，而是石头或干硬的土路，就会要脑浆迸裂，若然，就正是身殉昭君，倒可“附庸风雅”了。

再上马，已不敢扬鞭疾驰，而采取按辔缓行的政策，好在已只有几里路，未几就已到达。所谓昭君墓的青冢，原来只是一个十余丈高的一个土堆——黑色的土堆，堆上没有树，也没有草，更没有庐墓的屋，土堆的南脚下，有八九块碑，其中最大的一块是题着“汉明妃冢”四字，这碑是明朝立的，其余的大都是近人的诗碑。有清朝彦德的题诗云：“闺阁堪垂世，明妃冠汉宫。一身归朔漠，数代靖兵戎。若以功名论，几与卫霍同。人皆悲远嫁，我都〔独〕羡遭逢。纵使承恩宠，焉能保始终。至今青冢在，绝胜赋秋风。”这是诗碣中的白眉。冢周已栽有树，但还很小，此时是裸立着，没有萌芽。清初张鹏翮的《漠北日记》中，载那时还有享殿、石虎、石狮等，现在都已不见，正是黄土一坏〔抔〕，艳骨长埋，明驼不在，琵琶亦冷，低徊凭吊，也要觉得有无限苍茫之感。

然而这果然是不是昭君冢呢？倒还是传疑难定。塞外所称为昭君冢的有三处，这只是三处之一。辽《西京志》载“丰州有青冢”，杜佑《通典》载“唐金河县有王昭君墓”，都是指这地方，但是史载汉宣帝与匈奴结约时说：“长城以南，天子有之；长城以北，单于有之。”那时长城是在阴山之麓，则此地正是汉土，昭君既做了单于的阏氏，就不该埋葬在此地，不过到底如何，已没法稽考。我想我们何妨就承认是昭君冢呢？让诗人们跑来对着发怔，满足他们某种欲望不也好吗？

北风是括〔刮〕得越大，阴霾的云彩是愈积愈厚，尘也似的雪在飞扬着，我又走上了我的归途，在归途中纡道去看了所谓大黑河的。河在冢东南三里许，水浅沙黑，宽度是才超过了我故乡的涔水，两岸小叶杨密密的立着，许多人在河里工作，仿佛是在作着堤。停了片刻，我便拍马回城，这时阴霾里有时露出一丝丝太阳的光线来，大青山因为积雪的光，显得近只在眼前，其余三面望去只是广漠无垠的大地，这大地连着灰色的天，景象的奇异使我想起了斛律光“天苍苍，野茫茫”的诗句来。

路上已是较来的人为多，许多是赶着一辆轿车，车上坐着三两个小孩和妇女——有那油头粉面通身穿着大红的少妇或少女，连裙底双钩都是红的，红得像一朵端阳时候的石榴花一样。马路的两旁，农人在辛勤的工作着，有的用牛，有的用马，有的匍匐在地上像种什么。

“你们种着什么？”我问。

“××苗。”一个农人毅然的这样答，我听了说不出什么来。

三

归绥负山临河，形势是很险要的，所以清朝在平定准噶尔及察哈尔之后，就在这里有重兵以镇慑整个的塞外。但是清朝除了“兵治”之外，又还应用羁縻怀柔的政策，提倡黄教就正是怀柔政策之一，所以此地梵宇绀宫是比什么地方都多。时至今日，佛规日驰，华严伽蓝，虽说日就寂寞，但是规模还在，仍然是值得我们去瞻仰顶礼的。

在细雪轻飞中，我寻到了大召，蒙人叫做伊克召，伊克就是大，召是丛林的意思，不知道建自何时。明崇祯中，清都统古绿格楚琥尔与德木齐温布喇嘛合同把原寺扩大，赐名叫无量寺，周围约四里许。康熙三十六年改易黄瓦，由是黄瓦朱栋，颇类皇居。现在是颓败已甚，四周房屋都租与商人开店铺。正殿是锁着，一个红衣喇嘛为我开了锁进去，阴黯特甚，不能久留，我仍然退了出来。大门口悬有“九边第一泉”额，但泉水却没见着。我问了一个小贩，他告诉我前边巷里进去不远就是，我依着寻去，原来是几口井，还有许多人在那井里汲水呢，据说这是康熙的马因为口渴以蹄抉地所得的泉水，现在叫做玉泉。

由大召东行不过几百步光景，到了锡拉图召，就是延寿寺。这召也不知道什么时候创建，是清朝康熙三十五年西征驻跸时重修的，其后还修过几次，庄严华丽，赛过大召。大殿前有额，题为“阴山古刹”，字法却很苍劲有力，不过已快要斑剥脱落；殿前部是西藏式的经堂，堂正中有活佛讲经座。两壁有壁画，倒不恶劣，殿后部供有佛像五尊，也没甚可取。柱间横梁上有排钟，用绳牵引，据说是喇嘛上香添水时用的。

这时雪较先前来的时候更大，已无法再游，况且肚子已感着几分饿意，便踱了出来，坐车至大南街古丰轩，在这据说已经有了两百年历史的羊肉馆里解决了晚餐。

当次日游了新城、参观了绥远织呢厂之后，从龙泉公园回来的时候，便顺路先访五塔召。这召是雍正五年建的，赐名叫慈灯寺，蒙古称做塔布斯普尔罕召，就是五塔召的意思。现在外殿已废，门是已经锁着不开。内面塔基的周围有十丈，上建五塔，都系炼砖造成的，刻有佛像，镀以黄金，从前自然是辉煌无比，可惜现在已看不出，尤其是我，在这阴暗的天色里，只站在塔基下街道上向它出了一会神，并没进去，自然是有“瞻望弗及”之感的。

离开五塔召不远，便到了小召，即崇福寺，前面的牌坊已欹斜得快要倾圮，是用着木桩扶着。左右进出的门是新近粉垩了的，我想这召也许新加了一点装潢吧，哪晓得竟是大谬不然，里面也是像牌坊一样的破旧，而且鸽屎蝠粪抛了一地，臭恶得令人要吐。殿前左右有碑亭二，碑上刻有康熙御制的碑文，用汉、满、蒙、回四种文字纪述他平准的功绩，碑中有云：“……朕以征厄鲁特噶尔丹，师次归化城，于寺前驻跸，见其殿宇宏丽，法相庄严，命悬设宝幡，并以朕所御甲胄弓矢，留置寺中……”其中所谓铠甲是藏在前堂西室内，用铁环编成，很是沉重，但已锈黑。殿右有小院，院内有小白塔，大约是藏经用的，倒算华丽整齐，不过塔基周围也肮脏得不能进去。里面还有代用小学一所，据说还在读《三字经》这一类的书，我在门前看了一下，已没有学生，大约是放了学，于是我走了出来，心想所谓“小召不小”者倒是真的，不过只不及大召那样大，建造是康熙年间，也在大召之后，蒙古人叫它做把甲招，就是小召的意思。

归绥的召庙是多得像上海的舞场一样，不过值得去瞻仰的就只有上面四个，其余是自郐以下，无足挂齿的，我就这样的结束了我的召庙的游览，再来寻访所谓归绥风景线。

尽管是怎样荒陬僻远的地方，你总可在那里发现一个文人口头或笔下铺陈得像琼洲瑶岛似的“八景”，归绥又哪能例外呢？

在绥远民政厅的东西辕门外是几条沙溪、几排树。那里正是绥远八景中占首席位置的所谓“沙溪春涨”，我虽在那儿徘徊了几分钟，终于没有寻出什么。里面的怿园，园中有懿览亭，是纪念慈禧皇〈太〉后的，其人既无可取，其地更无足观。我在失望中上了车，转弯抹角的到牛桥街的庆凯大桥，这是八景中占次席的所谓“石桥晓月”，桥是石造的，三孔，桥上来往的人很多，桥头两岸堆满了柴草和一群群低级社会层的人，此外再就发现不出什么，于是摄了一个影后，便又无精打彩的跳上了车，拖回旅社，我再也没有别寻去处的勇气。

绥游就算这样结束，可是绥游的映〔印〕象怎样呢？

四

要说到我对于归绥的印象，倒不是容易答覆的，在要把握某一地方的一些客观实在，倒不是三两日的短时间所能办到的。我对于绥远只是一些浮泛不定的印象，主观的，不一定正确，也许是绝不正确的。

大体上说，我对于绥远的观感尚好，执政者总算殚精竭虑在图谋着各种施设的日趋完备，马路的整洁，公路的发达，实业的提倡，教育的推进，这几方面都有显效可睹，又像体育场、织呢厂、面粉厂、农事试验场、九一八纪念堂以及各种公共场所都配称为规模宏大，在经济困难的绥远有此，也就算难能而可贵，我们是不能过于求全责备的。

文化，在此地，自然是不及内地开化各省，然在塞外边远区域还是少见的文化地带。中学有两个，是正风中学及旗立土默特中学。师范一所，在城外五里之公主府。全城共有高级小学五处，又有蒙旗及回教小学几处。虽说有些是简陋得不堪，但精神似乎都很紧张。至于绥垣人民，大部分是由晋、陕、冀贸迁来此而变为土著了的，也有回人、满人与蒙古人，但没有汉人多，所以要在这里发现某种特异的风调，竟不可能。总之这里蒙汉杂处，风尚是大同中有些小异，一般说来，总算是淳朴的，至于男子爱博弈饮酒，女子爱弄姿卖俏，倒并不算绥垣所特有的。

皮毛、牲畜是绥远的最大的出产，所以在商业与工业都以活动于这方面的为多，其次才是药材业，在民国十二三年时，营业是极其发达，其后便江河日下，萧条得不堪，这原因是由于外蒙的贸易停顿与新疆商路的梗塞，而包头的商务之日趋兴旺，自然也是原因之一。我们要想这已经奄奄一息的绥远重复繁荣，就非有政府的力量来大规模的开发不可，还停滞在手工业时代之毛织业，蕴藏颇富而还未经开采的矿业，都还有待开发；就是农业方面，归绥在大青山南，土地丰腴，高粱、大小麦、稻子、红黑豆、马铃薯都有出产，政府也该在这方多注点意吧！

西北天府，犹在榛莽，绥远就是其中之一，以宝藏甲于西北的奥区，至今还是草莱未辟，致招诱强敌的窥伺，岂不可惜？况且其地负山带河，形势险要，外控蒙疆，内屏秦晋，正是绾毂〔毂〕西北与东北的重地。筹边有责的衮衮诸公，是否也曾打算到这里呢？

万里投荒，男儿壮志，西北正有待于我们，我们应该转向到西北。同胞努力，为我中华民族之未来光荣而努力！——我们到西北去！到西北奥区的绥远去！

《东方杂志》（月刊）
上海商务印书馆东方杂志社
1936年33卷17号
（李红菊　整理）

一百分钟的工作（绥行报告）

魏东明　撰

辞别了省立归绥中学霍校长、赫先生，和另外一位张教务长，一齐送出门外。我们问去正风中学往哪里走，霍校长说离得很近，只要过桥拐弯就能看见，他一边说一边用手指划着。赫先生说我送你们一段吧，也好一同散步谈话。大家不能过分推辞，就和霍、张二先生道别，随同赫先生走着，路上谈着学校里的事情，他说今年暑假还住在清华来着，所以每个人都很面熟。说着就拐上一条河边的大路，“私立正风中学”字样的校门已可看到，赫先生就回去了。

走进正风校门，把“国立清华大学绥东抗战前线服务团”的名片交给号房，过了一会，号房出来说请，进门横走，穿过一个月门，就看见一位年纪很轻的穿长袍的人，在院子里迎着我们走来。通问之后，知道这位是王校长。他把大家让进了办公室，一字长案上摆着几张报纸，四边是椅子插放在桌子底下，椅背围着桌沿，靠里墙下横放着几个半卧沙发，墙上是一排密列的图表，这屋子的布置和绥中的办公室是可惊的相似。

三四天没有看到大报纸，虽然顾着礼貌，也还把桌上的报纸翻看一遍。大家坐定了之后，由彭国珩先说明来意，在说话中训育主任耿先生走进来坐下了。我们请求他们告诉绥远状况，耿先生说，当局抗战已有决心，现在分给我们的工作只有募捐一项。王校长说，绥远情形和北平不同，傅主席的态度是很明显的。去年曾有一度事态恶劣，党部被解放〔散〕，标语被取缔，学运也遭禁止。一二九后，学生响应北平向傅请愿，他说一切事不用学生管，只在旁看着就成。他又报告了当地救亡团体的情形：全省中学生大约一千人，高、初中一律受严格的军事训练，每周四时或六时。领导救亡运动的是绅士和学生，有学生救国联合会、各界联合救国会、军民联合救国会等等。

在谈话告一段落的时候，我们请求邀几位同学代表来谈，耿训育主任说：

“把全体同学集合起来，一块儿见见谈谈好不好？”

“好极了！好极了！”这是我们极希望，但是没敢直接要求的，现在耿先生自已跟我们商量了。

他吩咐了校工之后，我们还互相交谈着。院子里吹着集合号，一遍又一遍的号声，是生硬嘶哑的，远不如清华园里号声之圆熟嘹亮。外面沙沙的是许多人跑步走过的声音。两分钟后，一位穿军服、扎皮带的人，进来说已经集合在礼堂了，请大家过去，经介绍知道他是校里教官。由他在前引路，我们随同耿先生穿了几重院落，走到礼堂前面通向讲台的角门。开门进去，我们看到台下狭长的厅堂里，一排排坐满了穿着一律黑色的军服，上面是一派白色的青年人的脸。教官一声口令，全体起立敬礼，我们答礼后坐在侧面的一排椅子上，讲台上新生的火炉，煤火烘烘地向〔响〕着，耿训育主任开头介绍了我们，谈到清华过去在学运上的光荣和现在到前方来工作的精神。在全厅的掌声里，我们推了彭国珩致辞；这位最近在校里国语演说比赛的冠军，发挥了他的慷慨明快的讲词。他先说明了这次的来意，说在五六月前我们已注意绥东，作募捐、宣传种种援助。其次他说明了来此的工作计划，不单是慰劳前方，宣传报告后方，还要长期工作，从事看护伤兵等工作。再次他报告北平的学生运动情形，与绥远的环境不同，工作情形是逐时演进的，现在援绥方面，除了募捐而外，并努力于宣传全民族起来一致抗战。最后他谈到〈对〉此地同学的希望，称赞绥地师生合作之可喜，一再申明读书必不可忘掉救亡。台下三百多人的眼睛，一直注视着这挥手陈辞的远道从戎来的人，等到他说完了话，热烈激动的鼓掌像要涨破了礼堂。接着训育主任上来答话，说北平同学的话应该牢信力行，因为他们不只说话，是有多少成绩作保证的。一二九以来，北平学生不断地奋斗，受伤、入狱、牺牲学业，不消极，不屈服，以后就是二十九军士兵，也终于和学生合作了，其精神真是所谓“动天地，泣鬼神。现在他们除了继续以前的艰苦工作外，还到前方来工作，我们该怎样感动奋发，我们应如何努力外〔来〕实行他们的话……”

这位青年的良导师的话，不只感动了他的三百多个学生，也感动了我们，在全体起立向我们致敬时，我们深深地鞠下躬去，自矢要坚决勇敢地工作下去。我们请求大家在散会后可以自由到办公室跟我们谈话，我们在掌声中走出礼堂，走到办公室，都带着兴奋的脸色。

我们在办公室等待着这些热情的青年同伴，我们相信其中一定有几个人找来谈话，但是不，三分钟过去了，没有一位同学进来，进来的是那位教官，他说行升旗礼的时间到了。我们才知道他们不能立刻来谈的原因，同时就要求我们也参加升旗礼。

院子里高抗然而嘶哑的集合号又吹起来了，我们去到操场上旗杆前面。他们服装、行列都很整齐地，排成使人赞佩的样子。我们在前侧方一排五人地站着，一声立正，再喊敬礼，在另一队五个一行的军号手吹着高抗然而嘶哑的号声中，国旗冉冉上升，一直升到最高，我想它会看到了国防前线的绥远全城，它会巍傲地向敌人示威。随后全体一致地唱国旗歌了，这中间我沉在伟大的默想里，我沐浴在热情的激流里，我一点不感到塞外晚寒的袭击。

礼毕解散，我们走回办公室；后面黑压压地跟来了二百多个，看着大半屋子已经挤满，他们后面的才走开了。我们拿出手册来，请他们每个人把名子〔字〕写上，我们也把自己的姓名介绍给他们。我们跟他们谈一路上到现在的生活状况，在清华园车站搭铁闷子车，车里堆满了汽油和白菜，欢送的同学狂跑着追火车送我们，我们走了两天两夜才到绥远。我们希望他们随便发言，彼此谈话；以后也要到大北旅社去找我们谈。

这其间十来位教员先生也进来了。

一位胖胖的同学，红着脸说出他的烦恼，说是他们在抗战前线，但是觉得没有事做，不知怎样做才好。当下先由彭国珩答覆了一些，我在激动中也补充了几句。先声明自己本不预备说话，因受大家热情的感动才想说几句，接着说绥远同学是比我们幸福的，因为此地已经爆发了抗战而北平尚待我们督催。再次我说并非幸福之外即无事作，我们应注意知识分子的任务，不要忽略了自己的作用，我们要宣传别人，组织别人，这第一我们自己就要充实自己，认识世界，我们自己就要好好儿组织起来。我们平常要读课本书，也要读课外书，要接受师长指导，也要严密地自己组织，这样才能应付危急的时候。最后我说从今天情形看来，我们的思想是一致的，我们的感情是相合的，我们都是热情的爱国青年，为甚么我们以前不通闻问呢？以前没有做得好，以后我们绥远和北平的同学要好好联络起来。

又谈了些闲话，一看表，差十五分就到六点了，六点我们是有个约会的，就赶紧辞了出来，感情的青年人彼此交换热烈地告别，我们走出校门。带着兴奋激动的感情，不觉地五人一齐在大路上跑起来。

作者附记：此来是为前线服务，同时也为后方写作。我的写作不是勉强的榨挤，也不是灵感的促成，我是把工作中生活片段，择其可以取材成文，值得提供众阅的，用朴素的艺术形式表达出来，统在“绥行报告”的题下发表。第一篇是《浪费了的感情》，已交《申报》文艺专刊，本文是第二篇，以后还要第三、第四篇继续写下去，分别在各处发表。

十二月三日归绥快递发出

《清华周刊》
北平国立清华大学
1936年45卷6期
（李红权　整理）

绥北前线服务归来

乔森显 撰

收复百林庙①的消息传出之后，举国上下，一致欢腾。募捐啊，宣传啊，慰劳啊，处处表现出全国人民对于失地的收复是在同声称庆。由白林庙驱走敌人的时节，正是我们几个友伴们由平市赶到绥远省垣，预备赴前方助威的时候。在赴前方的途中，忽然听到这样的消息，整整的两个晚上欢喜的我不能入睡，恨不得背上生出双翼，一翅飞赴战场，看看我们中华的铁血男儿如何以热血洗荡着我们被沾〔玷〕污了的土地，如何争取我们的自由解放。

一日早晨，我们一行十五人由绥远省垣乘车出发，十时过蜈蚣岭顶点，山路陡峻曲折，阴风怒号，在北国的特殊风光里，每个人都感到新的刺激，新的活力，战场上冲锋陷阵的况味似已略略现在目前。

一时过武川，畅维兴县长的热诚，孙兰峰旅长对于自家人的爱护，使我们感动的几乎要落泪了。他自己早把生死置之度外，不顾一切牺牲，想不到对我们一伙孩子爱惜不已，力劝我们不要到战地冒生命的危险。赴战地助威是我们的夙愿，且得官方谅解，又适逢苦战正在开展，实在是千载难得的机会，所以大家坚决的

---

① 后文又作“白林庙”。——整理者注

肯定的要继续前进，不怕危险，更不惜牺牲。

二时随军西进，凛烈的北风刺穿了人们的衣襟，更深深刺入了骨髓。在车中，用咸菜、面包、西北风刚刚医治好了肚子的饥饿，几位同伴却立刻改变了面色，东呕一阵，西吐一阵，那种风味，确是有点难得。

行进，行进，一直继续了许久。待问车夫离庙还有多远，他的回答是“才走了四分之一”。看看左右前后，全是一片荒凉的广漠平原，很少有什么村庄。那时风又硬，车又快，更加雪片纷飞，个个人不得不低下头去静待着时光一分一刻慢慢的度过，同时也不能不连想到前方那些单衣薄裳为民族牺牲的英勇战士。

到达白林庙时已是晚上八点钟光景，在黯黯的夜色里，远处看不到什么，只在灯光射到的地方看见随处都是炮火的痕迹：这边墙上无数的孔洞，那边的房屋只留的半截。尤其是在雪花飞舞的场合，那些残迹所给与我们的印象的确是太刺目、太深刻了。可惜我的手太拙，笔太秃，无法将它活灵活现的写在纸上。

在武川县城虽然见过孙旅长，可是并没有得到多少谈话的机会。关于前方的情形，以及占领白林庙的经过，大家急欲早一刻知道，故稍事休息，略用餐饭，在九点多钟便作正式的拜会了。当时孙旅长及这次冲锋陷阵的刘团长，因军事吃紧，忙着去做重要的布置，故由参谋长袁庆荣先生出来接见我们。袁参谋长见了我们，似有说不尽的喜悦，满脸的微笑始终不能消失；又似乎是分手多年的弟兄，偶而在患难中遇到一样，谈起话来，大家总是特别亲热。等我们分别说明来意之后，袁参谋长便坦白的说：

我们上月二十一号得到命令，弟兄们当天晚上由武川出发，走了一夜一天，才到了二分子（武川与百林庙中间的一个堡子）。照平常，应该让弟兄们休息一下，但是情势不允许他们休息，同时弟兄们不仅没有疲倦神色，而且气焰万丈，不让他们马上杀敌，再无法消除他们的怒火。二十三日夜间，我们以整个的部队，做一百几十里冒险的远道夜袭。自从深夜十二时接触，战到天明，六次猛烈的冲锋，尚未攻陷敌人阵地，而弟兄们的奋〔愤〕恨更是有加无已，且出发时我们已经立誓“拿不下百林庙全军不还”，所以敌人炮火虽烈，终究当不起第七次的白刃相接！

对于战争经过简略的报告之后，袁参谋长正是〔式〕发表意见说，绥远当局的最基本的态度是抗敌救国，我们全体将士的要求也是抗敌救国，我们以为海可枯，石可烂，然而在抗敌救国的最高原则之下，我们的态度是始终不会改变的。相信只要有我们的士卒在，绝不会让敌人讨了便宜。我们早已决定，即剩一兵一卒，不能丧失寸土尺地，敌人从此不来侵犯，可以说是他们的幸福，倘使再来侵犯，那是自找灭亡！现在大家都明白了，只有对外抗战，才能图谋生存，只有打倒敌人，才能有我们的生路。因此我们愿以热血洒在敌人面前换回失去的疆土，我们不怕今日和诸友在此分手，但愿他日东望三岛，痛饮长白山头。

高级长官的态度见解是这样，那么再看看一般的士气又怎么样呢？听了袁参谋长的谈话，又向许多位士兵调查的结果，知道二十三日晚上的冲锋，各连都争先恐后的出来自告奋勇，要和敌人相拼。在冲锋的阵线上一批一批弟兄是在敌人的炮火中覆灭了，但是敌人所能消灭的只是一部分铁血男儿的生命，却不能消灭全军的士气，前列的弟兄虽然中弹倒地，后继的壮士终究使敌人丧胆失魄。弟兄们在阵前受了伤，军部要送他们到后防医院，谁知竟有好多弟兄出人意外的坚决的不肯回去，问他们为了什么缘故，都说是“回去害怕不好再上前线了”。

更让我们兴奋的是弟兄们一致的喊出一个口号，说：“我们不要饷，我们是要杀敌！”由这点我们就可以知道整个部队冒险的远道夜袭，能够得到最后的胜利，那绝不是偶然的，而是必然的。

长官、士兵有这样坚决的意志，有这样清楚的认识，谁能不为我们中华民族的前途高呼“万岁”！

在这次战争里，我们证实了民族解放有坚强的保证。同时在这次战争里我们也得了很好的教训，就是对于敌人所用的毒辣手段以及敌人的用心，使每一个中国人都有了进一步的了解，进一步的认识，知道我们倘使一直等待下去，再不作积极的抵抗，将来不用外人直接灭我，只利用以华制华的政策即足以制于死地。比如一部伪军在重要包围中无路可逃的时候，有些蒙古同胞仍然要顽强的抵抗，并且喊着：“不投降，不投降！不做你们的亡国奴！”由这里我们很可以了解敌人在怎么样的欺骗我们的同胞，驱使我们的同胞回来惨杀自己的弟兄，由这里我们也可以了解敌人是在怎么样利用中国人的自相惨杀，以满足他们侵略的野心。

敌人不只是欺骗一般无知的老百姓，而且在百林庙还有特别为蒙古青年设立的学校，强调的提出民族问题，从事挑拨离间，图谋根本的彻底的来欺骗我们的同胞。据熟习蒙地情形的朋友讲，近一年来，受敌人之挑拨，在一般青年的蒙古同胞中间，形成一种观念，那就是要借敌人的势力，先建立自己的势力与地位；建立起自己的基础，然后再谈扫除外寇。关于这一套观念，固然有心理上的基础存在，不过除了心理基础之外，攘外必先安内的理论，可以说一般青年的蒙古同胞不问他们的观念能不能变为现实，不问与整个国家民族的利害如何，只是不顾一切，愿作一次冒险的尝试。试问敌人能不能许蒙古同胞们养成自己的势力，来驱逐他们？试问蒙古同胞在敌人指挥之下作冒险的尝试，是不是首先要为［为］敌人实行以华制华的政策？在此种情形之下，倘使我们不即〔及〕早收复失地，那真是故意让受欺骗的同胞增多，等待着让自己的国家毁灭！

另一方面我们还有更应该注意的地方，就是在伪匪被包围的时候，其中曾有许多人大声喊着“饶命，饶命！我们是中国人！”、“中国人不杀中国人！”（这话是一个士兵告诉我们的）这事实告诉我们伪军中的同胞不全是丧心病狂，他们只不过是受了敌人的压迫，生活的鞭策，暂时不得不在伪匪营中讨生活而矣。据我们所看到的几个被俘携回来的弟兄讲，他们对敌人的鞭策痛恨到万分了，但是在平时只能忍耐，免强替人效劳，由这点我们又知道只有抗战才能给自己的同胞一个机会，使他们解脱重围，只有抗战才能使伪军中的同胞不惨杀同类，而且相反的，他们可以立即反过枪口，对准最大的敌人射击。王英部下纷纷反正，便是事实的明证，如果我们多等待几天再来抗战，试问他们是不是又要多杀许多自己的同胞！这种事实的教训，我想每一个人都应该牢牢记在心头。

敌人的用心，不只是由欺骗蒙古同胞这一点上可以看出，由这次所得的各种秘密文件，我们所知道的还要更多、更深刻。因为伪军退却的时候，非常仓惶，一切物品全没有带走，也没有毁掉，所以全部文件都落在我们手里了。这些文件落在我们手里，在敌人看来，真是莫大的损失，莫大的耻辱，在我们看来，却是至上的珍品，是国家民族独立自由的先兆。

被俘掳〔虏〕回来的同胞，在我们这方面极受优待。愿意为国效劳的，就请他们留在营里，愿意回家的，每人送大饼十个、国币三元。因为待遇是这样，所以被俘掳〔虏〕的同胞都感觉到不论在什么时期，还是自家人可爱，并且有许多人都愿意留在军中，而不愿再回到热、察的家乡，尝受敌人的欺侮了。

在白林庙看到各种情形，我们非常兴奋，同时也非常欣慰，不过有一点让我们的确有点担心，就是防御的力量实在有点薄弱，防空只有消极的躲避，而防陆兵力也不很充足。

我们回到武川，曾进谒曾副军长一次。最初在归绥听到收复白林庙的消息，我曾经两晚欢喜的不能入睡，听了曾副军长的话，明白了一切布置及将来的动向之后，禁不住又要为绥远同胞垂泪，为大青山下晋绥军阵亡烈士忠魂痛哭，为整个国家前途忧虑。本来绥北向敌人进攻的时候，绥东也应该同时向敌人进攻［的时候，绥东也应该同时向敌人进攻］，在东西夹攻之下，匪伪自不难一鼓歼灭，察北的收复，乃易如反掌；不幸我们还没有最大的决心，没有收复东北及察北、冀东的远大计划，所以在绥北向敌人进攻的时候，绥东按兵不动，以致不能收到东西应援之效，反而造成绥军在北路孤军抗战之势。淞沪战役谁谓不猛，长城战役谁谓不烈，其所以惨遭失败，试问谁个不晓的〔得〕是由于孤军无力持久的结果。绥远的战争，在目前看来，只不过是淞沪及长城战役之重演，在这样战争的前面，谁个能不痛哭前途之黑暗，谁个能不为西北同胞以及整个中华民族焦虑！

且绥省本年处境更其特殊，因秋收欠丰，人民无以为生，在不得已［不］之中，多已东离西散，沿途所过村庄，竟呈十室九空的景象。国军在前方作战，当地人民直接供应粮草，事实不能容许，即需劳役，亦不能大量求助于人民，在此种环境中，不谋一鼓向前，反行坐以待敌之策，实不知将何以持久，将何以壮士气，保证最后的胜利。

绥远倘使有失，试问我们怎能对得起前线死难的烈士，又怎么能对的起前线将士？再问问绥远有失，我们将何以保卫冀、察？将何以保卫晋、陕、甘、宁、青？

为了绥远的存亡，为了整个国家的存亡，我们要大声疾呼，请求政府早定收复失地的大计，以此次绥远战争为整个计划设施的开端，同时我们要诚恳的请求全国同胞，努力支持这次争取国家民族生存的战争。我们不能再看着自己的力量在敌人“个别击破”的策略底下，消灭，再不能忍心静听着前方将士向着大青山下的忠魂痛哭。我们是中国人！我们要作自由的中国人！亡国奴的痛苦，绝不是我们愿意忍受的！

《清华副刊》（周刊）
北平国立清华大学
1936年45卷11、12期合刊
（李红权　整理）

本会战地服务团在绥远工作情形

作者不详

本会战地服务团，由绥远来信，详述该团在前方服务情形，兹录志其原文于下。

一月九日的平绥直达快车开抵绥远城车站，那时还不到上午五点，在西北的冬天，日出极晏，五点钟仍然是深夜景象，所以上下的旅客很少，月台上是清静而冷寂，一些没有通常列车到站时的扰攘与喧嚣。

在接近守车的一个三等车厢里，却下来一批武装青年，每人都自携着随车简便的行囊，鱼贯的踏上月台，他们的服装，虽不似塞北的军队，穿的尽是皮毛，可是显出极整洁的样子，下得车来，略一整理，就列队向车站出口处走去，一行二十多人，除掉清越的口令与齐一的步伐声和着机关车停在站里的排气声，撕破周围沉寂的空气外，一个个静默默地走着，这队伍的前面，有一面长方形的旗帜引导着，在出口的灯光较强处，看见旗的中央绣着一个盾形的新生活标帜，上下有两排鲜明触目的黑字，是“新生活运动促进总会战地服务团”。

他们出了站，就分乘上预先停待站外的军民联合会的两辆大卡车，冲着寒风，驶向北门里的大北旅社去，暂为休息。

清晨的绥远街市上，间或发现三五戴着黑皮帽子的青年军人，因他们的服装殊异，颇引市民的注意，尤其是他们彬彬有礼的态度，脸上浮着和蔼的微笑，使后者生出一种猜想："东边过来队伍了吗，是哪一部分的?"本来新运总会战地服务团到绥远来，不但市民们弄不清楚，就是省府方面，也还是接到查车宪兵由大同发来的电报才知道的。因为新运会的人，都是主张"不空喊，只实干"的，所以不愿大张旗鼓喊出来使人家注意。

十日的绥远的各报纸，一致用头号字标题，刊布新运总会战地服务团抵绥的消息，他们一行团员共二十三人，由团长李蔚洪率领，团员分为两队，第一队队长是胡体仁，第二队队长是田冲，工作分为三项，救济、慰劳与通讯，觅得的宿舍是在午桥街归绥县立小学里，该团于到后，即分头积极与省府军民联合会及各医院等处，接洽关于服务问题。

该团于十一日开始正式工作，先赴各医院向受伤官兵散发南京各界所捐助的慰劳品，如丝棉背心、袜子、毛巾等，同时并致慰问，温和的态度和诚恳的语言，使负伤官兵颇受感动。续后就把全团分为两组，第一组为服务组，所负的任务，是协助各医院的护士看护伤兵及为伤兵写信读报等事，第二组为娱乐组，因为感到受伤者心情的悲寂与生活的枯燥，很少获到娱乐的机会，这项工作，对于受伤者心身方面，有相当的益处，关于娱乐游艺的项目，有魔术、相声、双簧、滑稽、短剧等。

边疆战事爆发以来，到现在各界所组织来绥的慰劳或服务团体有好几十个单位，但是像这样军事化的服务团体，还是第一次，各院伤兵，特别对于他们表示好感，尤其在服务方面极愿意接受他们的劳动。为什么呢?俗语说得好，"物以类聚，人以群分"。过去许多服务团体，大都是民众组织，一般受伤将士，对着这些不远千里到这冰天雪地的西北来慰劳的先生女士们，已万分感激而不安，当然事事都存着所谓"客气"，一客气，则对于服务者的劳动，就不能充分的接受了，还有因为地位的不同，有些事情不愿说出来，比如说写信吧，许多民众服务团体的人，虽再三殷殷的问他们有什么信要写的，结果差不多都给予一个“没有什么信可写”的答覆，其实谁无家庭，谁无朋友，这些抗敌将士，负伤卧在绝塞的病院中，举目无亲，寂寞的心情，又何尝不想得些家人平安的消息，作精神上安慰。不过中国大多数士兵的家世都不甚好，自己的生活现状也很低劣，他们受了“虚荣的羞恶之心”所驱使，不肯把实际情形向外人道及，以致弄成一个“不敢劳驾”的结果，然而他们对于新运总会战地服务团的一般士兵化的团员们，因为所处地位，在形式上相同，就当着“一家人”看待，说话是没有什么要回避和顾忌的，所以能痛快的叙述。

娱乐方面，在受伤将士，更有急切的需要，除有青年会所组织的战区军人服务部在各医院内以留声机和画报等供给他们的消遣以外，而战地服务团的各种游艺，更使他们的耳目一新，并且因为表演技术相当的成熟，获得热烈的欢迎。

该团的服务与娱乐两组，连日轮流到各医院去，因为工作上发生效果，团员们异常兴奋与努力，深得绥远各界的赞誉。

该团到达绥远之日，适值傅主席出巡视察防务，没有见着他，他们并带来新运总会所赠给傅主席、赵司令、王军长暨全体抗敌将士荣誉锦旗各一面，于十五日傅主席公毕返省，始举行献旗。献旗时，因为傅主席，对于任何事情不愿意铺张，所以没有招待各界参加，但仪式很隆重，该团李团长代表致词，大意是赞扬傅主席暨此次守土抗敌之诸将领及战士们的功勋，并说明献旗的意义，与传达后方民众对战事关切和热烈援助的情绪。傅主席答词，则阐明杀敌为军人之本分，对献旗表示谦逊，在献旗前，该团全体曾与傅主席作一度谈话，报告来绥工作计划，主席极表赞许，并允予以工作上之便利。

十七日绥远的慰劳受伤将士游艺大会开幕了，这个游艺会是青年会负责筹备的，游艺方面多半是十三军新生活俱乐部的京剧表演，战地服务团除负责布置会场及维持秩序外，并参加表演魔术，会场设在九一八纪念堂，该堂建筑颇佳，又经过新生活合理化的布置，极其清洁庄严。该团在游艺的工作虽然很忙，可是对各医院的服务工作，依旧抽闲继续推行。游艺会开幕三日以来，每日观众都是二千以上，人虽这样多，可是秩序极佳，该团并在会场入口处散发印就的入场须知，使观众对公共场所的秩序有所遵守。

现在据闻该团的任务，还要到武川、百灵庙一带去慰劳抗敌将士，并定于二十日由省启程，惟各医院伤兵与他们相处已很熟识，生出相当的感情，听到他们要离开绥远的消息，都表示十二分的依恋，希望他们能早日回绥，更能长期的留绥相伴，得到较多的精神上的慰藉。

《新运导报》(月刊)
南京新生活运动促进会
1937年41期
(李红权　整理)

由太原到丰镇（通讯）

杜重远　撰

在大同遇见唐部退下伤兵，三五成群，状极可悯，询以前方战事经过，都说南口阵地本极险要，惜乎廿九军驻防时丝毫未作工事。我们开到南口，一方作战，一方作工，在机枪、炮弹之下作工，如何得手？且吾方无飞机无高射炮，敌人飞机来轰炸时，只有挺着等死，这样的惨烈牺牲，不知有若干次。每天只进一食，因输送伙夫，时被敌机炸死。而最觉凄惨者，当吾方退却时，许多重伤的弟兄们，无人照管，有的匐匍于道旁，有的引枪以自杀，最后吾等虽侥幸归来，而商店闭门，无人过问，请问吾辈为谁作战？为谁牺牲？言下不胜愤懑。我除稍加资助外，且极力慰勉，并为之找车送往太原。我此次在大同所见种种现象，至为痛心，伤兵之惨状如此，民智之闭塞如彼，而一班腐化军官，犹复计算在此次战争中可得若干粮秣，若干贴饷，手拿着算盘的军人们，如何可以作战？我自恨手无寸柄，不能削若辈的头，无怪马将军说，中国军阀不死，大乱不止。然而细想如无此次大乱，何以辨别孰是孰非、孰忠孰奸，阅报中央已特任唐生智将军为军法执行总监，不知唐先生对这些败类的军人有何办法否？

在太原时，听说关外有一部分反正军人，住在大同，我急愿一见，及到大同，又听说送往丰镇去了，我于是特去丰镇一次。丰镇距大同不过一二百里，平时乘火车一两小时可到，此时因各站均被敌机轰炸，一面修理，一面通车。晚间十时登车，行至翌晨五时始至。丰镇为绥远所属，城市不大，地势颇高。此地气候较大同尤寒，然天气清朗，空气干澡〔燥〕，颇有东北风味。早饭后往寻反正队伍，刚巧他们在一大粮店内，长官召集训话，该队共八十三人，营长名张海涛，“九一八”后曾作过义勇军领袖。据张君谈，即其他官兵亦多数或因在关内当差，或因参加过义军工作，入关无适当职业，在家又无法躲藏，不得不披上一张虎皮，借资保护，平时固无人真愿为伪国效忠的，他们反正之心，蓄之已久，只恨找不到机会罢了。这次中日开战，将他们开赴前线，大家无不兴高采烈；在日人看去，以为忠于伪满，而不知他们固别有怀抱。然日人亦时时防范，此次反正计划，原为一团，当实施作战时，日人故意使该团分离，各配以日本队伍，上级官均由日人指挥，每与中国队伍一接触时，他们即大喊“中国人不打中国人”，将日本军官全部杀死，抱着械〔枪〕械跑过来。惜乎时机不巧，未能全团反正，然留在那方面的，固时时抱此同样决心。此次战事如再延长一年半载，日寇后方队伍，均调至前方应战，伪满内部稍加酝酿，都要反正，再加以义勇军各处破坏骚扰，令日寇首尾不能相顾，最后胜利，定在我方。与张君个人接谈后，经他向队伍略事介绍我的来意，并请我向全体官兵讲话。我见此异装异服的数十健儿（彼时仍穿日人军服），一个个体格魁伟、精神涣〔焕〕发，被人用作残杀同胞的工具，一时悲喜交加，声泪俱下，对立官兵，旁听民众，无不同时堕泪。我勉强将眼泪拭干，即告以国内如何团结如何统一，上海作战时我军士气如何奋发，敌军士气如何不振，敌人飞机被我军打掉四十余架（这是我离开上海时的数目，现在已不止此数）。然后又谈到长期作战中，我国须组织整个民众，与敌抗争，我们亡省的人，正好乘机回到关外，作为向导，与国军联成一气，扰乱敌人后方。最后又将蒋先生、冯先生、白先生对于此次作战的誓辞，一一重述一遍，以坚他们的信心。说后大家都极兴奋，掌声如雷，这不是欢迎我，而是欢迎抗战。

在丰镇住了一夜，第二天归来，途中忽有人喊飞机来，车忽停，同车人夺门越窗而逃，似有精神病者。我问飞机在何处，群无以对，直停至一两小时，车才徐徐前进，看到知识落后的群众，愈感到组织民众训练民众的重要。

由丰镇回到大同，又住了一夜。第二日早饭后，仍须随着大队人马作躲飞机的工作。全城的人整日不能作工，实觉无聊，我因工作已了，急作归计，下午三时，有骑兵第六师的卡车回太原，我由友人介绍，得一座位。连日大雨，公路更为泥泞，车行六十里，忽跛一足，车夫下车修理多时，才又成行。天将黑，又跛一足，车夫气愤愤的说："他妈的，百年不遇的事情，今天都遇到了！"（两车胎同时破坏，实亦少有的事）无奈再行修理，到夜深十一时才完毕，又前行数十里，已夜半十二时了。同人又饥又冷，想找一村镇就宿，可是村镇都离开公路三五里不等，普通道路较公路更坏，刚一离辙，汽车即伏地长鸣，不愿动转，无奈将车放在公路旁边，同人下车步行，天色昏黑，仅一人持电筒前导，大家像一群瞎子似的随后跟着走，走了许多时候，来到镇中。家家闭户熟睡，谁肯招待这群不速之客？不得已，找到一家澡堂子，始得破门而入，每人吃了两个鸡蛋，卧倒熟睡。天未明即有客拍门进来，据说是某军的少年队包全堂洗澡，我们不便阻人生意，勉强起来洗洗脸，又上了征尘。车中还有几位太太，因不愿下车，在车中坐了一夜。国家未亡，人已蒙难，大家想想这种苦痛都是谁给的呢？

《抵抗》（三日刊）
上海抵抗三日刊社
1937 年 13 期
（李红菊　整理）

北上见闻

新安旅行团　撰

自从绥远抗战发动后，全国人的眼睛都注射在绥远。这已够说明反侵略的战争是举国动员的，更说明了中国年来民族意识的进步和一般教育的发展。说到绥远抗战就够使人兴奋，可是能亲身到绥远来的人，更可处处听到令人兴奋的故事。

红格尔图的土炮应战

大家都见到报载百灵庙、大庙的克服，接着就是敌人反攻红格尔图。红格尔图是绥东的门户，当然在地势上是很重要，所以敌人的铁甲车冲上来了，一辆、二辆、三辆跟随着往前冲来。这里的武力，军队很少，有民团数百人，小钢炮一架，其余都是步枪，这在唯武器论者看来，抵抗是一件最危险的事了，但事实到了不得不抵抗的时候，也就不暇等待了，抵抗的战争就爆发了。当战事到了最急烈，步枪和小钢炮不能抵挡敌人铁甲车凶猛的冲锋时，急中生智的把天主堂上四尊大炮拉来应战了。这该叫人笑为傻事。然而土炮竟威武的应战，并且获得最后的胜利。因为土炮用的是梨花铁，打出炮口就是一大遍〔片〕，不像钢炮不能命中就算白发了一弹，因此这几尊大土炮在这个急救的应战上大显威风。可是梨花铁是很有限的，在无继续供给的时候，又异想天开，把各家烧饭的锅子都收集来，打成碎片，作开花弹应用。经过一日夜的抵抗，敌人的铁甲车终于负伤退走了。一个伤兵说起这个土炮应战的故事，用他赞叹的口气摇摇头说："不是这几尊土炮可战不了。"

这一战把天主堂轰掉了一角，天主堂的教民和牧师都自动参加英勇抗战，开民族抗战的新史页。

这一战也给唯武器论者以铁的答覆。我们听了这个故事后，无不感动得要落下眼泪，因为那是从死里求生的最后关头，只有抱定牺牲的决心才能这样奋勇作战的。

傅主席说中日出路三条

绥远抗战的胜利使全国欢腾，但傅主席说得好："这是小小的胜利，不足挂齿。"不错，敌对的关系并不能因此停止。况且很多的失地尚没有收复，种种条约的束缚未能解除，问题当然多着哩。

那么中国和日本的前途究竟要怎样呢？这是每个中国人都抱着极大的不安来推测他，当然也是世界上关心国际问题的人急切要得到解答的，就请听傅主席说罢。

阵亡军民将士追悼会后的第三天，傅主席在凤林阁设宴款待远道致敬的来宾，在宾主谈话极形欢洽的席上，他对中日前途侃侃而谈，他说中日出路只有三条。

第一条路是日本自动的把一切不平等条约解除，失地归还中国，在自由平等的基础上来进行互惠亲善提携。这是最好最合理的一条路，但日本未必肯走这条路。

第二条路是日本把整个中国一手拿去，可是事实上已经拿不去，那么也就等于此路不通。

第三条路是保持现状，但中国人已经觉悟了，团结救亡已由呼号而见诸实干了。这条保持现状的路当然也走不通的。

是的，我们听了这一席话，更使我对于他的敬佩。他自琢〔涿〕州一战，善于守御，全国都敬佩他有古大将的风度。近年治绥，首先把境内土匪肃清了，所以去年抗战的时候，境内都十分安静，一致抗战。据说去年敌人初犯红格尔图，不利而退，关东特务机关××曾乘飞机到归绥降下，去见他，问他的态度，其实就是来吓他，但他以宾客之礼相待，以坚决辞意回答："如果有人来犯，就起来抵抗，城存俱存。"是的，别人以为我们都是一些"恐日病"者，只消一吓就可成功。这次绥远抗战的回答，"恐日病"的尊号可取消了。

傅主席年纪才四十多岁，身体、精神都极健壮，正是古人说的年富力强，大有作为的时候。现在的绥远抗敌战事正作结束，而一切文化教育建设生活，都急待擘划实行，更因全国同胞关心瞩目，我们敢信，一二年后再来绥远的时候，一定是焕然一新。不过绥远是辽阔边荒的省份，人材、经济更较任何省份艰难，这是我们认为要用全国的力量来帮助他才是。

大青山麓的歌咏

歌咏是早随着全国救亡的情绪的发展而流行到全国交通发达的都市，大青山麓，自从去年的抗战发动后，边塞的寂寞也就从此打开了。但歌咏尚未萌芽，自上海的妇女儿童慰劳团到后，带来了歌咏的空气和一些材料，但这些还不能把歌咏推进起来。三月二十四日晚，三百余人合唱的大歌咏会开幕了，傅主席亲自到会场致词，他说得好："礼乐射御书数是古来的六艺，而乐居第二，可见乐的重要，唱歌就是乐的一种，去年国民兵受训，因为他们大半没有受过教育，别的文字功课都不易接受，只有唱歌，最有效果，从此我对于唱歌一项认为十分要紧。当此全国救亡图存的时候，唱歌可以激发人的感情，可以把人组织到一起，所以这些最雄壮最有意义的歌，是应该人人会唱的。”

因为傅主席认识歌咏的重要，就托青年会战地服务部把民众指导的刘良模先生特地从上海请来，一共花了两星期的功夫，三月二十四日晚的歌咏大会就在九一八纪念堂（可容千余人的大会堂）举行了。参加歌咏的是军队下级干部里挑选的二百余人，另有归绥中学数十人，站立在舞台上，一排高一排，刘先生自任指挥，当他右手捏的小小一根指挥棍举手扬起时，歌声就发动了，从《国旗歌》到《救中国歌》。

观众除军队外，有机关公务员、学生和民众约七八百人。

台上的歌咏团，一口气唱了《国旗歌》、《三十五军》歌、《追悼抗战烈士》歌，到《救中国》歌，共唱了四支歌，这时应该休息一会，这里也就看出这位民众歌咏的指导是一位能手。他回过头来向着七八百观众说话，他要马上叫七八百观众都要会唱这支《救中国》歌。他英挺的站立在台前，又和蔼又诙谐的说着话，把观众立即分成四组，大家望着他那根小指挥棍的舞动，跟着他唱起来了。一遍复一遍，没有一刻钟，会场观众都学会了“救救救中国，一齐向前走，努力呀！努力呀！努力呀！努力呀！救国要奋斗”。从七八百张嘴里发出的声音，真是什么也抵不到他响亮。然而他的另一目的是在让一气唱了几支歌的歌咏团员好休息休息再唱下面的歌。如是他再回转头去继续指挥唱下面的《救国军歌》、《怒吼吧中国》、《救亡进行曲》、《军歌》、《前进歌》、《锄头舞歌》、《自卫歌》、《救国进行曲》（《义勇军进行曲》）。当他指挥着军歌合唱时，唱到要“冲出山海关”，他的指挥棍向前一指，歌声也并着这节奏而向前，一股壮烈宏大的力量，真和山海关就在前面要冲出去一样。古人记“气壮山河”，真是一点不错。培养壮气，教育国民，保卫河山，歌咏是最有力量的。音乐界提倡国防音乐运动，从这里看来，正是大家要赶快努力的工作。最后又教全体唱会一支《救国进行曲》。

会是在军号和全场千余人的合唱“起来，不愿做奴隶的人们，把我们的血肉，筑成我们新的长城，我们万众一心，冒着敌人的炮火前进！前进！”声中散会了。一共化了两个多钟头，全场在热烈欢腾声中散去了。

从此大青山麓的救亡歌声将要飞快的展开，一切不愿作亡国奴的人们就要在这些救亡歌声里团结起来。

《国讯》（周刊）
上海国讯社
1937 年 162 期
（李红权　整理）

包头一瞥

樱子　撰

踏上了包头城内的街道，我不禁低低的叹息着："这地方已不同几年前了呵！"

是的，包头城的确和以前不同了，石子铺的硬硬的马路，表面上显着繁荣的街道，和新建起来的房屋，已一改几年前"道路不平，电灯不明，电话不灵"，造成包头城内的"三绝"，只是点缀这黄河码头、平绥路终点、水旱码头的塞外，一大城市的电灯、电话，却还是不明不灵，依然成为包头城内的"二绝"，原因是电灯公司用的是本省出产的炭，这为了利用土产以致电灯不明倒还可以说得过去，电话不灵，却要设法整顿了。

几年前这里在夏天，是"苍蝇的大本营"，苍蝇之多，除了世界上某一个热带地方外，是占第一位的。街道上堆积着厚厚的黄土，大雨的时候，水从建筑在北面半山上的房屋、小巷灌下来，于是包头城内到了夏天，便是"行不得也哥哥"。如今，城外筑成了东西水道，雨水是不会再灌到城里来了。筑水道碾下的碎石头，铺成了平坦的马路，作为一个城市小市民娱乐的公园，也在市中心区修筑起来了，虽然那是由一个倾倒垃圾的地方改筑成，里面也只有些花花草草，然而，那总是一个奇特的花园呀！

同那不明亮的电灯光一样黯淡的，是那没有起色逐渐少下去的"买卖"，这几年，因了欧亚航空的飞航包头，皮毛的大宗输出，

“皮毛业”和“粮业”总算还勉强过得去。比较设备好一点、阔一点的“包头饭店”也开设起来了，城里住着各式各样的人，山东的，河北的，绥远各县的，生活方式、形相便也大大地不同。

同一个朋友坐着人力车，走过了颠荡的马路，出了东门，到了包头唯一名胜的“转龙藏”。泉水从坡上的泉眼流下来，流，流，不断地流下来，清冽冽的。与其说这是包头城的一名胜，倒不如说这是包头人民生命的源泉了，因为城内井水咸得很，城里的人全是吃用这一点泉水的。

从流着泉水的坡上爬上去，瞰望两面的包头城，是高高低低的房屋，北面是半秃的土山，一座大雄宝殿孤立在那里，对面是一个空荡荡地戏台，走进去一股幽幽念经声传出来，和着那清晰的磬声，也许会使你想起幽然之感吧？

和那几位念经的高僧谈了几句话，问一位高僧的法师〔号〕，说是“悟明”，他送我们出来，看到他那灰绿的“瘾君子”的面孔，我这才想到，他原来“悟”得是这样的“明”！

走进城来，再看到的便是触目鲜艳的红球旗子，一架友邦的无线电台，插入了半天空，瞰视着包头城，红球尾巴的飞机照例的示着威，弥漫于黄昏街头的歌声，已不再是凄楚的“爬山调”（注一），和哀怨的“水淹西包头”（注二），而是充满了愤怒与激情的“小××，太横行……”的怒吼声了。

注一：“爬山调”系在大青山下生活的人们的一种山歌曲调。

注二：包头从前多遭水灾，流行过一支“水淹西包头”的曲子。

《道路月刊》

上海中华全国道路建设协会

1937年53卷1期

（丁冉　整理）

包头一瞥

适萍　撰

最近，我和几个朋友到了久所想望而从未去过的包头。下车后，就看见一片沙土，“无风三尺土”，的确不假。在沙土上洋车夫十分费力，进了冯焕章先生所建的土城，便是新筑的石子马路，转了三个弯，才到了包头唯一的大旅馆——包头饭店。

饭店在涂师爷胡同的路南，分前后两院，前院为某国的羽山公馆所占，后院是饭馆兼住房，在这满是煤烟的包头，连家雀都是黑的，这里总算顶洁净的所在了。

说起羽山公馆，不用我说，大家该会知道它是什么所在，做的甚么买卖。在不久以前，几乎把地方官为难死，因为在这个公馆卵翼下的浪人，到处捣乱，真是弄得地方当局哭笑不得。结果，还是免不了抓破面皮，用强制法送客后，“朋友”们也就一批批无精打采的走了。现在指定这个饭店作“朋友”们的住食所，别处概不招待，而他们倒也不再像以前那么捣乱了。可见对付这一类的“朋友”，不能太客气，你受了他的唾沫，必须报之以拳头，不然的话你只有等死。

我们为着节省经济，在包头饭店住了三天，就搬到了绥西宾馆。这里比包头饭店肮脏一点，可是除了包头饭店，也就算数一数二的了。这几天，虽说旧历年关已过，但这里是号称为“西北的上海”的，所以街上还是挤满了人，买的、卖的、老的、少的、男的、女的、穿红的、穿绿的……都有。苦力们十之八九都穿皮袄皮裤，远远的望去，好似一群绵羊。有闲者多半穿棉袍，因为他们不常出屋，屋子里有炉火，天明生到天黑，皮袄似乎不需要。女人们，头上戴着有飘带的帽子，身上穿着旗袍，移动着小得不能再小的金莲，也出街来闲游。据当地人说，她们不能走远路，若走过半里之遥，就得爬了。我虽没有亲眼看见她们爬，可是我看见过无病无灾的女人拄着拐走。天足女人也有，但为数不多，大半是旗蒙人和外来的太太小姐们。

包头背山带河，山如椅圈环抱，黄河横贯于前，站在北山上举目远望，大地辽阔，可以叫人想起成吉思汗之雄威！此地原称包头镇，后改县。冯焕章先生练兵西北，始筑有土城。东门外有转龙藏，峭壁上雕有三个龙头，水从龙口中喷出，直泻深潭，为全城饮水之源。东上为龙泉寺，院中有汇水池，泉水汩汩，汇入龙头。寺中有合抱青杨木多株，风至簌簌作响，令人生出尘之想！各重要山头，俱筑碉堡，并驻有屯垦军一部，屯垦督办公署即设于南大街中，规模颇大，似为近时新建，督办为王靖国军长。县署在西城，公安局设东城，县长兼局长为赵仲容氏，年在三十上下，沉着果敢，夫人为石王郡主。此地为蒙旗〔汉〕杂处，又加高邻垂涎，内政外交，俱甚复杂，而赵县长应付裕如，足证煞费苦心也。

谈教育，这里有中央政治学校包头分校，为包头最高学府。此外，有师范及中学各一所，民众教育馆一所，小学数所，而耶稣教堂亦办有小学两三处，设备均甚完善。尤为难得的，吕祖庙和尚也设有一只〔所〕小学，规模虽不甚大，然在教育经费拮据之下，能有如此成绩，该主持之“普度众生”，可谓名副其实了！

包头的商业，素以皮毛为大宗，数年来一直不景气，去年突然的好了起来。上色货前年只卖七八十元，去年须一百八九十元，而且还买不到货，无论好坏，供不应求，各店皆销售一空。有一商铺专为客商存货售卖，抽取佣金，去年底结账，盈余十一万多，其自购自售者，盈余之多，则可想而知矣。中国银行包头分行，投资不算在内，只汇兑等，据说就赚了五百多万，由这一点看，就可知道去年包头金融活跃到甚么地步了。因之牛羊增价，粮米高涨，边塞人民，如同“久旱逢甘雨”，勃勃生气，现于城乡间。

包头的封建气味，十分浓厚，而贫富的悬殊，也相差甚远。除了蒙古王公和少数富农外，多数是贫寒，所以在平绥道上，很少看到整齐的乡村，除了天主教的“教村”不算。但因地多人稀，故吃穿还不成问题。他们所以贫穷，当然有种种原因，而人民爱好烟赌嫖妓，也是重要原因之一，五六百户的一个城中，就有妓女五百多口，私娼还不算在内，淫靡之情可见一斑！

此地西通宁、甘、青、新各省，东贯察、绥、晋、冀、平、津，东西货物以此地为交换中心，所以形成了西北的上海。出产以牛、马、羊和皮毛为大宗，农产次之。树木除庙宇里的风景树外，别处不容易见到。按土壤来说，系多沙质壤土，最适宜于松、柏、柞、槲，惜当局无暇顾及，使大好土地，不能尽其力，殊堪叹息！据云，马群在山后数百一群，或数十一群，并无人放牧，不过每隔半月或二十天，马主人去查数目而已。这种马群虽无人管理放牧，一群之中，必有一头“马首领”，领导群马按时饮水吃草宿卧，这里的草吃完，领到那里去吃，如同野马一般，偶或走失一二匹，到别群去找，必然的可以找到，这就是塞外人的财产。前年冰雪过大，听说冻饿而死者过半，牛羊也没逃过这个劫运！这种马群和牛羊群，多属蒙古人所有，汉人的牛羊群是不多见的。有人买马，到群中去看，看中了，持一结有绳套的长竿，上马飞奔，随意选择索套，也有成群购买，选驯马数匹将整群冲开，选择一群，检点数目，便成交易，然后用驯马导行，即另成一群。

因为马的天性爱群，除了人力强制它，它是绝对不离群而索居的。

黄河鲤鱼的美味，早已被人称道，但包头一带的鲤鱼，尤为黄河鲤之冠。其味香美鲜嫩，的确比任何种鱼来得可口。吃过包头的鲤鱼，别的菜简直没有滋味了。

这次在包头，一共住了两个星期，虽不敢说尽情明了，然总比看游记之类，似乎要真确一点。因之我感觉到西北的重要，尤其在这国难的严重期中，国防上、民生上，都是不可忽视的地方。如果真正来开发西北的话，把各地难民用政府的力量迁到这地广人稀的河套来屯垦，不但可以免去人吃人（四川北部的灾民区曾人肉公卖，据四川友人信上说，活的每斤三千六，死的每斤二千四）的惨剧，也省却了多少穷人抢粮的纠纷。如能训练得法，还可以作为西北的二重长城。望有责者，放开眼睛看看吧！

《机联会刊》
上海机制国货工厂联合会
1937年165期
（朱宪　整理）

国防前线的绥远

新安旅行团通讯

一　我们在绥西

自从北上，在北平耽搁了一个多月，三月中赶来绥远参加追悼阵亡军民大会，和慰劳我前方抗战军民同胞，四月一日又向绥西进发了。

在包头我们住了十八天，除了参观、访问、游览，大部分的时间都花在放映电影和帮助各小学歌咏团唱歌。歌咏在绥远，自傅主席提倡，学校和军队都热烈推进，目前苦无领导，因此我们也就应了这个需要，在即知即传的原则下，加紧工作起来，这时正是春假，平绥路局主办的西北考察团一批又一批如潮水一般涌到包头来，这可知他们都是为去年绥远抗战而引起到西北来的兴趣的。

靠近包头东南十数里，有河北新村，这是河北移民协会主办的移民工作。在这里我们也住了四天，便又向西进了。

由包头向西进，交通就感困难了，唯一靠汽车，沿着乌拉山西行三百余里，入后套扒子补隆和硕公中垦区新村，这里有很多东北抗敌而流亡的同胞，他们那种从强暴压迫痛苦中奋斗过来的情绪是格外热烈而沉痛。我们觉得受过亡省抗敌而流亡的东北同胞们，抗敌救亡是有极大决心的，所以《打回老家去》这支歌是我们最好的礼物。这支歌从他们唱出也就别有情调，不同凡响了。

更使我们留恋的是听他们谈到过去和现在东北义勇军的抗敌的故事，因为有些都是他们亲身参加的，所以十分亲切有味。

二 绥远两种新国防

自外蒙独立，察北变色，绥远是我们国防最前线了。因此敌人侵绥是大陆政策的必然过程。但是我们的绥远国防将怎样呢？（一）是国民兵。这是把绥远的壮丁集中起来，完全和军队一样编制，并加紧政治训练，虽然训练的期间很短，但他们却十分认真训练，将来回乡以后，仍然有组织的联系，随时尚可检阅，这正针对乡村的散漫，这是极大的潜伏力量，是活的国防。（二）是在五原与临河间的军垦实边。这是自廿一年开始的晋绥军屯垦实边的计划，他的目的是在充实边疆，化兵为农。后套是盗匪多如牛毛的化外，历史上有名的套匪，可以想见。西北军过这里时，曾大大整治过一次，可惜时间不久。自屯垦军到后套，开辟新村，着手生产工作，不到五年功夫，已收到大功的是肃清盗匪。现在行路的人可以放心了，住家的、买卖的人也安居了。这四年多来，经营的经费是贷款，今年九月便实行停饷自给。经营新村的各项经费不下二百万，已在逐年的收获额下还清贷款，这可见经营的二百万成本，已由这三四千屯垦军的劳动力换回来了。

我们亲历过他们规模大小不同的新村约六七处，每到一处都放映一次两次或三次电影，他们自己远在十里、二十里、三十里的牛坝里忙着耕种，电影大半是招待新村附近的农家来看的。看的人是第二天比第一天多，第三天又比第二天多，文化教育是渐渐为吃得饱穿得暖的人们需要了。

我们对这样军事国防的计划是十分赞同，我们更对这样勤劳生产自给、又能巩固国防的军垦同胞们表示万分敬意。中国军队不下几百万，如果能尽采用军垦或军工计划，中国立时可增加九百万有集体组织和训练的工农，化消费者为生产者，民族复兴不是极有把握的事吗？

三 绥东抗战前尚有绥西抗战一幕

离包头西行，青隐隐的乌拉山横隔了北面的天空，车过三顶帐房，同车的告诉我们去年八月间石王和大喇嘛在这里打过一战，交通断绝了几天，再问他们为什么打战，他也不明白了。当时还以为是蒙古同胞两大统治势力的利害冲突，自相火并。如果不是西到临河得与屯垦军一位排长无意谈起来，真是这富有国防抗敌的绥西抗战一幕，也就无从知道了。

说来就长，自从满口亲善的芳邻，策动匪伪侵犯我绥远时，是以百林庙为中心，向西沿后山路直到绥西底阳庙都有特务机关，并有军用电话，布置是极周到的。大喇嘛是西公旗石王的叔叔，表面上像叔侄的械斗，实际是日本帝国主义策动大喇嘛扰动绥西。这事酝酿当然不止一天，绥西晋绥军早有准备。八月前抗战的事实发动了，屯垦军也临时被调动参加，据说这次的战事是很激烈，进乌拉山的口子很不容易，我军是在夜间攀石登山，到邻近敌人的大本营时即投掷手溜弹，死伤了不少人，敌人在仓卒中不及备战就逃走了，大喇嘛被杀了，待到天明，搜获敌人的东西很多，待下山时，山势险恶异常，大家都有些朵起来，连自己也不信黑夜里是怎样会爬上山的。这位排长是亲身参加的，他拿出一只小小的布口袋，就是从山上搜得的，上面有“皇军慰问”四个大字，左边一行是“满洲事变第二周年纪念”，右边一行是“陆军恤兵部”，上面一行是“昭和八年九月”。这小小东西告诉我们一些什么呢？亲爱的读者！

这是为要敦睦邦交，战而不宣的国防抗敌战，也正是收复百林庙前的一个胜利战，可是知道的人就很少，因为当时不敢让报纸批〔披〕露。

四 后套肥美急待开发交通水利

人都夸赞江南是鱼米之乡，其实后套的鱼和糜米的丰富，并不亚于江南，只因交通太不便利，和水利未能充分开发，以致如此肥美的土地让他荒废，长芨芨、红柳和荷马儿，实在太可惜了！据说后套已开垦的土地，不到十分之二三。

我们觉得开发后套，不仅增加绥远省财政收入，与国防的关系更为重要，并且充分利用黄河泛水，还可以减少下游的黄灾。包宁路线早经测定，我们认为如果不能全部建筑，为急切开发后套、巩固国防计，从包头暂筑亚〔至〕陕坝一段，是极不可缓的工程。

在包宁路尚未着手进行的现在，唯一要靠汽车交通，我们认为现行汽车使用汽油极不经济，且漏卮极大，现在国人已有制造煤汽车的工厂，后套用煤甚便，应立即改装成煤汽车，燃料便宜，如此每天可以多开几辆，运货、坐人都可不必和现在一样超过载重，而中途常出危险了。

后套耕种要靠开渠，引用黄河泛水浇地，开渠工程很大，因黄河在石嘴子下游，河身南北迁移不定，渠口常常废弃，损失极大。据熟悉后套水利的人谈，后套水利根本解决办法，应在石嘴子开渠口，引一大连环渠直达三虎河。第一，石嘴子水位很高，引水容易；第二，河身不易南北迁移，可以筑坝开闸自由管理，如此大渠开成，后套水利，便可根本解决。据说倘能开渠工程和筑铁道路基工程同时进行，运开渠多余泥土来筑路基，一举两得，这种理想，是很值得研究的。

目前后套社会很是安静，一切开发工作都好进行了，热心开发西北的同胞，大可亲眼到后套来观察观察。

《国讯》（周刊）
上海国讯社
1937 年 169 期
（朱宪　整理）

法商务见习员摩黎绥远旅行记

摩黎　撰

外论社译法文《上海日报》载：法国商务见习员摩黎，在游历山西太原府之后，继又往绥远省城旅行，其游记云：

“……予（摩氏自称，下仿此）乃由太原府，趁长途汽车，以入大同府，汽车之设备，虽〈未〉见舒适，但道路尚佳，计历程六百五十华里，既而又改座平绥火车，以往绥远之省城。

绥远省垣，其名亦称为绥远，城中计有居民八万人，予入绥之后，深感有：今日中国，已非昔日中国之比，盖以绥城之马路两旁，荫有树木，而路正亦佳，尤以通达中国城及满洲城之马路最佳。

在绥远省中，令人亦深觉有阎锡山将军之势在，盖以绥远省主席，系为傅作义将军，而傅氏则为阎氏之旧部属也。

予入绥远城后，即学〔蒙〕傅作义接见，细观傅将军之军化，似乎尚轻，且其为状，似至为忙碌者，盖以目下之局势使然也。

绥远之安全，现方受有两方面之〈威〉胁，盖在一方面，则蒙人正图东侵，而在他方面，则绥远省内之共产党势力，亦至为严重。

故予参观全城时，深觉省垣已陷于战时之状态，在中国城及在满洲城方面，业已严密布防，每隔二百工尺，则必设有炮台，内装有机关枪！

综观绥垣，其未有设防者，仅为铁路车站，良以该站，系在城外也。在满洲城内，并掘有地洞，以避飞机轰炸。

傅作义将军之为人，似甚勇敢，在以前之中国内战时期，傅氏则以善于守城著名，且傅主席对于中国之认识，似甚深刻，故能妥为应付环境，如有人进攻之者，则傅氏当不惮出而抵抗也！

予以傅将军之优待，乃得参观绥远省垣内各种机关，而首为予所参观者，则为图书馆、农业学校等，而该校之训练，完全为军事化，至其所学习之科学，则为改良农产物也。

予又继往绥远医院参观，该院原为比国神父所创办，现则归于政府之统制，但仍有神父二人住持之，由该神父之引导，予乃见及其设备，颇为完美，计有开刀室及X光室等之摩登化设备。

既而又往纺织厂参观，盖为编制羊毛者也，该厂受政府之统治，其机器则为德国货，设备极佳，工人计有一百四五十名。工作其中，每日所出之羊毛，计有大幅羊毛绒三百码，并出有标准羊毛被七十幅，每幅约重六七磅，计值华币十至十二元。

在绥远省垣，尚有洗刷羊毛厂之设，系由俄人所经营者，所有羊毛多从包头运来，其中含有灰粉甚多，约占含重量百分之六十，由该厂洗刷之后，每日可出品七十担，运往天津发售。

予最后所参观者，则为电力厂，该厂日夜开工，日则供电于面粉厂，夜则供全城之电光。该粉厂每日之出品，约为二百二十担之粉料也。”

《外论通信稿》（日刊）
上海外论编译社
1937年1718期
（朱宪　整理）

从天津到绥远

陈问松　撰

局里上午奉到公事，下午便发表了我和张国臣派归绥。归绥这地方，我们一向是很隔膜的。从前只听说有个归化厅，好像还是在民国二十二年前。那时候脑筋里对它的印象，可说是淡薄到极点。近来，绥边战事发生，捷音频传，天天在报纸上读着前方抗战的消息，所以对于“归绥”两字，也就不像从前那么来得生疏了。不但不生疏，并且还感觉着一种亲切的意味！这种亲切的意味，是不知不觉而产生出来的，很自然的！

和张国臣约好了在北平碰头，我便提早一天动身。为了情形不熟、保护安全起见，动身前我到法租界松茂堂购了一些应时的药品。如神曲、午时茶、万金油、八卦丹之类。柜台上的老板，见我年纪轻轻买这许多药，颇有几分诧意。我就对他说：“我上绥远去！”于是他露出两颗金牙齿来对我作了一个表情的微笑，嘴巴里还叽咕着：“那地方很冷！在打仗呵！”

到北平正是下午一点五十分，在前门东车站下车，月台上挤满了人。男的，女的，学生一群一群的，都在翘首的期待着这辆火车珊珊的驶进月台！这时候，接我的朋友也赶着过来了。他们听说我去绥远，个个脸上都满堆着一团笑容。好像我替他们带来一件什么可喜的消息似的，倒把刹那间与他们要分别的一种离情别绪完全忘掉了！这就如同被另一种情感诱惑着，因为有了另一种情感占住在各人的心里，所以友谊间的要好，就自然而然的淡薄，甚至于家庭、父母！在北平过了一宿，北平还是老样子古香古色的，物景依然，山河无恙！只不过大珊〔栅〕栏胡同一带，承友邦的亲善，为了繁荣市面起见，在人烟稠密中，竟舍己利人的替我们建筑了几个赌博场！这种杀人不见血的策略，我说比用刀子砍脑袋还要厉害！但是我们的同胞依然认为这是一件有趣的玩意，比卫生麻将来得有味，发洋财也便利得多！不是吗？只要你走进任何一家赌场，里面的人，总是满坑满谷挤得水泄不通。除日本人外，便是中国人！袖子擦袖子，脚碰脚，鼻子碰鼻子，那才真叫“亲善”啦！还有，走到王府井东安市场一带，我们看得到许多友邦的“军人”，黄制服，红帽边，一群一群的走来，一群一群的走去，横冲直撞，“巴喀耶罗哈哈哈……”的在马路拔〔跋〕扈扬威！女学生见着他们，远远的就设法回避。或是挨一旁走，或是弯入弄堂里去，或者就进店里去买东西。只要我们稍为留一留心，这类情形，是常常可以碰得到的。这充满了脱离本国情调的北平，帝王时代遗留下来的一座古城，就好像已经到了日薄崦嵫的时期，目前的繁荣，只是一点回光的返照，实在不能不令人感到万分的凄楚！朋友热烈的迎〔欢〕送我们上绥远去，而不肯说一句留恋话，大约也就是他们精神上所感受的苦痛，不是言语可以形容得出来的罢！

第二天下午五点多钟，抱着一颗如同上火线般的心情，离开了北平，而踏上了一千多里的征途。当火车开到东车站的时候，人像潮水般的一群群涌下来，又一群群的挤上去，两只耳朵，震得发聋。这平绥路车的设备，比津浦路要考究一点。三等车有卧铺，我们每人只花了一块多钱，便舒舒服服的整整睡了一夜。并且暖气管也很暖，茶房招待比任何沪杭、京沪、平津车都来得周到。手巾把、开水，随喊随有。而且态度也极恭敬，一点不傲慢。这在京沪路上坐三等车是绝对办不到的！沿途宪兵盘查很严，每到一站，必有四五名穿灰色呢制服的弟兄上来查问，不过都很客气，他们除了尽忠他们的职责外，旅客并不曾引起过什么反感。有几次问得很仔细，我就想开开小皮箱拿公事给他们看，免得使弟兄们耽心。可是弟兄们见着我们这样坦然，于是连说“不用！不用！”，并且还道一声歉走了。一觉醒来，天已朦胧呈鱼肚色，车一停，正是到了集宁站。集宁站在平绥线上可说是一个最重要的中心点，从前叫做平地泉。平地泉又分老平地泉与新平地泉。这地方地势很高，所以气候较寒，群山纠结，遍地是雪，居民不多，但是目前要算是我们边防上一个极重要的军事区。我们在车上可以望见我们的国旗。我们的弟兄，虽然朔风凛冽，但是他们一点也不萎缩，怕冷。狂热的血液只是在他们血管中激荡的流动，立在平沙无垠的旷地上，遥遥的望见我们的火车走过，这些英勇的健儿，我们该怎样对他们表示敬意呵！

到绥远已经是下午一点多钟了。出车站，我们头一个所感觉到的，就是绥远的民众，一点不恐慌，很镇静，熙攘往来，如同过太平日子，而且对于新生活，比都市中还要实行得较为言行一致。我们坐在黄包车上，可以望见两边墙上或是电线杆上，贴着有不少的红绿标语。往来的行人，也很守秩序，一边靠左，一边靠右。大街上照样的有许多洋货店、理发馆、茶楼、澡堂。物质的文明，虽赶不上都市中的繁华，但据说比较四五年前，已经进步得多了。这地方的人口很复杂，我们只要经过一条热闹的街道，汉、满、蒙、回、藏五族的同胞，都可以看到。除了汉人外，蒙古人要占去一大部分势力。每个蒙古人都有一件皮衣披在身上，光统，无须乎要面子；并且身上都很脏，藏垢纳污，袖子上尽是油腻，他们吃完饭不用毛巾揩嘴，只须用袖头一摸〔抹〕便行。可是我们别瞧不起他的肮脏，据说蒙古人愈肮脏的愈有钱！其外表虽不扬，可是钞票常是一叠一叠的藏在裤腰兜里。他们的生活习惯，也比较不同，不过到城里来的，多半都是为了经商。他们住的房子，另外有一种名叫蒙古包，在大青山以北。这次百灵庙之役，他们受了敌人的愚弄，拿着枪杆来向自己的同胞射击，打冲锋，白白送死，死了还得不到好名誉。可是他们内心里也未尝不觉悟到这是一种委屈，所以不到许多日子，就纷纷的反正过来，仍旧拿着枪杆来保卫祖国，抵抗他们的真正的敌人了！

一月二十五日

《电信界》（月刊）
南京电信界月刊社
1937 年 1 卷 1 期
（李红权　整理）

闲话蒙古

鹤　撰

十二月的某日，我们三十多个人，分坐五辆汽车，从宁夏向北出发，大家都戴皮帽，身穿皮袄、皮大衣、皮裤，脚穿皮袜、毡靴或毡鞋；自顶至踵，完全是皮，简直同皮人一样！

汽车都是敞蓬的长途汽车。车上携带许多箱的汽油、干粮，如面包、挂面和酱菜，都预备的十分充足。

第一天，我们不懂安置行李的方法，坐车的人，自然不会安适。以后渐渐发明了新法：将行李放在车的四周，上铺被褥，以为座位。车的中央，也把被褥平铺，车底空空洞洞，以为大家放脚之处。坐车之后，再拿剩余的皮褥，盖在身上。于是，就暖和而宽松，并免了失〈足〉跌落的危险。

汽车夫：一个中国人，三个俄国人，一个犹太人。俄人中有一个，曾在军队服务了十五年，当过营长。他们能开车，又能修理。参观团中，有数人很能劳动，自己收拾行李；也有些斯文君子，不免袖手旁观。这些汽车夫，就常常讥讽我们文质彬彬的态度。他们每天起身很迟，饮食也讲究，非十点钟，不肯开车。他们行止自由，完全的主权。坐车的人，虽焦急，催促，他们总不改其常。团员中有几人，很不赞成，骂他们为“贵族工人”、“苏俄无产阶级专政的恶结果”。他们不但行止自由，还不肯屈服于人。有一天，晚间，汽车进行，寻不着宿处。忽在途中，停车不动，像等他的同伴似的。某同志急不能待，便将喇叭乱捏，呜哇作声，催他前进。不料他仍是安坐不动，并且拦阻不许动他的喇叭。某同志大怒，就挥他一掌。他怒目而视，操作〔着〕不流利的中国话，说："红胡子一样!"

这些汽车夫，很有互助的精神。我坐的那一辆汽车，汽车夫是犹太人。他和那个曾当营长的俄人交情最厚。五辆汽车，不能同行，总有个快慢先后，但是他们俩是不愿分离的。譬如甲车前走了若干里，不见乙车跟来，必定折转去寻。倘机器偶有损坏，也必同时修理，修好再同行。汽车夫座位较低，他必须停车，站在座位上，始可望见后方。有一天，我们的车，向前单独开驶。汽车夫因要省停车站起来望后面的麻烦，只问我们坐车的人："看见后面的车么?"某同志和他开玩笑，说："来了!"其实是毫无踪影。稍久，他又这样问，某同志也仍是这样答复他。后来他停车，自己站起来，回头向后一望，始知受骗。他非常的生气，立刻回车向后，转去寻找。一口气，直驶到数十里外，始找着了，汽车机器已经损坏。自此他永不信我们的话了，反学着某同志的声调，向我们开玩笑，说："来了！来了!"

下午三时，我们由五原出发，傍晚即至乌兰脑堡。次日，即越内蒙古的边境，进了外蒙古的境界了。只见一片沙漠，哪里还省见什么村屋和行人呢?

汽车走了三小时，到了一个古庙的地方。那庙里的喇嘛出去了，庙门紧闭，旁边有一"蒙古包"（住屋)。我们下车，走入包内。那包是圆形，直径约一丈二尺，周围用一寸宽、二分厚的木片，搭成网格式的短垣，以防开的羊皮二条，穿入两片相接的地方，以为联系。木垣之外，围以白毡，麻绳缚住，成为毡垣，高约四尺。蒙古〈包〉之顶，也［未］有木椽，椽上盖以白毡，中央高约七尺，地上所铺的，也是白毡，毡上另有坐垫。中间有一个圆铁架，架上有铁锅，以晒干牛羊粪或骆驼粪为燃料。这种粪制的燃料，用处极大：一，可令人烤火取暖；二，可煮菜烧饭。蒙古包的门，也是木板；平时板门常开，仅将双层白毡挂起，以供出入，门的对面，小方桌一张，上供神像，神气好像千手观音。据说，蒙古包是冬暖夏冷〔热〕。冬天包内常生粪火，又有不易散热的发〔毛〕毡，四面包围，内部自然温暖。倘粪火冒烟，只将顶毡揭开一部分，那烟即直冲而上，散之于包外了。夏天如嫌太热，只须将周围的毡垣卷起一半，再揭开顶毡，自然清风徐来，毫不觉热了。蒙古包整个可以随地迁移（即以长木一根，按着包的直径一放，就可抬举而走），冬天迁入山谷，以避风寒；夏天迁至平地，或大路旁，以便交通。

我们此时进去的这个蒙古包的主人，是个汉人，家居张家口，在此营商已有十余年。他所卖的以茶叶、众〔布〕匹为大宗。蒙古人以羊皮、羊毛等，来换他的货物。这个包是他独力建筑的，他花费七十几块钱给蒙古王公，买一张执满〔照〕，以作占了一小块地皮的代价。——我们在那里，喝茶，谈话，约一小时，告别而行。晚间又到了一个蒙古包，遇见一个久居此地的石参谋。国民军派他在此，专门招待来往客商。他还领了四个兵士。他们的饷银和用品，都是路过官佐，随便携带而来。石参谋身上很不清洁，两手擘粪生火。我们初见他，只当是一个流落异域的汉人。他指着羊粪，告诉我们，说："这是宝贝！我们平时出去拾来，储藏起来，以备煮饭、烤火之用。若没有这个东西，简直要冻死饿死咧！"

我们在途中，遇见一群马，肥硕非常，约一二百匹左右，但没人看管，瞧见汽车将到，老远就跑开了。我就问石参谋："为何只有马而无牧马的人呢？"他说："蒙古人牧马，无论多少，从来不去跟随或监视的。不过每隔几天，方去看一看；倘若失去一匹，他们会去找回来。因他们自己的马，每匹的高低长短，毛色如何，都记得十分清楚，比登册录簿还要明确，绝对不能混淆失散。”

他又说：“你们明日要到蒙古兵营，那边就是外蒙古的势力范围。无论中国人，或是外国人，在这边可以行动自由，一到那边，完全要听蒙古人的指挥。前次本军有十一个人到库伦去，又有几人是送客的，一同到蒙古兵营换护照。不知他们说错，或是蒙人听错，护照上的人数，比原来的多写一人。他们请他改正。蒙人怕麻烦，终不肯改。为他一字之误，竟使送客的一位同志，凑足所写的人数，直到库伦，重办护照而返。……甚至于有一个西人，在外蒙古境内犯法，竟被蒙人枪毙！”

从石参谋的蒙古包到蒙古兵营，仅约四十里。次日，上午动身，四五里远，就有一个蒙古兵在那里巡哨。一见我们的汽车，立刻爬上车来，引导我们直到蒙古兵营——约在上午十时左右。连忙将护照、公函，交给蒙古军官，请他立刻换给蒙古护照，以便赶路。岂知他看了护照后，对我们说：“写蒙古护照，非常麻烦，要等到明早十时始可办妥。”我们很生气，以为小小外蒙古，居然“夜郎自大”，摆起架子，对付他的旧主人翁，实在可恶！

此地有十余个蒙古包，驻兵约一连之众。有一个俄国顾问，蒙古军兵，身穿深黄绸子长袍，腰束绿绸缎带，头戴尖顶［穿］帽，足穿皮靴（靴头有尖，向上翘，走沙地同骑马，最为合宜）；衣服、面目，尚为清洁，与普通蒙古人肮脏样子不同。那俄国顾问的妻子，是一个蒙古女学生，垂下一条长辫，身穿深蓝绸子长袍，黄绸带束腰；看见我们的时候，却很自然，毫无羞涩的态度。

晚间［说］一个蒙古人，同我们谈话。他只能说三四句中国话。他竖起姆〔拇〕指：“冯玉祥好！”又翘起小指，说：“张作霖不好！吴佩孚不好！”［叫］一连［复］说了好几遍，然后向壁上取下一支毛瑟枪，作放枪的姿势；一声“张作霖”，放一响空枪！叫一声“吴佩孚”，又放一响；以示誓灭此獠之意。这样的演了五六回，他看我们已领略了他做作的意义，立刻换一个方式，拿右手在空中，画一个圆圈，在圈上以手指点十下，像了安置十个人，他站在中央，手指圆圈，说：“外国人。”又指他自己，说：“蒙古人。”然后他举起毛瑟枪，向圈上作放枪的姿势；一放之后，便一手作拉开死人的状态；继续的击放十下，空拉十下；末了，以手拍他自己的胸膛，表明外国人都被空〔击〕而死，惟蒙古人独存的意思。他是兵营的教官，曾留学莫斯科两年，娶了一个俄国妇人，已生了两个孩子。

蒙古护照，已按他们昨日所应许的时间给我们了。我们即继续前进。晚上，走到山谷之中蒙古包里去投宿。那里共有五个蒙古包，住有八个蒙古人；但没见小孩。蒙古腹地，没有旅馆，然每家都肯招待旅客的。我们每人，每天给他们五角钱。按蒙古风俗，如能操蒙语，只要送给蒙人一些礼物，即可住蒙古包，吃蒙古羊肉和蒙古饭，而不必给钱。如不懂话，又不懂送礼的规矩，那么，化钱很多，又不舒畅。他们所要的礼物并不贵重，夏天可送西瓜，冬天可送洋烛、洋油桶、腌肉、酱菜之类。我们的食物，都是自己备带，自己烹饪的。吃饭时，招呼蒙人，各人吃一点，他们异常欢喜。更可怪的就是等我们吃完后，将锅内剩余的食物，送给他们，甚至于将我们自己吃不完，碗内剩余的东西，倾在蒙人碗内，他们也表示极端欢迎，大吃而特吃。

饮料水，都是清洁的井水。凡有蒙古包的地方便都有井。地理书上所说：“蒙古人，以游牧为生，逐水草而居。”是确实无疑的。井深不过二三丈，井旁有木质水槽一只，以供骆驼、马、羊等动物饮水之用。又有布囊一只，上系粗麻绳一条，长约八尺；就是吸水的器具。布囊和木槽，真是“共产”；无论何人，都不能占为私有的。

他们虽有井水，但是不愿洗衣和沐浴。他们的身体、衣服，部〔都〕十分肮脏；靠近他们时，就嗅得一种羊骚味。他们洗脸，不用脸盆；仅用小木碗，舀半碗冷水，先吸水入口，漱口后，吐到手掌里，再以手掌，圆转地摩擦面部；漱口，擦脸，几乎是同时举行的。

我们现在与蒙古人接触的机会多，也学会几句蒙古话了。最普通的话，如“赛白那”和“门搭鬼”；“赛”是当“好”字讲；“白那”，当“有”字讲；“赛白那”就是“有安好”的意思。换句话说，就是“请安”二字，犹之英文“Good Morning”或“Good Evening”。“门搭鬼”就是说“不知道”；凡蒙古人和我们讲话，我们往往以“门搭鬼”答复他们。

第五天晚间，我们的汽车，只管开驶，找不到歇宿之所。十一时，机器又坏了，只得停在广垠无涯的沙漠里。夜饭无法预备，只得饮冷水、嚼冷面包而已。食后，我们一部分人睡在车上，那一部分躺在地上。幸而天气和暖，明月当空，倒不觉甚么困难。不多时，都沉沉睡去了。

第七天，我们不幸的事就在此时发生了！下午四时，离库伦四百余里的途中，犹太人所驾驶的汽车的轮盘，忽然破坏，不可收拾，不得已，只好将两辆车的人物，并在一辆车里去（就是那营长驾驶的车）。原来每辆车里，已很拥挤，现在加上双料的人物，更解〔觉〕得挤压不堪，毫无容足的余地。我们尤战战兢兢，恐怕失足跌下站〔车〕去。这个罪真不好受！但是既已到了如此地步，也只得受些委屈坚忍着了。我们吩咐犹太人，看守他的坏汽车，让那营长先到库伦，然后再来援他。傍晚，天气骤变，空中雪片纷飞而下。八时许，稳约听得犬吠之声，走了一百余里，也不见甚么库伦，只见那雪愈落愈厉害，地上也愈积愈厚；汽车忽被雪阻，不能动弹了。汽车夫叫我们下车，将车推离雪坑，再作计较。我也趁此机会，下车小便。当时，两手戴了皮手套，还不觉十分冷，小便后，要束裤子，势必要脱下手套，不料手套刚脱，裤子尚未束毕，十指已冻得冷而又硬，麻木不仁了。我不由得焦急万分，如果两手冻掉，成为残废，将如之何？我在无法之中，想出一法，急将两手放在袖内，拼命的互擦，待其稍暖，血派〔脉〕活动，连忙束上裤子，戴上皮手套，再藏手于袖内，勉强逃过这个难关。汽车推出雪坑之后，再向前进，约二十余分钟，已不看见辙迹，因那三辆车已走得相离很远了。此时大雪纷飞，所有辙迹，早已掩盖净尽，以致方向都难辨认了。再走半里许，上了高坡，汽车夫就说："汽车再不能前行了，既有厚雪，又有山坡，若冒险乱开，汽车势必翻倒，将有极大的危险。"此时业已夜半一时了；天黑如漆，狂风怒吼，大雪纷降不止；但见那汽车夫，不慌不忙，先在车旁取了他的皮褥，铺在雪地上；再取一个长方大皮袋，放在皮褥的上面，又放一只枕头在皮袋的口头；他一缩身就蜷卧到皮袋里去了。我们除了二人就睡在车上，其余多挨着汽车夫，铺起皮褥，大家挤得很紧，以便互相传热。又将脱下的皮大衣，压在被上。然而，在这真个的冰天雪地，寒风吹来，点水成冻〔冰〕，哪里会有热气？各人都是抖颤不止。我的头和面部，放在被上，终觉得冷，只得缩进被里。但是呼出的热气，立变为极冷的水点，自被上滴落到我的脸上，又湿又冷，怎能睡着呢？天将黎明，少数人忍不住冷，先后谈起话来，都是叫苦连天，直到九时许，始开车上路。

这天下午一时，我们到了一个蒙古包。距库伦的确仅有四十余里了。肚里觉得很饿，就下车走进蒙古包去，想弄些东西吃喝。忽看见两个蒙古妇女，一个中国男子。我们在数千里外，沙漠的中间，遇见一个同族，真是十分快乐。况且走了七八天，只看见百来个蒙古人，就是树木、房屋、牛、猫，都绝无仅有。这里的中国人，虽然还蓄发辫，身穿蓝布棉袄裤，好像没有甚么智识的农夫；但是我们已当他是知己朋友——至少也是很亲热的乡亲；和他着实畅谈一番。他住此地，已经有了十三年了，而从未回家。他与蒙古人说蒙古话，很为流利；不过尚未忘去他固有的语言。某同志问他："你娶过蒙古老婆没有？"他说："没有。"又问："你曾与蒙古娘儿们一块儿睡过觉么？"他说："蒙古娘儿们是不讲贞节，乱七八糟的；随便什么人，都可以和他们睡觉呢！"

自五原到库伦，若是汽车不出毛病，没有意外的耽延，只须四天，就可到达。我们所坐的汽车，机器破旧，常要停顿修理，故而走了七八天，始到库伦。

将近库伦时，看见很多的高山，上面也有许多大树，蒙古人尊之为"神树"，禁止采伐。又有一山，产金砂极富，但是无人开采。不多时，我们停在蒙古税关前，候了半小时，始跑来三个蒙古兵——身穿黄色制服，十分魁梧——将我们的行李，统统拿下来，件件验过。箱子里的衣服，也翻出来检查。查完后，他们帮我们捆好。检查虽严，但是颇有礼貌。某同志携带一个望远镜，同一只皮箱，钥匙失掉了，不能开启，暂时扣留在税关，等负责的办事员，回来查验，约定明早送到。但到晚间，他们业已将原物送来了，足见他们办事很有秩序而且灵捷。

我们到库伦后，看见蒙古人，不像途中蒙古包中的土人那般愚蠢、污秽，令人可厌。又看见一队蒙古儿童，穿着西式衣服，对腿而行，步伐整齐，大有西人走路的态度。

库伦的商业，大权握在中国商人手中。商店要算汉商开的最多，其次是俄商。近来俄商店较前增加，而汉商的贸易反日渐退步，人数也较前减少。从前库伦有汉人七万，现在仅剩二万了，主要原因：一，从前汉人在库伦营商，极其自由，现在却受蒙古政府的种种限制，很不痛快，捐税繁重，不易得利；二，前年俄国白党侵略库伦，汉人惧祸，逃避大半，现在尚未恢复原状。惟汉人劳工在此，极受欢迎，每日工资可得两元左右的工值。

库伦的汉族商人，很为可怜的！没有中国长官保护他们，偶有争端，只由中国商会调解。若商会不能调解，则由蒙古政府自由裁决。此地没有汉文报纸，又没有学校；一般商人，也不注意国内时局，不懂甚么革命不革命。

现时，库伦的汉商，年年减少，而俄商反有增加；其故何在？——因为苏俄生活程度很高，一般商人，很有商业智识，一到库伦，虽有这些捐税，而生活程度较低，故维持极易；华商智识较浅，相形见拙〔绌〕，并且不及俄商有保护，所以汉人在中国领土的外蒙古经商就难同俄商竞争了。这是多么可痛而且值得我们注意的事啊！

蒙古政府已在库伦设立国家商店，名“协和公司”；百物具备，规模很大。凡重要的职务，都由蒙古人担任，货价较为便宜。因房屋是公家的，不付房租，对于一切商税，又可以任意减少的；故协和公司的生意，最为发达。

“喇嘛”二字，是“至尊无上”的意思，表示喇嘛的地位，最高尚没有了。蒙古人看见这种的虚荣，拼命去当喇嘛。一家兄弟五人，倒有四个人去做喇嘛。喇嘛是主张独身主义，不准婚娶的。于是旷男怨女，到处都是。这种怨女同喇嘛的生活，都是反乎人情的，哪里会“守真抱璞”？故“桑间濮上”的故事，“司空见惯”，不足为奇了。就是夫妇的期限，也十分短促；或半年，或三月，或数天，随意离合；一夫多妻，一女多夫，性交自由，弄得一塌糊涂，以致花柳病毒，蔓延外蒙古的全境，为蒙古人口逐渐锐减的大原因。

近来蒙古政府，招募新兵，查验身体，百分之八十七，是患梅毒的。平均计算，蒙古人中，患梅毒的，当有百分之九十八。这实在是足以使人惊骇！

因喇嘛的独身主义，和花柳病的传染，人口的统计，当然有极惊人的减少。当满清康熙时，蒙古人有一千二百万，至外蒙古独立时，仅仅只剩五十万人了。现因有布蒙人（布利亚脱的蒙古人——居外蒙古的西境，现属苏俄的版图）迁移进来，共有八十三万人。蒙古政府对于婚姻制度的改革，也十分的注意。一方面用戏剧、演讲，极力宣传，令蒙古女子，注重一夫制度，无论蒙人、俄人、汉人，任选一个，务须痛改那随意离合的恶习惯；一方面命令蒙古的女子，一到二十岁，非嫁不可！但婚姻流弊，由来已久，确非短时间所能奏效的。

喇嘛教的首领，在前藏的最尊，名为达赖；在蒙古的次之，名为哲布尊丹；再次在后藏的，名为班禅。

“哲布尊丹”，蒙语就是“活佛”的意义。蒙古人是最服从，最信仰他们的首领——活佛的。当徐树铮驻库伦时，曾向活佛借款二十万圆，活佛允向蒙古人转借，立刻宣布：“徐将军要借款，我无法应付，望一般人民，借二十万圆与我，以便转借与徐将军。”蒙古人听得这个消息，无论男女老少，智愚贤不肖，都争先恐后，贡献钱财于活佛。不满四天，二十万圆，如数缴足。活佛的魔力，如何的广大！

蒙古人害了病，心里向活佛许愿，说：“如蒙活佛保佑，转危为安，愿将一切财产，奉献于活佛！”如果奏〔凑〕巧，他的病偶然痊愈了，他就把所有的银钱、衣服、蒙古包、锅镬、器具、什物，破破烂烂……统统孝敬与活佛，连手指上戴的价值二三角钱的银戒指，也不敢留下，恐怕得罪活佛。弄得倾家破产，然后出去讨饭。这才算作虔诚哪！

活佛的来历传说，很有趣味，据说：“满清时，中国派一个办事大臣，驻在库伦。前任活佛死后，就是三四个蒙古富家，向办事大臣报名，说：‘我家生了一个男孩，是活佛转世——继任的活佛。’当中一家，要送十万元的贿赂给大臣，大臣即将那家小孩的姓名，复写数票；——例如：报名时，共有五个小孩，就一样的姓名，复写五票，——预将这票，放在一把金壶里，约期当众开壶。蒙古人民，不知壶中卖的是甚么药？又不敢近前去监察，由大臣自己，以金筷夹出一票，朗声一读，道：‘某孩是新活佛！’且放礼炮二十一响，再将姓名等揭示于外，新任的活佛，就可走马上任了。

活佛最怕中国更换办事大臣，新大臣到任，他定必要送极重的贿赂；不然，那办事大臣，就要暗中贡奉毒药，请活佛早回西天，然后他老人家才可安然得继任活佛的十万圆。”

我们到库伦后的第五天，我同三位同志，去参观活佛的宫殿。宫的后面，环山如屏。前面一片平原草地，风景绝佳。夏天避暑，尤十分凉爽。佛宫有若干部分，已改为学校。形式颇似北平的清故宫，但是规模较小。宫门上，画有执戟武士二人，和中国内地从前的衙门差不多。宫内房屋，预备改为博物院；一部分屋内，已排设着许多动植物的标本。空院中，有活佛御用的蒙古包，较普通的，大得许多，中央特装直柱四根，上刻盘龙的花纹；据说，当活佛在世时，有卫队五百名驻此保护。并有很多的蒙古人，在佛宫四围，步行环绕，诵经不绝，以为敬佛的表示。如今却与北平清宫同其命运，为历史上的建筑物了。但是许多蒙古人对它还抱有特殊的感想。

照喇嘛教的道理，或按普通人的眼光，活佛是一教之主，一定是非常规矩，不近女色，不犯邪淫的；岂知大谬不然？从前有一代活佛，他的妻、妾、情人等，总有五十余人之多。他虽是活佛，不徒不能避免花柳病，连自己的梅毒，也不会医治，反把一双眼睛烂瞎了。

蒙古政府素知活佛的丑史，但也知蒙古人如何信仰活佛，初时很利用活佛，号召人民，设施一切。活佛一见蒙古的政局大变，自以为神圣的饭碗，要被打破了；活佛的地位，也要被打倒了；战战兢兢地，坐在宫里，等候新政府来宣布他的罪状。岂知新政府和他的谈判，愿尊他为蒙古皇帝，蒙古改为帝国；但是附带条件，凡国会通过的议决案，皇帝只能宣布，不许批驳或修改的。活佛一听，不单是免死，还有做皇帝的威风，真是喜出望外；还管甚么权限？立刻答应了，于是蒙古政府施行一切新政时，都是以活佛的名义宣布的。蒙古人对于活佛的命令，素来一致服从，决不敢抗违；活佛既做了蒙古政府的工具，新政便因此而畅行无阻了。

活佛左右的大喇嘛，看出活佛做皇帝，只有虚名，而无实权，与木偶一般，以此颇为不满，暗示活佛，设法反抗。未几，被“隔壁的乌”（蒙语，可译为“内防处”；即镇压反革命的侦探机关）调查得实，将有关系的喇嘛十六名，一律枪决。活佛从此吓得俯首帖耳的做蒙古政府的工具。

有年，那梅毒烂瞎眼睛的活佛患病去世，蒙古国会开会，讨论“活佛的存废问题”；全体议员们都知道，活佛是个“欺骗人的东西”；付表决时，全体议员二百七十余人，竟一致通过：“废止活佛。”

活佛死后，政府将他的较宝贵的遗物，保存作为历史上的纪念品，或为博物院中的陈列品；其余稍次的，扫数拍卖，得洋七百余万圆。可见活佛耗的资本（十万圆），并不吃亏，而所得利息，且是非常优厚的！

中国自有史以来，完全领土亡于外族者，二次，一是元——中国亡于蒙古人；二是清——中国亡于满洲人。

元朝的英主，成吉思汗，统率雄兵，驰骤亚欧两洲，铁蹄所到，各国披靡；武功之大，前古所无；版图之广，东至朝鲜，西至波罗的海。欧洲民族，听见成吉思汗的英名，简直惊心动魄，坐卧不宁，至今留下“黄祸”的辞语。

曾几何时，蒙古人为何如此衰微、柔弱达于极点呢？因为满清历代的皇帝都是利用附属民族的弱点，为制服他的工具。如对于汉人，提倡“八股”，束缚读书人的个性及思想，使他们终身沉迷于经文古典，永远没有发奋为雄的思想，种族日益衰弱。对于蒙古人，便提倡喇嘛教，给喇嘛许多虚荣和权利，使他们自己渐趋于灭种，而不自觉。手段的巧妙而恶辣，真令人咋舌！满清占领中国及内外蒙古，垂二百余年，汉族革命，屡起不成；而蒙古人口，仅仅只剩百分之三了。满清政府既然如此对付蒙古，绝不为他们谋利益，又因鞭长莫及，不去经营管理，让他自生自灭；他们就在民国元年，乘中国革命，无暇顾及时，宣布独立。后来，徐树铮带领边防军，前往征伐，他们就取消独立。民国六年，俄国革命，白党在俄国国内不能立足，想占据库伦，立一根据地，反攻赤党；长驱直入，就将驻库伦的华军击败驱逐。民国十年，赤党到库伦驱逐白党，叫留俄求学的外蒙古学生回到外蒙古组织赤色的外蒙古政府。

外蒙古的行政权，素来握于王公之手。他们是压迫阶级，有财有势胡作妄为；又是地方上的大地主，封建式的君主；袖手而享富贵。一般平民，畜牧、耕种，千辛万苦，来供养这种坐食的王公。反因他们的种种剥削，弄得生活十分困难，无以生存。

蒙古政府很想打倒王公，但不敢进行太骤。外蒙古的基本组织，以十户为最小的单位，十户有十户长；以上五十户亦有长；一百五十户名为“剑”（古时传令以剑为符号，故称为“剑”），有剑长；剑以上为“旗”，有旗长（一旗至少有三剑，至多二十六剑）；旗以上为盟，有盟长。外蒙古的盟，就如内地的行省。外蒙古共有四盟：一，车臣汗；二，土谢图汗；三，札萨克图汗；四，三音诺颜汗。

蒙古宪法的原本，是蒙古文。尚未译成汉文，故不能知其内容。但知其第一条“……以共产主义为标准……”，足见外蒙古已被苏俄侵诱了。可怜的外蒙古人！才离了火坑，又入了魔窟。这是我们极宜注意而应加以充分的救助，使他们得同沐三民主义的洗礼，而得到平等、自由、大同的幸福的。

外蒙古的人民中，喇嘛，宣教师，或有三万圆财产者，不得有选举及被选举权，虽未指明王公在内，然有值三万圆的财产者，决不是平民，一定是地主，或王公。因此王公们当然是被排斥于人民之外，因而生出“新的阶级”了。王公虽有罪恶史，但是这种办法，等于帝国主义者对于他的被征服者，岂是“自由”、“平等”的革命之所应有的处置？

蒙古政府极注意提倡教育，不遗余力。每年收入八百万，教育经费竟占了百分之三十。现在库伦所设的学校有电政、军官、军医，及内防处学（外人不得参观）、小学校、中学校、大学校。蒙古政府，因要普及教育，正在大规模的扩充师范学校，以期造就相当的教育人才。

学校中男女同学，完全免费。就是小学校的学生的饭食、衣服，也是由学校担任，故所费极巨。学生的程度尚浅，所用课本，以蒙文为主（蒙文的字母，与日本文相同。或谓日本的字母，是由蒙古文移植去的）。中学校中，每星期教授俄文四小时，华文六小时；但许多学校，课程表中，没有俄文的。

蒙古儿童是很聪明的。他们能做铜锁，十分细致，比机器制造的还更牢固；每把锁的钥匙，是各别的。蒙古各机关中所用的锁，不要外货，都要蒙古学生自制的锁。因外货的锁由机器制造，同样钥匙太多，常常容易失窃，而蒙古的锁，既精致，又特别，比较的稳妥得多。

有一天，到库伦军官学校，参观一切。他们的校长（蒙古人）同教官、俄顾问等，引导和说明该校的内容，很是详尽。内分骑兵科、炮兵科（蒙古因地理和情势的关系，不设步兵科，骑兵下马就成步兵了）、机关枪科及航空科。学生初入该校时，首先进混合科，数月后，挑选程度较高的，入军官班，受特别训练。在校学生，与兵士同等待遇，每月除供给衣、食、住外，每人只给零用二圆几角。两年毕业后，派入军队，充当连附，帮助连长工作。此外还有两班①：一，补习班，专收已在军中服务的军官。他们只有军事经验，缺乏理论学识；故加以九个月的补习，再回到原队去供职。他们的升降，不论资格，只要有本领，立刻可以升级。若是学识不足，马上就要降级。该校课堂中尚有列宁室，内悬列宁遗像和各种图表书籍，供学生们课余的研究参考。教官有二十余人，俄顾问六人。

据教育界的调查，库伦的居民，有二十一民族之多；人口总数仅有六万余人：汉族约二万，蒙古喇嘛二万，蒙古平民、犹太人、俄人，及其他民族共只二万。

库伦有一家“蒙古银行”，是政府设立的“政府银行”；营业极佳，银行的办事员，中、俄、蒙都有。行长有二人：一个是蒙古人，一个是俄人。照料饮食的，是一个俄妇。应用的文字语言，以蒙古为主，中、俄文语都可通用。

蒙古的纸币，都是蒙古银行发行的；信用甚好，兑现的准备金，也很充足。蒙古境内蒙古纸币、蒙古银圆、中国银圆三种，一样的通用，毫无折扣。不过中国银圆的重量是七钱二分，蒙古

---

① 原文如此。只介绍了补习班的情况。——整理者注

银圆却只有五钱。但是苏俄的货币，蒙古境内是不许通用的。蒙古自己，除了纸币外，有银圆、银角、铜圆三种，上面都刻着太极图式的“国徽”（?）。

我们到了库伦后，就特别注意外蒙古的主权，是否完整?外蒙古究竟是不是蒙古人的外蒙古?是不是像北京政府的“东交民巷的太上皇”的监视呢?我们从各方面探听，逢人就问，搜集许多人的答覆，综合起来，可以证明的：（一）外蒙古的机关的领袖，政府的首领，各部总长，各校校长，以及其他重要人物，虽都是蒙古人，而他的背后，确实有俄人为指导者；（二）各机关大半有苏俄顾问；（三）外蒙古人民对政治观念薄弱，而多数的倾向中国，不同情于苏俄。

我们到库伦后，住了许多时候，临走时，一个山西会馆的董事来送行。他对我们说：“库伦的女子，大半依靠汉人，因为汉人到外蒙古来，都不带家眷，其中大多数人将辛苦赚来的金钱，送给蒙古姑娘，以图片时的欢娱；不独耗尽钱财，并染得一身花柳病，作为传染子子孙孙的纪念。……蒙古男女，当街蹲踞着小便，习以为常，实不雅观！现公安局极力取缔，捉获一个沿街小便的人，即赏以罚金的七成；初次，罚金两圆，以七成计，捉获的人可得一元四角，公安局得六角；第二次，罚金加倍，捉获的人赏金也加倍。因此，许多游手好闲的人，专在街上，躧探捉拿男女小便，只要一天能捉住五个人，就可得赏金七圆；确是一件很好的生意！……”

我到照相馆里去，买外蒙古政府要人的照片，想买了带回国内来，作为纪念。不料照相店的店伙对我说：“照片，不得政府许可，是不准出卖的；若要买蒙古活佛、扣扣（外蒙古处女）、破靴（外蒙古已嫁的妇女）的照片，都可以照办的……”我连走了三家，都遇着同样的答覆，始终没有买到这种照片。

这天，护照和食粮都已办妥，西进的汽车也同时雇就了；我们就离开库伦，向恰克图进发。途中有旅馆，却大多是俄人开的。房屋的材料，都是木质，将圆木骈立为墙，以代砖石；可见此地森林丰富，木价甚廉。室内也还清洁，所用的杯碟碗盘，也带些欧洲色彩，与蒙古包的气象，大不相同。土地肥腴，人口较密。居民除畜牧外，颇有务农的人。汉人在此耕种的，也不在少数。由库伦到恰克图路程约五百里，却是三日的路程。

恰克图是俄、蒙交界的地方，边境只用木栅为界。那里设有稽查处，驻有蒙古兵，能说俄、蒙、华三种语言。我们共乘四辆汽车；三辆先到稽查处，一辆因有事在后停顿。先到的就在那里等候着，看见俄蒙人进出，都拿护照出来查验。有一个俄国青年，年约十八九岁，状似工人，由蒙古境入走俄境，坐一辆马车，并没有甚么行李；蒙古兵上前盘查，他就取出护照，蒙古兵搜查他的身体，及他所有的衣袋；这个俄国人听凭他们搜索，毫不抵抗，只面色稍红而已。

一天，我们到了一个小村市。那里有五个蒙古包，我们每一组占领一个蒙古包。包的主人，没有在家，门也没有锁，里面应用什物，布置得同有人在家一样。次日，我们走的时候，主人还没有回来。华商告诉我们说："蒙古人往往全家出去十余日，放羊，或做其他工作，家中无人留守，也不锁门，决没有人来偷东西。就是你们将行李等物整个儿放在蒙古包外面，露天之下，放十数天，也没有人来偷的。"这种好风俗，真比"夜不闭户"，更进一步咧！

又到一处，蒙古人拿拾来的畜粪，打成粪砖，约二方尺大小，再叠成围墙，里面放的草料。我们免了拾粪的工作，就利用这些粪砖，打碎来煮食物。

蒙古人死后，亲属便去请喇嘛来念经三天后，将死人衣服完全脱却，抬到野地里，上盖白布，用石头五块，压在布上，等野狗来吃。如狗不来吃，就以为死者罪大，狗不食其肉，子孙心中大为伤悲，再虔请喇嘛念经赎罪，务必令狗食之而后已。尸骨暴露野外，虫豸出入，行人过之，都觉肉颤心惊！

我曾和一个蒙古知识分子谈话，说："汉族并无侵略外蒙古土地的心思；如果要征夺蒙地，以中国的兵力，老早就征服外蒙古了。中国决没有灭他族的野心，决没有武力压迫他人为奴的恶念；这是历史可以证明的。历史上，中国汉族对于他族，如云南、满州〔洲〕、广东等地，在千百年前都是外国，一与汉族相合，一切待遇，都是平等的。"

我们现在最要紧的注意宣传主义文化于外蒙古，使他们对中国，对主义，有深切的认识，而去却他们历来所受的反宣传的谣诼谰言的影响。尤其要紧的是要昭示蒙人，中国只有五族平等幸福的革命企求，决不利外蒙古的土地。

外蒙古的四盟：车臣汗、土谢图汗、札萨克图汗、三音诺颜汗，比内地四个行省大的多。以五十万未开化的疲病民众，有这大的土地，怎怪×人不垂涎咧？外蒙古的本身既不能效土耳其，我们以同种的关系，能看着外蒙古被异种人拿他们做"政策的工具"么？

《非常丛刊》（半月刊）
香港非常丛刊出版社
1937年1卷1、2期
（李红权　整理）

京市妇女代表塞北劳军记

王立文　编

中国妇女爱国同盟会募得援绥捐款一万七千余元和物品多种，捐款原拟购皮大衣二千件劳军，复因今年军用大衣缺货，仅在张家口购得一千二百件，余款即改购食品等物，上月廿八日各物业已备齐，由谭惕吾、陈逸云两女士携往劳军，谭、陈两代表于一月廿九日启程北上。每隔三五日，即有信来，兹将其每日工作情形编成劳军日记摘要发表如下。

△二月一日行抵北平，下车后未及休息即赴丰台接洽运货事件。

△二日参观清华、燕京两大学。

△三日应平市妇女界欢宴，并参观各妇女团体。

△四日离平赴绥，慰劳前方战士。

△六日致函季惺、立文、凤珍诸友报告北上慰劳经过情形，并寄语江南友好努力会务发展，积极妇女运动工作，务达到男女绝对平等之目的。

△二月十日晨携带皮大衣、食品赴绥北慰劳，当日慰劳伤兵分送食物。是晚抵武川庙，正值废历除夕，塞外居民对于废历新年极为重视，士兵见我等于除夕携带物品前往劳军，更为感奋。我等在绥购有爆竹，携往燃放，一则庆祝胜利，一则为彼等庆贺新年，士兵欢喜若狂。

△二月十一日元旦，上午十一时应武川驻军新年团拜约会，觥筹交错，别有一番盛况。是日大雪纷纷，道中颇觉寒冷，十二时由武川启程赴黑志〔老〕劳军，晤反正部队领袖，分发慰劳品，并致慰劳语。

△二月十二至乌兰花，乌镇驻军，系百灵庙作战部队，讲作战经过甚多，是日为新正初二，将士与我等，共庆新年，皆大欢喜。由乌兰花赴大庙子劳军，反正部队，曾在此地杀敌甚多，血迹犹存，我等于黄昏中依稀辨认，至为痛快。

△二月十三日向该地驻军宣讲本会劳军意义，并勉其为国奋斗。大庙现有驻军，为红格尔图作战部队，负责长官，亦为我等详述战况，极为动人。

△二月十四日，游大庙子、百灵庙，战痕满目，不忍卒睹。此间气候最冷，哈气成冰，将士生活，异常刻苦，吾人视之，不胜其苦，而彼等则以为能防卫国家为乐，问其冷否，均答不冷，问［问］辛苦否，均答此乃军人为国本分，军人应尽忠国家，长官如此，兵士亦如此。吾人冲寒冒雪，长途跋涉，睹此士气，亦不觉冷矣。在百灵庙亦曾向驻军讲演，代会中致慰劳语，士兵均极感奋。

△二月十五日返归绥，连日在归绥慰劳由前方调回之部队，彼等均系此番作战将士，爱护国家之观念极深，对妇女界前往慰劳均极感激。

以前赴前方慰劳者，以北平、上海两地来人较多，南京以妇女界为第一批，此间将士见京市妇女代表来，特别欢迎，在前方停留及所到地点，以我等为最多，召集军队训话，亦以我等为始，将士们听由南京来的代表，异常欢迎，由此可见将士对中央爱戴之亲切。

△二月十八日赴绥东劳军，预定一星期内，可以返京，慰劳食品、衣物，均系亲手发给，收效颇大，吾人应努力援绥工作，以励士气，而固国防。

△二月十九日写信给立文，原文录下："立文：我和逸云、晓道于昨日四时余由归绥抵平地泉（即集宁县），见着十三军汤军长恩伯，和团长以上将领，讲演了本会慰劳的意思，慰劳品也带给他们分发士兵，他们非常感奋。"

△二月二十日晨，从平地泉来红格尔图，下午二时余到达，红格尔图是察、绥两省的交界地，就是绥东的最前线。从红格尔图望见商都，我们过此，参观了各种工程，过去此地战争甚激烈，战痕还在，居民有受伤及死亡的。我们对于受伤的人，每人送了五元，死亡的家属一家十元，他们都很感激。我们所以这样慰问的原因，是为着这次作战居民出力〔了〕很大的力量帮助军队作战，他们抗战很勇敢，现在驻此地的军队，就是过去攻击敌军而胜利的军队。我们带了丝棉背心及食品来此慰劳，代表本会向长官及士兵讲述慰劳的意义，他们极为快愉。居民因为我们很关切他们，他们也很欢喜我们，他们都说还是咱们中国人对中国人好，××鬼子很可恶，咱们决不放松他们。此地还有一个女学校，七十几个学生及两个女教师，是天主教堂办的，她们极和霭〔蔼〕可亲。

此地驻军领袖是张著，为人忠勇和霭〔蔼〕，过去作战有很大功绩，今天领导我们看了各种工事和战迹，解说清楚，印象极佳。

这信是寄来给你作纪念的，信封上的邮票，请留着吧，红格尔图寄来的，在内地是不容易见的。我另外写了一信给季惺，同样意义。今天彼〔很〕疲倦，余容续告。敬祝你和季惺安好！

惕吾二十夜草于红格尔图

逸云、晓道嘱笔附候

《妇女文化》（半月刊）

汉口妇女文化半月刊社

1937年1卷1期

（朱宪　整理）

从归绥到百灵庙

椐　撰

百灵庙新设电台，我奉部令调到那儿去工作。

坐汽车从归绥出发，上午经过武功坝，到武川的时候天已黑了。风大气候冷，我与同伴们在一家宿店住了下来。不料深夜里大雪纷飞，直到第二天还不止住，恐怕雪厚了，会迷失道路，于是在县政府雇了一个向导，继续前进。

过午风雪愈大，雪花满天飞，弥漫空际，后部车几乎望不见前部车。坐在车里，全身冻得发抖，汽车的汽缸和水箱，都凝结成冰，于是不得不下车暂歇。幸亏附近有小村，我们进屋去休息，坐在炕上围火取暖，同时修理汽车。停停走走，总共有八九次，夜色苍茫里，我们在一左近的村庄里借宿。

庄主殷勤款待，一点没有不乐意的表示。睡前村妇还过来同我们谈了一会儿天，热诚可亲，予旅人以莫大的慰安。据说塞外同胞有这种为客服务的习惯。次晨分别时，他们不收饭钱，口口声声说慢待了我们。

车到达红集，已经是午饭时分。

红集是气候最冷的地方，我的脚冻得受不住，临时买了双毡靴（Kiadenkey），一双三毛袜，一起加上，又在炕上烤了好一会火，这才回复了知觉。这地方有市面，普通的东西有得买。过了红集，常常可见“蒙古包”，一个一个，像是童子军在大露营。我们下车去参观，并且借机可以烤烤火。推开小门，迎面走出来一位服饰奇特的蒙妇。问她这一头首饰值多少钱，她用归绥那样的普通话回答我："珊瑚宝石，金银珠玉。头上的饰物值七百多块法币。"这还是普通妇人的首饰呢，贵族的还要讲究。

"头上的东西，就是我的全部财产。"

很大方地回答着，泡上一壶"漳茶"，强要人喝，其实脏得很，喝了一口就想吐。她还说了许多话，我听了不完全明白，只是点点头装懂。男人不管事，呆呆地坐着，好奇地瞧着我们，不作声。包的四周，放着柜子，不晓得供奉哪种"神"，要求她给我们见识见识，她坚定不肯。当中有一大盆，烧着马粪。等到大家烤暖了，又开始了我们的"雪中旅行"。

这以后汽车时常陷入数尺深的雪沟里去。好容易将车起出，开了三十多里又来了。没有闹翻车的巨祸，总算幸运。当车到达离百灵庙十里地的时候，前面忽发现障碍物，依常识的判断，这不是地雷，便是炸弹。如果天再黑些，汽车同它"接吻"，乖乖，那可不是玩的。我们叫向导的徒步去探，最好找个哨兵来。他去了两点钟才回来报告："只要不碰上，走过是无妨碍的。"听了这话马上又开车，心想不久就可安然到达，不料行驶三四里，又陷入雪坑。这一次可深了，拖不出来。王君决定到百灵庙去请几位弟兄来帮忙。

他走后，赶着修理水箱、汽缸，我独自倚着车窗，低吟"举首望明月，低头思故乡"之诗。四野一望，尽是白色。天上的月亮和星星照着这白色的地面，真是富有诗意啊！等到十一点，才见一位排长率领为国守土的弟兄们从山冈转过来。在大家努力之下，才拖上来，排长在前领路，汽车缓缓随行，越过好几条埋设地雷的火线，晚间十二点才安达百灵庙。

百灵庙分为两部：所有的啦嘛庙都在山上，另一边全是土房瓦屋，是做买卖的店屋。啦嘛庙远隔对山，不能上去参观。四处设有障碍物，不敢东西乱跑，每天闷在屋里，有时去邮局寄寄信。此地有一种蒙古种的狗，高大而且凶狞，也是我先前想像不到的。屋的四周都驻着兵，集合号、出操号吹过〔个〕不停，有时半夜三更也吹号。

每次的号声都令我深受感动。

英勇的弟兄们，让我们为祖国而战吧！我的肩上虽没有荷枪，然而我是电信工作者，我愿将光荣的胜利的战讯，迅速地传播到全国去！三月廿六在百灵庙。

《电信界》（月刊）
南京电信界月刊社
1937 年 1 卷 2 期
（李红权　整理）

前线慰劳归来

陈波儿　讲　　杜绝　记

诸位先生：平常很想和你们见面，苦于没有机会，今天能够在这里会谈，很是高兴。

这次我们到绥远去劳军，说起来很是偶然，但是也是必然的事。当我们出发之前，既没有在报上大吹大擂，自己也未有充分的准备，就是匆匆地起程，悄悄地离开上海，这样似乎是很偶然的。可是，在以前，我们早有一个“上海妇女界后援会”的组织，这个会虽然成立了有相当时期，但始终未被认为是个正当合法的团体，为了这，我们曾数次去见那些有地位的太太，希望她们给予帮助，不料结果是到处碰壁。然而，我们并不就此销沉下去，更不即此灰心，相反的，在这种环境之下，使我们感到有进一步作更直接、更有效的工作的必要，“上海妇孺慰劳团”就是在这个必然的转变下产生的。至于我们此去的目的，共同三个：第一想借此促使全国同胞的抗敌的觉醒，增高全国同胞抗敌的情绪；第二要去告慰前方将士，不必忧虑孤单无援，在后方有无数民众作为后盾；第三是调查前方需用的物品。

我们这次到北平，最觉满意的是当地的招待我们，如今天你们在这里招待我具有同样的深刻意义，这不是说一个什么明星值得人家来热烈欢迎，而是他们能够认识出我们这一行动的意义和作用，这也是国人在近年来对于救国运动的认识的进步的表现。

不但这样，北平人民的抗敌情绪热烈得令人惊奇，据别人告诉我，当《生死同心》在那里开映的时候，很多观众在看完后竟排着队在路上高唱救亡歌曲，其实《生死同心》并不是成功的作品，居然也能激起他们的热情。又有一次，一张苏联片子开映时，观众们在散戏后不肯出来，就在戏院里合唱起救亡的歌曲来，但是下一班的观客已在外面立等，后来经戏院老板苦劝，才络续退出。诸如此类，都使我们兴奋也使我们觉得安慰。

在归绥，傅作义将军招待我们的时候，他说“民气”对于这次抗战实在有莫大的助胜作用。在后方，有全国奋起的援绥运动，在前方，也有一个小县里数十居民自动起来持枪打退伪匪的事实，兵士们受着这种从未有过的激厉和鼓舞，自然更是勇于杀敌，至于那些在医院里的带伤的士兵，不但没有人说过半句怨言悔语，却都希望伤愈后重去杀敌，这现象自然不是偶然产生的，而是他们都懂得这次枪口向外的战争和以前的内战是迥不相同的缘故。

因为我们没有经验，当我们最初去伤兵医院慰劳的时候，才踏进病房，看见那些发青的脸孔，听到呼痛的呻吟，大家的喉咙都给哽塞了，说不出半句安慰的话来，只是发着楞〔愣〕呆望，泪水从二颊挂到衣襟上。这样的呆了一会，有一个北平的男学生突然走向屋角里去呜咽的哭起来，因此大家再也抑制不住自己的情感，索性放声痛哭，兵士们也陪着淌泪。在大家畅快的哭了一场之后，我们才唱了一个歌给他们听。但是，这一次的慰劳简直没有给伤兵们一点安慰，从这次以后，得了经验，知道只是哭泣是无用的，应该用各种说话去安慰，使他们在精神上获得愉快，暂时忘记了创口的疼痛。

现在，说到我们演戏的事情，因为预先北平当局答应我们代销戏票，在去绥远的时候，特地留一二个人在北平筹备演戏，我们也满以为回北平来可以顺利地演出，所以在归绥对伤兵说，我们返平后定要把演戏得来的钱买东西去送给他们。不料回抵北平，从各方面传来的消息，都说为了我们自身的安全和不使国家引起邦交上的困难起见，还以辍演为妙。但是，演戏是我们这次行动中的主要工作之一，加之在前线已对兵士留下约言，决不能让他们失望，使他们下次不再相信我们的说话，所以，为了守信，为了争取在自己国土上的演戏的自由，再为了解决自己团体的经济问题，虽然环境非常恶劣，我们还是奔走设法，希望当局谅解，允许我们演出。这样的僵持了一个月工夫，终于也只是靠了燕京大学（按：系教会学校）特殊的关系，在外力保护下，才演出了四个戏，想来很是痛心。但是，在前线，在沙场上，我们却演出过关内无法演出的戏，那里没有布景，我们自己人排成一长行，在背后就算后台，化装好的人就躲在他们身后，唱了一个歌就算是开了幕，虽然，戏是这样简陋地演出，但看的人很受感动；那些长官们看到我们唱歌演戏所造成的效果，使他们发见二种宣传的方法，现在也效行起来，这是值得我们高兴的。

今天讲得很零乱，请诸位原谅。现在，我来报告些前方需要的东西，以前各方送去的皮手套很多，但这不合前方的需用，他们缺少的倒是马蹄袖，因为套上这种袖子，不会妨碍动作，现在有这种马蹄袖的只是傅将军和二三个军官，而事实上最多动作、最感需要的是最多数的士兵。另外，厚棉鞋、衬衫、北方式的全套被褥和罐头咸菜都是前方需要的东西。

最后，我们此去留在前线的不是任何一样东西，而是一颗千万人同一的赤心！完了。

《新学识》（半月刊）

上海新学识社

1937 年 1 卷 4 期

（李红菊　整理）

从河北新村到五原拾记

杨刚　撰

辽阔的原野，苍茫的黄云，伏地的群鸦都为这唐突而粗心的骡蹄声与车轮骨都声惊醒了，一盘缭绕在静寞中的土黄腰身慢慢儿在我们面前躬身爬起来，打了个大大的呵欠，接着，诧怪和对于意外飞来的新生命的喜悦就把这张着的大嘴支住了。我们赶着骡子，染上了一种有传染性的笑，舒坦不过的让那温静谦厚、矮身如老太婆的土黄身子拥住了我们，环抱了我们。从车里、从马上下来的人们个个不知所措的让畅快舒适占领了自己，而对那位谦恭的、口齿圆到清亮的女主人——段太太——的招待，用笨到极点的点头微笑去答覆。在迎面一排十间的黄土房中，有一个靠左的门被女主人指着叫我们进去。在段先生的屋子里，我们坐了下来。

这间村到底的小屋子只有一个电话机、两把沙发椅和两个书架，显得出他主人是曾有都市生活经验的大好老，除此之外，几乎全部都已经被乡村气占到了饱和的地位。这位主人从都市生活中撤身出来，把乡村工作拿上手了之后，他就着手为自己制造村俗的环境，村俗的语言，乃至村俗的打扮，使他自己在人民之中，无一不因这点村俗而把自己的心与意志介绍给他们。因此他颇为他的村民所喜。

据说段先生是从军队上下来就有意作移民工作的。他第一次的试验是从他的故乡作起，自己出钱将所识亲戚朋友中生活较困难的户口移往包头。这次移去的共有三十户，被移之初，大家都非常高兴，以为有了这有钱有势的人儿在后面，领他们远征，前途即使不是封妻荫子，这衣食无忧、不劳费心是定了的。及至到了所在地之后，一望荒野满目，黄沙迷地，已是心颤嘴跳，再到农具发了下来，大犁要把在手里，不使犁，不动锄，居然就似乎没饭吃的样子，这班当幕僚、作跟班、依父兄吃饭、靠本家过日子的先生们几时曾经见过的？大家怨了起来，怨之不已，就拿腿走路，走不了的就来生病，结果三十户一户也没剩下，举事人只好承认自己糊涂，不懂人民心理，造成了一个开场白的失败。

第二次他又动手了。那是一九三三黄河大水灾那年。他带上了钱走到河北长垣灾区去，下心要挑一百户不怕荒茫、不怯大犁的人们和他上那没人理会的西北去。报名的户口有好几千，他按自己对于体力、精神所定的标准结结实实挑了一百户，有三百多人，又回到上次演了那个破产的序曲的地方来。他们在野地里和乌鸦一块儿工作，一块儿休息，夏天里星辰和月亮是他们精致的帐篷；秋的夜原则有篷帐如群岛浮游于光之海上；冬夜里，大地的土壤已经爬上了围墙，将人们暖护在它的怀里了。

风说古时有个民族是靠上帝的玛珊养大的，我们的移民则完全是靠着大地，他们是大地的孩子。没有那往天上爬的森林，不，连一棵树也没有，没有大工厂里的洋灰砖瓦，没有石灰，没有漆，这些全不要紧，大地爱着他们，将自己一身黏性极重的黄土奢靡的堆陈在他们目下。这土团团水，在阳光下睡一觉，就活结实了，正像那莲花、莲叶作成的王子。这土砖垒的房子，风和雪都进不去，漂亮些的又将黄泥含草屑抹在砖外，平滑如米饼。

于是洋犁来了，牛儿茫然的在这草莽的小小人间试步了，大草叉伸出了三个精明的大指头，小石滚淘气的在禾秆上滚连滚，于是谷粒子拥坐在仓厂里，草堆堂皇的将庞肥的身子在太阳面前巍巍站立起来。孩子们在草蒿里起始用笑声打架，他们抱头钻进草屑堆里去，让屁股高翘在外面受人捶打，以为那不是自己的。

河北村在大地上伸伸懒腰，活了起来。

我们在屋里坐了一回，主人就引出去拜访他的工作。这一排朝南的屋子有五间主人夫妇、小孩子住着，其余的是纺织场、工艺出产品堆积房、画师工作室，等等。还有最惹人注意的是一所武训小学。段先生最佩服武训的意志和业绩，以为用一个煤油大王来开办一百所大学不足为奇，用一个花子武训来建立起一所义学已是神迹，何况他所创办的还不只一所呢？因此他特地将河北新村小学名为武训，又请人将这位奇丐的生平写为鼓词，印发民众，鼓励他们对于工作的意志。在我们看来，武训一生之最精彩的地方，在于他不甘伏首于主人的羁勒压迫之下，立志脱身出来，作一番事业，改善现状，至于义学事业倒不必人人去拿它当作生命。在现状下，一百个义学创起来，禁不住敌人两点钟的残毁。果能国家振奋，众体一心，一致破敌，然后以政府的力量，施行强迫义务教育，那时的功效当百倍于私人困苦的行为。大敌当前，国家的生命都发生问题时，与其兴办义学，不如先练民军，施以军事的、政治的教育，使之进可以战，退可以守，即使土地已被敌人占据，还可以在敌人后方留下捣乱的义勇军。

纺织场中颇有些女孩子在那儿工作，纺织机都是木制的老式样，并且只能织出一尺宽的粗布，纺的工作，主要在于毛线，村民自己纺成的毛线很多，织成毛衣，跟市上的相去不远，可是贱至一倍。那里也织地毯、床毡，都很好看，可因成本太贵，转运不便，在村中售不出去，织毯工作就停了。这种工作都是为村民妇女预备的，使他们在空闲时有这类工作可以得点闲钱。同时那织成的布，往往就发给他们自己作衣穿。村中过去也有饲乳牛的工作，牛奶送往包头，也为转运不便，冬日天气太冷时，奶瓶常常冻裂，便停了送奶，以后有奶便拿来贴补村中失奶的小孩。除了这一排工作房之外，这场院里还有公共碾房和磨房供村民碾磨自己的米面。

最初他们刚移过来时是大锅吃饭，后来觉着麻烦太大，旧生活的惰性使村民不适于公共生活，自分田授地之后，村民便各人在家自起炉灶，管事人固然清闲，村中也更觉太平。

河北村的建筑是众星拱月的组织，居中小围场中是上述的工作场和村长的家。出围场，左右三面环绕着几十所黄土小房，每房三间，住着两对夫妇，这些夫妇们大半都年青、壮实，没有老的压在头上，没有小的拖住脚跟，即有，也只在供给他们安慰和玩弄的小岁数上，说不上愁烦和叹息。他们每家领五十亩地，春水上得早，村头的机器水车哗啦一欢叫，就是他们这年的好兆头，不毛的西北也要飘出江南的稻穗子米。如若春水晚些，他们尽管吃不上大米，然而金黄的小稞粒，肥矮的枣色脸膛的小麦子，也会滚进他们的粮囤里去。一间小屋子里除了一张大炕，大口袋，小包袱，砖囤子里面就全被粮粒挤满了。门前的草场上，被丰盈充塞到满溢，以致草屑遍地，鸡群们咯咯的笑着，在草堆中扬着脖子巡来巡去，偶而低头啄一下，又拳起一只爪来打等等。在地面的丰厚以外，还有地底的满足。有些人将大的圆洞挖在地下，将一年两年不用的粮食埋在那里面，独立队来了抢不去，潮湿霉腐来了烂不掉，出不来芽，等到开春，拿来作种子，或适当时运往市上去，全是一宗出息。

不过这满足当然不属于一些人力不足的年老人。有些屋子里简直是糟乱的一大团，土炕上堆得如四等船中的货舱，那上面假如有人蹲着，你不会觉得他与一堆烂包袱有何分别，炕是糟乱，人也糟乱，或是一对红眼眶，或已瞎闭，或耳聋，或手足已硬，难于动转，这些多为老女人。她们的屋子里能发现出一两小口袋的粮食是很幸福的。不够吃时，村长那儿得供给她们。

这些家户们除了五十亩地之外，在屋后还有一两亩地的菜畦，猪与鸡群也在屋后安身。家中除壮丁之外，若还有十岁以上有工作能力的男孩，他又可以领得十亩地，到他成年结婚时，他该有五十亩地另成自己的家了。这里地价买来既贱，最多不过两块钱一亩，有至几毛钱的，工作也容易，所以凡领地的成人们大半可以在一定期间将地价还清，立起自己的产业来。

环绕在这几十所小房之外的是一道黄土村墙，都是村民自己所建筑，村墙四角有四个碉堡，每堡住一对夫妇，一来守望，一来住家。夜晚村门闭上，合村便团聚在一种共同的安稳里面，直至次日早上五点钟时，村钟一震，大家起来在武训小学的礼堂中聚他们的朝会。

在村中走过一周之后，回到段先生屋里吃饭。焦黄的糜米饼子出场时，段先生就皱眉，以为我们这些未见过世面的人，哪能咽得下它？谁知那饼子却极力放出香气和甜味来拉拢我们，啃起来固觉其磨嘴，吞下去却速如滑车，转眼之间，两盘都尽。大家有的人因为要卖弄自己能吃苦，有的人要加丰自己的生活经验，有的想表白自己是下层人的朋友，有的因为大饿特饿，不管他是用意志或欲望在吃东西，糜米饼子在那半小时间，总算占了人间最高的地位。

饭后，阎先生和燕京三位同学都乘原来车马回包头去了。燕大同学要赶往平地泉、陶林去看察防御工事，他们出来的目的就在那儿，所以不能同我们往五原去。阎先生接了天津《益世报》的来电要他回去，临行时再三嘱我回北平把事情商妥后，去信天津约他们同程往西北，经宁夏，入新疆，折回甘肃、青海，入西藏，进川、陕，回天津，那是我们这天早上说好了的。这主意曾使我几天兴奋的打算，怎样准备，怎样上路，路上怎样处置自己，独立队来了怎样防护，我企望着将我这不甚健实的身体，用西北的罡风吹得坚硬如铁石。可是结果失败了，我的企图在人事上碰了壁，阎先生的壮游也为宗教的愚蒙偏执拗断了。他那在半山中连人带马被山洪冲刷下来，出生入死的经验，应该是一个未经完成的怪梦。

西行多日没洗澡，在包头饭店已经商量好了来河北村开〔揩〕一次油的。虽知这边取水烧水都极艰难，仍然厚着脸皮要了一盆水，灭掉灯，在段太太屋里洗，摸黑倒不要紧，惟有那时时担心怕有人进来的经验颇觉难受，事实上侃嬷跑进来了两三次。到她洗时，我已经头冲炕外睡下了。别人也都睡了觉，所以她应该是很太平的，坏的是屋子里有盏灯，墙上的她恰如在演电影，我们都笑了。

一觉未熟，一串钟声如拨开云雾似的掉在我耳上来。睁开眼，黑暗矗立在前面，一丝淡黄光线由里屋游过来，渐渐展放，渐渐扩大，布帘一起，一个细挑身材、穿蓝布棉袍的女人，掌着黄焰美孚灯立在背景漆黑的门洞里，粉白的脸染上柔和的笑。

"起来了，段太太？"侃嬷这样招呼她。

"起来了，灯搁在这儿吧？睡得好吗？"

睡得真好极了，就只起得太早一点，我心里想这样说。努力想趁他们收拾零碎聚朝会时还睡一回，找了头疼眼涨诸种理由鼓励自己安心睡回去，结果弄到全个屋子一个人都没有了，都去聚朝会了时，才奔起来擦个脸冲出去。天上还有星呢，月儿也还恋恋的挂在天角，闹起这份嘈杂，不怕惊坏了她？

朝会中是村民每早的聚集，到会的会员全是男人，这会，叫做良心审查会，平时不知合〔和〕他们讲些什么，这天早上因为我们还得用大车赶十五里路去包头，乘七点钟汽车去五原，所以四点钟就起来，五点聚会。段先生在讲话，完了，王日蔚先生讲。

段先生还要我们两人也各讲一番，我看那些晕头兄弟们个个打呵欠、头脑发涨的样子，猜测过长的文绉绉的教训于他们不宜，并且时间也不够，便极力推辞了。

在蒙蒙暗光中，我们上了车。骡子听着鞭哨，便浮动四蹄跑去，车子颠顿不堪，两个人屈腿缩脚，用多余的大衣角当盖被，互相压着取暖。从星黑时颠起，至天大亮了时才入城。段先生送我们，他坐在一个大厂〔敞〕车上，一定冻得够了。

八点钟，我们坐上了去五原的汽车的头等舱。

本来在没坐上汽车之先，我们也听见段先生讲了许多关于这种近代文明的故事。他将危险与疲累的感觉准备在我们心里。他说在四百里的长路上我们要如猪群般被缚在那载重汽车的木栏上，沿途颠播时，才不至掉下来。又说在车上人得从货的胁窝下肘地方或站或坐，并且在半途中间，若逢汽车夫不高兴了，感觉疲倦，他老人家便不得不沿路站住，去草地上躺躺，抽一半只烟，喝几杯茶，甚至于撩几句闲天。不管客人有何天大要紧的事务，不管这近代交通如何迫切的需要准备时刻，他们的诗人逸趣总得有满足的机会。由于这些习惯养成的诗人气派，汽车难定在早七时开，实际若八点多能走已算太好；定下午四点钟到五原，实际上晚七八点钟能爬进那城去，客人就不能不自叹幸福。为了种种原因，车子在冰冷寒冻的荒郊过夜并非奇事，客人们没有理由抱怨，即使他们得冻死在西北尖寒的夜风中，也不见得能惹起什么骚动来。

我们能坐在有头等舱的篷车上就足见自己的禄命大到非自己所敢望的地步。这种头等座，每一篷车只能有三四个，它们横在汽车夫的背后与两排客座的前面，不必与货物争地位，也不必与各种磕碰、吵嚷、咒骂挤在一起。为这样一个地位，每人得多花一元钱，自然那并不载在规条上，也非汽车夫一人的红利。尽管这数目小，来路又不堂皇，却仍然有那么些堂皇光明的人物去光明的征收这笔款子。为了它，公然正大的架也曾打过，嘴也曾吵过，显得它并不是没有来头的事业。

我们三人带上段先生为我们准备的干粮——馒头、香肠——从八点半钟开始了这中古与近代文明合璧的旅行。这一趟我们几疑是为我们特备的专车，头等座后是一壁障天的行李，看不见一个人。前面也只有一个跟车夫，从车上跳下去视察车轮，打气，爬入车底去作各种修理工作。我应该请西行的朋友们不要为这类修理所惊惧，以为自己运气不佳，适逢了一辆坏车。往西坐长途汽车，打登上任何车的一霎刻起，他就得抱着前途茫茫的感觉，不必期望效率与顺利，更不必数算时间。这条道近于是先天秉赋了行驶破车的运命，车子到了这条路上也露出了无常与坎坷的艰厄。真的，走这条路的人难以避免一种痛感与苦闷，不是为了疲倦，不是为了整天蜷闭在车箱里的闷气，更不是为了事务上的焦急。那是一种疫症性的苦恼和焦郁，从车子声嘶力竭的喘息与筋衰骨碎、挣爬不动的窘苦传度到人身上去的，那不只是一缕神经的倾向、心的同情，那是本人一种肉体上的疫涩〔症〕，筋骨的感伤和心脏的痉挛。怎样能使一只脆薄弱小的机器去经历那洪荒的、未曾开辟的艰难，令她忽而攀援崎岖的高□，忽而陷入绵软的沙窟，刚避开左面的壕堑，已跌入右边的坑谷里！？并且那柔依人、没有抵拒力的地面真是一场灾患，它使汽车在道路上遇着困难，另谋出路时，逢到惊人的、不会抵抗的阻力，它吞蚀那些可怜的莽悍，可是疲敝的车轮，抽去它们最后一丝的力量，使它们在引擎的狂击下发出空洞枯竭的吼叫声，如倒在地下将死的老牛喊着绝望而悲苦的鸣唤。无生物为极端的重累与困厄所压迫，也无法再维持它那种死的沉默和无知，有生物对于这个世界将如何继续忍受下去呢？

出包头，入旷野，绵绵四百里几乎是全无人烟。有那陂坡交替之处，为青草掩覆，草光上散挑起一挂金沙色的朝阳，时而为骆驼们古铜色的软肥脚掌所牵动。骆驼峰影卧地，忽而尖削如笔锋，忽而圆浑像馒头，有时横推而下，与驼身合，如一段颇觉平滑的山路、掠过它的峰头，能见到另一高岭。朝阳在驼背上吹起一领细绒，薄有闪熠如一圈光晕。在那四望无极的野原下，为融和金色的阳光与褐色的大地而颤战，而柔和，而欣悦。羊群如白云般飘堕在这天地融悦的世界里，一团团、一朵朵散缀在绿草上，浮在金色的光之细波间，歇在褐色的土壤上，似漫不经心，偶然从宇宙的手指缝里撒下来的白雪。到了塞外，才知道骆驼的尊贵与羊群的优美。口里人驱使驼、羊如刍狗，用污泥煤屑涂损它们的纯洁庄静，使畜牲一名词如一顶大磨盘压在它们头上，令它们在迫害与重压之下，伏首于自己的卑微无力之前不敢言声，令人们将纯美而有意义的生命视为下贱，视为无生命的死囚，这大概是眼前这世界之所以存在的主要功德。

大约由于过去的渠工，包头、五原之间沿路有无数桥梁。桥身说不上什么工程，一条较长的桥上都难见石与铁，而仅仅是砍下的树身扎成一片木排，汽车走过，得收慢脚步，还时闻吱喳声。西北木工大都很原始，弯弯曲曲的电线杆上往往带着树皮，有的竟青枝绿叶打扮起来，似一个初返俗的尼姑，下身尽力修饰，无奈盖不住头上的光秃与疮痂。这种原始的粗陋木工，在黄河平头船上和火车轮上都看得出。西北大车轮子就是几块木板钉成，什么轮圈、车毂都完全没有的。

“二十八棵红柳树”，柳树有红的吗？红成什么样子？若是那一大球的绿云似的高柳，会变为通红明艳一树大火把样直烛天空，诗人们对于柳会怎样想？他们对于生命的观念将又会增加几多彩色，文字的藻荇将要添上多少令人欢欣的种类？然而我是无知的，愚昧和浅陋使我在五原道上又学来一宗新智识。我想不到红柳树会那么矮小，那么细软，那么丛生如棘。然而成群成片的生长着，蔓延着，使黄河岸边一望如红霞掠地而飞，牵连成锦。是那色相吸动了我才去打听的，从汽车夫嘴里吐出“柽树”两字，我是有些不相信。二十八棵红柳树是由安老爷解为柽树的。但这里的柽也许是本地人不通大雅的某种俗名，不必恰是燕北闲人的红柳树。经盘问许久之后，结果才无法避免制止自己愚陋的偏见，遂令野人口中的柽与文人笔下的红柳树合一。

这种红柳，叶子小而红嫩，枝条细软，并无主干，严格说来，它不能算是树，只是荆条一类。听说柳条拨出来可编织筐篮，似此遍野云生，也该有人来利用它为西北人民开一个小小的出路才是。

车子沿大阴山南跑去，山脚下粗沙细石遍地都是，略带紫红色。山上则有时阴暗葱郁，树阵叶云，隐隐可见，有时紫岩秃露，山霭氤氲，像岩头在冒热气。山石间因其洼入的势子也立着几所五颜六色的庙宇，有的山洞处只秃立着一位佛。山脚下，紫色而带有青丝的山雾中，如趺坐在淡青纱障里的往往是一对白色招提塔。原始人的情调与动作，在这儿似乎全然想像出来。右边是隔断人间，连天塞地的崇山绝岭，左边是浩浩茫茫不能飞渡的黄河，头上是无言语、无表情、漠然青冷的苍天，一群长不及丈、宽仅盈尺、无爪无牙、无头角的小小生物绝无后援的落在那这无遮拦掩覆，为冰雪猛兽所豪占了的地面上。他们将怎样去生活，怎样去求得勇气与力量，他们和茫茫的宇宙将如何去发生一点维系，使他们的生命和那青的天、紫的山，一切笼闭在沉默与无情之中的万物滋长一丝死生性命的感情？这是不可理解的，且可说是茫昧的动作，然而这也是人类最伟大的志愿之一的开端。人类要与宇宙同一，企图着亲昵它，制动它，如制动他自己一样。

公庙是这段路的中心点，车在这儿停下来，去道旁留人店打尖，啃着馒头和肉，想起《七侠五义》、《小五义》中的生活，颇觉有趣。那些作者恐没到过口外，他笔下的店有相当的繁华和排场，那都是鄂、豫之间，但依作者写来，也竟有切几斤肉、烙几斤饼的事，恐属幻想。至于这口外西北土炕几间，黄泥水一壶，臭羊肉一碗，已经极旅行奢华之能事。那绵亘满屋的西北大炕足眠百几十人，睡在顶里面的人若半夜起急，真不知如何通过那紧密排挤的人壕！

我们坐在路上正吃馒头，忽听叮叮当当来路上有两骑马花红柳绿的得得走进，一个穿紫红大袍、黄坎肩的男人先跳下马来，抱下鞍头一个穿桃红大花袍的孩子，然后走至另一骑边接过那正睡没醒的婴儿，随着一个紫赤脸膛的矫健的女子扬起她镶有半尺宽黑边、缝有花栏杆的绿色大袍跳下马来，在她胸前扎了累累赘赘的好几层、好几色、莫名其妙的衣服，在这些上面又一边一个垂着两条黑辫子，为红的、绿的、晶的、珠的，或真或假的各种珠宝所缠系着。她的头上前前后后被那些闪亮的东西，围成一个珠宝的壁垒和碉堡，似乎是用来抵拒四周的异种眼光的。他们身材结实，体格健壮，似乎无所用其避忌他人。但实际上他们一下马，便男牵女抱的驱着小孩子走进屋去，那男人偶而出来，逢着有过路的蒙人，脸上才露出笑容说起话来。弱小民族的寂寞心情由笑里面似乎看得出，尤其是小孩子，飘着那古道的大袍大袖，无所求于人间的倚在父母身旁，用呆而冷的眼光看着眼前的异类，那情景最令人难过。

在公庙左近有蒙官，房子建筑有相当新式，与招提大庙的故样不同，唯门口有白塔一对，存有古风。旷野中有两座断块紫砖叠成的塔形，大的约四尺来高，小的更低，两垒之间有一条小砖桥相连。塔形如北海白塔，但尖顶极矮，远看颇像坟墓。塔头挂了一条朱红网。据说这东西名叫“脑包”，也是蒙人祭神的所在，所谓脑包，大约就是祭坛之意。

不到西北来的人想不到草地的真像。古人说“天苍苍，野茫茫，风吹草低见牛羊”，那景象不到口外是看不见的。只是现在牧畜事业已不如往古之盛，牛、羊、马群固然有时也散满野原上，大体说来不如昔日之多。倒是曲背躬腰如老翁的褐色电杆时时由浅金色的草绒上探出头来，带有窥望的意思，令人想把“风吹草低见牛羊”改为“电柱探头草中央”才好。

听说牧羊的多为汉人，牧马的多是蒙种。蒙人每日清晨放马、牛在草中，便自离开，不加看守，到黄昏来收牲口时，数得畜牲短了一个，立便骑马顺蹄迹追下，无论多远都能追回。偷牲口的贼人照例不打不骂，而被用盐腌眼，将人处置到不死不活为止。

沿路中碰见许多由五原开来的汽车，其载重之多，真不是言语可能形容，迎而望去，真是一所自行宝塔，塔尖就是几个有本事箕踞在那儿的乡人，当车子在无常坑陷的道路上窜进时，他们熟练的顺着车子的脾气歪歪倒倒着，终不致于被掼了下来。有时车子两旁上下之处都绑着行李，被尘土的浪末掩没了车弦，颠蹶的逆涛而进，如陆地上负载过重的小火轮。车至半途，常常蹶坐下来，不走了。跟车的下去灌水，汽车夫去打气，扳轮盘，抽引擎，全不中用。于是车夫只有扬起墨汗污泥的脸来，将手一挥说：“下来罢！大家都下来推几步。”一阵半带嘲讽的中世纪狂野的喊声跟着往往就能把这时代尖锋的近代文明之利器使动得活转来，而重新开始它那粗野的原始式的征程。

这样的公路与汽车交通载在报告书上时，岂不也是重大的建设，列于国民经济建设的首座上？实际上，一般的所谓公路都是两端填上黄土，蘸水压平；中间就听其一片田野，一块草原交给汽车自己去开辟。若逢上质硬，石头多，车轮虽受罪，车子总算幸福。碰着土软沙多如北方地面，汽车就如患了半身不遂，心脏麻痹一般，时时有躺下倩人推扶的可能。连无生物在中国都有生这无来由无告的病，有知的东西怎样忍受？

汽车公司本定车票五元一人，因客少减为三元，而每卖一元，要缴管理局路税二角，免票又多，营业如何能发达？所以公司根本不能买好车，买来道路不好，也是顷刻破坏。

原希望四点钟能到五原的，结果终挨到七点多钟才到。但比沿途遇到的那些在半道过夜的车子已是天福了。

《大众知识》（半月刊）
北平通俗读物编刊社
1937年1卷7、8期
（王芳　整理）

绥远之行

张知辛　撰

一　到百灵庙去

一　出发前后

时光如驶，我们来到归绥，匆匆就将两周，工作方面，根据实际的情形，也可以告一段落了，经过商议的结果，认为百灵庙不可不去。同时，便把出发的日期规定下来，是二十日的清早。

承各方友好以及地方人士的特别关心，说“后山”（指过了大青山的一带地方）是怎样的寒冷，单穿棉衣、绒鞋，一定不行，过去有几个团体的人，就曾经受冻，希望我们多穿衣服……于是我们开始准备起来，一面尽量把所有的衣服加上身去，一面又去某机关借了二十来双厚而且大的“毡鞋”。我自己还为好奇心所驱使，特别费了三块钱，买了一双“加登克”，就是长统过膝的“毡鞋”。这种鞋子，为南方所未见，预备将来带回展览，并作为此行的纪念，独自买它的缘因就在此。

头上戴着皮帽，颈围狐皮，脚穿“加登克”，再配上风镜，于是，引镜自照；实在觉得自己有些两样了，然而却有人称我为蒙古的“骑士”呢……

“出发”的消息一宣布，大家又都十分的兴奋起来，照例的睡不着觉，只记挂着“出发”的事，仿佛各人的心灵，早已飞到百灵庙前。

二十日早晨，天还未亮，大家就开始在嚷着，好容易挨到九点钟，汽车来了，我们飞也似地奔上去。“开吧”，一声令下，汽笛跟着长啸数声，便驶向前去，大家的面上，都充分地表现出紧张与愉快的神情，是何君的提议，唱起“出发”歌来：

“枪在我们的肩膀，血在我们的胸膛，我们要捍卫祖国，我们来齐赴沙场……”唱完之后，还感觉不足，接着又唱了两遍“新生活运动歌”。

出了归化城，经过一个小小的关口，汽车突然停止了，原来是宪兵要查问，给他一个团体名片和说明人数后，便被放行了，汽车继续向前行驶，有如风驰电掣一般。

大青山已近在眼前，遍山积着皑皑白雪，气候的寒冷，也就可以想见了。入了蜈蚣坝，山势陡然险峻，道路也格外崎岖，汽车一颠一簸，使人渐渐地感到不愉快，有的在喊头晕，有的在作呕。

这一带人烟稀少，除了一片荒山而外，沿途所见，就只有成群的骆驼，驮着食粮向北走去，随行的人也不多，处处给人以荒凉之感……

二　武川劳军

下午一点半钟的时候，我们到达了武川，这是绥北的第二屏障，在军事上说，也是很重要的地方。前任县长畅维兴，因率壮丁抗敌，受伤未愈，还在医院静养，现在担任此地防务的是×××军×××团，也就是克复百灵庙的主力。

我们略事休息，和吃了一顿午饭后，便取出了一部分慰劳品如手巾、冻疮药等送到×××团团部去。刘团长因请示防务晋省，由团副刘汝升接待，谈了一些抗战的情形之后，我们便开始说明来意。末了，大家又走到门前摄了一张照片，就在摄影的时候，我发见这门前的墙上有幅很大的漫画，是指“汉奸”为敌人利用，结果受害，另外一个牌上标着“此路不通”四字，很明显的告诉人家：做汉奸只是一条死路……所以，在旁边就又贴着这样精警的标语：“中国人应该替中国流血，不应该替敌人牺牲……”武川距百灵庙有二百六十余里。因时间已晚，我们便决定驻宿于此。这里虽是一个县城，但人口总计不过一万，酒菜馆好像只有一家，除了躲在巷子里的几间窄狭的“留人小店”外，又别无所谓“旅馆”，因此，我们二十多人的住宿，很成了问题，经县府的帮忙，几经交涉，才找到一个部队的“留守处”去。“炕”，是有三张，七八个人挤在一起，行李既都未带，一件大衣便作了临时的棉被。夜静更深，寒气越发逼人，大家简直冻得发抖了，然而，我们却一声未响，因为“不喊冷”是我们的信条之一啊！

因为“冷”的关系，我自己，是越觉难于入梦，深夜两点钟了，咬紧牙关，走到院子里作跑步几圈之后，身上发汗了，于是我便慢慢地踱来踱去，举目四顾，几块土墙而外无一他物，只有半弦明月与点点繁星，是怎样美丽的夜景！正在独自赞赏的时候，忽从背后不远处传来了尖锐而宏大的喊声：

“一二三四，一二三四”，原来我们前线的战士们，这时，还在操练。他们为了祖国，牺牲了自己一切的幸福，是怎样的伟大呀！我钦敬他们……我又感觉非常惭愧……我兴奋起来了，我忘记了严寒的威胁，因为战士们的尖锐的喊声，还不断的传入我的耳鼓。

三　到了百灵庙

二十一日早上八点钟，我们便离开了武川，道路虽不甚崎岖，但颠簸仍如昨日，大家又不禁头晕、呕吐，我自己也竟不能幸免。起初我还死劲地忍着，但到了二份子，实在“忍无可忍”了，终于吐了出来，王、傅两君也同我一样。这时候，我们真是苦得不堪，王、傅两君都倒在“留人店”的“炕上”决不向前了。据说，前有某慰劳团体二十七人，都晕倒在此，去百灵庙的只有五人，这时候，我问店中主人，说隔百灵庙只有一百二十里，于是，我想“死也死到百灵庙去”，就又爬上了车，继续前进。

过了二份子，道路坦平，便是所谓“蒙古草原”了，八九十里路之间，看不见一个村落，也看不见一家住户，只有草地上那成群的牛，和成群的黄羊往来，宿食其间。黄羊本是野的，任人击杀。但因为它奔走甚快，不易追着，徒使目击者，于涎羡之余，心欲食其肉而已。

这时，我躺在车里，眼也不睁，实在也因为尘沙蔽天，令人有眼睁不得，一心一意，只想快到百灵庙。总算很快，下午三点半钟就到了。

“入口”的时候，站在山头守卫的战士前来查问，我们说明了团体的名称和来此的任务，他又回去“请示”之后，这才准我们通行。傍入口处，有几所土房，都驻着许多勇敢的战士，正以淡淡的笑容，迎着我们走过，大家开始欢呼起来，我也感到愉快，适才的呕病，倏忽间也仿佛消逝无踪了。

车抵庙前，我们一齐下来，走进庙去，有几位将士迎着，有几位士兵正在替我们收拾住处——这是大殿，班禅活佛曾驻节于此，门顶上还贴有符咒，谓此经者可以“消灾”。

百灵庙四围绕着高高低低的山，形势极为险要，庙后也还有一条小小河道环抱着，虽然没有树木点缀其间，谈不上什么风景，但自然也有其可爱处。

这里原叫“贝勒庙”，“百灵”恐怕是我们给它的称呼，“名符其实”，除了一大片栉比的庙宇，和几座矗立的“白塔”以外，别无所谓建筑了。

庙的建筑都比较精致，但以此地交通的不便，而建筑材料，又都是从外间运去，能够有此建筑，也可算极尽“富丽堂皇”的能事了。

我们从归绥出发的时候，就知道这里油盐，什么东西都无处买，战士们不但没有菜下饭，甚至连碗筷都没有，他们的生活是怎样的艰辛。

然而，我们跑去了，据几位战士说：“如果不是……请你们也请不来”，于是高高兴兴，带着笑脸，替我们预备晚餐，这时候，我的心里特别感觉不安，然而，实在又别无办法可想。

一会儿，几大钵的面，和两碗菜，一是粉条，一是酱萝葡，通通端出来了，我们正欲道谢，刘副官说话了：“太对不起各位……各位不辞艰辛，不避寒苦，远远地到来这里……饭菜是太平常了……然而，特别值得告诉各位的，面是‘战利品’，特别给各位留下，我们自己是吃的别一种……”

我们于惭愧之余，说：“你们只给一杯开水我们喝，即已万分感激，何况有这样的面和菜！我们是来慰劳你们，替你们服务的，反而厚扰你们，是怎样的抱歉……”

本来我们是决定住在“大殿”的，但因大殿房子宽，火炉又系烧的牛粪，不易生暖，几位战士，因为怕我们受冻，要替我们搬到另住几个小房间去，这些小房子，又是战士们牺牲自己而让给我们的，是多么可感！

晚餐以后，我们去访旅部参谋长袁庆荣，说明我们的来意，彼此都非常的快慰。八点钟的时候，袁参谋长又亲到我们的住处，大家挤在一块，问他克复百灵庙的情形。战略有关军事秘密，不便写出，但其间他有两句话，值得注意：

百灵庙的克复，敌人在物质上的损失尚在其次，尤其是精神上……

袁走了，让“炕”给我们的几位士兵来给我们搬牛粪烧火，又给我们煮茶，又接连不断的倒茶给我们喝，我们实在太不过意了，一再辞谢，然而他们非如此不可，且始终笑笑嘻嘻，那种亲切和霭〔蔼〕的态度，真给我们以永难磨灭的印象。

还有几位是一直陪着我们，津津乐道他自己打敌人的经历，等到我们睡倒在炕上了，这才说一声“再会”而去。

半弦明月，如昨夜一样，依然挂在天上，繁星也依然在闪烁，在深夜，我依然不能入梦，起来作跑步，我又听见战士们“一二三四”的声音，我兴奋，我惭愧，并且忘记了严寒的威胁……

廿二日早晨七点钟的时候，我便起来了，拿上一只饭碗，舀一点水，淋湿手巾，就这样的洗脸，多么简单的生活啊！我觉得太有意义了。

八时，袁参谋长在旅部招呼我们早餐，席间经大家的要求，又请来了攻庙冲锋有功的张连长振基，热烈的鼓掌，表示了盛大的欢迎，有几位青年竟丢下面包不吃，要求张连长（现在已升营长）签字、照相，真使他应付不暇……餐毕，又承袁参谋长领到阵地参观，同时并说明当时攻击的情形……

我们给了前线的战士们些什么呢？几麻袋的咸菜值什么！几百双袜子值什么！还有，我们离京时，妇女工作指导会赠给我们的二十罐头牛肉，本是给我们自己吃的，我们也送给百灵庙的战士了，然而，这又值什么！

我们究竟带给前方战士些什么呢？明白地说，只有一颗真挚的心。

诚如袁参谋长所云：“不能讲东西的，各位这么远来到这里，给我们前方的人，精神上的鼓舞实在太多……我们如不继续抗敌，不但对不起国家，而且对不起慰劳我们的各界人士……”

我们的任务总算完成了，九点钟的时候，便又匆匆登车，走上归途。然而，我们每一个人都留恋着百灵庙。

这次的旅程，我是呕吐而去，又一路不停的呕吐而归，虽说经历了生平尚未经历的大辛苦，然而，完成了自己的心愿。看了看前方将士，我倒觉得十分的快慰。

“百灵庙万岁！”

“中华民国万岁！”

这临别的呼声，恐怕是使人永远不能忘记的罢！

一月二十三日夜，草于归绥

二　平地泉漫纪

平地泉是绥东的重镇，以地势而论，也站绥远全省各地的最高峰，所以气候亦最寒冷。

我们到达平地泉的时候，是一月廿五日下午两点钟。因为“不受招待”是我们的纪律，“不搅扰地方当局”又是我们的守则，所以，每至一地，关于住处，都得自己去分头寻找，然又苦于寻找不着，终于还是要承地方当局的招呼，才使这些问题得到解决。在边远省份，不比南方，虽是县城，但房子毕竟有限，要找二十多人的住所，往往是“踏破铁鞋无寻处”。

为了这，除开管事务的同志以外，我们都在车站等候，车站前面有一块旷场，是第四师罢，正在检阅部队，一字长蛇阵似的队伍，整齐迅速的步伐，有力的、宏大的口〈号〉声……啊！可爱的战士们，在积极准备赴敌，是多么令人见而兴奋的景象！

一忽儿，几个士兵走向我们这边来了。于是大家“打成一片”，开始攀谈起来：

“你们太辛苦了……我们是新运总会战地服务团，特来慰劳……”

“不，为了保卫祖国，我们的辛苦是应该的，也是我们唯一的责任，倒是各位远远地跑来慰劳我们，真是太辛苦……”

“你们的生活怎么样呢？”我向一位姓吴的班长发问。

“我们的生活是很紧张的，虽说前线暂时很平静，但我们的准备是一天一天的加紧，如同敌人当前一样。大家就怕敌人不来，只要他肯来，我们必定给他好来没有好去的……打啊！打××、土匪、汉奸是最快活的……”

“冷么？有没有皮大衣？”

“皮大衣现在已经有了，但为了军风纪，为了振作精神，上面的命令是白天不准穿皮大衣。所以，早上起来，大家都冻得毛骨悚然，然而，我们一点不怕，照样听命令干下去，‘跑步’便是我们的御寒工具……”

四点钟了，我们的话正谈得起劲，因为周县长同××军军部的郭秘书来接我们，于是结束了这谈话。

县长周钧在绥东战事吃紧的时候，他曾亲率壮丁，奋勇当先的去抗敌，而且颇著勋劳，所以，我同他一见面就提及此事，并备致慰问，然而，他却非常的谦虚，临末还一再的说：“这是做县长的本分。”于是我说：“希望在国防前线的每一个县长，都和你一样，尽这本分。”说毕，彼此相顾大笑！

我们的住所觅好在绥远省立第二师范学校，团员们整队前往，我和团长李君，承周县长、郭秘书导引见汤军长，他刚才从包头归来，连“休息”也未，就接待我们，态度的和霭〔蔼〕，言词的亲切，给予我们以难忘的印象！

第二天，上海妇女儿童慰劳团——陈波儿一行四十余人，也来到这里，晚间并举行了一个慰劳会，表演话剧和唱歌。我进会场去的时候，已经开幕，人是挤得水泄不通，但又非常肃静，听到舞台上，有一位女的在赞扬十三军的功绩之余并致其最大的希望，是：西安事变解决后，即照原定计划，继续抗敌，把察北的失地收回来。

当话剧开始的时候，汤军长瞥见了我们，那样诚挚地拉我们坐在前面，一会儿他又被慰劳团包围，拉在台前的正中间去坐了，有的拿出日记簿或纪念册请汤军长签字，我看他第一次写的四个字是“团结御侮”！

在会场中，令人注意的中心人物，当然要算陈波儿。偏偏她这天因为“身体不适”，躲在旁边未出台。因此，弄得一些士兵们，时而指那个为“陈波儿”，时而指这个为“陈波儿”，有的甚致〔至〕互相争执起来，可是真的陈波儿却始终躲在角落里，真够味了。

还有更觉有意思的是：东四旗剿匪司令达密凌苏龙，也到了场，大家要求他说话，他不能不跑到台上去，然而又以“汉话”说得有限，终于只点了几次头，向大家望了一会，便走下台来。高大的身躯，穿着蓝色的袍子，下颚生着一簇胡须，已经结成三四寸长的小辫子，真是别具风格！

红格尔图之役，他曾大著战功。说起他的本领，也怪有趣，他骑在马上，能两手打枪，并且能够向后射击，百发百中，有一天谈话中，他自己也说：“我唯一的本领就是打枪……”至于他的生活，始终保持着“蒙古味”，不食米麦，单吃羊肉，从前是每顿四斤，现在因为年事渐高（五十多岁），已减去两斤了。

我们也曾去慰劳他，无以为赠，便把陈调元将军所颁“为国宣勤”一面旗送给他，表示一点意思。

后来，他邀我们几个人吃了一顿饭，在席间，他说他有两个希望，一是想将自己的儿子送入中央军校读书，一是想谒蒋委员长致敬，根据我们的观察，在蒙古人中，恐怕以他拥戴领袖的意思，最为忠挚了！

廿八日上午，承十三军军部备马二十余匹，由参谋长领导去参观防御工事，大队人马，浩浩荡荡，踏着冰雪向某某山进发。此山山脉与县城接壤，山势高处，冈峦起伏，极尽天然之胜。这里都建筑了极强固的工事，我们参观之后，都觉得十分兴奋！我想：我们有坚固的工事，有勇敢的战士……有沸腾的热血，有牺牲的精神……尤其是有“万众齐一”的抗敌的决心……啊！“以此克敌，何敌不摧！”

真的！我们没有一个人会“惧敌”！

我们都坚定了“复兴民族”的信念。你看到那不畏冰雪之苦，日夜站在山头，守卫着战壕的士兵，你哪能不坚定起“复兴民族”的信念呢？

日将夕矣，我们走上归途，大家高声的唱着歌……悲壮、激烈、兴奋，打进了每一个人的心坎。

二月二日于大同

《国本半月刊》
南京国本半月刊社
1937年1卷7期
（张楠楠　整理）

绥行十日记

——旅行通信

李修仪女士　撰

四月二十四日

我们盼望已久的这天，好容易到来了！早晨天色不佳，阴霾四伏。同学们都祷祝天，不要下雨！天不做美，风雨齐来；冒着蒙蒙细雨奔上旅途，我们的旅行生活在雨中开始了。

天津和北平虽相距咫尺，可是北平并未下雨。车抵古城，已近黄昏。我久别了的第二故乡，今日重逢，感怀万状！

二十五日

晨搭平绥车北行，一辆车，师大和我们分住。车到南口，换上大火车头，同学们齐集车头前合摄一影。

南口过去了，我们体育教授和少数同学就武装起来，准备骑骡爬山。她们勇敢的精神有若“赳赳武夫”！

到青龙桥我们仅有两小时时间去凭吊古长城，实觉时间过促！下车来时，站上已挤满中学生、童子军，及一些着和服与鼻下留胡子的男女。起初我犹以为中学生是我国青年呢，细看时才知是邻邦的孩子。

我们很快的挤出站外去租骡，“包了”、“包了”，是外人包了！先生、同学大失所望，每个人的内心确实有些“那个”！

“我们省费走路吧，这里上长城不远！”一位同学发起步行。于是大家都变了神行太保，振起精神，各自向前奔！在路上那些骡子从我们身边跑过时，骡上人总是回过头来，作一种狞笑，表示说：“你们吃土吧。”

太阳总和我们作对，辣焦焦的晒着行人。穿大衣的，自怨不该穿。大衣脱来抱着，大步向着那难走的沙石路迈进，一个个走得面红汗出。

太阳似在和我们赛跑！我们爬上长城，它也快爬上天顶了，累了多数同学，爬不上最高岭，真是怅然！我虽重来，然而内心中，确别有一番怅意！

雄壮的长城随山起伏，蜿蜒如巨蛇，默想它在千百年前似勇猛狮子，人都不敢临近它！但是“胡人不敢南下而牧马，士不敢湾〔弯〕弓而抱怨”之威风，已被时代吞没无余了！

回站不久，第二次车就把我们送出塞外。昭君出塞，是她不幸，而我们这群小昭君确是欢喜若狂！

我们车中有一位初尝旅行生活的小姐晕车了，静静的在那里躺着，不能凭窗瞭望山色，只听几位不曾见山的同学赞赏这里山景的奇险。我想假若她们看过泰山或巫山十二峰的话，也许对之不感兴趣了！

车经过起伏的山峦和漫天的黄土岗之后，来到下花园。这里桃、杏盛开，芳草正绿，远处山溪流水，漾着日光，塞外春色，都集在这里吗？

在夕阳残照里，车抵张家口，我们进城观光。当我们步出站时，首先给我以不快之感的，就是空中飘扬的太阳旗！呵，原来这里邻邦侨民很多，并且都经营着不正当的害人的营业！

我们在大街上绕一大圈，参观了些庙宇和建筑，处处都受和蔼招待。街上孩子跟着我们走。返车站时，站外也拥挤着人，我们洗脸，吃饭，都是他们研究的对象！

晚间车窗都关起来，怕掉东西。车上闷热，同学都怕在车上，出去玩月，愈玩愈怕上车睡觉，但是又不能不睡。六十余人的睡车，空气真香，好闻！

二十六日

八时乘两辆车游赐儿山，山路崎岖，极不易上，若司机人稍一失慎，就有掉下山去的危险。

山腰有小庙，几座神前，满挂着红绿绸布，写着“有求必应”、“谢赐佳儿”一类字样。我们正打算强迫一位新婚同学，跪求佳儿，她已看破了我们的诡计，跑得远远的了。

山椒有小亭，亭名不能辨识，比比眼力，都没有猜中，我和体育教员杜一溜一滑的爬上山顶，那种喘息或许胜过她当年跑百米？亭名矗宵，从高俯视山下同学都变作孩提，远眺张家口全景，在四山雾气中，隐约出现。

下山来，见我们的那位外国教授，和她中国丈夫，头顶头，一仰一偃的在庙墙上睡觉。正要给他们留幅好景，我的笑声已唤醒了他们。

回车参观省立女子师范，车到大街不得通过，为过军所阻。我在这里看过军与前次在八里台看过日军，心情是两样！我们用敬爱的目光来看他们，又下车给他们留下一影。

张家口驻军（李修仪女士摄）

去女师参观，车误驶到男师，以时间限制，只好退回女师，幸两校相距不远。

女师校址不大，且系租借民房。一个教育机关，没有固定地址，实不合宜！学生有三班，共有六十余人，他〔她〕们生活很俭朴，伙食自办，主要食品是小〔莜〕麦。据王校长谈，小〔莜〕面作食物，比较普通面粉困难得多！需经过许多麻烦手续。——小〔莜〕面必须经开水调和，不然绝不能蒸熟！并且此物性硬，极不易消化，肠胃稍弱的人，决不能食，吃了必定糟！我们怀着一块好奇心，急想尝试。午间特到一家小馆去吃小〔莜〕面，“没有预备，临时不能作，须在两点钟前通知！”我们失望之后，对于小〔莜〕面的难食，只可作一种想象了。

张家口生活程度之高，几与上海相抗衡！随随便便一餐，就得花几毛。这全是口外六县失守，粮食奇长所致呵！

吃饱了，王校长领我们去看明代汉蒙交易的所在地圈里，这地方已经变作古迹，现在是军队营房和操场了。而大经门外的交易所，亦因口外六县交通隔断，蒙人来此交易，年来已经绝迹，唯空遗场址而已！

晚九时到大同车站，好走的同学出去观光，不爱动的在车上养足精神，准备朝日远征。

二十七日

路局给我们预备好洋车去云岗看石佛。但人数过多，车不敷用，于是有十二人改乘汽车，我也是十二人中之一。去云岗的道路，也是上山过河，车颠簸得很厉害，颠得张先生头快顶着车顶，他怕了，便与副司机换座，我们怕了，只好凭命由天。车下山沟，回头看看山边的曲折羊肠，有些寒心！

到云岗没有等她们同来，洋车上山下山更困难。小和尚领我们进了五佛洞，洞门一开就有一种寒气扑人，好像进了冰窖。小和尚手里持着两条燃着的大油绳，前面走着，我们也打着手电，这是特为看佛洞带来的！但是数支手电在洞中全失了效力，仍然看不清。爬上四步楼，看五丈余高的大佛面，真有点胆战心惊！因为楼板裂有大缝，走起来跃跃欲坠！

云岗石佛是北魏时代的雕刻，随山雕成，大大小小各色各样各不相同，共长数里，无以数计！为风化日晒，十之八九已破毁，真是可惜！以前常有无赖盗佛头卖与外人，近年政府保管甚严，令“有毁佛者先斩后报”！谁亦不敢随便尝试了。

云岗风化石佛（李修仪女士摄）

我们已经参观完了，洋车才络续到来。

回车到上华严寺、下华严寺，据和尚说两寺亦北魏建筑，其实辽金时修！社会上重老资格，和尚也愿为庙挣资格老。庙内也立有许多佛像，但方从云岗归来，对之已不感兴趣了。

大同民众有一种奇异服装，他们不论男女老幼，常常赤身穿一件大红棉衣，形似背心，唯前幅构制与背心稍异，特名之曰“腰子”。据山西同学谈，他们离了“腰子”不能活！也许山西人都以此维命吧？

同学们在张家口是蘑菇贩，到了大同又是铜器贩，大同产煤，有名全国，于是差点儿又没有变作煤贩。

二十八日

天还在大自然怀里睡觉，我们车到了绥远城，省政府欢迎人来了，我们还在熟睡中。

七时省府王、陈两先生率领我们去祭吊烈士墓。烈士公园距车站不远，整队前往，途中远望着前面露出来白色东西，点点如羊群，及近才知是烈士墓碑。

绥远烈士墓

步入公园，迎面来的是那巍然耸立的纪念碑，刻烈士姓名于上，永垂不朽。我们步进园内，心情骤变，人人都怀着一副敬慕和凄切的心，毫不勉强的都静默起来了，没有一点声音！唯有六十余人轻步声，慢慢的步入祠堂。堂内悬着各烈士的遗容，像边题烈士姓名、籍贯和官职。我们很快排成四排，立正，敬礼，献花，静默，礼罢，人皆欲泪！

堂内挂着许多对联，我曾抄下两联："百战树功，古北口前英风宛在；千秋怀壮，大青山下浩气常存。""碧血洒荒原，终使乾坤留浩气；青山瘗忠骨，怕闻鼙鼓动哀思。"

时间愈迫，事情愈多，省府派来接我们的汽车，有一辆陷入泥中，好容易推起来，这或许是烈士们要我们多留一刻吧？

我们已经参观了省政府，那辆陷泥车还不见来，这里等着去同谒主席。有人说是翻车了，真令人悬心！车来了，原来翻的是空车，于是集合献旗，和傅作义主席合影后辞出。

乘原车去游舍利图召。庙宇雄伟，三楼耸立，我盲目随大家爬过两层漆黑楼。楼上，对面不见人，刹那间，我又领略到孩提时捉迷藏的乐趣。

爬上屋顶，究不知为看什么，师大同学正用望远镜瞭望，他们告我："那黑堆就是昭君墓。"顺他手指处望去，在风沙里隐隐约约有一堆小坟。

下楼时，黑漆楼中正有人叫我，原来在黑茫茫的世界里一位同学迷了路，正在彷徨！楼梯拾级过高，上既困难，下更吃力。我这腿短人，几乎是坐一格，下一格！

殿外请出两位蒙古贵妇，满头都是珠翠，孔子"非礼勿视言"，我想在她们的头受压迫之下，或可做到？同学们觉得有味，都争着和她合影。她们亦很愿意，不说话，以笑来表示。

舍利图召汉蒙两族人合影

出舍利图召，参观九一八纪念堂，因友邦反对，现改名公共会堂！得便又参观了毛织厂，同学又买毛织品，我亦买了一床毛毡，以后为它受累不少！

午后参观国立蒙旗师范，此校专为蒙古青年设立，校长是蒙人，但已不能蒙语。校内设备完善，他们学生唱蒙古歌，又用蒙语报告他们所受的待遇，另一学生作翻译，不然我们就成乡下老听外国语了。学生一切衣食用品，都是国家供给，据闻所收效果，也许不是国家所期望的！

我们很想去吊青冢，但是路远无车，怎能遂愿！据蒙师校长谈，青冢无甚可观，去也要懊悔，不去又怅然。我们在没有办法中，宁忍耐不去，以留一念相思！

黄昏时，车来接我们赴主席宴，主席风度非常和蔼可亲，俨然一位学者，席间主席致辞："今天诸位来参观，又来参加此会，我感到莫大荣幸。诸位来绥参观，我没有拿旅行参观的目光来看大家！我相信诸位不是为参观而来，必另有重大目的：——为边防，为国家！因为绥远风景、教育，以及各方面都没有参观的价值。但是绥远地大民贫，需要开拓建设，希望诸位回去后能多帮助我们国防前线的建设，并介绍绥远到全国。”

酒半，主席讲述民众训练经过，知道绥远人民，凡在四十以下的，在农闲时候，都要轮流受训练，三十以下的，另有一种特殊训练，每村置向导一人，负传达政府旨意和民情任务。训练结果，现在绥远无匪案，亦无盗案，去年战事发生时下令召集，百分之九十以上都到来了！但未让到前方去工作，仍送他们回去。我们听了，精神兴奋非常！对主席更加敬仰。

席间我在辽远的异乡把晤着两位同乡，精神上又添一种愉快，蒙他们盛意招待，我在这里谢谢。

二十九日

起来才四点多钟，那时天下着细雨，令人发愁！行李整理好，天亦渐渐的亮开了。七点，四辆车集队向百林庙出发。车在途中愈来愈益颠簸，簸得同学们头晕，口吐，久负健名的体教杜亦撑持不住了！车先后的停下来，车上备有药给大家服，又继续前进翻山，车到蜈蚣坝算是爬上山顶，这里高出海面已是五千余尺。我们下来了，看到后车爬上来，在曲折山石路上，有时车形如壁虎爬壁，更觉可怕！

车翻过蜈蚣坝山顶，驶入大青山峡，峡里水枯，时或有一线细流。白石皓皓，车就在石上驶驰。有时碾着大石，车跳尺多高，人在车中叫舞。有时车亦涉水，沙沙作响。同学们高声唱歌，或朗诵诗词，来掩饰这种苦痛。我默默看那两岸山势，勾起一线乡思！五年前离亲远渡巫峡，亦正是春夏初交，想到这里，我心无限怅惘。

出峡不久，驶过武川城，我吃惊不小，车不算大，但把城洞装得满满的，若是我不急俯下身，仍站立车上，那我头早刮掉在城洞外了，真险呀！

在武川我领了一包夹着火腿和鸡子的面包，这就是我们的午餐。有同学叫挂面或喝〔吃〕鸡子的，我的行囊快告空空，五分钱一个生鸡子，怎能随便吃！在这里可别想吃水果，绥远城一毛钱五个的小红萝卜，武川还买不到吃！

武川街上沙土堆积数寸，行步埋脚，大粪散香，街上来围看我们的孩子，都是些泥人。年青妇女都是小脚，五六岁的女孩脚已裹得大有可观了！

车过了武川，便是草原，极目千里，一片茫茫。不到这里，怎能领略“天苍苍，地〔野〕茫茫，风吹草低见牛羊”的雄壮诗意？

百灵庙道上之羊群

太阳渐渐西斜，风越吹越大，飞沙和尘土，好似阻断进路，更阻断了视线！现在各车中歌声，早已听不见了！同学们都有些疲倦了，有歪倚着车或人的，有躺卧行李上的，有把围巾蒙着脸上睡觉的，我们洋教授摇着她“大孩子”睡觉，自己疲倦的倚着车角打盹。各种各色，假若我会画，这倒是一幅好景！

“怎么还不到，这一片干燥无味的黄土，有什么看的！”一位同学不耐的说。“啊，你莫拿风景眼光来看这个世界！你想到我们收回这走不尽的草原，那就有趣，那就不干燥了。”我说完，她笑了。

久盼望的百林庙在斜阳残照的山中出现了，同学们的精神立刻又奋兴起来。山上有些哨兵，不是省府早有通知，他又将向我们的车开枪了！

乱轰轰的下了车，在他们预备好的房内住下，我们自己就开始洗尘。

晚上军士们来一欢迎会，饭后我们集队参加。会场设在大殿，殿上幽幽的挂着四盏马灯，我们步上殿阶，殿内掌声大作，要不然我这近视眼还不知里面有人，这是都市给我养成的瞎病！

我们随着掌声，“鞠躬如也”的走进去，和他们对面站立。他们唱两首歌表示欢迎，我们亦以两歌答谢，并献“我武维扬”旗。长官致辞，报告百林庙战争经过，最令人痛心的，是敌人遗下的文件，里面有报告我后方军士调动的电文！

同学们坐了一天颠簸的汽车，还不曾稍息，又来殿里罚站，身体稍差就不能支持，有的竟晕过去了，于是免去答辞闭会。

我的寝室是过去某方特务队的住所，在这里睡觉，是“别有一番滋味在心头”！我们九个人睡一大炕，到北方睡炕，我还是破题儿第一遭呢！

三十日

在沉沉的睡梦里，一种声音惊醒了我，睁开朦朦睡眼，原来同学已经起来捆行李了，看看时计才二点半钟！我还想贪睡一回儿，又惦念着庞大行李的难捆。起来残月犹挂檐前，胡天月色，分外凄清。

五点半，参加升旗礼，我们连升旗歌也不会唱，呆呆立着，也许他们要笑的，但是他们该原谅，我们在天津伤心得很，是不能升旗呀！

早餐后爬上女儿山，瞭望百林庙全景，庙在群山环绕的中央，山有九口，可通内外，御带河清清流水，亦回旋庙之左右，真好形势，真是伟大！下山看蒙古包和百林饭店，此店系过去友邦人开的，现在房屋空遗，在我们所经过的路上，随地都是骨头，人兽兼有，据说已是清理后之余骨了。最后是参观殿庙，其实不是观殿，而是跑殿！庙内佛像很多，较大的佛都被挖毁了肚子，经过一次兵灾，文化就被摧残一次！

百灵庙御带河

九点钟赶回住所，匆匆的离开了百林庙，回首群山，殊觉怅然！

风一直没有停息，今天更是疯狂的吹，在路上几次车不能前进！若不是大风吹，我们怎能领略到守土将士的苦况啊！

狂风和石子路荡着我们的大摇篮，愈摇愈厉害，不提防碰了洋教授的背，她哭了，这是第二次哭。昨天太阳把她的白色皮肤烤成玫瑰色时，她曾哭了，不过没有这次伤心。她用围巾包着头哭，因为是当着她的学生，有些难为情吧？她的丈夫还说“她在外国女人中，还算最能吃苦的”！也许是吧？我想。

两日奔劳，我们不觉丝毫苦痛，这是百林庙将士给我们的精神的安慰，掩没了一切困苦！

师大留绥同学迎接我们下了车，经过两日的大风，头上堆积的沙土，差点就可以种物了！似厨子给我们放上胡椒面一般，都成了灰白的头发，俨然是斑白者，可以做食肉的人了？

五月一日

到包头又遇着大风，出游步行最不便当，但是在绥城我已告“床头金尽”了，怎能同她们一块儿包车！但不出去吧，没病没痛的，怎好措辞？我真踌躇了！幸在同学处拼挡了几毛钱，到河北新村玩去。

河北新村是移民住所，共有百户，河南移民有十多家，其余都是河北省人，现在村中只好五十户，其余迁去五原，每户给房两间，地五十亩，自种自食。成年孩子亦可分地。村内办有一小学，学生是移民的子弟，我们去时，正逢着他们上课间操，较大的儿童领导着运动。

村长段太太领着我们参观，她善于言谈，原来她也是大都市里的学生，但是农妇化了，我们非常钦佩她——她那为社会服务的精神！

归来顺道看黄河，河风鼓荡着岸边千百支帆船，帆杆参差，远望帆形如大针，包头的繁盛，黄河是大功。

午饭在城内食黄河鲤鱼，饭后不敢再出游，在城里溜圈，转龙藏及其他各胜境，我只“心向往之”了！

河北新村之移民

二日

回车中我们和师大同学开一联欢会，来祝别两团体，幸有同学替我出了三毛钱，不然还得不到一包食物。

三日

午后搭车返津，又劳师大同学来站相送，一位同学竟送到丰台，我们对他抱十二分谢意。

《青年中国》（半月刊）
上海青年中国半月刊社
1937 年 1 卷 15、16 期
（李红权　整理）

集宁见闻记

小方　撰

自百灵庙及大庙（蒙音锡拉木林庙）相继为国军克复之后，绥北的局面总算大定，敌人的能力，似乎只能仰仗着它的飞机前往投几颗无关痛痒的炸弹而已。不过王英匪部，虽已瓦解，李守信和德王在这时候，确赶忙着往张北、商都集中他们的部队，企图对绥东再作第三次的进犯，想必是受“西安事件”的刺激吧。在十二月十四日这天，兴和的火线上即开始了小的接触，但是来犯的匪众，没有等到我们正式军队开枪，就已被保卫团打回去了，并且还截获了一辆军用汽车。至于红格尔图方面，在十五日早晨，飞来五架飞机，除投掷了九枚炸弹之外，还散了许多有趣味的传单，大多是关于“西安事件”劝我军后退，及安慰良民的词句，下面署名蒙古军司令部。现在且节录一种传单的一节出来，给读者参考：“我们有精锐武器，在日内必临你们的眼前，所以你们军队在日内务望撤退或投降，但逃跑者不追，投降者与我们同样待遇。”当红格尔图的守军见到这些传单时，有的兄弟就幽默的说：“别管它，反正我们快要全部开到商都去了。”前方的兵士们，只是死守已经不能满足了，他们正需要前进！

集宁这地方，东北去距陶林县属的红格尔图一百八十里，正东去距兴和县也差不多同样的远，在交通、军事上它都处于枢纽的地位。现在笔者且把这后方兵站的情形，作一个简括的写生。

集宁县是平绥路上最高的，同时也是最冷的地方，原来叫作平地泉车站，因为距离这里二十五里的南面，有个地方叫平地泉，当年修铁路的时候，本计划在那里设一个一等站的，后来虽然又把这一等站改设在集宁，但是站名则仍依原旧的规定，一直到今年七月中，才把这里正式改为名符其实的集宁县车站，外方人多只知道这里是平地泉，而不知道此中的演变。至于本地人则亦把这地方叫它为平地泉，而把南面的那个真平地泉称为老平地泉。

平绥铁路到这里以南北方向直穿过集宁县，车站则正当内城中央。在铁道以东的区域名为桥东，铁道以西的名为桥西，桥东是比较繁荣的。

集宁城外的战壕

这地方现在简直成了个军人的世界，尤其是在十二月四日以后，因为第十三军的第四、第八十九两师自陕北开到了此地，顿时把个偌大的集宁县充塞住了。在最近几天还稍微比较好一点，因为他们大部分均已开往前方，如果能再来更多的队伍，我想那就势非积极的向察北推进不可，否则，只在绥东这地方恐怕也容不下他们了吧。

绥东一带，出产大宗的粮食和胡麻菜籽，多集中在集宁，由此再外运出口，所以专门经营这种生意的“粟店”多到八十余家。“粟店”里都有大的场院与多的房间，军队开到都住在这里面。随着军兴期中而来的商人、新闻记者等则住在旅馆里，所以这里的旅馆业也就都经常的宣告客满。

南方来的军队，他们大半都要添制一些御寒用品，因此帽店、鞋店、皮庄、洋货铺等，都生意兴隆。大小饭馆、照相馆，都忙得日夜加工，邮政局里的邮包堆积如山，汇票处拥挤着武装的弟兄，各个都举着新发的饷钞，托邮局寄给他们的家里。

新闻记者们的活跃，是最令人感觉兴趣的一件事，他们无处不到，无孔不入，天天是神出鬼没的到处奔跑，各自保守着自己的秘密，同业竞赛，表现着非常的尖锐，但他们彼此的私人感情则都很好。

壮丁的训练，本来在平时即已分期办理了，现在又举行集中训练，每天上午在车站东面的大空场上，可以见到“便衣战士”在受严格的操练。壮丁受训，本来都是强迫的，这里受训的壮丁却不然，他们确乎是有热诚来参加并感到很大的兴趣。他们听到商都那方面的情形，匪军们可以随便到商店里拿东西，而不给分文，住户们夜里不准关门，××人和匪军可以自由出入的抢男霸女，他们知道了这些消息，恨不得马上到前线去给敌人拼一拼。这些壮丁的兴奋，是决不在正式部队之下的。

在警务局门前，贴着一张纸条“慰劳前方将士讯问处”，在车站上，还可见到“各地来集慰劳前方将士招待处在桥东三马路修身堂公所”，这地方是理教的公所，受招待的人，最好不要在那里吸烟，主持招待的是集宁自卫会。

集宁的一角

自绥北局势安定了之后，绥东又有一个新的紧张局面。傅作义、赵承绶，于十五日夜专车到此，汤恩伯军长是常川驻守在这里的。绥东的紧张消息和傅等来集的消息，大概外面是见不到的。因为是“西安事件”把全国人心都震动了，集宁的电报检查所劝阻记者们不要发这消息，免得使国人更感不安，反正绥东的军事防御，这里是有十二分的把握。

从十二月七日起，在五天之内，全县日夜加工，掘好了三百个避飞机的地窖。在东门外，有个小山头，叫作老虎山，这座山头恰当集宁县的东面屏障，在整个的山脊上，早已掘好了一道宽一丈二，深一丈的大外壕。外壕的功用，并不是当作隐蔽作战用的，而是作为阻碍敌人越过之用的。此外，水门汀的工事，也建了好几座。

如果到东线方面两个重镇去（红格尔图及兴和县）——都得走东门，经过老虎山的左麓。到红格尔图去要经过黄家村、大六号、贲红、高家地、十二苏木等五个大村庄，红格尔图则距商都只有六十里路。若到兴和县去，其间得经过七苏木、红帽营子、天王村等地，或由这条路偏南一点的隆盛庄走亦可。

上面所说的这些在普通地图上所见不到的小村庄，现在都由国军连接着，驻起雄武的队伍。这一带地方已是蒙古了，所以有好些地名都是蒙古称法，如苏木号〔和〕红格尔图等。在十二苏木那里，就是正黄旗总管兼东四旗剿匪司令的达密凌苏龙氏之驻地，我们在那里的附近，已可以发现一些蒙古包和他们的牧群。在邻近火线至商都附近，国军在各村落里，都贴了不少标语，如“中国人不替外国人卖命”、“中国人应该替中国流血，不要替敌人牺牲”等，这些都是使匪伪军心觉醒的有力的警句。

《申报每周增刊》
上海申报馆
1937年2卷1期
（朱宪　整理）

从归绥到武川

——绥行报告文学

魏东明　撰

清华大学绥远抗战前线服务团，十七个人，趁着三十五军铁棚车，坐在汽油箱、白菜篓、沙土袋上，从清华园到归绥去。这车遇见任何列车，都躲在站旁岔道上等着，让人家过去，车几乎每站都停，有时停得很久，借此倒有了下车看一下市街情形的机会。路上经过了整整两个昼夜，在十二月一日下午才到归绥。

我们到后就住在钟楼旁边大北旅舍里，据说这里以前满住着日人，现在我们房里的圆桌、臂椅、长方柜台，都是他们不便带走，留在此地的。他们远在抗战发生之前，就搬走了，以为不久这里就会遭到涂炭，却不料现在安静如常，人民乐观，毫无逃避惊慌现象，这听说是从来所未有的。

安顿好了住处，就到大街上闲走。首先感到的就是绥远币制的混乱。随身带来的钱，除了中央、中国、交通三行法币外，大中、农工、北洋、保商都不能在市面上行使，察哈尔省币也不通用，连河北省银行的钞票，还有的要我们掉换。而在此通用的绥远官钱局流通券，在本地邮局里却拒绝使用，还有官钱局的铜子票，是四十枚合洋一角，真正的铜板却合五十枚一角，所以十枚的铜钱票，核价二分五，而十枚铜板，只核二分。

有人从百灵庙回来，带来了在那里拾得的敌人留剩下来的战利品。这里有地图，比我们的详密得多的满蒙地图和我们还没有的太原等地详细全图。有盖着“特秘”印章的地方详细报告、地势人情调查、军事政治计划、某国国内的指令、某国邀请内蒙王公的请帖，和蒙文诗句的字画，还有日文的几本日记，封面题着“人生戏语”，还有《日蒙字典》，几本练习簿上是日人练习蒙文的成绩……种种惊人的侵蒙的准备，使吾们越发觉得日人处心积虑的可怕！

我们在省城等着傅主席指派工作，在三日下午六时应傅在绥远饭店之宴后才获得到武川服务的允准。我们又等着车辆，在六日下午二时才出发。在省城住着这五天，我们到各校联络，到各方接洽，大略知道了绥省上下的情形。各界人士抗敌情绪都很高涨，但是抗战工作还未开放，所以轮到他们作的，只是募捐、慰劳，表示他们的关切与热忱而已。一些民众团体，都是自上而下的缺乏民主精神，我们到各校讲演，屡为这些青年同学的热情所感动，但在谈话中我们也看出了他们文化程度比较平、津略微落后。他们还没有健全一致的组织，表示在紧张抗战中无事可做的苦闷，我们只能用“自身充实，就近组织”来答覆。

我们去伤兵医院慰劳过几次。绥远多数学校仍旧照常上课，只有几个小学因为安置伤兵，暂时放假。我们去到设在第四小学的一处医院，医官很兴奋地欢迎我们，说往日内战，弟兄受伤了，往往在后方医院吵闹，不肯安静，这次却安静异常，听从治疗，并愿早日伤好，再回前线。我们携了礼物走进病室，作了简短的慰问后就开始了热烈的会话。他们兴高采烈地说这会〔回〕打得真痛快，百灵庙攻得太容易，这才是出气泄恨、值得拼命的时候。他们讲着乘平常的载重汽车向上坡冲，子弹像暴雨，第一车司机被打死了，第二辆车打坏了，第二〈车〉司机就抢上第一车，开上山顶，车箱打得像筛箩，一位旅长乘第一辆汽车上去，同车十五六人，死的死了，伤的伤了，他却安然无恙，得了全胜……我们听了他们的话，感到从未有过的激动。

六日是星期日，下午两点多钟我们十七人乘了一辆载重汽车，离开绥远省城向武川出发。这是九十里的路程，中间隔着很有名的大青山。绥人称过这山为“过梁”，过了山梁，天气和山内不同，冷风刺骨，重裘不暖。这一段路真真极艰苦的旅程。

到了武川，我们走过一条破落荒凉的大道，据说这就是县里的正街，一个土门洞，木牌坊上写着“武川县政府”。我们住在县府对过的店里，正房窗格歪着欲向外倒，据说这是县内第一大店兼饭庄。我们吃了两碗满嘴嚼沙的汤面，出了意外之多的代价，睡在臭煤气味的土炕上，没有桌椅，也没有火炉。第二天午前我们搬到县里最高学府的小学里去。

第三天，我们和刚才派来的军医队搬到一个旧驻军队的大破院里，每天作看护过往伤兵的工作。有闲时间就在县里各处调查，并对居民作各别谈话。

武川原是由萨县划出来的四县之一，纵横各六七百华里。以武川和内地各县比较，实是可惊的大县。绥远旧有谐语：“萨县的官，管的宽。”以前萨县的治区有四个武川大，无怪要说管得宽了。但人口极少，以前只有游牧暂住的蒙人，现在的武川人都是从别处移迁来的。此地人民生活容易，大多不愿生产，且多染有烟瘾。据招待人说，绥省鸦片是公卖的，而政薪以及教育费，都出在鸦片税上，这实在是绥远省的极大问题！

当抗战初起时，武川人心慌乱，纷向省城逃避，至攻下百灵庙的捷报传到时，人心渐定，现在已恢复了平日状况，又因这次是民族抗战，士兵毫不骚扰地方，所以远郊村民虽有苦于军事征税、怕见官兵者，但城里人民大抵都对抗战抱着热烈的希望，乐道前方战事的英勇。

《申报周刊》
上海申报馆
1937 年 2 卷 1 期
（丁冉　整理）

到百灵庙去

杨小仲　撰

这不能不说是“壮游”了；从绮丽繁华的上海，而去到穷荒绝塞的百灵庙，我可以傲然的说一句：在我们这一群的大众中，有几个是可以做得到的。所以当张善琨先生向我征询“愿不愿意走这一趟，怕不怕这一路的辛苦寒冷”，我却毫不踌躇的而答应了，于是我们的行程，就定在次日的晚上，同去的，摄影薛伯青、剧务屠梅卿，预定三星期回返上海，这时距百灵庙的克服，只十多天，报纸上还常有某方飞机掷弹的纪载。

朋友们中很有为我多虑的，犹〔尤〕其是熟于北地的几位，他们是知道那里寒冷的程度，当这严冬的时期，本地的人，亦难于抗拒酷冷的侵迫，而况娇养在温带，每天被火炉、水汀包围的我们，要去到那里，作和风雪颉抗〔颃〕的工作，这是他们很为我忧虑的，我的心亦几于为这些谈虎色变的说话所摇动，但想到在前线枕冰餐雪、奋勇浴血、冒死抗敌的将士们，不禁亦稍引起内心潜伏的壮气，打消了这畏怯退缩的心念。

十月九日晚间十二点，我们搭平沪通车，登了这万里长征的旅途。

上海已经睡了，灯光都有些疲倦，空寂寂的，冷清清的，静悄悄的，我们暂时离开上海。当车子离了站，速度逐渐加增的时候，我心中忽来了一阵迷糊的感觉——在上海有什么是我足以依恋的，有什么是可以盘据在我心里的，我一时觉得恍惚了；每一件无理由的失败，每一件无价值的刺激，每一件无意识的痛苦，电闪般直钻进我的心田，来上一股酸辣汤的滋味，我觉得上海是可憎了，没有一点好感，我愿意永远的离开它，但当三个失了母亲的小孩，替我提了皮箱，送我上汽车，拉着我的衣袖，包含了眼泪，要我早一些回来的这一番的影像，在我眼前很快的兜了一转，不觉眼眶有点湿了，人生真是太寂寞了，我蒙上被，昏沉沉的睡去。

在平沪途中，经过了三十八个小时，由江苏而山东，而河北，由扬子江而黄河，由瓦屋而茅屋而泥屋，沿途的景物，逐渐的起了不同的变化。河流纵横、良田沃野，这是江南的景色，高粱〔粱〕田地，一望无边，这是冀、鲁的风光。我对着这大好山河，深深的感动了，所谓“爱国之心油然而生矣”。我们有这样广大的土地，丰盛的蕴藏，不能自强，怎么能遏止别人觊觎蚕食，东四省的丧亡，是多么大的损失而痛惜呵，再想着正将晤面前线将士们，他们负着国家的重肩，卫国守土，虽一寸一尺，不使沦亡，他们的壮烈伟绩，已经足以照耀千秋了。

离上海第二天的早晨，到了南京，在车上安稳的渡过了扬子江，于晓雾凝霜、迷蒙天色中离浦口北上。沿途窗外的风景，就和江南不同了，灰暗色的田土，正当秋收之后，一望无际，寒林荒村，人烟稀少，地高天低，四顾苍茫，车行如在海中。到徐州，已是黑夜，于隆隆车声中，渡过了漫漫长夜。次日微明，车抵沧州，窗外更现出了北地气候，如虎吼一般的朔风一阵阵吹着，尘沙在空中飞舞，穿着厚重皮衣，戴着皮帽的人们，都还显出瑟缩寒战的状态，我们不免有点为传说的寒冷而担忧了。中午抵天津，见车站名牌之上，附有日文，这不得不说是奇观了，不知在日本国境内，亦有加附华文的地方没有。车过丰台，想起前月中日军队的冲突，中国以地主之谊，退出丰台。眼看着猩红圆形的旗帜，在强烈的朔风里耀武扬威的飘荡着，顿使我大中华江山，黯然失色，我们除了低首徘徊，微嘘叹息，更有什么可以自解的哩。下午五时到北平，这是我国历史上、地理上占着最悠久最重要的一个大都市；亦是在我心目中意念中悬想最久而未能到过的地方。所以我急于要把整个的北平来认识一下，在匆促的时间，约略的视察，我是没有方法能详细把北平认清的。但是我觉得这苍老伟大、庄严灿烂的古城，没有一些蓬勃葱郁的气象，却是笼罩在阴森危机悲愁气压之下，在无论什么地方，都可以明显的流露出来，怎么样可以打开这个局面而见到光明，这个又要依仗谁的力量呵。

十三号的晚上，我们就乘了平绥通车，到绥远去。

这时我们的心理，比在平沪路上更觉得激张了，因为这已是接近我们的目的地国防最前线了。我们听得别人说，一面又检视着地图，就知道在我们所经的平绥铁路沿路线不足百里以外，就是叛离我国为人傀儡的伪国了。极目而望，看着地平线以外，而想像一切所可以想得到的，我亦不知是忧是愤，是悲是惧，但觉百感交集而无可诉说了。

我以前曾经见过关于视察西北的纪载，有人这样的说：“不到华北，不知华北的危机，不到西北，不知西北的伟大。”现在在我的眼里，都可以引为证实了。看着窗外沿途广大未经垦植的原野，绝少村庄人烟，偶而成群蓄牧，点缀这塞外特殊景色。

在次日的下午，我们很平安的到了这国防第一重地绥远省城。车中共经过了二十小时，我们换穿了在北平添置的厚绒衣、毶〔毛〕棉鞋，虽然风劲足以触肤生痛，但亦还可以对付得过，我们就选住了此地唯一设备完善的绥远饭店，随即到省公署晋谒傅作义主席。

这是很不幸的，同时亦是我们此行的一个大打击，就是在上一日西安的突变，而把绥远陷入于忧愤激昂不安的状态之中，所以当我们谒见傅主席把来意申述之后，但他因忧国愤时之心，不能引起若何兴趣。他嘉慰了我们不远万里而来为国宣传之意，指派了专员，做我们的引导，晚间设宴招待了我们。

百灵庙是我们此行重要目的之一，这时因了军事倥斫〔偬〕之际，军用车都忙于运输给养，尚嫌不足，商用车亦还没有通行，我们经了多次的交涉，彰〔掌〕事者除了用言语推诿着，但亦无法可想，这样就耽延了三天。在绥远方面，虽亦不停的工作，总不能免去胸中的苦闷，因回上海的期限，是很迫近的。但终于在十七号的上午，我们得到一个意外的机会，由军民联合会委员长潘先生指派了一辆车，我们就搭合了别的团体一同向百灵庙去。我们当时兴奋极了，把两顿饭都忘记了，赶即换穿了特做的皮衣、皮裤，再加上皮大衣，每人都像一个大铺盖，拥〔臃〕肿不灵，彼此相视失笑，因为在绥远听得许多人说，百灵庙的寒冷，是异乎寻常的，如果受了寒，足以成为终身的疾病，所以不得不严密的防备着。同车出发的，有军事教官团七人、北平朝阳大学慰劳队六人，另有几位军官，连同我们共二十人，把一辆不很大的敞棚军用车，挤得水泄不通。每一个人都好像绳捆索绑，不能一些转动，我背后靠着一块木板，胸前贴着别人的背骨，呼吸都感到困难，薛、屠二位，亦受着同样的苦楚。但各人都被过度的兴奋激越，把一切的痛苦，全都不放在心上，于是在四点钟，就在崎岖不平的道路，向着百灵庙出发。

暗溪〔淡〕柔弱的阳光，已是失了温暖的力量，朔风在空间发出阵阵的吼声，我们裹紧外套，头埋在皮领里，准备着和这塞外苦寒，作一次搏战。车行半小时，过了绥远的郊野，大青山就拦阻了我们的去路。

凡是到过百灵庙的人们，提起了大青山，总不免心有余悸吧。

这一段险恶危难的山道——蜈蚣坝——总得使他留一个深刻的记忆。大青山就是历史上著名的阴山，是绥远西北面的天然屏障，蜿蜒数十里，峰峦起伏，形势险要，这时山上薄薄的铺了一层白雪，因了阳光的明暗，更衬托出雄壮伟大的姿态。在绥远，早就听得大青山蜈蚣坝的危险，现在亲临其境，更是存了特重的戒心，来经过这次旅程中最严重的一道难关。

汽车到了山脚下，速度减低了，随着山坡地势的高下，车子亦随之时快时慢，有时因为要上一个高坡，特意停了一停，加足了机力，向上骤然的冲上。在车里的我们，受了这骤然的冲激，失了重心，感到极度的不安。山路并没有经过妥善的修筑，只是就了山势略略的平铺一下，沿途的山石，就把车子颠簸得没有一时的安宁，我们如同坐在摇篮里面，随着它东颠西倒，前踪〔纵〕后跳，有时猛然的激荡，几于要把我们摔出车来。大队的骡马、大车、骆驼，在那皮衣皮帽的蒙古大汉的喝叱声中，都要从这通达蒙古的唯一孔道经过。我们的车子，更须沿途让避它们。山里的风，更是加重了劲力，把蔽天的尘沙，一阵阵袭击笼罩在我们的身上。

我们没有一时一刻，不是捏了一把汗，入山越深，山路越险，盘转迂回，时上时下，只觉得这危险的山道，像没有尽头似的。有几次最惊骇的地方，立刻可以把我们从车里倒了出来，而下面却是下临无地的悬崖。这时全车的人，都噤若寒蝉，每人面上呈显紧张的情绪，把我们的生命安危，都交托给司机人的手里。这年轻的司机人，他的镇静坚强的态度，给了我很大的安慰。他，目不转瞬的注视着前方的道路，用着各种的方法，经过前面各式不同的地势，他的自信，他的经验，实是很有把握的，真可以当得蜈蚣坝前石碑上所刻的“化险为夷”四个字了。

就这样经过了危险万般的蜈蚣坝，我们的气结，似乎松舒了一点。但我们这一班同车共济的朋友们，有好多位沿途呕吐了，朝阳大学有两位吐在衣上，因为坐在车子中间，头伸不出车外去，一路不住的把万金油涂在鼻孔下面，口里不停的嚼着八卦丹，军事教官团却有四位呕吐，内中一位操湖北口音的，更是吐得可怜，我真不相信，他肚里有多少东西，能够一路吐来而没有吐完。我自己看不见自己的脸，不知这时成了什么模样，但看了这几位军官，我不禁要笑了，脸都变成青灰色，再沾上一层灰尘，眼角边挂着两道冻出来的泪痕，鼻孔下面流涕染了灰尘，成了两条黑沟，直流到唇边，不说不笑，呆呆的，木木的，上车时的雄纠纠、气昂昂真判若两人了，想不到他们都这般的娇养，我和伯青、梅卿，都没有吐，亦没有觉得有吐的意思，或者因为忘记了两顿饭，要吐亦没有什么可以吐的了。

大青山里，盘旋了三点多钟，方始出山，到了平原，太阳已经在地平线下面了。暮色苍茫里，到达了武川县。一抹紫霞，反映着荒原上的土城，垛叠上巡行着擎枪戎服的兵士们，一声声军号从远远的土墩传播过来，在冷漠的空气里激荡着，这时我空旷的胸怀，起了一阵悲壮苍凉的意念，几于逼下我的眼泪来。武川县在这次战事亦居于很重要的地位，是绥北的门户，全县面积，不及巨室花园的广阔，居民不足一千户，当军事急的时候，这弹丸的小城，曾驻兵三万多，敌方亦曾光降投弹，现因百灵庙的收复，逃避他处的居民，亦多回来了。现还驻了一旅兵，最近反正的金宪章部队，亦留此待命，战地防守的工事，布置得很严密，各处贴着“奋力抗敌、庆祝胜利”的标语。

在武川县立第一小学，度过了这可以纪念的一夜，这里的天气，比绥远冷得多了，我们没有携带被褥，通夜不眠，次日晨光微露，就去唤醒了朝阳大学的学生，再去约齐了那几位教官，但等司机用火溶解汽车水箱内的结冰，费了一个小时，我们的汽车，就在这蒙古的广大的平原上，向北驰去了。

这里方才是蒙古地寒带的气候了，大青山就是这气候的划界，大青山以外和以内，相差得是太远了，现在我们是觉得寒气的威胁了，风似刀尖般的刺进你的皮肤里，就是穿着这么厚的衣服，仍然能从每一隙缝里钻进去，像冷水冰点般的一阵阵浇浸到你的身上，使你不住的战抖，风像发了狂似的，挟着泼暴的势力，发着横犷的吼声，扑向我们的车前，我们的车子，却好像毫无畏忌的勇士，奋勇的鼓噪着，直向前面冲去。

离开武川县百里以内，还看见零落的土筑矮小的村庄。以外在这一望无边的草原上，就很少看见人家了。偶而有成群的牧畜，散布在广大的草地上，就什么亦没有可以看见的了。车开足了速度，发出震耳隆隆的声音。天没有尽有〔头〕，地没有边沿，亦不知我们要到什么地方可以停休。据说武川县离百灵庙四［头］百多里，但这并不是经过准确的度量，乃是依了蒙古人的马里计算，只不过是假定的里数，以我在徽杭公路的比较，是决不止这些数目的。

车依照已有的车迹行去，否则在一无标志的平原上，难免要迷失方向了。车上的几位同志，比较昨天是安静多了，军官方面，还有两位，吐了几次。正在静静的前进的时候，忽然那位操湖北口音的军官，像喊救命似的，大声叫司机停车，在初并不理会，后来他喊出恳求的声调，为的他实在不能忍住他机器里所造成的肥料的膨胀，他说再忍下去，他可有点“不得了”了。于是大家为了一点怜悯心，叫车夫止了车，让他下去行个方便。车停在毫无遮蔽的原野上，朔风猛力的扑来，同车的二十多人，为了他的方便，可就叫苦连天，车夫亦怕水箱内结冰，连连的催着，经了十分钟，解放完了，他的皮肤，冻成钢铁一般的颜色，两只手僵的要请他的同伴为他系上裤子，但他却似脱了罪的囚犯，混身都轻松了。

车行经过二分子，这里亦有和武川相仿的土城，在以前这就是边界了，有军队驻守着，攻取百灵庙的部队，就从这里作出发点的，共有二百四十里的路程，一片广大的草原，连一个人都看不见了，成群的野羊——又名黄羊——毫不惊惧的看着我们车子的过去，受了惊的兔子，连蹦带跳的逃着，车正行间，忽见一个军士从远远地似酒醉般走了过来，向我们喊叫我们停了车。他说，是由百灵庙派回二分子的中央军的高射炮手，走了一昼夜，食粮没有携带充足，以致饿得不能行走，幸而朝阳大学的学生有带来的面包给了他，他感谢了。如果他不遇见我们，那末他就不免要饿倒在这四无人烟的草地上，这样的寒天，真不堪设想了。

下午四点多钟，太阳还软软的挂在空间，经过一段山路，看见一处巍峨雄壮伟大的建筑，位置在四围高山之中，占了一块很大的平原，表现出堂皇富丽的气概，屋顶上的五色琉璃瓦，反映着阳光，闪烁着各色光彩。我们兴奋的立了起来，不禁高声喝着采，这就是此次绥战中，经了壮烈的牺牲，得到的最大的光荣，震动了全世界，而为我中华民族的复兴，收复失地的起点的百灵庙，亦就是我们不远万里而来所要瞻仰的目的地了。

经了守军的指示，我们的车子，一直进了庙的大门，立刻就到副官处，交出孙长胜师长的介绍信，这时孙兰峰旅长正在山上察看阵地。把我们和朝阳的学生招待在一间喇嘛住室里，军官们另外招待在一处，我们在庙的四周，察看了一周。自德王叛变，勾结敌人，攻扰绥边，就以这庙做根据地。布置设备，都是煞费心机，现在房屋墙壁，多被炮火轰毁，枪痕弹迹，触目皆是，零乱的蒙古文经卷，和坏的佛像，散漫遗落在各处。这时距敌人之反攻败退已十余日，防守方面，仍然十分严密。一般为国勤劳的军士们，多精神饱满，对于远道而来的我们，很亲切的招待着，有什么询问，亦很详细的回答。他们指告了我们攻夺战时的情形，又指示了敌人败退时所遗留下的战利品，最多是面粉有二万袋，是由上海转辗运来的。他们很关心，亦很了然世界的大势，对于陕变，更是密切的关怀，有几位愤慨的废止了饮食。

晚了，燃了一枝蜡烛，副官更派了一个军士，为我们把卧炕烧热了，又叫煮面给我们做晚饭，就来上几个兵士，七手八脚的把面和了，切成长条，下在大锅里。这里的燃料，没有煤，没有树枝，没有炭，草是有的，但是畜牧唯一的食粮。此地的燃料，就完全靠了牛马吃下去的草变出来的粪，晒干了，工〔功〕用和炭相同，没有烟，没有灰，只是有一种辣喉咙的臊味。水是从地下掘起来的冰块，在锅里溶解开来，成了淡黄色的水，面就下在水里。不多时候，面煮熟了，每人盛上一大碗，没有酱油，没有盐，切上一盆大头菜干，这已是厚待我们远来的佳宾了。自离武川，全日未进饮食，这时实在饿得够受了。看着这碗面，没有方法可以把它吞进肚里，但是想到这面，是我们英勇将士们，浴血奋斗，舍生入死，从顽强的敌人手里夺来的战利器〔品〕，它的代价，是高过一切的，这种光荣的食品，真是千载难逢、可遇而不可求的，于是很爽利的把这一大碗在五味以外的别有滋味的面条吞咽了下去。

孙旅长在办公室约了今天同来的几位，开了一次座谈会。把这次战争经过的真像，和敌人反攻的失败，这些事迹，我们在各报的纪载上，已有相同叙述，经了孙旅长慷慨激昂的演讲，更加亲历战役，使人精神陟〔陡〕然增强起来。他说，某方积极图我绥远，经了精细的计画，用了巨额的经费，结果使他蒙了很大的损失。在抗战以来，自傅主席以下至每一战士，都抱必死的必〔心〕，决不使寸土尺地沦亡，这是在敌方所没有意想到的。孙旅长自受了攻夺百灵庙的命令，就率了一旅健儿，自二分子两昼夜步行二百数十里，到了距庙还有七里的山坡，已是清晨时候，探得敌方还没有戒备，就毫不休息的鼓噪冲锋，孙旅长手提盒子炮，身先士卒，激战五小时，用敞棚汽车猛冲三次。结果敌方不支，败退庙屋，而我军［事］二连全数牺牲，只余下连长一人、兵士一人、号兵一人。造这空前光荣的战绩，为国家争一点体面，使敌人丧落了胆。孙旅长对于这般为国捐躯壮烈就义的同志们，并不存一“妇人之仁”的伤感之心。他说这些战死的同志们，可以说是为国家尽了最后的责任了，一般受伤挂彩的，只能说对国家尽了一半责任，至于像我们健全存在的，还一点责任没有尽咧！在他的这番言谈之中，可以知道他对于这次战事所抱的态度。我们感动着，对于他的钦佩，对于他的爱戴，真不是言语所可以表示的了。

告辞了出来，回到我们的住室，这位为我们烧炕煮面的兵士，就是第二连硕果仅存的一位，我们欢然的和他握手，他用呐〔讷〕拙的口词，说出当时战争的情形。这夜虽是经了这样的疲劳，因了过分的激昂，反侧不得安睡。室里不停的烧着牛马粪的火，但不能减去这寒冷的侵袭，检视带去的寒暑表，已是寒下三十八。据说这还是最好的天气，是冬季里很难遇逢的气候。百灵庙的寒冷，真不是我们南方人所意想得到的啊。

次日天明，已是将近八点钟，这里的天气，要比南方迟半点钟。到九时，太阳射着鲜明的光线，我们就开始了工作，孙旅长以下和此次战后中重要的几位军官，全都摄入了镜头。以后就把庙四周的形势，和庙屋建筑的大概，以及战事遗迹、战地工事的布置，亦都摄成影片。由副官处派了一位副官陪同工作，到十时半，已拍了六千多尺，因了气候的关系，摄影机的机件时时冻得不能转动。伯青感到万般的困难，急得满身大汗，而同来的教官们，急于要赶回绥远，催促我们上车回去，只得抱着遗憾之心，辞别了孙旅长和英勇的军士们，登了回程，而离别了这依恋不舍的百灵庙。

《新华画报》
上海新华画报社
1937 年 2 卷 2、3 期
（李红权　整理）

绥包之行

炳寰　撰

九一八事变之后，东四省相继沦亡，国人多以西北为目前国防第一线，因之大家都十分注意西北。及绥战暴发，国人对西北门户——“绥远”之能否保守，更引为深忧，师大地理系二三年级学生本年四月间来绥考察地理，炳寰君于返平后，将其沿途观感，作成《绥包之行》一文，在此国难方殷、大家一致抗敌援绥之时，本刊爰将斯文刊载本期，供关心西北者之参考。

编者识

一　出发与途中

（甲）出发时之心境

不惯于出外旅行的大学生们，偶而作一次长途的远征，自然心中要忐忑不安。但是为了好奇心的驱使，责任心的鼓励，在这般的局势下，用国人的名义，走到国境的一个角落里，作一次考查，自然也是万分荣幸。因此，顿改了养尊处优的观念，在欢欣鼓舞中，二十五年四月十五日晨七时，齐集西直门的平绥车站了。

八时二分的一次平包快车出发，九时至昌平，下车四望，东、西、北三面远山在包围着，惟有南面是开拓的平原，地下是现世期的砂粘砾土〔砂砾、粘土〕，北平城就发生在这湾的角落里，交通集聚的焦点上，所谓“北平湾”与北平的形势，如今才能领略到一二，可惜二十世纪的今日，它由国防的前线，化作华北的危城了。

（乙）地理分界的南口

高出海面134.94公尺的南口，它已经是华北大平原的境界了。它位在北接内蒙草原的燕山南口山地之南斜面，是气候的移渐地带，是交通的咽喉，是军事的重镇。

车自此北行，徐徐上升，远山渐渐的逼近，岩石的真面，渐渐的清晰了！被推进的列车，夹在石灰岩的两山之间，清晰的可以看到：山麓的溪水，道旁的潺流，杂石堆中各种形体的畦田，还有那散在碎石砌上负页岩的矮屋，稀疏的黄绿的杨柳，枝芽枯褐的枣树，崎岖的山径，羊肠的线路上，成队的骆驼和驴子……呈现的一切，已经是山地居民的景色了。

车徐缓的向前推进着，远远的山上，看到了两轨并列、蜿蜒蛇曲的东西，在“那是长城吧！”的呼声中，已经来在人的脚下了。峻巍的两山，中夹绝谷，伟大的城垣，蜿蜒而下，在山的中间，墙的尽头，南北通行的峡谷步道上，居庸关就建筑在这里。

穿过了三个山洞，爬上了几道峡谷，慢慢的来到了高在600余公尺的青龙桥，我们在车停的一瞬间，急忙驰往渴慕中的詹公铜像下，他是时代的艺人，是民族的伟人，当年在百折不挠、毅然决然经营这条铁路的当儿，大概已经在锐利的眼光中，意识到西北的伟大。

（丙）逆对地形的关沟段

（按出《方舆纪要》）是指南口与康庄间的一段，计长仅二九

·八四公里，是蒙古高原与华北平原之渐移地带，是人口稠密、产业发达的华北与大漠南北沟通的必经地带，也是开发西北、繁荣平津、开辟交通最险峻的地带。险峻的燕山南口山脉（新期9原生代 Neoproterzoic 之千枚岩 Phyllie〔Phyllite〕、硅岩 Quantzite 间有花岗岩之侵入体，突露的岩石）在盘结着，险绝的居庸关、八达岭的一线羊肠贯通着，其中山岳重叠，溪流纵横，有巨壑、急湍、悬崖、峭壁——形成了最艰难的工事。

自南口至青龙桥站，相距仅仅是十八公里，而高度相差竟达四六五·一七公尺，由130余公尺的低原，顿升为600公尺的山地。

其间每三四公里，设一错车站，如东园、居庸关、三堡，介于南口、青龙桥站之间，每站是100公尺上的高坡升起着，车自南口换九马力机车，分节推送着，行五·六公里上升九二·七公尺，到东园站，再行四·五公里，升128.54公尺，经居庸站，越长367公尺的居庸关山洞，再行3.86公里（升112.85公尺），越三堡站，西北行，穿过石佛寺（长141公尺）、五贵岩（46公尺）二山洞，西行四公里（升122公尺），便到凿山30余公尺，辟成高约600余公尺的青龙桥站了，这是关沟段的顶点，路线在此作Y字形的转折，车头改在前面，首尾倒转而西北行了。

再穿过最长的八达岭山洞（1091公尺），经西拨子站，共行11.84公里，便脱出关沟之险，而到拔海百公尺上之高原坦途之上了。

这段伟大的工程，经詹公的努力经营，四年心血，构成的——1645公尺的山洞的开凿，与1/30斜倾的五十一处曲折，共长10.5公里的曲线路之敷设，Y形转折的设计，逆对地形的铁路，在我国是最伟大的工程。沟通华北、蒙古的天险，这是外人最叹服，也是我们应当自慰而自警的！

（丁）由康庄到怀来

车行到康庄，已经是十一时十五分，自南口以上经过的高山峻岭，峡谷隧洞，由青龙桥高约600公尺的山地，又降到498公尺的平原了。但是与北平的平原相较，由四十公尺，已经升了450余公尺了，在地理上所谓阶阶上升，信然！

在康庄首先看见的是碉堡，这是廿世纪中华文化的产儿吧?!我不知道它具有何等的历史意义，但我举首望那废弃的南山的内边，知〔和〕北方的外塞，我不免有些黯然了！

火车是行在浑河和它的支流妫川（大沙河）的冲积平野上，地多旱田，可惜是春天，植物才开始发动，不能一见他们农作的景色！

12时40分，车到怀来，县城位在车站的东南，城垣宛然，是万里长城的一部，也是依了山势而起伏的，这大概是为了保安的关系！

城东南临妫川，东北自延庆来，南至宣化县史家庄，注桑干河，成一东北、西南斜长之谷地平野，再西南展为桑干、洋河冲积平原，平包路即顺地形，自康庄至下花园东西通过。

有人谓："平绥路之南口、青龙桥一段，坡度过峻，运输有限，将来平门联门斋路之斋堂站，出怀来，则坡度较小，于平绥路之运输力，反可增加"，若斯则由斋堂正北行，斜贯洋河谷，直达怀来，地势确较平坦，将来或可为平绥路改善路政之一举。

（戊）矿藏丰富之新保安至宣化

午后一时余，至新保安，已至北山之麓，站北十五里八宝山，侏罗纪砂岩，出石炭，居民多用土法开采。西行十里至鸡鸣驿，沿浑河之北岸，屈曲西行，至下花园，两旁山势逼紧，北为鸡鸣，南为玉带。鸡鸣山上之煤矿已停，惜不能停车往观，南山则高架铁道，犹在运煤。

自此以后，山谷狭窄，林木鲜少，两旁多为侏罗纪砂岩。东过辛庄子，谷形又展，平野田畴，林木较多，多聚居之平顶家屋(高度又在五百九十一公尺了)。

二时三十八分，来到冲积平野中央的宣化城，我们在车站上望着它，给了我几个显著的印象。

(1) 风力的强大和雨水的短少——山坡上全披着半截黄砂，城垣外高堆着许多土丘，西南较南面更高更多，由土坡可以爬上城去。

(2) 阡陌上的榆柳，还没有长出黄绿的颜色，长细的树干上仅戴着小的枝头，细林丛中有几株大树的头，被吹断而下垂着。

(3) 四野里引了许多沟渠，水田在此更普遍了，可惜不能望见繁芜的水稻。

(4) 再西北十五里，便是烟筒山铁矿。

二　建设中之塞外政治中心——归绥

(甲) 双子城的形成历史

大黑河流域，在战国时，赵武灵王，曾经占领了，秦、汉两代，汉民族盛时，是云中郡，这一带平野，是汉民族的屯田地，但是在四世纪成了拓跋氏的根据地，在迁都大同以前，于此地建盛乐城。

唐盛时，曾置过一时的都护府，其后便成辽、元的领土，明代则全化为蒙人的游牧地了。

当时，蒙人酋长谙达（即今之土默特族）凶悍，屡为明患，明修内外边，即在设法防御，自明嘉靖间，谙达内附，隆庆五年，封之为顺义王，名其城曰归化，乾隆时，于归化城北五里，建绥远新城，将将军及以下之官署移此，而形成政治的中心！

这是它发生发展的历史，就按这简单的史实，我们知道：他〔它〕已经和平绥路沿线的大都市张垣、大同、包头等异趣了。张垣仅是交通要口，在汉人的势力之下，经营交易而形成的。大同是黄土高原的要邑，历代晋北的重镇，二千余年来，它就是军事、交通的汉族名城，而发展到现在。包头是最后兴起，最新颖，他〔它〕短短廿年的历史，自然有他〔它〕新的要求，在汉蒙一家，和西北开发声中生成的。而归化城，却处在塞外重要的交通，丰美的平原上，汉民据之，可资垦种，蒙民得之，也是很优美的牧场，历史展转的占领和接触，增大了它的重要，提高了两民族的文化，尤其在土默特族化之后，在前临大黑河，后凭大青山，北扼武川要口的地域上，自然的成长，都成为蒙人的都市，宗教的圣地，互市的场所，商业的所在了。

绥远城则是因了旧城的狭小，破毁，以及蒙汉杂处，社会组织的无条理，而当时清廷更有绥靖边远的意思，在这形势险要，而且是西北边外唯一重镇的归化，有扩大其军事的准备，与政治机关的必要，于是双子城的新城，便在军事、政治的两种需要之下，而产生了。

（乙）建设中之塞外政治中心

展开我国的地图，在蜿蜒的长城之外，仅就未变色的国土来说，自然只有它是唯一的政治首府，就是拿整个的漠南来说，称它是塞外政治中心，也当之无愧。可惜，国运的衰颓，广阔的边外，仅仅有这以归绥为中心的政治区域了。

我们行经痛心的张垣，颓败的大同，在前进程中，真的对此地不敢作任何的设想了。但是，车达绥远站，下车后第一印象，便是在建设中它那宽敞整洁的杨柳夹道的马路和市场。

静穆而整洁的新城（绥远），多半是简单的民宅，朴素的机关、学校，和开发西北极有关系的农事试验场及毛织工厂，简陋的规模，而含有重大的意义。自新城，由新建马路，通过旧城，路旁有新建省立图书馆和纪念堂。隔路相望，这正表示西北建设的端倪，在发展着。

富丽繁华的旧城（归化），是商业的中心，交通发达，商业兴盛，旧日的城垣，已经仅剩改建标准钟的北门一段，由旧日南街及南关大街，发展而成中心市区的大南街，成为今日商业繁盛的中心。新建的街道，新兴的市场，新改的商号，建立在堂皇富丽的大十字街一带，几乎不想这时身在西北了。

（丙）繁盛的交通枢纽

绥远在交通上的重要，是不可否认的，对东方之张家口，称曰西口，为塞外要地，南自杀虎口以通山西，东由张家口以通内地，西经河套达新疆，北横断沙漠以通库伦，诚然是西北交通的总汇区，塞外贸易的大舞台。

全省大道，以此集中：（1）东南经凉城、丰镇以通张垣；（2）南经清水河以通晋北；（3）北经武川、白灵庙以联外蒙；（4）西经萨拉齐、包头以通新疆、甘肃；（5）南行经东胜以达陕北之府谷、榆林；（6）西南断鄂尔多斯以开宁夏。

水道则自托县之河口镇，上行达兰州，下达山西之河曲，约三千余里。在铁道未通以前，即为交通之枢纽，现在包平车通，全省公路亦普遍兴筑，昔日的大道，多通行汽车，绥远的交通，当益形重要了。

惟“本省贸易，自民十一至民十四年间，逐渐兴盛，自民十四至十七年间，又复逐渐衰落，惟特此以与民十以前最高贸易额相较，诸多逊色，其主要原因，固由于蒙路中断，所有外蒙皮毛、牲畜等项，悉由西比利亚铁道转运而去，不复经由内地，而我国之兵燹匪患，天灾重税，以及交通梗塞等项，亦不失为重要副因”（绥远省府编《绥远概况》，二十二年）。

更依民十一——二十年十年间，最高（十〈五〉年）最低（十九年）之二年，输出入之贸〈易〉总额较之：

年限	十五年	十九年	减少	
			额数	百分比
输入	5，697，700元	2，903，800	2，793，900	47.77
输出	49，630，000元	16，429，000	33，163，000	66.67

“各业几乎二十二年不及二十一年，又不及二十年。”最衰退者，为通词业（自养骆驼，经营蒙古贸易，且介绍客商与蒙人贸易）、西庄业（系行商，以西路贸易为业务）、转运业、牲畜皮毛业及粮食业及药材业等。而杂粮、皮张、绒毛、牲畜、药材，又几为输出口品中之全部，其商业不发达之原因，约言之如下：

（1）蒙新交通之断绝，几减少其腹地之泰半。

（2）附近及晋、陕农村社会之破产，减削其消费之能力。

（3）平包路西展，渐失其繁聚、汇集、批散、转运货物之重要性，这样，使得绥远的商业残破了。省城最繁荣的大南街，告诉我们的也不过是洋广杂货的推销。这是表面的繁荣，这繁荣正相对着农村的破产和民生的凋蔽〔敝〕。

（丁）地理环境与垦殖

绥远省的天然环境，究竟能［能］否开垦、广植农业，前面已经简单的提过。

绥远省大部为黄河之冲积层。阴山以南大部为黄河上游携带之黄土及砂壤。河流迂缓所在，又得淤积之粘土，极为肥沃，由阴山流下之溪川冲积而来之砾石及粗砂，往往成一厚层。故许多表土较薄之地，一经深耕，则每下面之浅厚土壤混合而能耕种，绥西鄂更〔尔〕多斯平原，及乌拉山与阴山北麓，皆含有极丰富的有机物，为历年大量之腐草及畜粪贮积而成，为自然肥料来源，无须施肥，即可供多年之丰收。

惟本省气候干燥，雨量甚微，已呈半干之草原气候带（竺可桢划之为口外草原气候区，Boxton 则称之谓蒙古高原气候区）。现已开发之后套平原及归绥平原，则大致与黄土高原无异。夏季高温，冬日严寒，实足大陆性之特色，年中仅五月至九月百余日，温度超过摄氏十五度以上，故农作物，仅限一熟，作物之播种，每在清明前后，而收获则在白露之前。植物之生育季节，尚不为少。

惟年雨量，则非但缺少，且年之变差极大，如民国八、十、十四、十五年，雨量皆在四七七·八——五七一·四公厘之间，民九年则得八八〇公厘，达最高纪录。民国十六年苦旱，年雨仅三五·一公厘，十七年仅五〇·四公厘，雨季之四、五、七、八月未见滴雨，六月亦仅一·五公厘，酿成空前末〔未〕有之旱灾。

依绥远城农林试验场纪录，民四至民十九年，绥远城之年雨量比较表：

<table>
<tr><td>年平均（民四—民十九）</td><td colspan="2">401.2 公厘</td></tr>
<tr><td>最多年（民九）</td><td>880.0 公厘</td><td rowspan="2">约差 25 倍</td></tr>
<tr><td>最少年（民十六）</td><td>35.1 公厘</td></tr>
</table>

平均五至十月为雨季，六至九月较丰（每月平均六〇——九七·六公厘），以七月最多。年平均温度，为摄氏七·一八度，月平均温度在十五度上者，五月至九月，此五个月中，日最低亦在

三度上（民十九年）。民十九年，日最低温，在零上者仅六、七、八月，九月为零下三度。

若斯，则生育季节，自九十至百五十余日，惟雨量缺乏，且分配不均，故灌溉实为发展本省农业之第一要义。故欲谈垦务，须先谈水利。

本省面积，约共百四十九万余方里，除山河、道路占百分之六十五，尚余五十二万方里，每方里按五项〔顷〕四十亩计，应有地二百八十余万顷。按国民政府主计处《统计月报》内载，关于民国二十年度，绥远省之耕地面积：水田 14，000（顷），旱田 172，390（顷），总计 186，390（顷）。依此现有耕地不及二十万顷，至少尚有二百五十万顷荒弃，若再除砂碛、盐碱地十分之三，可垦地约当现有耕地之十倍也。

现有耕地中，水田仅百分之七多，且当地良田多在大地主（约七十户，田有九二八二顷）、教会（约五万余顷）手中，蒙旗地七万余顷，亦为其所有；土地之分配如此，经营管理，自难尽地利之宜；在此地多人少之西北，不采集体之方式，机械之方法，致形成无意义之自然的论〔轮〕种现象，以任地土之荒芜，西北农业状况，大致如此。故必须在政治、经济的改革条件之下，住民善修水利，作集体之开发，习机械之利用，则荒凉之西北，正未来中国之仓库也（本节各种数字，多参考绥远省政府编印之《绥远概况》，民国二十二年）。

三　赴包头

十八日晨七时余，欣然的离开了归绥车站，沿着阴山麓的黑河平原西行。阴山是蒙古高原的边缘，是塞外诸山的盟主，西迄包头城北的这一段，名曰大青山，是以太古代的片麻岩作基础，其一部侏罗纪的页岩、砂岩出现，间有下侏罗纪的上煤系，在元古代五台系西（据王竹泉）。自绥远城的正北，开始通过几年〔乎〕平行于深度二度间的东西断层，作成一直线的屏障。

沿途看见，高出三百公尺内外地方，是赤露着岩石而无树木的童山；但是山麓地方，由溪谷剖解而成两级段，在于五十公尺的地方是上段，在这里可以看到农业的经营，莜麦、高梁〔粱〕是它的主要产品，可惜那时天气犹寒，春冰未消，不能见到它的耕作景！其次三十公尺的地是下段，在这里可以看到民家住宅，也有寺院之类的名胜！其下黄土的急斜地，便是连绵平旷的黑河平原了。

黑河平原，是非常广大的，南方遥望那烟云之间山西台地的峻岭，引水灌溉处，便是农田，砂砾堆积的地方，便是牧场，无数的牛马在牧放着。

归绥西行四十里到台阁牧，再西经毕克齐、察素齐、陶思浩等站，平均相距二十里，北面是山岭，南面是平野，风光虽是平凡，但毕克齐附近，横断大青山南下的水磨沟，饶有灌溉之利，夏季到此，一定是青葱浓绿的原野，察素齐北，十余里之东沟，二十余里之大沟，及东之朱尔沟，西北二十里之万家沟，俱为煤之生产地，在大青山侏罗纪砂岩中埋葬着。爱达召土地卑湿，昔日的黄河本流者经过此地，再过地位适中、物产丰富的萨拉齐，十一时余，便到磴口站了，包车停在这里。

磴口是离黄河最近的一站，南面的黄河，成一蛇形的弯曲；平旷原野砂砾稀少的田亩上，农人正在凿井灌田，潜水面很浅，距地不过三米，方法非常的简便。稀疏枯黄的草原上，牧放着几只驴马，在任意的寻觅它佳良的食品。广润的河谷在三尺余的堤岸下，中间浑黄的流水，映着天边的落霞，隔河可以望见无限的沙漠！心中深感到西北的伟大了。

到磴口，便为了去看“民生渠”，它在注意西北的人们之脑海，已经有了很深的印象；它在民十七年大旱灾之后，集公私、中外、官民之力，经数年始完成的，长百九十余里之干渠，由萨县西磴口村，黄河沿之瓦窖口开口起，东至邬碾房，长三十九里，渠口由九丈至七丈，渠深由一丈至五尺；又至高家野场村，入大黑河旧槽，此段长一〇六里，渠口六丈，渠深五尺；自此南折，沿用大黑河旧槽，略加修筑，至托县城南入黄河，渠口六丈，渠深二尺。支渠十四道，平均口宽一丈六尺，深五尺。预计全渠成功后，水力能达到者，至少亦在两万余顷。用款百余万，民国二十二年大部完成，并谋渠务之发展，详定管理之法。奈以勘测不善，计划未周，大工庆成之后，仅用一次，即全渠淤垫，不弗〔复〕可用，殊堪浩叹！我们到了黄河折而东南行的地方，往东望去，广阔平直的大渠，在渠的尽头，竖立着巍然的四孔铁闸，闸下淤积了深厚的黄砂，平坦的向渠的东方漫铺着，西方的黄河水面，已经在浅的渠底淤砂之下了！这伟大的工程，已经是功败甫〔垂〕成，客〔究〕应如何改善，以收亡羊补牢之效，而免民十七年大惨劫之再现呢？

四　开发之前站——包头

（甲）包头之地理位置与形势

包头，位于绥远省之中部，阴山的南麓，黄河曲之北侧，周十六里，不圆不方的县城，就建筑在大青山的斜坡与山麓平原之间；北越阴山脉，为蒙古高原与大漠，南渡黄河，为鄂尔多斯高原的砂漠草地。中间黄河流经的狭长带，便是“黄河百害，唯利〔富〕〈一套〉”的河套。这肥沃的积平平野，由乌拉山与大青山间隔着，东部〈是〉黑河流域的前套，西部便是五加河流域的后套，包头城便设在两区的中间，西山中断处的隘口上。这新兴的农业地带，纵横的河渠，繁兴的农牧，便利的交通……而且近临着广大的西北，连接着平、津、华北，回、蒙、汉三大民族的接触地带上，西北的开发，以此为根基，产业的经营，也于此作试验；包头城便以优越的形势，在这伟大的地域上，无限制的发展着。

包头位当大青、乌拉二山间的交通要隘，黄河航运途中的重要港口（南海子），平绥路的尖端，驼商路的起点……因此，荒漠中的包头，便成了蒙、新、宁、甘、青、绥西、陕北贸易的总汇，水陆交通的枢纽，开发西北的前站，巩固边疆的重镇了。

它虽没有多久的历史，几乎在有清一代才发生，民国以来才发展的；但这突飞猛进的现象，正表示着她在现时代，地位的冲要，形势的优越，环境的佳美，使命的伟大！

（乙）包头的交通与商业

包头是新兴的都市，上节已经提及了；它在数十年前还不过是一个市镇，民十二年始立设治局，十五年才设一等县，民二十一年，成立市政筹备处；经过二三十年的时间，竟有这样飞速的发展，成功了伟大的商业中心，七万余人口的都市。

它优越的交通，是它发展的主要原素，陆路：西南通宁、甘、青海，西北通新疆、外蒙，南越鄂尔多斯以达陕北、晋北；水路：南海子扼河运之中枢，上达蓝〔兰〕州、中卫，下通河曲、啧〔碛〕口，大宗货物，多由此转运；自民十二，平绥路展至包头，他一跃而成了平、津的腹地，绥远的前站；东经一一一度以西，北纬三五度以北的广大地域，成为它的经济领域了。它是西北货物的汇集地，平、津成为它的外港了。

发展中的包头，因地面的灾害，腹地的减缩，销路的停滞，贸易一落千丈，“各工商业倒闭者，时有所有了”。

（丙）西脑包与南海子

在地理上与包头发生有直接关系的，要算城西的西脑包，与城东南的南海子。

西脑包：在今包头县城之西门外，为西通蒙古、新疆驼商的起点及停驻地；其发生在包头之先，所设〔谓〕“先有脑包，后有包头”。盖西脑包，为鄂博之所在，昔日蒙人祝祭之地，想附近定为丰美之水草田，游牧之蒙人所集聚；清初始有汉人来此交易。汉蒙虽已接触，但以风俗习俗之不同，汉人或分住于水泉之附近。后因平回乱用兵至此，以地位、形势之重要，始驻军队，筑城垣，而成今日包头发展之基础矣！包头虽然是由脑包脱化而成，但是脑包的盛衰仍关系着包头的繁荣，只因，脑包是西北交通的要路，而包头的商业，就建筑在这蒙古贸易的基础之上啊！

南海子：在包头东南，距车站约十五里，现为绥境黄河岸的最大码头。位于黄河之北岸；自中卫至河口，为数千里黄河航运的重心，每年清明开河后，各方工人聚集，每船约五人合赁（赁价约合营〔盈〕余的七分之二），或东行河口，或西通宁夏，浩浩黄河，顿成帆樯菌〔麇〕集的航运通衢了。

现在居民四五百户，从事农牧者极少，大抵为船上之脚夫，运输之车夫，或沿街之摊贩。按此地存在已久，惟平绥路未通包头以前，货物之转运，虽较今日为少（因一部分，径达河口起卸），但成列大车，运转货物于归绥与南海子之间，络绎不绝，因此有许多客栈、货栈的存在；自绥包通车，黄河货物多于此上陆，即运往包头，这短程的运送，代替了昔日到归绥的长途运输，所有大的店家货栈多已关闭！工作于开河后始忙，人口亦夏季为多。

现在黄河通行的船只，仅商帮船、七站船、皮筏、木排等，长约三千里，联络四五省的，唯一西北之航运通衢，还保持着中国的原始及陈旧的运输方法；大量的劳力，迂缓的行程，增高了货物的运费；停滞着货品的销路，限制着西北的经济；因此我们望着迫迫滚滚东流的黄水，停储废弃的轮船，不免深叹西北的天然通路，尚未为人注意了！将来，若本民七、民八试轮的经验，研究破除“流沙石峡浅水”的行轮困难，则西北之经济开发，南海子更显重要，包头也随之而更加发达了。

（丁）屯垦方法和河北新村

提到关于西北的移民和屯垦，我们自然要想起，有组织而稍著成效的兵垦，和河北新村。

垦务自民国二十年冬以后，一面整顿旧垦，积极清理旧欠，查报余荒及新荒，并丈放地亩；一面计划屯垦，积极充实边防，创造新村，以开辟地利。但就屯垦方法言之，地价每亩定八十元，以百分之三十五归蒙人，六十五入政府，用兵垦制，每百人（一连）一村，或二百人（二连）……以至四百人一村；每人给地一顷，工作上仍由数人合作，经营费由政府贷与，分三年还清，三年后使用权即归农民。现时屯垦之兵有二十七连，即二千七百顷之垦地。此种方法，因有（一）增加生产者，减少消费者，（二）寓兵于农，（三）巩固边防，（四）减少匪患，（五）农村组织进步等优点；〈但〉（一）农民土地使用权获得后，仍有土地集中及地主发生之情景；（二）无彻底之农村经济的计划，进步之农村组织，难持永久；（三）无机械之采用及土地利用法之改良，仍难挽救农业生产之衰退；（四）对农事合作、共同管理、集体经营、开畅销路、稳定物价等无政治、经济之有效方法，则新兴之兵垦制，将难免随各地农村，同陷于残破窘迫之途；（五）荒漠中虽可建设丰美之乐园，但残败之经济机构，难开永久繁荣异彩之花。

河北新村，系段承泽先生主办的，自从二十二年移来的第一批失败了；先生以他的毅力，于二十三年十月黄河灾情惨重中，亲赴灾区宣传，并在灾民中选出的〔约〕一百户，共三百人。这新村便建设在包头城东南十二里平绥路旁，开〔围〕墙、碉堡环境，占地百亩的村落，建设着二十座土墙土顶的房屋；现在有田六十顷，完全由段先生私资购置，已开垦者将及三分之二，经费大半由段先生垫付，贷给农民，不收利息。这诚然是一善举，我们不但对被移的河北灾民称庆，更望向〔像〕段先生一样有力量的人，群起效尤；同时段先生也大量推广或扩充！我们钦佩他的毅力和干材。

包头是开发西北的前站，一切在进行着；但是我深切的希望，当局和负责的人士们：第一要有毅然决然切实去干的精神；第二，万不可缺少对社会经济影响于整个民生的深切认识！

五 东返

（甲）别包头

在经济窘迫的处境里，我们如愿的来到这一千八百公里外的包头，虽不敢说感有过分的愉快，但至少也减少许多的遗憾吧?!——已经有无限恋意的包头，青年志士应认识西北是我们未来的家乡。忽然一声汽笛之后，别离了！这次“别离”当然不能和七天前别北平时一样，是暂别的，包头久离开了。何况，内心里还展转着“明天今时”、“明年今日”呢？一面帐〔怅〕望着大青山坡的包头城，一面注视着广原一曲的黄河套，在午后热燥的暖风中，黄沙飞腾的天空里……包头城、乌拉山，已经隐蔽在视界以外，仅有那北面的大青山脉，和南面的黄河流，蜿蜒的与我东进列车并行着。列车毫无恋意的经过了绥、包途中的各站，而我们的心绪里，总是回忆着几日来的绥、包生活！

（乙）夜过卓资山

夜十一时经过卓资山，这是熔岩台地的一角，由名字便意识着它的地形；站的后面，在夜色隐约中也可以看见那高起的平坦的熔岩台地！二十三年夏，在这里冲坏了平绥路的路基，可惜我们不能看到它的真正形势。

午夜之后，车到十八台，地高一五七五公尺（五一八一呎），这是平绥路线的最高巅，可惜不能目睹，那波状起伏、土薄地瘠、绝少树木的丘陵，和秃的山麓下，土筑的稀疏零落的民房；和玄武岩的柱状节理，或表面蜂窝状的岩盘；还有侵蚀谷中厚黑色的沃土上繁植的燕麦！

车更东进，一时三十分到了我们意识中，占有极大地理形势的平地泉；它位于东经一一三度，北纬四一度附近，拔海约一四〇二公尺（四六〇二呎）的高原上，据有广大的腹地，摊着肥沃的海子原野；新辟的规模宏大的市街……平地泉在我们的脑海里，有深印的轮廓画。至于那如绿海上沙鸥万点的青草中之牛马牧群，和无边高朗的天空，无限平阔的草野与清爽的空气……只有把绥、包的印象去附会了。

由此北通库伦，没有百公尺的山地阻隔，敷设铁轨非常容易（现至滂江一段，已测量），且较张垣缩短百五十余里的路程，作蒙古纵断线的起点，有很大的希望。车通多伦，以达热河北部，又是漠南横断线的中枢。假如计划实行了，北通库、恰，西联甘、宁，东达东蒙，南接三晋、平、津，张垣、丰镇、归绥的繁荣，被平地泉一地所夺了。

（丙）再见华北平原

二十一日下午自包头开行，沿途并没有停留，二十二日下午五时，已进居庸关，望见另一景色的华北平原了。晴暖的天气，沐浴着大地的万物，一切的景色，迥手〔乎〕与巅外不同，亦非七日前离平时，在微寒中瑟缩萌动的样子了！五时二十二分，由南口站开行，杏花白遍山谷，麦苗绿满田陇，杨柳齐舒之绿叶，枯草也显出了青根；山呈作青色，水杨〔扬〕着绿波，田畦间树起了新的篱壁，儿童们全赤着臂膀了……

八日的暂别，已经是另有一番气象了。转目回望，青葱的田亩，远接着浓绿的丛林，周环于地平线上的林木，隐蔽着密密的村庄。过去并不觉得怎样，但自西北归来，却觉得它是华北平原的特有景色了！

伟大的故都，又呈现在我们的眼前！它依然伟大而庄严的沉睡在华北平原的一个角落里；这几度历史演变的故城，数百年来封建的遗迹……外表的敷饰，正表示它的没落，“文化都市”正意识着它的危机。

六　结尾的话

绥、包之行，在报告未交之先，竟将这走马看花，偶发辄触的一路观感，无组织，无统系的写出来，呈现在大家的面前，虽然是一件快事，怎奈事实的缺乏，材料的空洞，观察的肤浅，参考的残缺，见解的偏狭，又在使我万分抱歉呢。谨献数言作结，敉聆高明指教。

“西北”与中国是系为一体的；随国运的不振，它重要的地理形势，良好的自然环境，久已伏下了它的危机！国人的空口开发，只是蒙蔽了外人着着深入的势力！

“西北”，这新开辟或未开辟的西北，已基于社会政治的不良，国土主权的沦丧，重复的政权，凋敝的民生，使这新辟的乐土，已经呈危机回〔四〕伏，深陷在敌人的侵略包围之中了。

“西北”，无疑的在未来的历史上，将演它重大的任务；它是中华民族的生命线，它是民族解放的根据地！中华民族有解放的一天，我们的西北当有光华灿烂的一日！但在东北送断、华北危机的今日，保卫西北，已经是当前国人应有的一致要求了！

参考书：

《西湖より包头まて》——藤田元春著

《绥远概况》（二十二年）——省政府

《西北丛编》——林竞

《统计年报》（二十三年）——察建设所

《绥远省包头县经济年鉴·商业调查表》（二十二年度）——包头县商会

《东亚地质图》（第七幅）二百万分一——东京地学会

张垣、归绥、包头城市图

《大青山煤系图》——王竹泉

本文完稿于五月末，弃置至今，内容取材诸多不适，以时间所限，无暇修正，尚希高明指教！

《长城季刊》

归绥绥远长城出版社

1937年2卷3期

（李红权　整理）

绥行纪略

万服君　撰

今年春，笔者以偶然机会得作短期西北之行，一酬年来夙抱，遄赴绥垣参加绥远抵战阵亡军民追悼大会暨阅兵典礼，亲身目睹为国杀敌、赍志捐生之无数爱国烈士遗骸，长埋于大青山下，阴霾晦暗、大风扬沙中，唏嘘凭吊此毅魄忠魂。阅兵台上纵览数万边塞雄师，骁骑梃〔挺〕健，数百名杀敌负伤勇士兀立司令台前，领受纪念奖章，凡此生荣死哀、举国振奋之民族光辉、英雄荣誉，殊使人深嵌印象，永不能忘。西北归来，征尘甫洗，因纪梗概，姑作备忘。

一　征　途

几年来憧憬着西北长行的夙愿，始终牵缠人事，困处故都，虽然出入对着庄严伟丽的帝王宫殿，披拂着三海秋风，时间久了，就像狮虎囚居槛内，野性复发，总希望能在苍莽无际的荒原大漠上肆力驰骋，一泻闷气。

绥东告警，匪伪西侵，沉着果敢有计划、有系统的英勇抵战，引动了全国人士的震惊。四万万同胞翘首云天，都遥望着大青山下迷漫的战云，仿佛听着冲锋的号响，萦绕梦魂，撩乱心绪的都是前方的消息，杀敌的英雄，遇到前方劳军人士归来，总是絮絮叨叨询问着红格尔图、百灵庙，战利品的掳获，敌人的阴谋，心旌摇摇，默念何日也西北一行，纵览国防前线胜景，良缘天假，居然以参加绥垣追悼挺战阵亡军民大会的关系，在今年三月十三日早晨登上西北长途了。

行期是十二日晚间方才决定，为了赶办护照，准备挽联、花圈，忙到次日早晨九点五十分，一次的平包通车蠕蠕地爬离西直门，才得松一口气。

天上薄薄罩着一层灰云，初春冱寒，北地山桃，还未开放，道旁小渠流水，却早冰泮春溶，缓缓地漾着绿波，显示一点春来的意思。午餐时在餐车凭窗举箸，不觉已越过南口青龙桥。四十里关沟绝险，康庄以西，地势立显平旷，回首东望，天际诸峰，已渐模糊隐约。车到土木堡，顿然忆起明代瓦剌入寇、英宗被掳的一幕历史惨剧。

当时明兵随皇帝北征的几及五十万，在不明敌情、缺乏纪律的混乱状态下，仗着锐气，直拥到大同。负着指挥权的不是英宗皇帝，不是兵部尚书，不是朝臣宿将，而是一个昏横胡涂的宦官王振，就在一个萧瑟凄清的晚秋深夜，被乜〔也〕先率领铁骑，追到土木，包围蹴践，立刻全军覆败，皇帝被掠，朝臣列卿、中官将士，在敌骑驰骤、白刃锋镝下，弄得尸骨不完，至今土木站外，尚有座显忠祠，祀当时死难文武诸臣，为中国史上长留耻辱。后人论史，都归罪于王振个人，然而明代中叶，内政弛废，边防空虚，军队毫无战斗力，早已不足御北方新兴的异族，英宗不能整顿国防、训练卒伍，作一战歼敌的准备，只凭一时高兴，倾国出兵，结果五十万甲卒不堪一战，不是于谦独支危局，明朝国运，恐难延续到崇祯十七年。这也很可告诉我们，遭遇外侮，不能准备抗敌力量，空谈决战，恐怕所得结果，还未必胜过英宗，历史的事实，岂不是我们的教训？

停车一刹那，凝望着窗外荒原旷野，悬想着百年前的悲剧，一阵号音，吹断思潮，原来一队乡下天主教徒，扎着红彩绸，戴着红纸花，必恭必敬的欢送一位神父上车，使人立刻觉得教会势力深入西北农村的事实，于此得一明证。

晚五点车过柴沟堡，日已衔山，金黄落照，拥着一座边塞孤城，疏柳黄沙，令人生寂寥空虚之感。站外有操场，一队军士在打球，想是察省的军队，不禁默默祝他们早日北去杀敌。

车中夜读王同春《开发河套记》，同春开渠的故事久已胜传西北，至今称道不衰，河套一带土人甚至把他神化了，说同春是龙神转世，他开渠的绝技，居然能引水上行，灌到比河水平面还高的田里。实际以一个河北流落异地的乡农，只凭着一付好筋骨，苦心历验，规划经营，从此把河套广漠荒原，化为腴田沃壤，其天才志气、血汗辛劳也确足使人钦敬。他的儿子王英在民国初年随他父亲应张謇邀到江苏，视察导淮的计划，还在张氏私立南通中学读过几天书，而同春却自光绪末年朝议向西北兴垦以后，为了地主与官厅的利害冲突，几度挫折，郁郁下世，他的不肖儿子竟啸聚旧日豢养游民、打手公然成军，不愿为国效忠，却去为虎作伥，当非同春梦魂所能想像。我这时倚窗展卷，映着淡黄的灯光，凝想三十年前边疆垦殖的老英雄，不禁黯然神往！

车到大同，时已午夜，挤上无数武装同志，都穿着灰布皮领羊皮大衣，大概是到绥远参加检阅的部队，立时把车中坐无隙地，他们有的蜷卧走道中间，有的斜靠扶手，不一刻便鼽〔鼾〕声四起，大概在寒风凄紧的夜里等车倦了。我凝视着这一群国防战士们的黝黑粗红面孔，那么一种沉着壮肃的神情，顿觉霭〔蔼〕然可亲，矍然可敬，战士们，安稳的睡吧！唯有你们才真是守土抗战的先锋，虽然从不会喊什么漂亮的口号！

两点过平地泉，睡眼迷离中搴帘外望，天际疏星闪烁，站上人影憧憧，军士佩剑、兵刃相磨，发出锵锵的脆响，伴合着步调沙沙的声音，在寒夜听来别有感触。窗外不时晃过几顶钢盔的影子，知道是中央军驻守的绥东第一线了。

二 归 绥

十四日早五点，车到绥远，站上已有省府派人招待，略停一刻，便到旧城一家旅馆休息。八点钟时，被引到迤南一个私立中学安置。第一次看到西北边疆教育的一部分，宽敞整齐的院落，规模壮观的礼堂，使人觉到与想像不符，精神饱满、制服整洁的学生，扎条皮带，打着绑腿，更欣喜着这一群天真勇敢的国防线上青年，有无限的光明希望。

十点到新城省政府谒傅主席。自从绥东抗战，百灵庙收功，全国景仰的傅将军，凡是到绥垣来的人，都想一瞻半采，所谓"但使龙城飞将在，不教胡马度阴山"，今日在大青山下血战抗敌的英雄，屹然为西北全局的屏障，恐不让于汉唐出塞立功的古人，不过还没到鼓行而东、歼敌决胜的时机，只好做些坚壁自守的工作。我想终有一天绝塞长驱，直指辽沈，合全国几百万劲旅冲上兴安岭的高峰，再来给我们飞将军举杯酬贺，当更是一番气象了。

省府秘书某君谈，傅主席从去年战事爆发，指挥应战，统筹全省军政，接见全国慰劳、访问的代表，擘划军机，常常通宵不寐，这次筹备追悼大会，各地代表齐集，中政会主席、西北绥靖主任汪、阎两公都要亲临，为了准备欢迎，布置一切，把傅先生忙得又没有吃饭工夫了。我们深恐不能被接见，就想表示一点敬意退出，谁晓得候了不到十分钟，立承延见，在一间简肃雅洁的会客厅内见到了心仪已久的傅先生，并承介绍了骑兵司令赵承绶先生、六十八师李服膺师长，同时得与西北前方三位高级将领握手欢谈，颇觉兴奋。

傅先生圆圆的面孔，红润丰腴，绝看不出是力支危局、捍卫边疆、度着坚苦卓绝生活的劳苦生色，可见成大事业的人必要具有过人的精力，才能忍受艰难伟大的磨练，成就民族永远的光荣。

赵司令魁梧伟岸，精神奕奕，上唇蓄着短须，轩朗中带点幽默，极觉可亲，李师长比他两位稍矮，霭〔蔼〕然具学者丰度，后来在大同见到写的隶书行草，极工整矫健之致。

傅先生以沉着恳挚的语调，谈着这次悼亡军民大会的动机，最初意思不过只想给阵亡捐生的烈士家属、死者的忠魂一些慰藉，承蒙全国各地、政府省市纷纷唁吊，代表偕来，闹得不得不扩大举行，只是绥省人力、财力两感贫乏，决不能十分周到，要大家来受几天委曲，不过同时也可给外人看看，我们国内全国一致的敌忾同仇的决心，也算是很有义意的了。

十四日晚，应绥垣各界欢宴，有几席设麦香邨，借机一晤绥省各界领袖人物，酬酢谈笑之中，也略窥一点西北边情。大致是绥远的政费极窘，历任主席都是苦不可言，有时闹出财政厅拨不出十块钱的笑话。连一切建设、行政、教育经费合计，不过每月八万元，相当北平一个普通国立大学的经费。全省税收，在禁烟项下，还得靠着它来支持。今年情形还好，增收到百三十万上下，然已觉着可怜。自从外蒙路断，皮毛、牲畜来源大受打击，同时内地商品不能运销，这座总绾西北商业中心纽级的名城，就不免萧索。据我个人的私见，以为要想保障华北平原，固然必须收复东北四省，将国防第一线的防御工事建筑在兴安岭的山麓，然而要想使西北恢复繁荣，那又必须收复外蒙，沟通库伦大道，察、绥商业、人民生计才有法可想。今日一般口号既在收复失地，那就当东北、西北同时注〈意〉到这严重的问题，至少也应有此决心与希望！

席间有黄河鲤鱼，据某君谈这是傅主席特地由包头买来款待各地代表的，可惜现在河冰未解，凿冰捕取，鱼尚不肥，必要到春水溶溶，鱼才正是极肥美的时候，从包头运绥途中，不必用水，渔人有方法使它麻醉，出水不死，到达此地，再浸入水内即复活，味还不失鲜美。某君娓娓清谈，大家一面倾听，一面举箸，不觉全鱼立尽。

上一道点心，是糖酥饼，油酥的饼皮，甜甜的馅子，据说是先前一位钦差庖丁所发明，所以叫他钦差饼。烙饼的铁铛，直径三四尺，厚七八寸，重八百斤，燃火须经年不断，这确不愧“大铛”。

三 悼 忠

十五日午前十时，各地代表蒙古王公、军警、学生、国民兵、后备兵民众，跻跻跄跄地拥立在烈士公园祭堂内外。太阳照朗天空，略微有些风沙，吹拂着祭棚两列重叠的挽联在飘动，祭坛前面素缎横额“浩气千秋”四字为中央党部执监委会所送，正面悬着蒋委员长、汪主席、阎主任的挽联，都很典重沉雄，恳挚痛切。汪联微淡的墨色，软软的字体，一望而知为汪先生亲笔，祭坛前正中陈着蒋委员长的鲜花圈，桌中香花清酒，素烛高烧，灿烂玲珑的中央所送银塔，摆在案上正中，上面高悬烈士遗容木主，凡是亲身目睹当时情景的，谁都感到另有一种伟大崇高、肃穆壮〈严〉的气象，为参加任何私人戚友丧仪所不能想像。

时针指到十一点，场内秩序极端整肃的准备汪、阎两先生到来开始公祭，一切都舒齐了，外面还始终没有动静，风沙渐大，太阳正到天中，五十九军长城抗战阵亡将士纪念塔高耸入云，长长的影子压到灵堂席棚脊上，一分一秒的等到十二点，突然军乐大作，大家精神一振，都说：“来了！”

汪先生在前，阎先生随后，在严密拥护围随中入场，汪先生戴顶黑羊皮土耳其帽，青马褂长袍，面庞略显清癯，丰采依然不减当年，似乎不惯北地的风沙，眯缝着两眼，侧身颔首，步入祭堂，仪态谦和而安详，一群记者趋前拍照，顿使汪先生矍然一惊，人谓汪先生前年在中央党部身负重伤，不免见了记者就有戒心，好像有些道理。阎先生着黄色军服，戴金丝镜，两鬓已斑，微显老态，而目光含有威棱，望而知为老成谋国、沉稳练晓、有数十年政治经验、道德素养者。

追悼仪式告终，相随到祭堂后烈士墓前展视，无数土丘，围着花圈，覆以国旗，为国效忠，长眠千古，相信他们的荣誉、壮烈的牺牲，与中华民国并存不朽，墓前松坊上横悬着大公报社素缎挽幛，大书“死有重于泰山”六字。趋向墓前，俯首鞠躬，凝望着远处一线青山，近对着几抔黄土，不禁唏嘘赞叹，黯然神伤。

追悼仪式告终，大约是午后两点，风是越来越大，卷起漫天沙土，渐渐笼住这座塞上名城，暗黄的云层映着郊原黄土泥皮的屋墙，真觉天地一色。坐车子从人丛中飞驰，宛如一阵黄旋风，掠过广漠的荒野，这才是西北黄土高原的特色，内地人似乎不易领略此情此景。

午餐后随着正风中学苗校长——负责招待我们的人——踱到大召、舍利图召一游。大召经堂壁画，人物衣褶、轮廓、风趣都十分古朴，佛殿上木雕双龙攫珠龛额，麟鬣飞扬，姿势生动，金漆完好，颇可衬托佛像的崇宏壮丽。舍利图召新修饰完工，仑奂华美，佛像亦曼妙庄严，有西藏式浮屠，与北平北海白塔型式相似，尖顶更多两耳，周围彩画鲜明，似不如北海者宏伟耸峙，想是建筑平地所致。

晚间无事，和苗校长畅谈西北情况，从蒙、汉间的民族情感，谈到绥远的教育状况，谈到抗战的轶闻，谈到西蒙诸旗，谈到德王与百灵庙，谈到后备兵的训练，以至谈到驻绥的××机关……这里有关系大局的民族问题，有英勇悲壮的抗战轶事，有诙谐的笑料，有愤恨的刺激……在一个初春深夜，边地苦寒、狂风正烈的时候，屋里炭火熊熊，窗外风沙怒吼，倾谈娓娓，真增加不少对西北边情的新认识，决非在内地只靠传闻、报章书籍中所能获得的新材料，"与君一夕话，胜读十年书"，真愿持赠苗校长。

苗先生服务绥垣教育界二十余年，历任绥省师范中学农林专科学校的重要职员，又手创了正风私立中学，五年短短的历史，已表现惊人的成绩，在边疆教育正待发展，而人才、经济两感困难的时节，能得这样熟悉内情、热诚苦干的明达晓练人物，埋头努力、辛勤工做几十年，断其必有相当成绩。现在的绥远，已是屏障西北、力捍强敌的第一道防线，而生长在这国防前线上的青年，足以支配他们将来一生事业、思想、行动的教育力量，必然的不能丝毫忽视，只望其能照内地各省一般青年，写意的读读书，模胡的记点笔记，依恃着父兄余荫、血汗栽培，到头只能博得一纸文凭，学成一腔傲气，不要说实地工做、领导群伦，即如处世做人、立身行己的基本道理，都毫不了解，哪配谈到平日空喊的一些"救亡，抗敌"的虚浮口号？担当全民族兴衰命运，关系将来整个国家存亡的青年，尤其身处前方，刺激猛烈，爱国家、爱乡土的情绪甚高，而自己的才智、力量还未充分培养好的绥远青年，真需要中央、地方当局彻底加以善导，更需要有勇气，有热诚，明晓边地实情，具有正确清晰的民族国家观念的地方人士肯卖些死力气，为桑梓，为国家造就一批知识界中优秀分子，其力足可抵十万武装军人。

关于抗战的消息，在北平陆续也听到一些材料——当然，除了新闻纸上披露的以外，谈话中最感到兴奋而悲壮的是武川北三原井民团英勇抗敌的轶闻。三原井，一个小堡，在去年十二月初旬，突然被匪伪三千人包围攻击，堡内除了妇孺老幼、牲畜粮食以外，只有十八名有武器的服务队团丁，力守孤堡，血战一昼夜，因为民团的沉着勇敢，枪弹射击命中极多，杀死敌人百余人，势尽援绝，终被攻陷，有一部分脱险逃出重围，而一部分老幼妇孺，因为匪伪积恨，死伤极惨。国人都知道这次抗战成功，除了军士效忠国家、奋力疆场，而民众武力助战，牺牲甚大，功绩甚多，我们对这些朴质忠诚、沉毅果决的守乡土、不屈服的战士，勇气精神，使人只有肃然起敬。

卢长钦，一位骑兵少校连长，在百灵庙战役中最骁勇雄健，不幸在武川驻防，遇匪伪反攻，追敌中弹阵亡。苗校长说他家在绥垣，遗孤仅两周岁，呱呱在抱，孤寡凄凉，烈士忠魂，青磷白骨，极人间惨事，闻之黯然。

四　阅　兵

一夜狂风，早晨天色极晴朗爽豁，坐车到阅兵场，途中遥望大青山，峰峦起伏，历历如在眼前，默念造物者真有不可思议的神奇，既得些纷歧复杂的异种异族散布大地，使他们各自凭借自己的聪明智慧，分头创造各自的文化，开辟各自的田园，争取永久生存的机会，又凭空创造无限雄奇峻伟的河山，以作彼此天然的界限，使在同一自然界限以内的民族，得以凭借这种天然界限，来防御外来的袭击，固守界限以内的疆域，不过假使某一部分民族，自甘暴弃，不能领受造物者的恩物，漠视天然的界限，因而丧失了他自己固有的疆土，那么，这一部分民族，就要惨遭自然的淘汰——终于消灭，沉沦！其实只要能够力求自存，决心抵抗，则寸寸山河，步步险阻，造物者已早为你生成，配备得十分周密，只能〔要〕齐心合力，共支危局，凭他什么敌人，也难从容越过雷池一步。眼望着天际青山，脑际飘忽着无限神妙不测的思潮，也随着山峦起伏，然而蓦一回首，大青山就是我们与英国异族①天然界限吗？不——决不！造物者决不是对这个世界唯一庞大民族所赋予的河山如此狭促！而我们几千年以来的天然界限，是还要由此而北，直越过瀚海沙漠，直抵萨彦、肯特诸峰，更由此而东，越辽河、嫩江，直到大小兴安岭上，那才是我们中华民族的天然界限，而今安在哉!?

阅兵场设在赛马场上，平坦宽阔，一看无垠，四周几十面党国族〔旗〕在高杆顶上迎傲春风，气象万千，更显得十分雄伟！司令台最高一级，立着汪、阎两公、傅先生与几位高级将领，汪、阎乘马车巡行一周，分列式开始。参加检阅的步、骑、炮兵，依次前进，连续着"向右看"的敬礼口令，一队队国防健儿，挺胸阔步，昂然迈进，英勇气宇，流露无遗。步兵过完，一阵铁蹄杂沓，骑兵过来，一列列红褐色骁骑，马上战士的雄姿，更觉顾盼生风，令人歆羡，假想得此骁骁一万，黑夜衔枚，进袭敌人，在平沙千里、衰草荒原中合阵突击，驰驱践踏，必可使顽凶丧胆，鬼蜮潜逃，当可一振汉家威灵，壮河山豪气，中华上国，是多么光辉？

在阅兵场上，我认识两位杀敌拒贿的英雄，足为民族吐气。用扩音机对着场上全体参加检阅的部队、各地代表、蒙古王公，报告二张的事略，大概是如次的情形：

张仰贤，山西赵城人，二十五岁，充汽车队钢甲车司机生。百灵庙之役，我军以十一月二十三日开始进攻，直至次日晨八时，

① 原文如此。——整理者注

几度向庙东南方敌人阵地猛攻，迄无动摇，指挥官焦忧愤急，恐敌飞机且至，敌援一到，势必进退两难，全军覆没，乃选拔奋勇队分乘钢甲车，由庙东南山口向敌猛冲。张所开驶之甲车已飞突直前，迫近敌阵，而左臂中伤，车亦被毁，危急中，适另一钢甲车驰上，而司机阵亡，车不能进，张乃不顾创伤，冒险将尸移出，鼓其余勇，只手驶车，冲敌猛进，一时士气大振，全军随上，山口攻下，百灵庙遂收复。

张子清，兴和庆余乡人，当匪伪进扰庆余时，曾助保安队抗战甚力。偶遇敌人欲返商都，迷路，出千元相酬，嘱张导引，张念力不可敌，乃佯久〔允〕而诱至兴和县政府，依法处治，据侦敌为匪伪军中重要分子，以出而侦视地形，迷路被获。乡民愚朴，而张则不贪巨贿，独诱凶徒，其忠勇机智有足风者。

在军乐悠扬、掌声潮涌中，二张由一军官领导，并立司令台前，领受奖章，场上数万人，同声赞佩，汪先生讲话，也引为中国国民模范，这才是真正的荣誉光辉。很应当把这两段拒贿克敌的事迹编入中小学国语教科书，以激发中国青年、儿童的爱国心理与忠忱智慧。

五　离　筵

来去匆匆，绥垣小住两日，羁牵人事，不能畅游西北，一访汉明妃的青冢，看看河套的开渠，北越大青山，凭吊百灵庙①壮士立功的战垒。只好在十六日晚间，傅主席暨驻绥五位将领的联合公宴，权作了“一曲离筵”，至今怀想边地风光，还觉不胜其怅惘！

---

① 后文又作“百林庙”。——整理者注

六点到绥远饭店，省垣最新式的一座饭店，听说是就戏院改建，局面不很宏敞，而十分完备，以很少的钱，充分利用旧建筑，使人佩服设计的人聪明可喜。入席前在休息室晤到一位蒙古医院院长，中央卫生署派来，到职不久，很和善而具有南方人的精敏风格，本来边省的卫生事业根本贫乏的可怜，一遇疾疫流行，就无辜的牺牲大批生命，不可谓非民族繁殖力的一大损失，而蒙古居民，更以牢不可拔的受着神奇宗教力量支配的关系，而委一切生老病死于造物者的自由播弄，占卜符咒，操纵人的死生，就此现状敷衍下去，不必外力侵凌，而病菌的作用就可使蒙民人口减削，几百年后将有完全消灭的可能。当这蒙、汉民族团结御侮、应付强敌之际，以中央力量协助地方推进卫生事业，当然是十分的切要的措施。

李服膺师长——也是今晚宴会主人之一，谈起绥东情形，知道他的司令部设在大同城内，久想一作云岗大佛寺之游，一瞻千五百年前北方人体雕刻的神技，李师长很殷勤的介绍给他的师部副官处主任，在住宿、游览上得到极大的方便，但这已是后话了。

同行一位朋友，拿支水笔去请隔座的蒙政会委员长沙王与阿王签字。两行蒙古文，竟辨不出一个字，翻译结果才知是“大吉祥，永久纪念”七字。我也乘势请李师长在名片上写几字，以做绥行纪念，当承大书“抗战到底，完我使命”八字，于此可窥前方将领抗战的决心！

几位天主教会的老司铎进来，他们都是比利时人，年纪也都在六十岁以上，一律穿着中国衣服，青缎面马褂、青棉袍，衬映着头上银鬓白须，另具一种受过长久宗教素养的风度。他们到中国西北布教，多是在光绪中叶，经过庚子的风波，看过中国边疆无数政治、人事上的变动，真所谓阅尽沧桑，又却是从局外人立场去着眼，更觉得透彻清晰十分。最近绥东战启，他们终日忧忧惶惶，深恐一旦中国失败，则他们数十年心血创成的一点宗教力量，也随之而尽，百林庙一战收功，他们欢欣鼓舞的程度怕比中国人还来的热烈。西方人是爱崇拜英雄的，看他同十三军汤伯恩军长谈话，诙谐笑语中频伸大拇指，内心的崇敬流露言表，使我想到西方人对他们自己领袖的崇敬与服从。

汪、阎到后，全体入席，精洁西餐，听说是绥远饭店所独有，价钱要比北平番菜馆贵到一倍以上，而仍不甚丰，在边省当然如此，宾主举杯，共祝健康，更有十三军的军乐佐酒，声雄曲壮，使人神旺气豪，一盏红葡葡〔萄〕立尽，不禁想到昔人边塞诗："葡萄美酒夜光杯，欲饮琵琶马上催。醉卧沙场君莫笑，古来争〔征〕战几人回？"何时等到收复黑水白山，再到兴安岭的峰头、黑龙江的沙岸，照今夜一般举杯豪饮，即便醉死何妨？

南行车从绥远九点开出，宴罢已是八点半，急驰正风中学取来行李。赶到车站，军乐队、欢送的军士，早已列队月台前，鹄立候送各地南返的代表，百忙中傅主席又亲率随员登车送别，殷殷握手，使人感到依恋与凄怆。汽笛一声，军乐悠扬中列车蠕动，兀立车门，凝望着渐远渐淡的绥垣灯火，迎着凄紧的寒风，黑暗中唯有含泪低头，默默的为边防前线上为国家民族奋斗的战士们祝福。

二十六，三，二十日

《长城季刊》
归绥绥远长城出版社
1937年2卷4期
（陈静　整理）

从北平到百灵庙

植清　流金　撰

一　出发之前

19 日下午，得到上海妇孺前线慰劳团 20 日起程的消息，非常兴奋。当天晚上，梦里山河，便非复本来模样了。大青山头的雪，草原上的羊群，荷枪野戍的哨兵，挽弓驰聘〔骋〕的战士……一齐都奔来眼底——5 年以来，中国人的心，谁不系于西北边疆之上呢。

宿舍里，时钟的得之声，敲破了黎明的岑寂，上弦月已落了。检点行装，匆匆就道。我们一行 5 人，被汽车载向大城，疾驰于“燕平”道上。晨起的驼铃，锵锵哏哏，掠耳而过。寒林在风中颤抖，晨雾游移于清冷的枝丫之间。乡下已有鸡犬之声了。

到车站时，他们那一群，已先我们而至。7 时火车便在晨光熹微中，徐徐移动。

车箱中时时放出浩浩的歌声。

“自从占领了我们的沈阳，又进攻了我们的长江。”

从年轻的嘴里，化成的壮美的歌声，使人愤恨、哀怒。北风舐着车窗，在急剧的奔驶中，时闻碰击的巨响。

二　塞上风光

车近南口，西望妙峰山，屹然独立。牛栏山自密云、怀柔蜿蜒西来，两山夹峙，古称天险。长城碉垛卧于山上，时出时入，时上时下，因山而纡回曲折，默想当年工程之不易，叹人工之神奇。穿山洞为居庸关，关上大石千斤，关下三五人家，老树枯枝，坏墙残雪，从车中望之，不胜今昔之感。居庸关扼冀、察咽喉，为河北西北部惟一门户，南蔽北平，西控察哈尔，旧为吾国边防重镇，自东北沦陷，其重要更倍于畴昔。过关时，不见一戍卒，边防尽撤，所怀万端。出居庸关数十里即青龙桥，为冀、察界地，春秋佳日，游人甚多。过青龙桥，便入察境了。青龙桥、八达岭之间，山峦重叠，绵延不断，为平绥路兴工时最困难的一段。有一山洞，火车穿行其中，约需两分钟光景。

察省境内，有从绥远下来的阴山山脉中的阴山，沿线起伏。桑干河自山西五台山地流出后，汇洋河于涿鹿附近，沿线东南流入冀境，皆已封冻，阳光照射其上，有一种南人不易得的美感。西行抵宣化，洋河傍山而下，亦已成冰。宣化为昔察省省会，盛产葡萄，味美而甘。附近土木堡，为明英宗为乜〔也〕先所虏处，古战场也。地濒洋河北岸，控大漠，蔽河北，形势险要。近日人势力扩张甚速，随处可见“仁丹”、“胃活”、“大学眼药”、“老笃眼药”、“味の素”、“利比儿”等颜色广告。看太阳旗飘扬于朔风之中，使人深深地感到家国将亡的沉哀。

三　日本势力支配下之张家口

在张家口因为换车，我们有数小时的停留，于是有机会作一度巡礼。短短的时间中，耳目之所见闻，平添了无限的悲怆与愤嫉。从车站出来，第一个给我的印象，是十数辆插着太阳旗的载重汽车陈列于道旁，而守之以戴红边军帽的友邦士兵。“在我们的土地上，能容忍其行吗？”我反覆默念。立时之间，东北同胞的嗟伤，便回旋于耳际了。谁能担保张家口不为东北、冀东、察北之续，假如自己还依旧自甘为奴的话。

张家口有2城，清水河作了它天然的界线，河上架有铁桥，桥东为车站所在之地，桥西为商业及政治区域。清水河源自阴山之麓，过张家口流入洋河。张家口市街，宽狭如北平前外大栅栏，颇繁盛。皮毛业发达，世称东口，与称作西口的归绥，同为皮货、羊毛聚散地。舶来品来自平、津，价格较北平约高2成。大减价、大拍卖的广告，触目皆是。内在的危机，正有不堪设想者。大街上一笔者曾见有××商号一类的字号，入而问之，始知即鸦片及毒物贩卖之所，“欣赏”之余，不禁使人叹服友邦人士“苦心”！既掠我土地，复毁我百姓，直欲置中华民族于万劫不复的地步而后已！

张家口为一新兴都市，文化比较落后，笔者为买一份平、津报纸，沿街遍跑1小时，而结果没有买到。街上妇女很少见，有之，则半为娼妓，企以肉体博朝夕温饱者。街上代步的车辆也不多，其价甚昂。从距车站不到2里地的地方雇一个黄包车回站，必须花大洋1角左右。

张家口拔海800公尺，气候寒冷，冬季特长，土壤肥沃，为世界最肥美的黑钙土与粟钙土带，但因气候的限制，未能发挥其耕种固有的价值。

渡阴山，去张家口90里为张北县，为察哈尔的门户，有汽车道北通库伦，南达张家口，西至商都、南壕堑等处。从张家口至张北有韩努坝与神威台坝，峭壁峻坡，“叹行路难”。自察北陷后，张北随亡，不独察省门户洞开，即绥东兴和、集宁子等地亦受到极大的威胁，这次绥远将士，欲趁收复百灵庙及大庙的余威，一鼓下商都，取张北至于多伦，使我衣冠文物，复于旧邦。本来热、察、绥远3省，在地形上为一整块，蒙古安加拉大陆的南部，风俗习惯，亦完全相同。我们欲保西北，必守绥远，欲守绥远，必取热、察2省以为屏障，而热、察［察］2省，又必须东北失地收复，才可得长治久安。中国自鸭绿江、图们江以西，唇齿相依附，合则存，不合则亡的。这次笔者从绥远将士口中，曾听到不少的豪语："收复察北，指日可待。"无论哪一位都这样说过，我们愿有事实上的证明，勿作不兑现的空头支票；同时我们还希望全国民众督促政府赶快抱定抗敌图存的决心，不要再事犹豫，不要等民族的血流尽了的时候，而获取人家的怜哀，而开始"友好"。

四 从张家口到大同

我们下午4点多钟离开张家口，这段路所经过的时间，是夕阳残照的黄昏和月色朦胧的晚上。张家口所留给我们的印象，使我们不能在车上安静下来，凭栏远眺，看山上的飞鸟，与原上的羊群；河畔的衰草和胡天的明月。缅怀国家，感慨万千。沿线地方，为黑钙土带，山亦低平，洋河涓涓傍路南而流，除可为理想的牧畜地区外，农业发展，亦有厚望。据同车者言，五六月之间，遍地罂粟花，在和风之下，非常娇艳。笔者聆至此，深感物得其用足以利人，不得其用足以害人之理真切。本来是一块膏腴的壤地，若从牧畜业、农业上下工夫，不独其地的人民可获享安乐，即于国家边防上，亦增大不少的力量。今者则化"玉帛"为"干戈"，使利民者适足以害民！

车过洋河，驰行于河西岸，不久便到大同了。大同北上直入绥远境，为山西通塞〈北〉唯一的门户，平绥铁路以此为中心。自古为防匈奴重镇，北魏拓跋之故都也。

在火车上看事物，当然比“走马看花”更来得马虎，其错误所在难免。希望日后有机会能在此一路作一个更详细的考察。

五 与所向往的城行握手礼

21日早晨6点钟光景，车近归绥，从星光中遥望此“边城”，迷茫中见灯火隐现，心中有无限欣忭！车行渐慢，乘客从梦中初醒，大家似很匆忙收检行箧，车中顿时嘈杂起来了。尤其是我们这些初来的人，巴不得车子立即停下，好像连几分钟都不能忍耐。

归绥车站很大，当车到达时，已有省府派来迎接我们的人了。当我的脚踏在归绥的土〈地〉上时，真快乐得要泪下！我们感谢、敬佩傅作义主席的艰苦撑持，不然，这一席之地也许已卷入虎狼的掌握中了。

从车站乘省府所备的汽车，径赴旧城。沿途道路宽坦，市街整洁，更夫戍卒，屡见于道上。以绥远一个这样穷的省，建设事业，能有今日的成绩，可谓难得。傅主席为人，重实干，不尚空谈，于此可见。当我们的车子疾驰于归绥道上的时候，车中的男女，莫不以惊奇的眼光，探望车外，好像他们都已经有了一个“归绥与众不同”的念头。

晓天浮着乳白色的雾似的气体，我们的歌声，掷在广阔的天盖之下，显得嘹亮而沉雄。

“起来！

不愿做奴隶的人们，

把我们的血肉，

筑成我们新的长城！”

车中男女的心都紧紧地系在一柱之上了。

归绥为绥远及归化2城的合称，旧城曰归化，绥远乃新城也。位于大青山南，黑水河北，山川环抱，货物辐辏。俗称归化为西口，口外羊毛、羊皮、骆驼毛等均聚散于此，有官商合办的织工厂，年产毛72000余磅，其出产品畅销华北各地。近年外人以大宗款项，集中西北购买羊毛、驼毛，致影响该厂原料廉价的供给，于是产品价格，不得不提高，因此销路为之稍滞，现仅能维持现状。目下全国视听，都集中在西北一大块壤地之上，我们很希望政府以较大的财力援助绥远当局，使西北的毛织业，得以长育成就。假如在西北有几个较大的工厂，不独毛织品的产量可以增加，使本国出产，足供自己的需求，且可容纳许多西北穷苦的流民，使之就范，不至挺而走险，如王英、李守信之辈，为日人所利用。

六　“日本人不敢来了！”

“日本人不敢来了！”这是一个旅社中的茶房对我说的话。我思索这句话中复杂的意义，我从去年日本人在绥远的横行问到此刻在绥远人口中流出“日本人不敢来了”的一切，在他嬉笑怒骂的表情中，我了解了我们民族对日本间的仇恨。我和他谈话很零碎，很坦白，有些自己至今还不敢说，也未能说的，便让它仍旧埋藏于肺腑中吧。现在且述其中之一片断，一方面使我们自己有所警惕，一方面白于“友邦”人士以希其改变一贯的错误的政策。——

“日本人现在绥远的有多少？”我问。

“只有两三个。”

“那么那一大批到哪儿去了呢？”

“全跑了！”

“为什么会跑了？”

“您不知道吗，自从百灵庙收复后，有一次日本的汽车在街上撞死了我们的老百姓，政府马上提出抗议，要求赔偿损失，抚恤死者，结果全照办。以前，他们的车子撞了人，还叫我们赔他的车呢！”

“你们恨日本人吗？”

“干吗不恨他？害得我们苦了。”

“你们也受到苦吗？”

“可不是，他们以前全住在我们旅馆里，稍微招待得不好就要挨打受骂，我们连哼一声也不敢。”

明达的“友邦”人士，旧的梦快醒了吧。中国决不愿做奴隶！中国决不是睡狮！你曾否听到？南北大众的怒吼——反抗的呼声。

七 大北旅社中的一个晴朝

汽车把我们带到这个旅社中，四五个人1组分据1间房子。把行李检点好，天慢慢亮了。一天一夜旅程上的疲劳，算是暂时得到了一点安谧的休憩。旅社中除了时时有歌声激起人们的情绪，一切都静静地躺在乳油似的朝气中。待太阳一分一分爬上栏杆，人声又骚然而起了。“一日之计在于晨”，大家都想利用这个美的晴朝，筹划一下在此“边城”中的一切。本来这次上海妇女儿童前线慰劳团来绥，有宣传部和调查部的组织，于是这两部负责人便乘此机会活动起来。

八 病院里的“英雄”和“美人”

这里是受了“名誉”的伤的弟兄，睡倒在病院的床上；当我们迈进病室时，他们倏地坐起来了。睁大了眼睛望着我们，望着致辞的人。

“……诸位英勇的弟兄！我们来了，把后方千千万万的妇女儿童对诸位的关切和热望带到这儿来；我们回去时，也要把最使人鼓舞的消息带给他们，说：我们前方的战士就要恢复健康，就要回到战场上去杀敌了！……”

回答的是一阵热烈的掌声。

分发着慰劳品——毛巾和饼干，分别向战士们致我们最温暖的慰安和鼓励。

“弟兄们辛苦了呵？”我说。

“哪里？……哼！为了国家，为了打日本，还能说辛苦？……炸弹来了，我的腿受伤了，弟兄们那么多受了伤，可是，怕什么？百灵庙夺下来了；百灵庙夺下来了，他日本再来个十万八万兵也抢不回去呵！……”

憔悴的脸变得红晕了。这是他最得意的杰作呵！

一条毛巾，鲜红的写着“民族先锋”4 个字，几块饼干，表示后方民众挂念着将士的寒冷和饥饿；这来的一群，从 4000 里外奔波来致一点慰问的一群，虽只有几句话（从心底里蹦出来的话），却表现了千千万万片的牵挂，千千万万妇女儿童的殷红的心。

《慰劳歌》低低地从我们口里唱出来了：

“你们正为着我们老百姓，
为着千万的妇女儿童，
受了名誉的伤，
躺在这病院的床上。……”

我们的声音在颤动——我看见弟兄们的眼泪了。

“……他们要把中国当做一个屠场，
任他们杀！任他们抢！

弟兄们！我们争呵！

我们要争生存，否则就要灭亡。

我们要争做自由的人，否则就要变做牛羊！”

歌声里是愤怒，是反抗。

“……我们拼着最后的一滴血，

守住我们的家乡！”

这末了一句，末了一个字，绕在屋里，久久不去。弟兄们仰着脸，张大了眼，兴奋着；从他们的神色里，我仿佛听到这样的答覆：

“对！守住我们的家乡！”

当留声机声往病院中悠扬播送的时候，我们感到一阵舒畅，躺在病院的床上的弟兄们的愉快，不就是我们的愉快吗？

九　傅主席的招待筵上

“自从九一八以后，我们都心痛！”当傅主席用沉重的语调把大家久蓄于心而未敢言的话打在我们心上时，我们真有悲喜交集的一种说不出的情怀！我愿有一天，在松花江头，重闻如此的悲壮的话言。

来绥以后，一切事物——病院中的访问与对泣，旅馆里的对语与联欢，贩夫走卒的微言，达官贵人的谈吐，莫不使人感动，使人兴奋！“廉顽立懦”，谁说不是此时呢？

官场里应酬的虚文，在这天的筵席上，至少也减去三分之一了。我们能在西北边疆之上聚首一堂，祝民族解放开始的成功，是以前梦也难的。

傅主席那天很兴奋，简短的演说辞是一篇有血有泪的文章。我们愿天下人都铭记于心，要知道中华民族已经觉醒了。下面是他演说辞中的大意。

1. 死去的弟兄，他们面带笑容，因为民族解放而死，他们是觉得愉快的。

2. 受伤的弟兄，他们不觉得痛苦，因为自从九一八以后，我们都心痛，为解救全中国人心上的痛苦，故他们断了胳臂，折了脚腿，还欣欣然有喜色。

3. 运灵回去的弟兄的父兄妻儿，以为此次牺牲，用钱难买，莫不抚棺而欣喜，深庆自己的家人，在民族解放的斗争上，留下了一页不可磨灭的荣光。

这种筵会，我们有生以来，可算初次吧。当傅主席离筵之顷，我们向这位民族英雄深深致敬了。

十　22 日早晨的一个联欢会

太阳直射在大北旅社的小院里（绥远的阳光是一样地暖和的），小院里面对面地站着两排人，一边是慰劳团团员，一边是太原女师前线慰劳服务队。

26 个女孩子，有着黝黑的而已冻紫了的面颊，平凡的容颜，透露着坚定的意志。蓝布袍、黑皮鞋，一式的，笔直地立在我们面前。

听说我们从温暖的南方来了，她们来欢迎我们的。

1 个月以前，她们来到这儿了，但那是很不容易呢。——

“我们奉阎主任的命令来到前线服务。离开太原的时候，我们的朋友阻止我们，我们的师长阻止我们，家庭更不准许我们跑向炮火场上去，但我们坚定了自己，向他们说服，有的，竟是偷着跑出来了。”

“我们没有得到同情，沿途听到的都是斥骂和讥笑：‘女孩子，到前方去做什么？给找麻烦！’”

“到了绥远，傅主席也劝我们回去，说这儿会有许多不便，恐怕不但不能服务，反增加许多麻烦。可是我们固执地要求工作。到末了，他们允许了我们到医院去服务，但每天只给3小时的工作，于是，我们工作下来。我们的住处离医院约有8里路，医院离吃饭地点又有2里路，每天我们很早地［的］出来，很晚地回去，要步行20里路，我们这里有的是小姐，娇生惯养的；可是我们下了决心。我们了解这是一个试探，试探我们是否能吃苦，为了表示我们最大的为国家为民族牺牲的决心，我们咬紧了牙，忍受下来了。十几天以后，舆论改变了，不再是毁谤和讥笑，而是赞美！钦佩！我们的工作时间也增加到8小时。”

“这是一个艰苦的奋斗的过程。从这次的奋斗中我们得到一点认识：莫空喊口号，要求中华民族的解放，要求民族的解放，只有我们自己直接参加工作，参加斗争！”

望着那朴实的一群，望着那原是贵族小姐而现在脸上只有斗争的坚决的一群，我从心底里致最深的敬意。

十一　烈士公园与舍力图召

22日下午，蒙绥远省政府派人领我们参观，因为时间的关系，只看了一个为生人而设的喇嘛庙——清康熙朝为羁糜〔縻〕蒙古人，造寺以蓄养之，和一个为纪念死者的光荣而修的烈士公园。一片荒漠的旷原之上，巍然矗立着一座写着“华北军第59军长城阵亡将士公墓”的碑石，引路的人告诉我们，这就是叫做烈士公园的地方。在碑石之旁，我凝神深思，我念着中国未来的为祖国流血的一群，他年，他们是否也要一块这样“永垂不朽”的碑文，树立于荒原之上？他们是否仅需此一块碑文？

领我们来的那位朋友，指着那块石碑说："'长城'2字，原为'抗日'，后来才的改〔改的〕。"我们抬头端详，果然"长城"2字还可见新的琢痕。我们英勇的弟兄，本来是为抗日而亡，而死后"抗日"这份光荣，迫而不能使人知道，九泉之下，应有如何感想。当听罢那位先生的话言后，就有人争道：现在"日本人不敢来了"，我们可以仍将"长城"换作"抗日"了。

碑石之后，为一所平屋，里面挂了很多烈士们的照片，瞻仰之余，遥生无限的尊慕。

太阳把大青山照得轮廓分明，虽然是塞上天寒，我们却无一丝凉意。

从烈士公园出来，径赴舍力图召。该召在旧城东隅，建筑颇壮丽，舍力图召为俗称，蒙语也。昔康熙曾驻节于此，赐名延寿寺。召中为蒙人所居，奉黄教喇嘛。其中摆设，为久居中国本部者所难见，故我们都感到一点新的惊奇。在召中，恰好遇着喇嘛诵经的时间，七八人围坐在一个炕上，口中喃喃不绝，到我们耳朵里来的，全是些不懂的胡音。他们诵经时，有吹有打，像南方的道士为人作法驱邪，或为死者解除罪戾的情景。那些蒙古喇嘛，鸡肤鹤骨，面色黄黑，假如你想一想成吉斯汗时代铁骑纵横于欧亚大陆的蒙人英姿，不禁为通古斯民族来日的危亡，捏一把酸泪。据说蒙人嗜好极深，多无法自拔，生殖率日渐衰退。假如我们政府再不想一个办法使之自新，中华民族的力量，便无形中减去几分了。

十二　九一八纪念堂中悲壮的一幕

参观回来，径赴九一八纪念堂。今天下午慰劳团在此演剧慰劳兵士。

楼下满坐着兵士，前面几排是伤兵，包了头、包了臂膀或腿的。他们多系轻伤，从病院抬到这里来的。

台上正演着《放下你的鞭子》。老年的父亲和娇弱的女儿因为沈阳失陷，流落到北平来，日日在街头卖艺，以图温饱。但生活是这样的艰难，肚子常是空着。父亲觉得生活无望，是由于他的女儿不卖力气，竟拿鞭子抽他唯一的孩子。这时引起一个青年的不平，跳上前去，夺下他手中的鞭子。一会儿拳足交加，竟把老头儿打倒了。女儿悲痛之余，跑上去阻止，并向青年诉说他们的流浪，他们的饥饿与寒冷。这时老头儿已经从地上爬起来，用拳头捶着自己的脑袋；“我真疯了吗？为什么打自己亲生的女儿？呵，她是我亲生的女儿呀，刚才我已经忘了她是我亲生的女儿了。”父女两人抱头大哭，青年在旁懊丧无已。

老头儿用着抖颤的声音请求青年的原恕，并向他诉说九一八以后他们流亡的经过。

“你知道这是谁使得你这样的？”青年问。

“这是命呵！”老头儿说。

“命？谁给你的这条命？”

“天……”老头儿手指着天。

“天？天是空的！你这命是人给你的；弄得这样全是人干的！全是日本帝国主义干出来的！”

老头儿似乎明白了，但即刻又恐惧起来。

“那我们怎么办呢？”声音里带着无知的颤抖。

“让我们联合起来，去找压迫我们的人，欺侮我们的人算总帐！看——”青年手指台下：“这儿全是我们的朋友，让我们联合起来打倒日本帝国主义！”

“那么……那么用什么打呢？没枪没刀……”

青年从地下拾起鞭子：“这就是我们的武器——拳头，拳头也是我们的式〔武〕器呀!”

台下一片喊声:

“对!拳头也是我们的武器!拳头也是我们的武器!”

老头儿乐了,女儿也带着泪笑了,3 个人拉起手来。

“去找压迫我们的人算总帐!”

台下一个个带灰色军帽的头向前伸着。啊,这里是千万人的愤怒——这里是千万个有力的拳头!

戏院里歌声起了——

打回老家去!

打回老家去!……

打走日本帝国主义!

打走日本帝国主义!

东北地方是我们的!

他杀死我们同胞,

他强占我们土地,

东北同胞快起来——我们不做亡国奴隶!

打回老家去!

打回老家去!

打回老家去!

歌声里,士兵走了出来。在门外站着,看见两个弟兄,伤了腿的,相互扶着出来,兀自指指点点地述说剧中故事,诉着他们的愤恨和眼泪。

十三　横过了大青山

“在南方旅行,可以增加一个人的智慧;在北方旅行,可以增加一个人的气魄。”这两句很平常的话,假如你没有南北旅行的经验，你永远不会了解。

微雪后的大青山头，太阳光从浓重的山雾中射下，在山石上曲折成波。半山之间，有一个老人坐在千仞之高的岩石上，看守觅食于石隙中的羊群，手执羊鞭，翘首天外，那种悠然的神态，会使你生一种难言之感念。

当车子在斜坡上行驶，你可毫无惊惧，待下坡时，偶一回首，你便觉得自己已把性命作过一次“孤注一掷”了。

出入山中，你眼前的景物，一会儿是千仞悬崖，崖上缀着几棵枯树；一会是万丈枯涧，涧底卧着大小的山石；一会儿豁然开朗，漠原上四五人家；一会儿群山排列，云海苍茫。无处不雄奇，无处不浑朴。只要你把眼睛张开，你狭窄的心，登时会汪洋如巨澜；你烦腻的情怀，会澄明如潭水。

当你置身于南方的山中，和你做朋友的，是幽峭的石壁，涓滴的泉流，山禽的和鸣，绿树叶的细语……而置身于大青山中，则所见的是方石、老树、枯泉、羊鸣……会使你想像豪爽、率直，粗而不野，憨而不痴的北方人的面影。

车在山中行时，我们常彼此以手系〔击〕臂膀，把自己所见到的奇景，互相传诉，似不忍“好景独赏”。“嗨！你看。”这样简促的自然的呼召，常会使其他车中的朋友，朝着我们所向而转动着头颅。

大青山一过，便是一望无际的草原了，武川县紧靠着山坡，作为归绥的第一道门户，在百灵庙没有收复以前，有重兵驻守。居民多从事于畜牧，地苦寒，农产缺乏，粮食仰给于外方，全由归绥转途而来，物价甚高，南人居处是间，常常感到生活程度之不易维持。我们此行，省府早有电话通知该县，故车近县城，便有招待的人鹄候于城畔。武川在军事上的地位，颇为重要，其他各方面，则毫无可言。论街市的整洁、繁荣，和南方的一个普通镇市，也难与齐比。

颇出乎意料之外的是在武川吃得好，我们很惊奇于这个小地方，能有那样娴于调美的技师。

从武川望北走，不见山了。大草原上，有成群的牛、羊、驼、马，看骏马奔驰于广原之上，会连带想起蒙古人西征时代的英姿。

十四　群山环抱中的一个古刹

从车上望见群山之中，有比栉的人家，那时太阳还没有下山，晴朗的空隙中，蓝的天和白的屋宇，看来分外的鲜明。

“百灵庙到了吧！”我们都如此猜测着。

汽车的速度，渐渐慢下来，迎面来了几个荷枪的戍卒，问明了来意之后，他们领着我们走另外一条入山的大道。为的是我们自己走的那条路上，筑了防御的工程。

“地雷危险哪！”我们从车上发现了地下埋着的地雷露在外边的“柄子”。

沿山头张着电网，电网外，有很深的战壕，电网里边，则为已构筑的避飞机轰炸的工事。

自从去夏以来，由归绥至百灵庙之路被阻，一般关心边防的人，欲来此而未能者，不知道有多少？我们这回蒙绥远省政府用4辆车子载着，来到这个全国人梦魂所系的边疆，心头的愉快，绝不是随便几笔，所能形容。

把几个山头一过，便上了到百灵庙的大路。庙的东南，为孙兰峰军队驻地，夕阳西下，暮烟笼罩着的营垒，时有号角声，刺破向晚的澄明的天宇。当我们的车子过营垒时，兄弟们都立在门外，我们招之以手，对他们表示：“我们是来慰劳你们的呀！”

白色的墙壁上，有无数的大小的破洞，庙门多半用石块堵住了；街巷之间，沙包叠起如山丘，庙中的楼阁栋梁，颓废歪斜；这一切的残破与零乱，象征着战后的仓皇。我们默默地随着迎迓的人走向住宿之所，心里为战后的蒙民作来日“归回”的打算的。

从小门进去，左右两旁，有两个蒙古包，包后便是一所房屋，为前日本特务机关长胜岛所居之地，据弟兄们言，胜岛不是走得快，性命难逃。

十五　初宿之夕

清幽的塞月，午夜中从窗口窥探这些远来的人的寒温，挂在破碎的檐下，迟迟而不忍去。这时候，除在外边夜戍的弟兄，徘徊于严冷的冬夜之空间以外，谁都卷缩了肌体，让被毡与冬深的奇寒角战。

四五个人挤在一床旧棉絮上，彼此交换着体内的温暖。南方人，谁有遇这种寒冷的经验，躺在一床大被与皮衣的重掩之下，而不可自支呢。假如人家要我描绘百灵庙，第一件事当忘不了这初夜寒冷的交攻。

因为车子的颠簸，已有相当的疲倦，所以不到9点钟就睡了。天知道，我们睡了多少时候？谁不绝尽心计，使自己不要为严寒所袭。

在重寒难耐之时，想到温暖的可贵，不禁念及那些忍冻的战士，待哺的流民。寒冷时，我们切求着温暖；同样，饥饿的人，他们也需要麦饭。

第二天早晨起来，每个人的面容，都憔悴几许了。

“这真是有生以来，没有受过的寒冷！”这句话在我们口中，至少嚼过20遍。

十六　袁参谋长的一席话——中国人不打中国人

24日的清晨，我们用过了早餐。大家都很正经地坐着、站着，谛听一位年轻军官，追述克复百灵庙的经过。其中详情，闻袁参谋长日后有专书发表，这里且记其重要的数事。

我们知道，这次绥远当局，对战事化守为攻。自绥东伪匪败后，军事当局，曾犹疑不决于取商都，还是取百灵庙两问题！当时军中意见颇不一致，结果还是决定取百灵庙。11月20边〔日〕，国军始向百灵庙进发，以迅雷不及掩耳的手段，于一晚一晓，把百灵庙克复。将士用命，作战勇敢，年来鲜见！尤其是统帅的沉着、坚毅、周密，更有足钦者。

最后袁参谋长宣称，这次作战，在军事上所获得的成功不如在政治上所获的来得多。当绥战开始，我国就提出中国人不打中国人的口号，使敌人无法施展其诱骗的手段。“见故国之旗鼓，谁不感生平于畴昔”呢？敌人唯一的诡技，就是利用中国人打中国人。我国边鄙，地薄民穷，人民无法自存，不挺而走险，恃劫掠以图温饱，便饿死于道路，以填沟壑。加之政治不修明，吏治的窳败，把良善的百姓，逼上“梁山”。仓廪实然后知礼节，现状如此，怎能叫他们不为敌人所利用？这次绥远抗战，“中国人不打中国人”的口号，固已收效于一时，但根本的办法，必须从人民的生活上着想，使他们都能安居乐业，使不致为敌人所欺骗、利用。

十七　胡天的月夜

月亮实在太妩媚了。我们一行六七人，耐不住她的钩引，冒着寒风，踏行于空明的沙上。众山昏黄，哈尔红河浸淫于明月之下，更见其有一种28岁的少妇的丰盛的美。

异乡的月，可使人悲。尤其是感情脆弱的年轻人，当羁身于旅途上，望他乡的月，每动乡愁。现在去家何止万里，然我们一点乡愁也没有。我们只会想起胡笳；想起在大漠上，一个人牧着羊群，踏月的情趣。

我念着“深闺莫道秋砧冷，夜夜寒光满铁衣”的诗句。我咀嚼着古人吟此诗的情怀。夜夜寒光满铁衣，不是吗？山头上，一个个黑的影子，不就是持枪夜戍的士兵吗？

月夜，使我引起许多儿时的追忆。我片断的把那些故事，告诉给她们。也许日后当头白之年，我会与比我们后一代的人，共话此夕胡天的明月。

在百灵庙，夜晚出来，是不很方便的。万一你应不来他们的口令，便有生命的危险。所以我们出来时，便请教了一位官长，他告诉我们只要应一声慰劳团，就可通行无阻了。但是当我们行进大庙，听到弟兄们严峻的呼问，大家都不肯前进，也不便前进了。

当踏月归来时，心上已深染了一层前所未有的色素。几声马嘶，更使人感到边塞是正值“荒乱之秋”。

（未完）①

《科学时报》（月刊）
北平世界科学社
1937年4卷3期
（朱宪　整理）

① 据《全国中文期刊联合目录》，此刊只发行至1937年4卷3期。——整理者注

从北平到百灵庙

——上海妇女儿童前线慰劳团（第二批）通讯

水蚁　撰

一

正是天寒岁暮的时候，故都的街市顿形热闹；各色各样的花灯，争妍斗艳的悬挂了出来，杂乱的花炮声，也不时出现，是十足要过“年”了的光景——我们没有想到要回家去，虽说年老的爸妈、可爱的弟弟妹妹在热烈的盼望着！我们想到了那在国防最前线的绥远，想到了那从敌人手中夺回来的百灵庙、大庙、红格尔图，我们是万分热切的爱恋我们的乡土，万分亲热的牵念着那曾经与敌人肉搏冲锋的弟兄，我们渴望着到前线去！

几年来，我们是太苦闷了！只看见失地一天天加多，屈辱一天天加甚，只看见敌人的进攻，没有看见有力的抵抗。是去年，——在冰天雪地里，英勇的战士，在极端艰苦的情形之下把我们的绥远守住了！把我们的敌人轰走了！这是中华民族解放史上光荣灿灿的一页，我们是如何的欣喜和兴奋呵！这些弟兄们，为了国家，为了民族，死亡的死亡了，残废的残废了，他们是值得全国民众的钦仰与慰劳的，我们到前线去，就是要把诚挚的慰劳的热忱，传达给每一个弟兄和官长，使他们明白千千万万的民众，是强有力的站在他们的后面！

敌人的进攻是有计划的，无限度的，绥远，他早晚一定还要进攻，守住绥远，这是我们的责任！可是，这个还不够，我们不还有许多土地在敌人统治之下吗？我们不还有许多同胞，在敌人蹂躏之下吗？我们需要收复我们的失土呀！这是全国民众一致的希望，我们到前线去，就是要把这个希望向前线弟兄和官长呼吁！

载着一腔的热忱和希望，在八号的早晨，大雪纷飞的当儿，我们集合在西直门车站！感谢清华的同学，供给了一部分慰劳品，合着我们自己的一共有两千多斤咸菜、两大包药品、一百块钱烟卷，东西的确是太少了，再加上十倍百倍的慰劳品，也不足以慰劳弟兄们的辛苦的，可是，这有什么要紧呢！我们是带着千万颗红热的心呀！

沪妇女儿童前线慰劳团第二批

二

沿途都下着大雪，过南口、青龙桥一带时，两边的山峰和漫延到天际的长城，都弥漫着白白的一片，粗壮和奇丽的景色，是我们在南方没有欣赏过的，多么可爱的国土哟，我们真不能让敌人的铁骑践踏！

冰冷的空气，从窗口一股股侵入，我们一点也不感觉冷，因为我们的心底都燃烧着温暖的感情！看望一回大好河山的图画，练习一回《打回老家去》的歌曲，时光是在车轮的转动中消逝！

到晚上，从大同上来许多军队，这些都是从百灵庙调回来又再上前线的弟兄们！他们的脸色油黑，是大青山上的风雪把它们吹蚀的吧！知道我们是去前线慰劳的，一个个都快乐得了不得，和我们慷慨激昂的讲着一定要和××人拼命，“我们的生命，是献给了我们的国家了！”多么使人感动的词句呵！

卖面包和糖果的小贩走过，他们买了一包糖请我们吃，我们也把带着的饼干拿出来，大家欢天喜地的谈着，我们唱起《打回老家去》的歌曲来：“打走××帝国主义，打走××帝国主义，东北地方是我们的！”他们有力量的响应着！给了他们每人一张歌片，开始一句句教他们唱，渐渐大家都会了，从车厢的这一头到那一头，都吐出充满着感情的乐调，虽说有些地方唱得不准，可是那从心坎发出的声音，是比一切合唱都有力量！车箱震动得利害，那千万个人的呼喊，是随着它传遍了田野和山谷，浸透了每一个人的心！

“再见，沈阳城再见！”他们在什么地方下车了，灰色的影子在骚扰的车站里消失，我们在想象着在沈阳城见面的光景，每个人的眼中，都放射着希望的光辉！

三

是九号早上四五点钟，天上还有晶莹的星颗，晓风正是异样的尖厉，我们到了归绥。军民联合委员会的招待干事齐寿康先生，把我们送到了大北旅舍，在模糊的灯光中，我们窥视了归绥整洁的城垣和平坦的马路！

傅主席起得很早，还不过八点多钟，就准许我们见面；对于这一位不甘屈服的英勇抗战的将军，我们是怀着一种景仰的心情去拜见的！态度是出乎意外的和蔼与真挚，关于抗战的决心，更使我们感动。“百灵庙的战争是敌人极端压迫下的反抗，敌人的侵略是没有止境的，不抵抗只足以滋长他的野心，增加他对我国的蔑视。九一八以后五年，××人都是没有遇到什么阻碍便占去了很多地方，所以这次又以为可以便宜的占去绥远，结果，我们抵抗了，把他赶走了，这正是给与他一个有力的打击！我们军人守土有责，决不会让敌人占去一寸土地的……”这许多充满着自信的坚决的谈话，把我们每人的精神都提高到沸点，更注意的听下去。

“战争是需要民众力量的支持的，一二八的战争是这样，长城抗战是这样，绥远抗战也是这样。全国民众精神上、物质上的援助，给与前线战士的影响是非常大，这一次战争全国各地的募款、捐助用品，更有许多兄弟姐妹到前线来，这对于我们是一种大的鼓舞！民气是要紧的，《塘沽协定》的成立，民气不振也是一个原因，我是欢迎你们到前线上来的，前线的士兵和后防民众，必需打成一片，才有胜利的把握！你们跟士兵谈话，便是对士兵的一种精神教育！”

是的，民众和士兵是需要拉起手来，我们虽然不能拿枪去打仗，我们在后防的责任是同样的重大的！

“百灵庙的战争，还只是胜利的开端，以后的战争还很多，同时也会来得更艰苦，要取得最终的胜利，还需要更大的努力……。”我们便接着谈到守土抗战的不够，谈到全国民众对于收复失地的要求的殷切，傅主席当时便给与了我们有力量的回答：“东北是一定要收回来的，现在收复察北，收复冀东都是极容易的事，只要中央一有命令，马上就可以拿回来……。”是的，绥远地方当局抗战的决心是很够，不过，发动全民族的抗战，还有待于整个国策的决定，的确我们是不能再等待了，我们是如何热切的盼望着全面抗战的展开呵！

“东北是一定要拿回来的”，从前线长官口中听到了这一句话，更增加了我们对中华民族前途的希望！

四

下午去看两个伤兵医院。

现在住在归绥的伤兵，还剩下一百五六十人，分两个医院住下。第一伤兵医院是青年会设立的，容纳了六七十人，轻伤的占多数。另一个伤兵医院是中央军设立的，住了八九十人，重伤的较多。

对于轻伤的弟兄们，我们请他们集合在一个病房，这些大概都可以走动了，有些还用纱布裹着头，有的手还卷在棉花内，有的还扶着一根木棍，他们的脸色都是那么的惨黄，曾经开过枪弹的手指，也变得异样的迟缓，有一位，当一个同学请他题纪念册时，他的手伸出来时，指头没有了，只剩一个光拳。呵，这一个印象是比写在纪念册上的字迹，来得更深刻些！看着这些在枪林弹雨中挣扎回来的弟兄，我们真是说不出的感动，向他们说什么好呢！我们的血在沸腾，我们的心在烧燃，我们的泪在涌荡，我们只有拿最大的敬意，向他们表示慰劳，我们只有拿最有力的工作，来继续他们的志向，大家都哭了。《打回老家去》的歌开始沉痛的歌唱，有几个受伤的弟兄是东北人，拿了我们送他的烟卷，听了我们的歌声，眼泪滴满在烟盒上，可敬爱的兄弟！你是想到了你那在黑山白水间的家吧！想到那和我们一般大的弟妹吧！不要哭呵！把我们的眼泪，化成一颗颗枪弹，大伙儿打回老家去！

重伤的弟兄们不能起床，我们便挨着病房，一间间去探视，一进门那凄惨的空气，使得我们说不出的伤痛！这中间有的是被炸弹炸伤了头，有的被枪子穿进了胸，有的截去腿，有的冻掉了手指，有了〔的〕没有了眼球……呵，这可怕的景象是谁造成的呀！他们一个个都卷缩在被里，和着眼泪在呻吟，看着我们时，疲乏的眼光中包含着快慰和希望；这些不都是我们的弟兄叔伯吗？他们不都是有着父母的娇儿吗？不都是有着儿女的慈父吗？他们的家人不还是在痴痴的盼望他们回去吗？帝国主义的炮火是如何的凶残哟！我们要复仇，我们一定要为死难的受伤的弟兄们复仇！

五

因为想去慰问反正部队，所以决定到乌兰化去！

十号一清早就坐上了长途汽车。每人都借到了一件大兵穿的皮大衣，长卷的羊毛蓬松的翻卷着，还有一顶毡皮帽，把耳朵、额头盖得严严密密，最有趣的是那蒙古长靴，又大又长，一直可以套到膝上，穿上这一套大兵装束，女学生的派头一点也没有了。是的，旗袍与高跟鞋是应当脱下，那都是娇羞的标帜呵！

汽车的行程越长，天气也就越冷，风老是呼呼的吹啸。一路上经过的地方，没有绿色的田野，没有丛密的树林，没有毗连的居屋，所有的只是披着积雪的山峰和没有边际的沙漠，有时候又走过一片冰河，轮盘辗轧着冰块吱喳作响，上山下山的时候，车身颠播得利害，我们的心脏似乎都要被它翻出来，一个同学开始呕吐了，黄色的水汁喷在这个的头上，那个的衣上；还没有收拾干净，另一个又吐了，大家只忙着来招扶病人，跑过去的是山是平原，一点也没有注意！

正是来到一个山谷里，看见前面许多人马，一打听知道是调回来的骑兵队，赶快下车和他们见面！一共有两百多人光景，每个人手中握着缰绳，人马都是万分疲乏，他们是从百灵庙调回来的，在风雪中已经走了五天了，一身都是沙土，脸色是和烤焦了的橘皮相像，眼睛也陷落了下去像两个火球，手是吹得像十支枯蜡烛，连手套也没有，马呼呼的吐着气，有时也发出一声声长啸。呵，这些就是把红格尔图夺回来的弟兄啦，他们是怎样的辛苦怎样的疲乏，我真想拉着他们的手，一个个的和他们谈话，为什么我们不带一点水萝卜来呢！我知道他们的喉咙一定是和烧着的石灰窑那样干燥呀！分散了香烟，唱了《打回老家去》的歌，看着人和马被山峰吞进，我们才重折上车！

走了不远的路程，又遇见大批队伍在积雪的广漠上，我们热忱的表示了慰问！在荒山穷谷之中能够遇见我们这一批天真的孩子，多少能给他们一些儿慰安吧！

在距乌兰化不远的一个小村，我们见到了一部分反正部队！他们是从敌人压迫下，冒着绝大的危险反正过来的！据他们说本来有三团人同时发动，因为敌人的监视，还有两团没有机会回来，可是他们的心却早已和我们在一块！“都是中国人，谁愿意自己和自己相打呢？在××鬼子手下，咱们谈话都不自由，谁要是提到了中国，谁就是个死，多早晚咱们都在等着回来呢？”这是一个弟兄亲口说的，唉！中国人与中国人，毕竟都是同胞，除开是受敌人的胁迫，谁愿意互相残杀呢？

到乌兰化的时候，已经是下午五六点钟，天是阴沉沉的，正飞散着雪花。这是一个小村庄，有着几十家住户，正赶着旧年除夕，家家户户都准备过年了，什么也没有买的，我们在区公所（?）的办公处住下，这是此地中上等人家的住宅，两间土房，房中一张大土炕；吃也吃得很苦，经常的都是吃油面，是又粗又圆像蚯蚓似的黑面条，黑灰面都不容易得到，洋面和米饭更是一辈子也看不到！这儿过年很注重，夜中几次拜神，午夜醒来的时候，听见呜呜咽咽的胡笳声，如泣如诉，异样的凄惋，塞外度年倒也别有风味！

这儿的驻军是刚从百灵庙移防来的，就是孙兰峰旅长的一旅，因为刚到此地，一切都没有整理好，加上又赶着过年，弟兄们也需要松口气儿，所以没有机会和我们见面。虽说我们是渴望着看看弟兄们，但是体念到他们的辛苦，也就只好作罢。

第二天一清早，去参观敌人炸毁后的关帝庙，途中遇见第一个攻入百灵庙的张连长，和我们叙述了一些攻打百灵庙的经过，那是使得每一个人都要跳起来的消息。

“当出发的时候，团长向弟兄们训话，‘不攻进百灵庙，便对不起全国民众，便没有面目回来，大家都应准备死难。’实际上团长不这样说，弟兄们也就都具备了牺牲的决心！百灵庙四周几百里没有人烟，攻不进去，退回来，即算敌人不追赶，没有吃喝的东西，大家也得饿死；临走时弟兄们都嚷着‘到百灵庙喝水去！’我们就是抱着这样一种精神攻进百灵庙的！”多么响亮的词句哟，光荣的连长，光荣的弟兄们，我在这儿向你们致敬！

关帝庙被炸弹炸得只剩下颓垣断堑，神殿屋顶上被炸死的鸟雀，还静静的躺在那里，黑色的羽毛不时在大风中抖动。神殿两旁都有防空设备，地洞挖得很深，沉着气拿着一管洋蜡钻了进去，当飞机掷炸弹的时候，不知道又是怎样的情景？

六

从乌兰化决定到大庙去！这一条道路更是艰险，一时在山峰中找不着路了，一时又陷在沙漠中，车身震动起来，我们一个个都在车中跳舞，风是比刀子还利害，几个同学手脚都失去了知觉，渴望着找一个地方休息，可是眼前所有的只是荒凉与寂寞，大家都冻得快要啼哭了！

忽然，“打打弟……”一阵愉快的号声，从风雪中横掠过来，爬在窗口一望，前面一队号兵对着我们汽车敬礼，呵，是到了大庙，弟兄们在欢迎我们呢，赶快把旗子摇出去，一个个爬了起来，寒冷、疲乏、饥饿，什么都忘了，跟着官长们在热烈的号声中进了他们的营房！弟兄们忙着送茶送水，饭也预备好了，披着黄衣红衣的喇嘛也一群群追来问候，我们彼此是言语不通的，幸亏有一位交际干事可以翻译：

“你们诸位受惊了！××鬼子打来，大伙儿都受苦哪！弟兄们是保护你们的，你们要和他们一道拉起手来，××人来了，他们在前面打仗，你们在后面煮饭烧茶……”热情驱使着我们和他们说了几句，他们明白了意思以后，一个个不停的点着头，呵，我真高兴，中国人不论是哪一族，不论是哪一阶层，哪一种职业的人，在敌人压迫之下，都觉悟了，喇嘛对我们的热忱，不就是一个最好的例证么？

长官们领着我们参观了喇嘛的住宅——蒙古包——圆顶形的土建筑物，地下铺着毯子，茶炉、用物都在里面，弟兄们也是住在蒙古包里面。又带我们到山上参观防线，满山都埋藏着地雷，沙包堡垒隔几步一个，好些弟兄们都背着枪爬在壕沟内，这儿离敌人的防线只有六十里，弟兄们每天都不敢脱衣休息。天寒地冻，大伙儿都拥着火炉回家过年去了，他们还生活在战壕内，怎不使我们感动！

全团的弟兄都在喇嘛庙前集合了！天是那样的冷，风比刀子还尖锐，吹在脸上似乎要把脸刮破，触在手上，手指似乎要冻掉，穿了这么多的衣裳还觉得冷，弟兄们真不知是怎样受苦。他们没有皮大衣，没有盖覆耳朵的皮帽，没有手套，在冷冻的空气内一个个都在呵着气，蒸气汇成了团，就像炸药爆发后升起的尘土一样，我们向他们说什么好呢？钦佩，感动，惭愧的热情交织着，喉咙里似乎哽塞了许多东西，在极端兴奋的情绪下，说明了我们的来意和希望；这是不够的，我们要从工作上来慰劳他们呵！

“守住我们的家乡！”

“打回老家去！”

“打倒××强盗！”

千万只手都愤怒的伸了出来，千万只拳头都有力量的高举着，我们是要手拿着手打回老家去呵！

在热烈的欢送号声中，我们离开了大庙！

七

到百灵庙的时候，天已经是模模糊糊快要黑了！山头上都是哨兵——没有皮大衣、没有手套的弟兄。百灵庙就是在千百里的沙漠中的一排庙房，炸弹和枪子留下了许多毁坏的痕迹，这就是敌人蹂躏过的百灵庙呀！攻进百灵庙的时候，东山刚刚发红，那黑夜行军的情景，真不知是怎样惨苦？

“嗑喳，嗑喳，夜都冷出了声，大清山上吊着半喇月亮，鬼孙的哭丧着脸半明不明……”听听这攻打百灵庙的战歌吧！

我们住的地方是敌人从前的特务机关，屋顶上通夜都有弟兄放哨，在风雪的呼喊中，听见弟兄们因为冷而来回走动的脚步声，真是不免凄然泪下，一晌〔向〕生活在洋房暖气室中的我们，哪里能够梦想到冰天雪地里弟兄们的苦况呵！

第二天大清早，参观了防线以后，又和英勇的弟兄们见面了！

“各位弟兄！我们现在在什么地方？——百灵庙，国防前线的百灵庙！

我们在这里作什么？——在拼着最后的头颅和热血，抵抗敌人，守住我们的家乡——百灵庙！

我们怎么能够到这里来的？是先前许多弟兄们拼着性命把敌人

赶跑了，我们才能到这里来的……”一个同学在向弟兄们说话：

“我们守住了我们的家乡了！但是，这是不够的，东北不是我们的家乡吗？冀东、察北不是我们的家乡吗？平津不是我们的家乡吗？这些都是我们的家乡呀！这些都是我们祖宗坟墓所在的地方呀！……为了我们的国家，为了我们的祖宗，为了我们子孙，为了我们自己，我们不能再等待了，我们要打回老家去！”越来越沉痛，声音中夹着血和泪，含着愤怒和悲哀，弟兄们一个个仰着头睁着眼，嘴唇紧张的颤动。

“守住我们的家乡！”

“打回老家去！”

千万个人在呼喊，就像天崩地塌了似的！

百灵庙的哨兵

交通壕的出口

百灵庙的爬山炮.

百灵庙我军的防御工程

挖战壕

慰劳团在百灵庙演戏时的观众

小朋友之一——演剧时致辞

蜈蚣坝后的小旅店

八

别了，百灵庙！别了，大庙！别了，乌兰化，我们重新踏上了归程！

那大清山上的积雪，那深夜里放哨的弟兄，那大庙营前的号声，那病院里的战士……一点一滴都深深刻在我们脑子里，今年在乌兰化度除夕，在大庙过新年，明年呢？一定可以在沈阳吧！每人都怀着坚强的自信回到后防来！

每个人都太重要了，我们不应该轻视自己的力量，弟兄们在前线拿枪，我们在后防也得战斗呵！

一九三七，二，一七

《光明》（半月刊）
上海光明半月刊社
1937 年 2 卷 7 期
（朱宪　整理）

绥远前线慰军琐记

陈桂英　撰

我们为一种强烈的冲动驱策着，在寒假中到了绥远。

这次我们本打算由上海回粤去过春节的，后来回粤的计划改变了，决意到冰天雪地的塞外，国防的最前线去劳军。“上海妇女儿童前线慰劳团”已在我们大考时期出发，赶不着，只好单独去。同行的只有我们女同学四个，什么也不懂，只凭一片热忱，就跨上了征途，希望到北平后遇见一批慰军的人再做商量。出发的那一天是一月廿六日夜。在一日两夜的车厢里，我认识了三位小朋友，他们就是“新安旅行团”的团员，小朋友们真是和气、天真、诚挚、热心，他们肯干的精神真使我佩服，而他们懂的我还未懂，唱的我不会唱，写的又不及他们的锋锐、大众化。下面一段，是小朋友之中，一个叫做童常的写给我的。

（一）你们生活在高贵的学府，
我们奔走在无定的旅途，
你们是大学生，
我们是穷小子。
（二）然而
在今天，
我们相识了，
并且在一块生活了好几天。

(三) 是什么驱使了我们?

是谁……?

不，什么也不要!

只要一个光明的指标，

就足以使我们很容易地合流!

(四) 别了，但是并不会妨害我们。

尽管，我们也许不再见，

尽管，我们的方法不同，路子不一

但是，可以坚信的是:

我们的目标只有一个!

这次，他们也想一块到绥远去的，后来因为他们中在沪的还有团员不曾赶上，就只得与他们分别了。

是二月八日的早晨，北平下着飘飘的雪花，天气冷上来了，但我们四个人的心灵，是火烧般的热烈。我们带着十大箱的烟卷、三千斤咸菜，是我们到前方去的小小的慰问品。

这里，我们要特别提起华北同学们的盛情高谊。在北平时，他们知道我们是上海来的，都十分关心，照料我们。我们四个又是广东人，普通话说得不流利，北平话更不用说，到前方去，假如话说得不能达意，实在不妙。他们在替我们多方想法，后来有两个师大的同学参加了，又有两个华侨，一个是从上海来的，加入我们的队伍。我们虽是初会，因为大家怀着同一个目标的缘故，立刻就建立了深挚的友谊。

平绥路上，八达岭的天险雄峻，使初次出关外的我们，只有称羡赞叹，长城就蜿蜒在这峻岭中啊！千万人的血汗，千万人的辛苦，长城是伟大的!

夜深，车过大同时，进来了大队士兵，穿着厚大的皮袄，北方人，老实诚挚而且质朴，大家谈起来，亲热如自家兄弟姊妹一样。

他们是百灵庙、红格尔图作战之后，回到大同，将去集宁的士兵，我们告诉他们，我们是到前方去的，他们十分照顾着我们，临去时，祝我们平安。

夜色迷茫，雪花飘飞，我们抵达绥远省城归绥了。车站上省府早已派人来招呼我们。我们坐了省府的汽车，经过寂静的深长的大路，暗淡的街灯下，没有一个行人，我心里想，假如这是绿叶满枝的时候，我不信身在长城以外的塞北。

汽车到钟楼前停下了，通过了两条小巷转入一排低低的房子，屋内就是一个“炕”，我们南方人不曾见过的，这就是他们睡的床。

八时半，我们被领去见傅主席。傅主席堆着满脸的欢笑招待我们，他有着恳挚的语调，强壮的躯体，有时神态又极其庄严，是一个模范军人的样子。

我们的代表致词后，傅主席说了一大段的话，大意是这样："百灵庙的收复，不过是一个开端，以后我们还要继续奋斗。……在这次抗战中有几件值得注意的事，足以证明我国民民族意识之日趋强固。一是受伤的官兵，精神异常兴奋，几乎忘却了他们的苦痛。二是未受过教育的民众，也竭力的参加守卫。三是每次作战，下面的人总对上不满，但这次每个人都很热烈的拥戴在上的长官。四是全国民众的表示同情，远在云南、贵州都曾派代表来慰劳。"傅主席的话说得很响亮，几乎每一个字都打动了我们的心。

下午我们赴伤兵医院慰问。第一医院在绥远的一个小学校内，伤兵共有六十多人，五分之三是反正过来的。重伤兵与轻伤兵又分为二室，我们先进第一室，由代表曹女士说明来意，讲到一些地方，声音沉重起来，发抖起来，大家快要哭了。一个受伤的战士起立致答词，他说得那么意气慷慨，使我们受了很大的激动！

在我们一起唱《打回老家去》的时候，大家都哭了起来。这样的眼泪，我过去没有流过，这是欢喜的泪啊！

第二医院是中央军临时开设的，我们会见了山西牺牲救国同盟会妇女看护队队长宋维静女士及各看护队人员，宋女士很真诚的把她的经验告诉我们："我们来，完全是想替受伤的兵士看护，最初，傅主席恐怕我们受不起苦，要拒绝我们，但我们已经下了决心，断不会中途回去的。我们的宿舍与服务处隔得很远，吃饭又在另一个地方，每天来回要走十四里路，我们虽是苦，我们并不怕，我们要解除人们对我们妇女数千年来的歧视，要使人家无可借口，我们唯有脚踏实地的干。"宋女士的话，实在是很中肯的，这精神是几千年来我们妇女所稀有的。像她这样，才是真正努力于妇女解放工作的女子。

第二医院伤兵有八十多人，受伤的长官也有十多个，因为分散在各房间，我们就分别的个别谈话，情形与第一医院没有多大分别。

十日的早晨，我们又踏上我们底征途了。

车过大青山、蜈蚣坝，颠得太厉害了，一上一下的。我吐了，不敢多动，我咒诅，这不中用的身体。

"前面弟兄来了，你们下车给他们谈话吧。"省府派来领导我们的齐先生从第一辆汽车跳下，这样的喊我们。

弟兄们饱受风霜，满面是黑油油的，可是他们的精神，都很健旺。我们全体下车，送上我们的慰劳品，又献上我们的歌，告诉他们后方的情形，勉励他们再前进。

沿途，几次遇见了这样调防的军队。

夕阳里，我们到达乌兰花，先在一个上等人家休息。一个老太太，见我们是南国的女儿，远来自上海，喜欢极了。我们给她谈起前方慰劳的事，她极力的奖勉我们。在乌兰花，给日人飞机炸弹烧毁了好些地方，当地的民众气极了，他们懂得谁是我们的敌人。晚上四二二团的长官来看我们，谈起他们攻打百灵庙的情形，我们听得真乐而忘倦。

旧历除夕，我们就在乌兰花度岁了，快到天明，同伴中一个叫起来，倚枕远听，原来是胡笳的声音啊！我们已是身在塞外了。

十一日早晨，赶到大庙。乌兰花到大庙的途中，汽车颠得比昨日略平静些。可是，我们还闭着嘴不敢说话。吃中饭的时候，我们到了大庙，军号齐吹，队伍整齐的排列着，红袍满身的喇嘛也合着手礼拜。我们怎值得他们这样隆重地来迎接，我们感到无限的惶愧，但也有一些高兴，就是这足以证明我们军民已经携起手来了。

随着团长，进蒙古包，然后到四二二团的办事处，喇嘛送给我们大饼，蒙古人送给我们新年饭，长官、士兵、喇嘛、汉人、蒙古人，都聚在一个屋子里。他们很诚挚的待我们像自家人一样，要我们脱了鞋子上炕取暖。喇嘛虽不懂我们的话，但从他们脸上的表情看来，知道他们是如何的热心。

团长告诉我们，大庙从前是宗教圣地，我们是二百年来第一次到大庙的南国女儿。

在红日西落的当儿，我们到了百灵庙，每个山坡上满布着我们的守卫，提起尖枪，远远就发问，知我们是慰劳来的，遂即跑回原处，由此我们可知防守的森严。

一个弟兄特来领我们汽车的路，各个地方都是危险的，战壕、地雷，一不当心，性命就完结。车子沿着破坏了的街道、枪弹穿破了的墙垣驶过去了，道上寂静得没有一人。车到住处时，就看见屋顶上一个提着枪，带着皮帽，穿着短褂，两头巡着的守卫。这屋子是从前日本的特务机关。

第二天早上，我们跑到山上看战线，寒气迫人，口里呼出的气就在眼眉上结了冰，怪有趣。八时，英勇的战士已等我们了，我们说了一些慰劳的话，送上了慰劳品，从兵士的眉宇之间，看得出他们的高兴。别百灵庙时，我心里暗想：

“别了百灵庙，国防的最前线！战鼓再响时，我会重来的。”

《申报每周增刊》

1937 年 2 卷 9 期

（朱宪　整理）

塞外劳军记

陈逸云　撰

本文系陈女士于本年二月间代表京市妇女界慰劳前方守土将士归来后所作，曾在《中央日报》发表，编者以其语多警惕，特为转录于此，用以促进路界同人爱国情绪焉。

编者

一　行前感想

本人因为负责交涉慰劳品运输事宜，往返接洽之麻烦，增加不少的懊恼，直至一月二十九日方能摒挡行装，依期北上。

料峭春寒，连天风雨，翘首北望，恐误行期，但是到临行的一天，忽然放晴，阳光耀空，增加我们不少的愉快。虽塞外的严寒，但心中都充满了腾沸的热血，勇敢的前进，大有出发战士慷慨从征的气概，虽然事实上我们不是驰马疆场真个上阵杀贼，但是我们带了后方几万万妇女的热血去，鼓励前方的将士，增加他们为民族、为国家争生存的勇气，我想前方的将士们，也可得到不少的安慰。

过江至浦口，已是下午四时了，距离开车时间，只差一刻钟，斯时唐国桢同志已在码头徬徨的等候着，唯恐我们误了行期。果然到车站时，车头已是升火，一缕浓烟绕满了天空，群友毕集，围绕着话别，很像有许多话说而无从说起。谈社英同志，以姊姊的口吻，再三叮嘱我们沿途珍重，强饭添衣，儿女情长，敌不住英雄气壮，汽笛一声，车轮蠕动，夕阳影里，暂别江南，我们随着火车突飞猛进的北上了。

二　车过济南

我们在车上的生活，不外闲谈，但是同行的谭女士晕车，不喜多说话，我只有看书消遣。在三十日早上火车到了济南。济南是个悲壮的地方，曾经受过帝国主义的铁蹄残〔践〕踏，造成了“五三”的纪念，值得我们去凭吊，乃约谭女士下车瞻仰。甫出车门，我们看见两个人走上车来，东张西望，我就笑对谭女士说：“记者来了，快走，否则我们又错过参观机会。”谭女士当时有些不信，我说，回来证明吧，现在只好对不起他们了。

济南车站建筑得非常宏伟，信步所至，到了“五三”惨案的烈士碑前，可惜门已下钥，不能入内，我们只在外边行了一个敬礼，徘徊了许久。我怕两位记者等候，即时返车，果不出我所料，那两位真是记者先生，我们中心是非常的抱歉，寒暄后，适有一位分别十年未见的老同学，也来车上访问，我与谭女士只好分别的来招待了。

三　行抵天津

车越北行，天气愈冷，已非江南气候，两旁的山陵，都盖上一层白雪。在快到天津时，天津车站杨段长已经如约来晤，因为我们不愿在天津逗留，在京时李段长曾托茶房代我们电请杨段长于慰劳品到时，即刻挂车北上，他的爱国热情，也不亚于李段长，一样的慨然允许帮忙，使我们十二分的感谢，因此我们很顺利的过了天津。

四 初临故都

车抵前门时已近午夜，足离车厢，一阵凛冽寒风向面上扑来。北平的冷风确与江南不同，这是到平第一个感觉，在扰攘声中，缓步出站，各旅馆纷纷遣人接客，本来预定暂寓北京饭店，却不见北京饭店的接客招待，心里正在踌躇困难，忽有一位青年跑来问我是不是南京妇女代表，拿出了名片，告诉我们是《益世报》的记者陈先生。我们请他告诉我们以住何处为佳，他说北京饭店非常贵族化，不如中央和华安好，后来决定入中央饭店，而陈先生非常客气的招待，一直送我们到中央饭店。

我初至故都，有点乡下人入城的神气，左顾右盼，令我特别注目的就是朱门大户及路上雕栋画梁的牌楼，这样辉煌的建筑，在新都是没有的。马路是那么宽敞平坦，树影萧疏，灯光闪灼〔烁〕，益显得夜景如画，使人感觉故都可爱。

车抵中央饭店时，我忙着安置行李，由谭女士与陈先生谈话，她把我们的北上经过和慰劳的意义，像放连珠炮式又背诵一遍。后来陈先生告诉我们一些关于北平某大学学生互殴的情形，使我们深深的叹了一口气，在中国现在情况之下，团结对外，还恐力量不够，而青年自命为智识分子反自相打闹，真令人感慨万端。陈先生知道我们车尘劳顿，就告辞而别了。

第二天（三十一日）早上，吕晓道和吕云章同志及刘清扬、纪清漪、彭道珍诸女士，都相约而来，南北妇运同志，得一个聚首畅谈的机会，作一点联络工作，此行又多一层意义了。

午饭他们作东道，到一间俄国馆子吃饭，席间除了互相报告南北妇运情形外，其他最多谈的是讨论离婚故事，因纪女士是北平有名的女律师。

饭后吕晓道女士陪我在东安市场兜一圈子，购置出关御寒物件，和去订购武装寒衣，事后又随几位友人游览北海、中南海，风景美妙，不想北方燕赵的山色，带有南方温柔的秀媚，够人欣赏的了。

第三天（二月一日）去车站交涉慰劳品的运输，到车站谒见杨段长后，知道慰劳品还有两天方到天津。他请我们再去丰台车站与平绥路站长交涉，效果比较迅速。下午我和吕晓道女士乘了火车到丰台。丰台是一个军家必争的地方，某方军队的大本营也设于此，有几处还有曾经敌人炸弹所毁坏的残迹，触目伤心，引起无限国仇之恨。到站拜访两路站长，他们立刻答应我们的请求，并云倘慰劳品到平时，即行通知。归途改乘公共汽车，沿途得领略北平乡间景色。

傍晚记者先生来拍照，上海妇孺团陈波儿一批人也见访，他们是刚由塞外归来，告诉一些关外过去的慰劳情况，使我们得到一个分配慰劳方法。当晚就和谭女士计算，共有多少食物，大概每个兵士可以有三十块饼干、一盒面条等等，计算得非常清楚。

二日早上，应蒋女士约去清华参观。清华是国立大学，由美国退还的庚子赔款来办的，经费充足，建筑非常伟丽，单就完善的图书馆、科学馆和体育馆而论，非南方各大学能比拟的，女生宿舍，整洁肃严，可惜有点外国化。

绕了清华一周，就往燕京大学兜圈子看了一看，然后往颐和园参观，二块大洋一个人的入门费，门券昂贵也是惊人。提起这颐和园，是当年逊清西太后提用海军费来建筑的，拿了国防费来修私人娱乐场所，莫怪清代灭亡，此时已露征兆了。

由颐和园到玉泉山，佳境迥异，山径纡回，水声细细的响流，与松涛风声相唱和，颇有无限诗景。谭女士忽发长嘘，很像有无限的感触，在那边徘徊不止。玉泉山确是使人留恋，我们坐至黄昏时，方回清华。

三日在清华早饭后，乘校车进城，因为下午有北平女青年会、妇女社会服务促进会、各界妇女绥战救护慰劳会三个团体欢迎我们，所以不能不入城赴会。

会场在女青年会，我们实行新生活，进〔准〕时出席，鬓影衣香，一屋子的小姐、太太、先生们，握手问好，空气热烈。半小时后，陈波儿等也来了，用点心后，即由主席致欢迎词，京方由我代表致答谢词，上海方面由陈波儿报告出塞经过，最后由王夫人、廖凤显先生等报告当长城之战时，他们曾在敌人飞机炸弹之下去劳军，用他们自制的大饼援助前线将要绝粮的忠勇将士，增加他们勇气不少。王夫人绘影绘声的演说，使我们对北平妇女肃然起敬。

四日与朱女士去参观北平图书馆。该馆外层建筑系宫殿式，但内面却有点西洋化，在中国有这么一个好图书馆，还是第一次见到，不但外表清洁整齐，而管理极好，藏书丰富，图书馆后面设有饭堂，饭费二角一客，便利读者，这样设备周至，为外国所无，可惜为时间所限，不能在那里多多研究。

下午参观故宫，先由西门入，经御花园，园内楼亭冷落，草木萧条，昔人描写皇宫内院，有人间天上的美丽，现在一看，觉得反不如南方寻常百姓家的快乐自由，今日不来，几为古人所欺。宫门深似海，路境〔径〕环回，不是路标的指示，几乎要迷在宫中。游遍了六宫，宫内繁华已无痕迹，只剩下的蛛丝挂角，宫巷生苔，再找不出当日的“鹦鹉前头不敢言”的宫女苦况，使人感想到这个朱红碧绿的深宫，是深锁娥眉的大牢狱，埋葬不少红颜佳人，倘不是专制推翻，这批女子何时方得自由。

由当日百官朝见必须经过的午门进去，参观文华殿陈列的古董，五花八门，珍奇罗列，足以表现昔日帝王家的富有，可惜我不是考古家，没有细细的赏鉴。武英殿的几个百鸟自鸣钟，确是罕见，当时钟一响，百鸟飞鸣，据说是鸦片战争以前，英国送来的。

太和殿是当年帝王临朝处，殿门外百余的雕龙白石阶级，据说当时百官朝见，都按品级伏首阶前，不敢抬头观望帝王的颜色。帝座是一张大紫坛雕花黄缎垫椅，虽然坐下去，不见得如何舒适，但椅后有一张缕〔镂〕花金龙围屏，则显得庄严美丽，当日的御容缥渺，受万人朝拜，专制帝皇，如今安在哉。

五日晨，已得杨段长和康站长的电话，说慰劳品已运到丰台，明日可运往归绥，我们因此大忙特忙了，将寒衣、物品添置停当，好好休息了一晚，明晨偕决意和我们出关的蒋思钿女士和吕晓道女士一同首途。

五　平绥路上

我们一行四人，乘八时的火车出关，曾见着驰名世界的万里长城，像长蛇般的蜿蜒迢递，巍峨壮观，工程伟大，当年秦始皇希望凭着这一条长城便可避免胡人的侵扰，讵知到了现在，长城已失了效用，仅供后人凭吊而已，我不觉低念“但使龙城飞将在，不教胡马渡阴山”。希望全国人民都成为飞将，哪怕胡骑纵横。

由北平至张家口车行约五小时，车上生活不像以前那么寂静了，巴车长知道我们是出关慰劳的，特来告诉我们一些过去的×邦人士的趣事，他说：“在百灵庙未攻下之前，×邦人士在平绥路上，趾高气扬，横行无忌的走私；迨百灵庙攻下来了，他们便一改以前狰狞面目，甚至检查出的白面鸦片，他们都不敢承认是自己的。至西安事变，蒋委员长蒙难，彼辈乃故态复萌，并大放厥词，使人痛恨；及至蒋委员长平安出险，他们却又改换了神情。”我听到这里，想起“人必自侮，而后人侮之”这句古训，确有至理，所以只要我们能团结一致，外人怎敢欺侮。后来他又说：“我再告诉你们关于收复百灵庙后的两件快事：（一）关麟征一师新移防至阿拉萨，那里早有×国人的特务机关设置，我方军队就通知他们即日离境，但藐视我国之×邦特务人员，置通告不理，而忠勇的关师长毫不表示退让，并迅速用兵将该处包围得水泄不通，不但行人不能来往，即物件亦不许进出，一面并告诉他们说是来保护的，结果×邦特务人员，见了我方的强硬态度，也只好垂头丧气的卷着铺盖自动撤退。（二）有一次一位×邦人，乔装了一个青衣小帽的中国人往北行，后来给我方发觉，检查身上并无护照，因此由宪兵将他押送到平，在车上他大发其牢骚对我说：‘你们中国人，现在太不客气了，现在拿枪对着我押解。’于是我答他说：‘对你太客气了，我们用兵在保护你呢。’”巴车长说完了，我心里感觉非常的痛快，从这两件事看来，只要我们理直气壮，还有什么事不能办呢。

六　张家口市征袍

张家口是察哈尔省的重要商镇，近来为×邦人士贩卖毒物的要区，所以在下午一时到达张家口时，也有不少的×邦男女随着下车。

我们送赠前方将士的一千五百件皮大衣，是由冯夫人托察省杨厅长代购，所以我们不能不在此停留，检收皮衣及交涉运输事宜。巴车长非常热诚，引导我去谒见余段长和孟站长，他们都一致允许襄助我们。旋乘察哈尔饭店的汽车到该饭店休息。午饭后，预备去拜会杨厅长，并先去电话通知，适值他出席会议，派了一位李先生来代表领导去点查皮大衣，而使人大失所望的是我们心目中希望的皮大衣，却变了一张一张的皮统子，堆积如山的放在一个栈房里，皮衣的好坏姑且勿论，但是这样拿到前方去，等于废物，兵士怎么能穿，经我们讨论结果，再三与商人磋商，并晓以大义，彼始首肯以二元半的价钱加做灰布面子缝成一件一件的军装皮大衣，晚上和他订好了合同，尺寸、日期开列清楚，因为经费的关系，决定由一千五百皮衣中，选购一千二百件，方合款项的数目，而从中帮忙的李庶务，也费了不少的气力。

当晚杨厅长来访，我们代表大会向他致谢代购皮大衣事，他告诉我们选择皮革方法，承他允许这一批慰劳的皮衣，免税出口，给予我们不少的便利。

皮衣堆积如山，我们检选时之情况而摄

寒风刺骨，沙尘蔽天，这是张家口的特色，不平的沙路上，却分开驴马车与洋车的行道，这可使人称赞交通管理的得法。该地居民稀少，四面皆山，且随处笼罩着寒气，在第二天早晨，我们一行四人，冒着风沙去商人家里大院子中站着。我等俱用大毛巾蒙了头，纱布蒙了嘴，然后将皮衣一一过目审查，好的即令工人盖上了会印，放在右边，不好的放在左边，由早上挑选至黄昏，在雪地里足足站了一天。我两只脚冻得连知觉都失掉了，痛又不是，痹又不是。这样严格的挑选结果，只挑得一千一百件，乃约次晨再来挑选一百件，补足一千二百件的数目。

入晚，蒋女士的未婚夫陈先生已由北平赶来，预备和我们一同到归绥去。当晚，陈先生的朋友李德新先生请食晚饭，并陪我们参观张家口市。此时岁已云暮，家家户户都显露着筹备废历新年，桃符都换上了鲜红颜色，向来对废历年不生兴趣的我，也增了一点思家情绪。行罢归来，而三十五军驻察主任已派了萧参谋来访问我们的行期，预备通知归绥方面，但我们抱定不受招待的宗旨，坚未肯实告行期，只向他致谢而已。

八日早晨我醒得特别晚，因为昨夜×邦人士在隔室呼卢喝雉，抽大烟，通宵达旦，影响我不能安眠。谭女士因为要写致本会的报告，便留在旅舍里，我和吕女士再去商人家挑选了一百件皮衣，然后和蒋女士、陈先生游览张家口集。出大境门，城门上有高维岳所书“大好河山”四个大字，笔力雄伟，可惜字旁与城垣上，贴满了“中将汤”、“胡子仁丹”、“味四〔の〕素”等招贴。这里是汉蒙商人每年三四月间在此赶集，许多商店都有汉蒙字合并的招牌。现虽是深冬，也有不少的乡人在这里预备新年物品。

从未见过［的］驴马两轮的轿车的我，为了好奇心所驱使，坐上去拍了一个照。这里的主人和蔼可亲，每个人的身上大都披着一件光板的老羊皮衣，头带皮帽，但皮的颜色，已由白而变黑，由黑而变成灰色了。集上风景，真是一幅关外的画图，地形险要，西面是长城之一角的大境门，东南面有起伏的山峦，北望则一片平原，为蒙人来往的孔道，我们站在路上拍了一张照片。日已中午，蒋、陈两先生又同往游鱼儿山，我和吕女士则返归旅舍，见谭女士正在埋头伏案的写日记。

七 到了归绥

下午辞别了张家口，乘三时火车，向归绥前进。平绥铁路办事人员，非常尽职，虽参谋长来，亦不肯将我们已订购五个卧铺给大官员占领。后来我们到了车上，三十五军张参谋长夫妇与谭女士相识，因此让了两个卧铺给他们。我因前夜未能安眠，且抵不住寒风，得了感冒。

九日早上四时车到归绥，天尚未明，寒风小雪，冷气迫人，我一离车厢，喷嚏像放连珠炮似的惹得他们都失笑。张参谋长嘱咐来接他的官员尹先生招待我们，因此我们方明白归绥城是没有商营汽车，车站上并无专车，旅馆中人也不来此接客，倘非遇见张参谋长，那只好一行五人坐在站外等待天明，幸坐着张参谋长的大汽车（有点像公共汽车）送我们至西北大旅舍①。

八 大北旅舍

大北旅社四个字，时常在报端见着，在绥北是有名的旅舍，但是我们住的房间，小得像豆腐干大，横头放一张可以睡六七人的大炕，炕边还设一火炉，煤气熏人难受，且房内已经给家具塞满，哪能再容行李和我们插足，一行五个人，坐立均感困难，只好站在房门口。省府招待齐先生向我们说："你们为什么不早日通知，让我们准备欢迎，因为归绥近来旅客很多，如不预先订好，很难有房间，这所房子还是预先为张参谋长夫妇定下来的呢。"我们当

① 似即下文的"大北旅社"。——整理者注

将不受招待宗旨说明，请他不必客气，他站了几分钟，也就道别而去。

我们的问题来了，房子一间，男女共五人，不睡吧，又没地方坐待天亮，睡吧，又无办法安置那一位陈先生，商议的结果，请陈先生睡炕的东头，并且在当中放一个箱子，然后蒋女士和我们在西头，将铺盖打开，和衣躺下。我因头痛鼻塞，更睡不着，加以他们咕咕呱呱的谈笑，虽然声音很低，也扰得我无法安眠，不得已乃大声的请他们肃静些。可是他们的谈笑越发变本加厉了，像淘气的孩子一样，我有点生气了，吕女士说："好，就不谈话，谁再说话，你就拿起鞭子鞭他一顿。"这么一说，又笑起来了，足足三十分钟后，方始入梦。

醒来的时候，已是日上三竿，八点多钟了，我们预定先去谒见傅主席，然后出席军民联合会及查点我们的慰劳品，并决定请蒋女士倍〔陪〕我去见医生，因为蒋女士在归绥执教两年，地理、人事，都颇熟悉，议妥后，即乘人力车向新城出发。

九　访谒傅主席

归绥分新旧两城，我们住的是旧城。旧城在绥远有悠久的历史，主要商贩咸集中于此，可以说旧城是该地的商业区域。新城名"归化"，清时始设立，为将军驻节的所在，现在省政府及各公共机关都设在此，可以说新城是该地的政治和住宅区了。两城中有一条大马路贯通，我们往新城，就得沿大马路行，路面是泥石做成，开有明沟，路之两侧均植有高达三丈余的树木，深冬叶落，更显得萧索清幽，加以来往的人，大都骑牲口代步，更看不见一辆风驰电掣的汽车，而成群的骆驼输运物品，使人感到关外异样风光。

省府房屋是一个半新〈半〉旧的古式衙署，门房通报后，便引我们至招待室。省府招待组长杨慎五先生、军民联合会的王委员宪之，及齐先生均来招待我们，并且说："已经派汽车去接你们，不料你们已先来了，真是招待不周。"并且告诉我们慰劳物品已经运到了，请我们去检查。旋一工友来传说，傅主席有请。当由王委员陪了我们进去，在一间西式陈设客室里面那位闻名中外的剿匪英雄已出现在我们的眼帘中，高高的身材，莲子面，鼻高口方，眉如卧蚕，配上一双神采奕奕而带威严的眼睛，满面和气，笑容可掬的与我们握手道好。如果不是他穿一身灰布军衣，我真猜不出他是一位军人。我和谭女士当即向傅主席代表京市妇女致慰劳之词，并报告带了多少慰劳品，请示分配的方法。傅主席非常谦恭，他说"守土是军人的天职，京市女同胞这么热心爱国，不辞劳苦远道来慰劳我们，十分感谢和惭愧"等话，后来谈及归绥情形，和昨晚军民联合会招待主任纪守光不幸被人刺死，言下不胜感叹，旋又说了些归绥军人状况，及怎样分配慰劳品的方法。傅主席又与蒋女士谈述归绥过去教育情形，并嘱咐王委员招待我们。约谈半小时，我们始辞出，在招待室又与杨组长诸人讨论行程和如何分配慰劳品，并定今日下午慰劳伤兵，明日出发往百灵庙①等地，商妥后，王、杨两位即陪我们到省府对门的军民联合会办事处。

院子里堆满了一堆一堆的慰劳品，食的也有，穿的也有，形形色色，不一而足，这都是各地方寄来的慰劳品，其中最使人注目的，就是十条广东甘蔗，在此地人视之，也算是珍品吧。

叫人十分诧异的，就是这些慰劳品为什么在这里堆积而不发

① 后文又作"百林庙"。——整理者注

放，后来有人告诉我们说，因为慰劳品种类不一，如果不够分配，宁可待至各物数量能敷分配时再发，借免重此轻彼之嫌，这是军民联〈合〉会分配慰劳品原则，颇有道理。现在已经分至第三批，我们的慰劳品，也堆在这里，幸喜赠送傅主席的银球，与赠达密凌苏龙的银盂都无恙。我们旋与该会办事人站在慰劳品前摄一影，以留纪念。

杨主任等请我们吃午饭，先送谭女士等至绥远饭店①，然后齐先生与蒋女士陪我往归绥有名的黄医生处诊病。黄医生劝我休息两天再起程，但是我只要身力能勉强支持，不愿中断职责，所以要求他多给一点药，带在途中应用。

十　归馁饭店

归绥饭店为归绥官商合办的饭店，楼上房间约二十余间，楼下有饭堂和电影场，设备较西北饭店胜一筹，旅费二元一日，中西餐均备。我们便决定移居于此，而陈先生与蒋女士则移住其友人家中。

午饭是西餐，饭菜可口，在西北一隅的归绥，得尝到中原的口味，倒也难得。陪客有齐、王两先生，彼此谈些外患内忧问题。谭女士谈锋甚健，说到愤慨处，刀叉与面包齐飞，以示其慷慨激昂，闻者莫不动容。

饭后杨、王、齐三位陪我们至军民联合会取慰劳品，一箱饼干，一箱面条，一箱糖果，闻说伤兵生活比前方将士优厚，故罐头牛肉留着带往前方。

① 似即下文的“归绥饭店”。——整理者注

在运输慰劳品的汽车未到之前，我们便乘空先往访傅主席夫人。这是我到归绥后第一次遇见的妇女，由新城跑到旧城往返两次的途中，而碰不到一位妇女，这是多么使人惊奇的事。

傅夫人是一位雍容端庄，具有中国古代美人的仪态，装束朴素，谈吐雅致，招待我们甚为殷勤，她说："你们真热心，不辞劳苦远道来此慰劳，各将士们是多么的兴奋和感谢。"后来彼此又谈些关于百灵庙克复的前一夕事，她说："傅主席在当时通宵未寐，以电话指挥军事，等待捷报，直至百灵庙攻下后，方才休息。"这种与前方将士共甘苦的精神，至令吾人佩服。

最后傅夫人和蒋女士话旧，她们有师生之谊，半小时后始辞别，傅夫人还殷殷的致嘱王委员明晨出发时，须挑选一辆好的汽车，和能干的车夫，以免中途危险，一片招待热情，使我们非常感激。

十一　慰劳伤兵

汽车已经准备好了，是一辆公用车，半节坐人，半节放物，因为军民联合会工人少，搬运物件颇费时光（有二百盒饼干，二百盒面，一百包糖果），因此我们只得亲自动手一包一盒的搬上汽车，而该会职员便也不好再袖手旁观，于是都来帮忙。

刚要起行时，王委员手执傅主席的请帖来了，说是今晚在省府设宴为我们洗尘。我笑向他们道："这样倒不是我来慰劳各位，却来受你们的慰劳了。"于是我们也决定借此次宴会代表京妇女界献赠银球于傅主席，以示慰劳而留纪念。

省府派齐先生引导我们去慰劳伤兵，在归绥共有两个伤兵医院，以前共有伤兵六百七十余人，因先后告愈，回前线继续去抗战的约五百人，现仅有一百七十余人。第一伤兵医院，在第三小学内，有伤兵八十余人，大多数是反正归来的部队，在大庙一役，该部队反正时，给敌人用飞机追击，奔避不及而负伤者。

车至第一医院门前时，该院院长和几个职员，早已站在门前欢迎，由齐先生和陈先生代我们照料搬运慰劳物品。我们便先随院长入院参观，时有好多病创将愈的战士们，还在院中散步，都用着笑眼看着我们。病室都是由课堂改充的，兵士们的病室里都排列有十余张短足病榻，军官们则二人共一房间，各病室里的陈设，均整齐清洁。

散步在医院中的病人回病榻后，我们即亲往一一抚问为国效力之受伤士兵，随即分发慰劳食品。在两间轻病室内，并向各士兵解说慰劳的意义，他们都盘膝坐在病榻上，侧耳听讲，病重的人则卧着呻吟，有两位因伤重将腿锯去了半段，面色苍白，连话都不愿说，仅向我们点头示意，这种凄惨悲壮的景象，使我们沸腾了热血，增加了复仇决心，不觉热泪盈眶。

剿匪伤兵医院则设在正风中学，借了几个教室做病房，伤兵情形，比第一医院略为重些，每间房里有七八个伤兵，或坐或卧，都在榻上安静养息。

我们至剿匪医院时（即第二医院），适院长外出，由某副官招待，我们即向每个伤兵慰问，并分发物品，轻伤的兵已能和我们谈话，有一位兵士当我到他榻前时，他马上立起来向我致敬，接受礼物，我要禁止他也来不及。我向他慰问时，他说："受一点伤，没有什么，为国家打仗，是男儿的应分，是军人的天职，你们不畏劳苦，不远万里而来看我们，使我们感谢和惭愧，现在我只希望早日全愈，再到前线工作。"言下非常激昂。这番话是多么忠勇，不知道惯于逸乐的后方人们，听见了将作何感想。慰问毕，在归途中与齐先生谈及白药的用途，他告诉我们说第一医院的院长中西医术兼长，劝我们将云南白药交他试用医治伤兵，我们就决定送他两瓶。

十二 赠献银球

慰问伤兵后，时已薄暮，夜神之翼，已展向人间，齐先生怕我们迟误出席傅主席的宴会，即一直送我们到省府招待室，稍息即抬了中国妇女爱国同盟会赠送傅主席的大银球，到主席招待室，时上海妇孺慰劳团已有八九人先到，还有曾秘书长、王委员等。傅主席见面就慰问我们说："你们今天很辛苦了。"后来和上海慰劳团彼此互通款曲，方知上海妇孺慰劳团都是大学生，还有几个是华侨，连普通话都不懂，我就和他们打起家乡话来。

银制的一个地球上架一架战斗机，由我和谭女士代表爱国同盟会奉赠给傅主席，由谭女士致敬词。傅主席答词是："守土为军人天职，这次剿匪，论战功是谈不到。总之我们在蒋委员长暨阎主任领导之下，当努力为国家奋斗。"言时慷慨激昂，不失为大英雄本色。

入席后，傅主席起立把杯，代表他们将士，向我们致谢慰劳，同时我们也起立向他们及前方将士恭祝胜利，并祝中国前途的胜利光明，觥筹交错，盛极一时。席间谈话，问题极多，述及西安事变，傅主席很慨然的说："倘若不是西安事变，你们这次慰劳不止仅到百灵庙，还要更去远的地方，幸喜解决迅速，否则，中国前途当不堪设想，也许变了西班牙第二。"我们听了，同声感叹。后来谈及现代青年的思想问题及绥远建设等问题，傅主席说："因为这地方很清苦，薪金很低，所以很难请到有学问的人来边塞服务。"聆语之下，觉傅主席不愧为一地方领袖。他对于地方出产及绥远人民生活，十分清楚。据说该地在三年前，一人生活费月需不过三元，现在每人月费十二元，尚感不足，该地生活程度提高，文化也同时进展，听说百灵庙的矿产，足够中国五百年的用途。

散席后，我们辞出至招待室，再与杨主任等商讨明日下午一时出发行程，和决定物品数目，商妥后，用汽车送我们至西北旅社，即检点行李，搬往绥远饭店。

十三 整装待发

昨晚因饭店内电影场人声杂乱的影响，至十二时后始能安眠，故今晨起来时已是八时。旋有归绥记者李先生来访，询问慰劳品的数目和往慰劳的地点等情形。昨日遇见的香港道字总社救灾团代表陈梦因，及香港米行公所主席杨永庥二先生亦来访，边塞遇乡人，所以特来照料协助，告诉些关于出塞的经验。他们都说：“百灵庙很冷，我们岭南人更受不了，应该购置‘摩登加’靴子(毡靴) 和狗皮袜，方能保持足部的温度。”并承杨先生陪我到市上去一家一家的敲开店门询问，因为岁届迟暮，明天就是阴历丁丑新年元旦，许多商店都不做生意了，好容易才问着一家买到几对摩登加毡靴，和狗皮袜子。说起这对毡靴，式样真难看极了，很像一双泥靴，颜色黄白，是粗羊毛织成，厚约二分，穿起来行走生硬，后来拿斧头用力在靴上敲几下，才能行动自如，闻说这种靴的制法，出自俄国，由外蒙传至归绥。

出发绥北前之合摄，人与征车

行装以简便为目的，各人仅带铺盖一个，并合带一小提箱，其余行李，则存在旅馆里，载我们前往的有三辆汽车，两辆载行李和物品，一辆供我们乘坐，临走时，方知道还有一位王参谋随同我们到前线去测量，省府并派王宪之陪同前往。

下午一时准备起行，我们早将长衣脱去，换上关外戎装，头带飞机师帽子，身穿老羊皮的军服式上衣，老羊皮的马裤，足登毡靴，我想关友中人〔关中友人〕看见我们这个调儿，也不容易认识这一批征人了。在出发前，陈、杨两先生都给我们拍照。

二时正离开了绥远饭店，一行七人，浩浩荡荡，出发边关，城外的卡口，有两个警察截着盘问着我们往哪里去，载些什么人，以及车夫名字，均由王先生一一明白覆后始放行。

十四　塞北劳军

在塞北地方，由归绥至武川九十里，由武川至百林庙二百四十里，另一路是由武川经乌兰花合乐（黑老）、四子王府、大庙子而至百林庙，程长三百八十余里，沿途的险峻，首推大青山，这条北谷口，差不多四十里，山后都是一片平原，地广人稀，为牧羊放马的所在地。

大青山

车行三十余里即望见大青山。大青山是阴山的山脉，也是绥南、绥北的交通要道，绵延起伏，峻峭矗立，山巅的积雪被阳光映射，灿烂夺目。蒋女士指着山旁立着一个绛色的山峰说，这是"桃花山"，因为它经年都是红色，故以此名之。红白相映，使人回念江南的白雪红梅了。沿途山鸽飞翔，成群遮道在山谷里回旋，点缀山景，好似一幅天然图画。我不觉顺口填词一阕叫《减字木兰花》："寒云叆叇，万里劳军初出塞，冷满青山，野鸟翩翔啄雪闲。陡崖风扫，险径崎岖冰结道，回首关中，已隔云山几万重。"

车至北谷口，停车散步并摄影，同来的货车，已有一辆落后，我们不能久待，乃继续前行。攀崖越坡，山径崎岖难行，过蜈蚣坝时，更觉山路陡险，使人捏一把汗，生怕汽车一不小心，变作鹞子翻身，坠入山谷里。这样的石崖险道，约行十里左右，始进入较宽广的山溪沙石混杂的大道。

武川城劳军

将至武川城已是黄昏时候，天公恶作剧，霏霏的小雪，旋变作飞花大雪，汽车冒雪越过两重战壕后，边塞的古城，已在目前。守们的卫士，拦着查问，也由王先生说明后始放行。

汽车直驶至武川县署，由保安分处长郭振东招待我们。至第四进院子一间房里，旋董县长万程也来了，连说："你们辛苦了，天又下雪，受冷吧。"并殷殷招待。略事休息后，我们即携了在归绥购来的鞭炮，去军营访候刘团长及各军官。时满街铺着白雪，洁净无尘，家家户户均闭门上灯，度其守年的生活。到团部时，适值团长巡防未回，由谢团附兰恩招待我们。谭女士说了一遍代表慰劳话后，即请他派人去运慰劳品，并将鞭炮送给各兵士在团部院里放起来，一时欢悦气色，充满了团部。当谭女士和兵士去运送慰劳品时候，我即询问谢团附关于当日攻百灵庙时的战情。他说得非常精彩，娓娓动听，使人兴奋不已。旋慰劳品运到，我们遂辞出。

回至县署已是七时，饥肠雷鸣，而县署却在李家饭店预备晚饭，我们只好冒雪再行。这个有名的饭店，客厅里只设有二张炕，别无椅凳，而炕上已有几个人围着吃喝。店主虽彬彬有礼，还让我们上炕休息，我们终感觉坐立都不便，只好闲行参观。八时半，拿来两盆牛羊肉和热馒头，馒头颜色黄中带黑，粉是粗得异常，我狼吞虎咽的吃了六个，后来给人家当作笑话。

再回至县署，郭处长和县长都来闲谈，我由县长口中知道武川县现已办乡村训练，共有一百三十七乡，人口共有十六七万，受训乡民有六万余人，民风朴实，按武川在归绥算是富庶的县份。

县长走后，团部派了梁文贵军需来招待我们，并视察我们的住处如何，并代刘团长请我们明天食午饭，届时所有下级军官均将一律参加，后来谈及塞地严寒，他就告诉我们关于兵士冻死的状况，有许多弟兄因为受了严冻，身之下部就不能立起，且下身缩小，两眼昏花，见雪反以为火，及至发狂笑时，即已不能救治而死，现在对于受冻深的病人，尚未有若何的方法救治。

后来他又说起一个兵士守涿州的一段有趣的故事。他说某日敌军已攻陷涿州城之一角，守那一角的兵士，伤亡殆尽，只余一个兵士了。这兵士便伏在尸中向敌人拼命的掷手溜弹，卒将敌人杀退。当天该兵士即连升三级，并得赏洋三百元，第二天他便把钱输光了，连衣服也都输去，拿了老百姓的长衣穿上。后来给长官知道，便将他连降三级，至今还是一个士兵云云。谈至夜午，梁、陈两先生始辞去。

窗外春雪已停，而鞭炮声和儿童的欢呼声，一片除夕景象，呈现在目前，乃填词一阕以寄怀，《南歌子》："椒酒深香醉，寒光满枕边，塞中征客待新年，懊恼听残城鼓不成眠。惆怅军笳动，生憎爆竹传，谁家室篆袅微烟，惹得思家情绪上眉尖。"

第二天是丁丑元旦，刘团长早上来访，适我们未起床挡驾，未几复派人来催请。我们一行七人，同至团部，见着几位攻克百林庙时身先士卒的英雄。刘景新团长，身材高大，圆圆面孔，眼光威肃，对人和气热诚。其次一位是张振基营长，说话时口角带着笑容，长方面孔，充满了诚实颜色。再次是韩天春营长，身高体瘦，长尖面孔，带着军人的威风。其余景彦清营长，和李维业、谢兰恩两位团附，都是英气勃勃，近代军人的典型。我们还未向他们致慰问，而他们却先向我们慰问旅途辛苦，并共谈当日的壮举，莫不兴奋，更在阶前拍了几张照片，还并请他们题字，刘团长复赠各人一本战利品的书。

入席后，介绍我和谭女士与各连长、排长相见，我因感冒未痊，请谭女士代表向他们说了几句慰劳和鼓励的话，并举杯共贺元旦，并祝他们康健与国家的胜利，后由刘团长欢送我们至县署，并劝我们暂住，盖恐沿途积雪，驶车危险，但我们前进的心也如他们军人一样的勇敢，决意前行。幸昨日迟来的货车，今晨已赶到，可以带至乌兰花，王先生再以长途电话嘱托杨主任另用车运慰劳品往大庙和百林庙，在下午二时始辞别了武川城。

合乐

沿途积雪，地白如银，阳光黯淡，三数野羊如〔加〕几匹牧马，出没于连天的平原雪草间，经过两处民团的战堡，方至合乐(黑老)。此地为石玉山旅驻防，他们是在大庙反正，杀敌归来的。这样深明大义，值得敬佩。乃停车访问，适石旅长在归绥养病，由白副旅长子仑接见。我们将慰劳来意说明后，即将慰劳食品交与他们弟兄。白旅长答谢云："我们并非甘心作敌人的走狗，我们是原是相机复国仇，时机一至，即杀了××特务员，率众归来，还我本来爱国的真面目。这样反正，可予敌人的打击，可以惊醒××以华制华、以华亡华的迷梦。我们抱着为民族努力为国效忠的宗旨，并用以答谢各位远来慰劳的热诚"云云。

乌兰花

乌兰花镇，在百灵庙攻下后，敌人在十二月三日反攻，幸为骑兵七、八两团所击溃，现在防守乌兰花的部队，即是当日进攻百灵庙的正指挥孙兰锋旅部，和袁庆荣参谋部。有功将士，我们当然前去慰问，车至土堡时，守兵询问颇严，经说明后始放行，旋驱车直驶区公所，替我们预备歇脚处。

土泥为垣，两扇大门已不知在何时失掉。进门是一个空大场子，靠右有五六间泥房，堆置柴堆和养牛马。左首即是住房，房里一张大土炕，炕旁设有火光熊熊的煤炉，另一端设有大灶，房间设灶，真是奇观，家具简陋。他们进房便忙着休息，我却跑到隔壁主人家里参观。主人是一个三十来岁的人，脑后还拖着二尺余长的辫子。他的母亲是一个七十余岁的小脚妇人，身体却很康健。他们对于我的装束，颇为惊讶，也如我惊讶他们一样。我即劝导他们改革，这老太太非常客气，由他口中知道他们是业农，山西人。时室内灶中燃烧牛马粪，气味难受，使我不能久坐。

回至室中，随来的王参谋已偕袁参谋长庆荣（现兼团长）来访，彼此问好，互慰辛苦，原想即偕袁参谋长往候孙旅长，适某副官传说孙旅长出巡未回，乃改订明晨。晚饭后，至袁参谋长部回拜，兼请教当日他们攻克百灵庙的壮烈事。他的大意说，我们将敌情调查清楚，即用骑兵、步炮兵作四面包围进攻。我们目的，不只是取百灵庙地方，目的在为国家歼尽敌人。在二十日我和孙旅长至归绥接受机策后，即于十一月二十四日上午十时，攻取百灵庙。我们因恐动作迟缓，敌机来炸，而我军路途遥远，又无大量汽车输送，缓急不济，易陷绝境，乃分东、南、西、北、中央五路迅予进剿，规定各路信号颜色以资联络。在二十二日并召集各参加部队，长官面授策略，于二十三日下午一时，各方袭庙军队，开始由某地出发。至夜间十时，四一九团已与蒙古营盘之哨兵接触，至十一时后各路部队，已在机关枪声、炮声中进占山口，遂连放各色信号。至四时观察信号，我军皆已进至山内，并在敌方各主要阵地，鏖战至达旦。时值最后关头，指挥乃

攻打百灵庙之袁参谋长庆荣

命刘景新率预备队猛攻敌之东南角，敌顽抗死守。我军奋最后英勇，与敌作生死激战，猛攻六次，卒将东南角击破，同时各队并进，乃于是晨九时始将庙攻下。我们恐敌反攻，一面向东北方进击残敌，一面加紧布置防卫，是日下午三时敌机十架来攻，我们沉着应战，不逞而退。谈至午夜一时，始告辞返寓。

第二天（二月十二日）起来，日上三竿，而团长那里已遣人催请。至团部时，虽不是盛筵，却很整齐，饭后往访候孙旅长兰峰。这位是攻克百灵庙的总指挥，瘦长身材，约五十来岁。彼此相见，都来几句客气话，并谈了些战时的事迹。谈话后我和蒋女士跑到隔室民家参观，有两位小足太太，在炕边灶上烧饭，见我们进来，都客气的招待。我们请他一同拍一张新旧妇女的合照。因时候已经不早，而第三辆载慰劳品车还未来，乃决定请王参谋在此等候，代我们分赠慰劳物，旋驱车西行。

四子王府

太阳晴辉，与沿途积雪相映，更觉人在琉璃世界中。由乌兰花至四子王府四十余里，该地为潘王的府邸，在百里草原中，忽现几所巍峨的粉白金彩楼殿，那真是万绿丛中一点红了。我们停车参观，本拟奉访潘王，闻伊卧病乃罢。王府旁边有两座喇嘛庙，几个毳幕蒙古包，穿黄袍的喇嘛，正在那里大作佛事，铜号声响，乌乌咽咽，凄凉悲切，使人不忍卒听。许多蒙人，都是穿红袍，束腰带，脑后拖着一条长辫，女的是头带缨络，红衣小背褡。可惜我不懂蒙话，未能和他们通款曲，仅与他们摄了几张照片，就匆匆上道。

四望平原，雪盖车痕，车夫弗辨东西，不觉迷途至哈同庙，幸而那里还有一个汉人，得他的指导，依照太阳的方向，寻着大道，已经多绕了十几里路了。

大庙

日已黄昏，晚霞似锦，远望大庙峰尖积雪，一白如银，与云间色彩映射，宝气氤氲，晴晖铄眼。寒风过处，地上积雪卷绕空中，漫天匝地，如烟如雾，很像凌波仙子披层雾壳站在琼岛上，婀娜飘扬，可称奇观，使人俗虑全消，恍惚到了仙境。忽闻军乐齐鸣，原来大庙子守将已得了孙旅长的通知，在山外整队迎接我们。我等乃舍车步行，至山下会见参加红格尔图战事的四百二十二团团长王雷震，第一营营长宋海潮，第二营营长郁傅义，第三营营长安春山，彼此相见问好，并致慰问。我们在军乐悠扬声中进山，稍事休息后，这四位长官，便引导我们参观大庙。大庙原名锡拉木楞，离乌兰花有一百六十里，离百林庙二百二十余里，四望平原，独大庙位居山上。庙旁有五六所喇嘛庙、几间平房和蒙古毳幕。在庙前有几株杈枒大树，我等久历草原，在这儿见着大树木，好像回到了江南。庙之建筑不像南方的庙寺，也不似北平的宫殿，它独具一个格式，粉白庙墙，庙顶与庙之上端均为黑色，遍画图案式的金花，衬着朱红两扇大庙门，庄严清净，看不出战后创痕。庙内更华丽了，墙壁上偏〔遍〕画佛像，地上铺着黄色地毡，两旁排列着三十余张黄缎五彩垫子（是喇嘛坐位），正中供一尊金身大佛，法相庄严，佛之两旁悬满了精工刺绣的佛幡宝旆，佛前置一盏油灯，给微风吹得灯影幢幢，香烟缭绕，益觉肃穆。红衣喇嘛请我们上羊灯，说可以祓晦增祥，先用一枝燃着的香，将羊油小盏灯点着，然后将香插在佛前，于是各人都照着上一盏。

行遍几个庙，陈设都是相同，旋至毳幕包中，把酒围炉，谈当日红格尔图的战事。这时王参谋已代我们押送慰劳品来了，饭后在庙前，由王团长召集许多战士与我们相见，并请我们讲话。我们的演讲大意，不外宣扬中央德意与慰劳，鼓励他们，某连长的答辞非常雄壮，大有以身许国、马革裹尸的气概。

我们的寓处，是喇嘛僧舍之一角，为谢专员的卧室，现让与我们居住。这位谢先生，是汉蒙交际专家，善蒙古文学语言。他告诉一些关于蒙民风俗，他说：“蒙民只许妇女进庙烧香，却不许居住，为的怕破坏风水，现在大庙能居留的女子，你们还是先锋。”由此看来，蒙古的妇女在家庭，虽然有很大势力，但一般仍存有歧视妇女的心理。室中三面，皆置大炕，无立足之地，我们在室内畅谈时，均盘坐炕上。是晚集谈，痛论国事，同来的王先生有许多疑问，我们一一加以解答，我并详说了三民主义的真谛，借以增进他们对党国的热情。

第二天（二月十三日）早上，寒气袭人，安营长命人牵了几匹蒙古马给我们试骑，旋往团部聚餐，王团长并在我们纪念册题诗，他不但上马能杀贼，下马也能草露布。

由大庙至百林庙还有二百二十余里，沿途没有村庄，且雪后路途异常艰险，不能不及早登程。在临别时，王团长说：“我们与大庙共存亡，你们听到大庙的消息，就是我们的消息。”这样慷慨激昂，使我们兴奋的在军乐声中道别，而陈、蒋两先生因事折回归绥，与我们分道而行。

草野平原已成冷天雪地，重裘不暖，真是呵气成冰，“寒光昭〔照〕铁衣”的诗意，现在却领略到了。车行颠簸，几次濒危，幸车夫敏捷，避险就夷，到达望见百林庙山峰时，已是黄昏时候。

百林庙

百林庙四周是山，穿山至庙，有九条路可通，俗名九龙朝庙。还有溪水一条，名唤塔尔红河，穿山绕庙而流。水深不及尺，宽十数步，可涉足渡过，冬季是冻冰如平地，可行汽车。在蒙中得水不易，此浅浅的河水，蒙民视之为生命源泉。庙内共有三千余间屋宇，在河东有三百余家汉人，在此经商，现在战后荒凉，迁徙几空。

我们车由西南角进，即当日四二一团以钢甲车数次猛攻而下的地点，凭吊战场，心里不胜感叹。沿途的战沟给雪遮盖，军事设备，非常人所知。驶车一不小心，容易陷于险地。在离庙五里前，已有哨兵下山诘问，经几次的阻拦，方进至山口。最足惊奇的是哨兵出没像飞将军，从天而降，经我们几人的眼光探视，都研究不出他的藏身所在。

绕女儿山跨过塔尔红河，直驶庙中心地点，至补充第一团刘效曾团长办事处，时已入夜。刘团长招待我们在团部客室里。刘氏现在是镇守百林庙惟一的长官，也是曾经猛攻百林庙西南一角的英雄，在晤面时，觉得他有点旧式军人的风度。晚饭后，谈话当中，他口若悬河，国家大势，了如指掌，不愧为一员能征惯战的名将。

夜寒如冰，当我们辞归至寝室时，见两个兵士在我们屋顶上站立守卫，中宵在屋顶彳亍的行动。我们见他两位在寒风中站立，乃对他们说："你们太辛苦了。"他说："我们久惯风霜，不觉辛苦，你们冒这么大冷，老远给我们带东西来，那才辛苦呢。"我又说："你们这次替国家争光不少，我们应当慰劳的。"他又说："那算什么，保护领土，是军人本分。"

第二天（二月十四日）天微明，即起床，严寒迫人，有些战栗，虽有火炉，但仍阻不住寒气。军号数声，战儿齐集，刘团长请我们与各战儿相见，我代表京中妇女向他们致慰劳词，在讲话当中，看见各人的睫毛和鼻下，都成一片雪白，而军士们身上仅穿一件棉衣御寒，我不忍多说，使他们在冰天雪地中久立。刘团长答词非常恳切。

晨会散后，见着三位营长，第一营营长张虎臣，第二营营长张宏，第三营营长刘得魁，谈了些慰问话，并请他们题字。

早饭后，四位长官陪我们巡视百灵庙四周，战后荒芜，颓垣败壁，喇嘛庙墙上都是炮痕弹迹，密如蜂巢，当日战争的剧烈，可见一斑。庙正中与女儿山相对，据刘团长说："昔日清康熙帝曾驻跸在此，夜听山上有女子歌舞声，故封赠名为女儿山云。"

严冰结冻，四山色白如银，微风吹来，扫面如刀割，我们略为巡视，即与四长官道别，登车回返归绥。道经武川，复遇刘团长，重访董县长。他早备就稀饭、咸菜的殷勤招待我们，使我们十分感谢。稍事休息，即珍重话别，他日相逢时，当在沈阳城内。

天上云如轻纱，青山雪拥，一群骆驼零散的在雪山向谷中行走，这种天然画图，关中人梦也想不到。在归途欣赏奇景，忘记了道途的险阻，越了蜈蚣坝，过了大青山，向前一望，点雪全无，真有"马前桃花马后雪"的感想，到达归绥时，已过中午。

复返绥城

数日来走遍草原，风尘扑面，身上浮尘达寸厚，心想到了归绥后，大可洗尘，不料这里人极守旧，非过中元，不肯启灶，所以我们只好徒呼负负了。

在归绥休息了一日，饭店里因为在新年，工人多已回家，故吃饭都成问题，各事都是要亲自处理。第二日（十六日）往祭阵亡将士墓，并敬献花圈，凭吊许久，始绕道城西十里外往观青冢。

见面不如闻名，有名千古，为国牺牲的美人青冢，原来是一座六七亩的土山，山前立一石碑，上书"汉明妃王昭君之墓"八字，其它还有名人的题咏。想当年马上琵琶的昭君，也想不到现在留下一抔黄土，给人凭吊，不胜感慨系之，"可叹当年无猛将，成就蛾眉报国家"。

十七日，省府派尹先生陪我们往谒王靖国军长。王军长是坐镇包头，曾经参加策划攻克百灵庙的大将，所以特去慰问。辞别后归旅舍，正用午膳时，傅主席作义来代表前方战士答谢，并慰问我们，谈约半小时后，我们并在院中摄了几张照片，以留纪念。

下午分配往绥东慰劳品，托杨主任设法运往平地泉，事毕即往谒董其武旅长，董旅长也是参加百灵庙的战将。归途中并访绥远妇女会陈渔农女士。她告诉我一些该会情形，现有会员百余人，均是学生和家庭妇女，因成立不久，现在工作注重宣传，每旬出旬刊一张。在文化进展的归绥地方，有这样一颗灿烂妇运明星，可为归绥妇女贺。虽然在守旧的地方工作困难，但她们仍很努力工作，至为可钦。谈半小时，始珍重道别。晚上杨主任设宴为我们送行，并介绍林亚平秘书与我们相见。林秘书是省府代表，陪我们往绥东劳军，宴后更往各处辞行。

别矣归绥

十七日早上，行装检好后，即偕尹先生往谒反正军安旅长华亭、石玉山旅长，及骑兵司令哈金甲参谋长。他们不待我们致慰话，即先代军士向我们道谢。我们说些慰劳话后，就匆匆告别。

正午，林秘书偕我们至归绥车站，杨主任等都来送行。军医院长告诉我们说：“日前你们送我的白药，拿来医治伤兵，颇有功效。”在临别归绥时，得到这样的好消息，把离别归绥惜然的心情都消失了。未几，汽笛数声，车轮转动，我们一行四人离开了归绥，载往平地泉去了。

绥东

绥东前线是包括集宁（平地泉）、兴和、陶林、十二苏木、红格尔图等地，在未攻克百林庙前，我方因保守绥土，清剿各匪，于绥东各地，早已设备防御，迨百林庙克复后，敌人虽屡次嗾使土匪王英向绥东一带地方侵掠，但均为我忠勇将士击退，敌人未得寸进。

现在镇守绥东一带地方部队十三军是国军，当他们在南方驻守时，闻战赴援，恰在严冬的时候。他们单衣草鞋，开往前方，毫不畏冷，那种慷慨赴战，决心牺牲的勇敢精神，值得民众拥护和慰问。

由归绥乘车抵集宁时，已是下午三时余，集宁县府早已派人在车站迎候。该站站台虽小，却很洁净，站外既没有旅馆招待员叫嚣声，也没有人力车与汽车抢生意纷乱的情形，任你是富商达官，都得靠自己两脚行走。道路均是沙泥，北风起处，飞沙扑面而来，行人颇以为苦。

到招待所，郭逸波主任殷勤招待。我们稍事休息，就由郭主任、林秘书陪同往候汤军长恩伯。汤军长是中央军有名的战将，现在他坐镇平地泉，绥东有此飞将镇压，敌人何敢越关山一步。

我们至军部时，适值各师、旅、团、营长因事聚集平地泉受训，乃由汤军长和我们晤谈，也很了解我们的思想，纯粹为党国慰劳，不是抱了别的宣传作用而来。当介绍我们向各将官说话，我即代表后方归女向他们致意慰问，并将后方妇女慰劳的热情和希望他们为国奋斗的愿望，一一陈说，谭、吕两女士也对他们说了一些鼓励的话。最后由汤军长的答词，大意是："誓保国土，以尽责任，决心牺牲，以雪国耻。"词极激昂，不愧为忠于党国的良将。

散会后，汤军长命周、郭两主任陪我们去检收慰劳物品，并商明日往红格尔图的行程，慰劳品的分配，除了我们自己带往红格尔图、十二苏木及大同等地外，余均交由他们分发。

晚上在招待处休息，周钧县长来访，由谈话中得知集宁县也是励行乡村建设，注意农村经济，和人民训练。该县共有四十九乡，自驻军开到后，协助民间建筑军事防备，因此军民颇相得。后来郭秘书谈及当日中央军单衣奉命北上抗战，有许多军士，因寒受病了，留在云岗医院医治，正是“出师未战身先病，长使英雄泪满襟”。

红格尔图

第二天（十八日）早上，轻装待发，由军部备了一辆卡车，载人载物，并派了全参谋与省府代表林秘书陪同我们往红格尔图。

由集宁县至红格尔图，程长百数十余里，路途崎岖，虽是一片草原，但车行其上，颠簸得骨痛头晕，有时车行稍快时，人就会如被抛至半天高，再跌回车板上似的，幸亏我们都有铺盖作垫，否则其苦更不堪设想，加以车向北行，厉风刮面，穿两件羊裘，尚不能抵抗寒风。谭女士不堪颠簸，已是晕车躺下，我则屹坐铺盖上与卷地狂风奋斗，浏览那在草原的牧马、羊群，和军事的设备。在绥北只闻呼呼的风声，在绥东途上，则目见刮地而来的风沙，虽然沿途积雪已消，但冷气未减，此行确较绥北为苦。

沿途虽有全参谋同行，但仍不免几次的盘查。车至贲弘，国军倪耀祖团长，已在镇前迎候我们，彼此寒暄后，即相偕至团部休息。这里的房子更不如绥北，光线既不充足，泥地亦不平，坐立均感不安，使我非常感到安慰的，就是团部正中，悬着总理的遗像和党国旗。当他们谈话时，我即跑到民家去访风问俗，并和两位小姑娘拍了两张照，回至团部时，倪团长坚留我们在这里午饭，但我们不愿相扰，为的怕耽误行程，故极力辞谢。再冒风登程，车行九十余里，红格尔图的围堡已隐约可见了。

红格尔图与商都只距离六十里，敌若来攻，瞬息可至，在绥东防地，此地可说是最前线。去年十一月十五日，王英匪曾率五千之众，并有飞机、大炮协助，对此孤悬的红镇猛攻。是时我们红镇的驻军为第六团中校团附张著，仅带了两连坚苦壮烈的部队和民众，严阵对敌。敌人虽猛攻三日，但红镇屹然不稍动，这是军民合作的功效。

车抵镇堡时，忽闻军乐声起，原来他们已得报告，早在镇外列队欢迎我们。我等乃急舍车步行，与欢迎人员一一握手问好。旋与张著团附至镇中天主教堂休息。天主教在绥东一带地方，因宣传得法，故教徒颇众，加以易世芳、邹广孚、庞德义三位神父富于国家思想，对教务非常负责，所以教徒很听他们的指挥。此次固守红格镇，他们协助军民，尽了相当力量，这是值得我们敬仰的。

抵教堂时，三位司铎已降阶来迎，殷勤招待。易神父是一位白发红颜的年高德劭的人，其他两位，都是已过中年、诚实的教士。由他们谈话中，知道此地军民死守一日夜后援军始至，当飞机掷弹时，全镇妇孺，都在天主堂地洞下避难，受饥三日三夜，幸我军坚守，敌人未逞，全镇妇孺亦庆无恙，但民间因参加战争，受伤的也不少。我们并详询了因战受伤的民众名字，决意饭后去慰问。

守红格尔图之骑兵战士于十八日下午于欢迎场上演讲时之情形

他们是受过新文化的洗礼，招待我们午餐，虽然仅是两盆牛羊肉、馒头稀饭，但杯盘洁净，在这穷野地方，饮食有欧西的风味，这是教会宣传的力量。饭后易司铎介绍青年会战区服务团干事王同和，《大公报》记者邱溪映两先生和我们相见，他们是代表青年会来此慰问，并携带了无声的电影，给战后的军民娱乐。

我们将慰劳品（一百四十余件丝绵背心，四箱食物），均交由张团附分给忠勇将士，然后随张团附巡视全镇的军事设备。黄昏时候，张团附召集两连骑兵，在天主堂前，请我们说话。由谭女士代表致慰问和嘉勉词，致答词的是一位连长，大意是誓以身许国以报二万万妇女爱国热情云云。散会后，易主教领我们去抚慰死伤民众家属，及慰勉参加战争的青年。

红格尔图战壕旁两战品用两人之力方能举起，给全参谋笑我们弱力

战堡前我们与张团附合影

有一位李姓青年，是当日敌人来攻红镇时，他曾充作炮手，他说："敌人若再来，再干他一个不留。"他的勇敢精神非常可佩。我们对于死伤的家属，除致抚慰问语外，并给每家现款，以作赈恤，他们都表示兴奋和谢意。遍视全镇的房屋，都满布弹迹炮痕，在天主堂后面，还遗下敌人放下三个未爆炸的炸弹。

夕阳西下，月已东升，全镇军民都往青年会观玉堂春电影，陪着我们的只有两位司铎。谈话当中，知道此地土地贫瘠，生产困难，只有缸〔豇〕豆尚能生长，其余菜蔬均从外方输来，价极昂贵，白菜一斤售价一角，糖则更是宝贵的物品，由此可知此地民众的生活困难了。

全镇人都去观电影，我们的晚饭，乃成问题。谭女士已饿得不耐烦，便先往天生教办的孤儿的女校休息，我则和吕女士出外在月下闲步，遥望战场，月影迷茫，虽未闻鬼哭，但对着这夜寒如冰寂静的沙场，不胜凄然于怀，不觉低咏"红格尔图堡上月，照彻沙场战骨寒"。

夜深电影方散，他们方忙着准备晚饭，然而此时我们已饱尝着战士枵腹从征的滋味了。

第二天（十九日）起来，头重喉干，因为不惯睡热炕的我，辗转炕上，如鱼在釜被煎，一夜未能安眠。至天主堂时，张团附已与两位连长等候着送别。早膳后，我们乘了原车，在军民欢呼声中，离别了红格尔图。

十二苏木

由红格尔图至十二苏木，行程十余里，为回集宁必经之地，也是蒙人正黄旗总管兼绥东四旗剿匪司令达密凌苏龙的府邸。达总管是蒙人中的出类拔萃人物，他深明大义，不甘附逆，不为利诱而作敌人的傀儡，他曾经星夜率领蒙军驰往红格尔图援救，与敌人作殊死战，保存了土地，为中华民族争光荣。这种勋功，博得全国人民的赞美，所以中国妇女爱国同盟会特赠伊一个银杯，上刻“国家干城”四字，由我们代表赠送。

这位达司令是个身材高大，面如重枣，眼有棱光，颏下一绺长须结成一根辫子，态度是十足蒙古军人。他能说几句汉语，向我们致谢，和殷勤的招待。我们请见夫人时，他的秘书赵运享说：“达司令幼公子抱病颇重，夫人要待达司令进去看护时，方能招待各位。”达司令匆匆和我们共摄了几张照就进了内室。

顷刻达夫人增香偕了他的媳妇金刚夫人、达小姐，都出来相见。达夫人和金刚夫人都是头带满缀珊瑚缨络帽，而达小姐装束却非常素净，原来蒙人闺女并不披缨络穿背搭的。彼此执手问好，达夫人不但精通汉蒙语言，而蒙汉文字也懂，达夫人在蒙古妇女中是个不可多得的人才。她说话诚恳，她说：“我们是一家人，千万不要客气。”我们参观他的蒙古包，毳幕中陈设华丽、清洁。是时赵秘书的夫人已偕子女来看我们，他们都是汉人，他赞助达司令已有十多年，运谋策划，对于国家也有相当的功绩。

蒙俗当客人来时，桌上陈设点心是不能吃的，到第二次的点心方能下箸，我们生怕违反他们的习礼，始终没有去欣赏他们的食品。达夫人虽坚留我们在那里小住，但他们正忙着念经医病，何可相扰，寒暄数语后，就在蒙古军欢送中辞别上道。

蒙人习俗，有两个儿子，就挑一个聪明的充喇嘛，现达司令第一个儿子金刚是军人，第二儿子已经八九岁，生得俊秀聪明，已经准备着当喇嘛了。

回抵集宁

车仍由原道而返，寒风未减，归心似箭，道过贲弘时，未曾停留，抵集宁时已下午二时，在招待处稍事体息。汤军长来慰问我们的远行辛苦，乃嘱郭主任陪我们去城外参观军事建筑。午饭后郭主任预备几匹马给我们代步，可惜谭女士因旅途辛苦，独留不往。我们一行五人，鞭丝人影，走马至城外卧虎山一带巡视。战沟蜿蜒，工程巧妙，非经他们指示，几不辨识何处为炮垒，何处为战堡，而且各地守卫森严，如果不是军令许可，闲人不能越雷池一步。立马山头，回视集宁城里，房屋排列整齐，缕缕炊烟四起。策马归来时，夕阳西下，月上树梢了。

汤军长与王万龄师长在集华春欢宴我们，同席的有陈雪中、王毓文两位军部参谋长、集宁守备司令石觉，及集宁民众教育馆女职员高女士，杯筹交错，痛论国事，宾主尽欢而散。

平地泉阅兵

第二天（二十日）九时，我们到军部与汤军长、王师长、张〔陈〕、王两参谋长共乘昨日的卡车到平地泉劳军。

抵平地泉时，军乐齐鸣，我们舍车步行，旅长马励武已在那里欢迎我们。相偕至阅兵场，全旅健儿均集中于此。军乐高奏，我们随着汤军长绕场一周的看视战士们。然后汤军长站在台上，旗门开处，军乐悠扬，一队队兵的步伐整齐，精神抖擞，炮兵、机关枪队、步兵，均向台前走过，每一个战士都是威武严肃。国家有了那么多的勇敢将士，比长城都要坚固，收复失地，不是难事，只要我们全国一致作军人的后盾。

各队伍行归本位时，乐声停止，汤军长向战士们训词，并介绍我们与战士们相见。我代表后方妇女慰问和鼓励他们。谭女士也向他们作简单的演讲。汤军长的答词大意是：（一）国家兴亡，匹夫匹妇都有责，所以现在全国妇女都参加救亡的工作，我们国家增加了这批生力军，国家一定有无限希望；（二）两位妇女代表说后方妇女这样的热情慰劳我们，我们感谢之余，同时非常兴奋，增加努力救亡的勇气；（三）我们应努力收复失土，才对得起我们全国的妇女、全国民众。

语意诚恳激昂，全体将士为之动容。我们最后高呼口号，在军乐声中与诸战士们道别。至旅部马旅长处稍憩，即共乘原车回集宁，出席周县长的宴会。

午饭后赴军部辞行，我们定五时至大同慰问伤兵，汤军长和几位将官都很客气，至车站送行，合摄了几张纪念照片，在军乐声与汽笛声中，辞别了集宁守将。

大同

下午八时抵大同，驻军派副官乘汽车来接，我们至中国银行休息。大同较集宁县繁盛，有很平坦的马路，有闪耀的街灯，屋宇整齐，当到达中国银行休息时，很像上了天堂。

行装甫卸，李服膺师长来访，不待我们致慰问词，见面就先说："你们为国家慰劳，行程万里，太辛苦了，受冷没有？"殷殷的慰问我们。他告诉了一些过去战迹和将来国家应当如何团结御侮，议论切实，确不失为有名儒将。李师长辞去后，林秘书和我们商量了慰劳品分配方法，及讨论往云岗的行程，乃决定请师部代我们预备汽车，明晨携带食品往云岗慰问伤兵。

云岗

由大同城至云岗有五十余里，经一段崎岖道路，越过一条浅水的冰河，气候没有绥东、绥北那样冷，沿途山光水色，秀美绝伦，可惜中途未能停车赏玩。

军医署第六临时医院，在云岗下盖有几间平房，当车至医院时，由一位俞副官招待我们至伤兵俱乐部休息。好些轻伤的兵士，正在那里下棋阅报，见我们进来，均纷纷退出。我不愿扰乱伤兵的娱乐，请俞副官领我们至他的办公室内商量分配慰劳物件。时医院院长陶沅也来了，询及伤兵数目，而该院长竟瞠目不知所对，乃请看护长来询问，方知战伤和冻伤有六十余人，患内症的兵士也有数十人。旋我们亲自到伤兵榻前慰问和分赠衣物，每个战伤的兵士，都一人一件卫生衣和毛袜，其他则仅赠食物。

触目伤心，这所医院，出我们意料之外，不但设备不周，就是普通卫生设备都谈不到，室外门前，都散放着曾经用过血渍斑斑的纱布和棉花，病人室内也不洁净。我走入病房时，忘记了这所是伤兵医院，以为入了贫民窟，每个小室里一张炕上，躺了五六个呻吟不断的伤兵，每人仅拥一条薄薄的棉被，连垫褥都没有，火炉更谈不到，这种凄凉悲状射入眼帘，我几乎掉下眼泪来。

军士，多数是冻伤，有些眼睛已冻盲，有些手已冻断，或是已冻坏，战伤的兵士，是参加红格尔图的战士，有些重伤的手足经已割去，轻伤都快要痊愈了。当我们去慰问时，他们毫不觉痛苦，觉得他们自己为国家受伤是本分，他们希望早日痊愈归营效力，非常的使我佩服。

慰劳毕，我不禁向陶院长进言，劝他设法改良，使我们为国受伤的战士，得有良好调治休养，但陶院长说："经费非常困难，只有二千五百元一月，职员生活费在内，所以只有两个护士，支配十个勤务兵照料伤兵，且药品亦不够。此地离城遥远，我们没有汽车，食物都有问题，何况其它。"

特请他在困难中尽力的去整理，并说了几个简单方法，同时又向他调查伤兵的饮食，他说："每日每人二角钱一日的食用，每顿有荤有素。"他们确是尽心力了。当他们继续谈话时，我一个便跑到他们的厨房内视察，见着一大锅的带菜汤、煮豆腐，连油都没有，询问厨夫，知是伤兵唯一的下饭菜，我深深的叹一口气。

出医院，陶院长招待我们参观云岗有名的石佛。经几千年风吹雨洗，有些已残缺，佛像千万，栩栩如真，巧夺天工，虽然有这样千百年的艺术给我们欣赏，但脑海中不能换去刚才所见的那幅凄惨的情况。

中午乘原车归回大同。我们一行四人，都悒悒不欢，大概同情心大家都有。在慰劳伤兵时，知道好些红格尔图受伤战士，不惯吃米饭，我们便在大同买了千包面条，遣人送赠医院。

午饭后将慰劳品送往骑兵司令部与师部，旋往访候〔侯〕司令和李师长，并参观上华严寺、下华严寺的魏朝壁画，几千年的艺术，经多少沧桑，仍能留存至今，确为不可多得的宝画。

我们慰劳工作已毕，领谢了李师长欢宴后，就乘八时的火车返回北平。

林亚平秘书到平第二天，即返绥复命，而我们已疲倦不堪，不能不稍事休息。在平、津留连三日，于二十八日车抵江南时，诸友王立文、邓季惺等群集站前相接，别经一月，相见更欢，惟我们风尘满面，感慨更多矣。

十五　归来感想

(一) 读破万卷书，不如行万里路。此次出塞劳军，虽备极奔波，但获益实多，尤其是参观前线阵地坚固，军心雄壮，均有匪敌不灭，誓不生还的精神，觉国家前途，有无限希望。惟目睹战后荒凉，伤残凄楚，人民流亡，深感战争之惨无人道，中国不幸遭受外来侵略，我们为求民族生存，虽然我们憎恶战争，希冀和平，但为着国家的独立，为着民族的生存，不能不起来抵抗外来的侵略。在抵抗中求生存，唯有武装，才能维持和平。所以我希望全国同胞，不分男女，分工合作，一律武装起来，为民族求生存。大家一致认清此点，作我们战士的后盾，求最后胜利，也就是和平的胜利。

（二）在我未出塞前，尚未悉塞外民生疾苦，经此次考察，觉关外地广人稀，文化落后，未谙生产方法，生活困难，倘政府能设法移民，派遣建设专门技士，教以生产教育，充实边防，免外人的觊觎，同时希望国内实业家投资开垦蒙边，使这宝藏蒙地，变为全国富源。

（三）三民主义是救国的主义。我们要强固国家，必须先使民众明了三民主义，换言之，即深入民间，努力发扬光大，向边地发展，使边地人民，明白三民主义，是救国主义，有国旗的地方，都能看见党旗。逸云不才，十年奔驰，对党国愧乏建树，此次劳军归来，适卧病旬余，午夜扪心，感奋交加，故特走笔记之，以告国人。

《铁道月刊》
南京铁道部铁道月刊社
1937年2卷10、11期
（李红权　整理）